COMENTÁRIOS
AO
CÓDIGO DE PROCESSO CIVIL

PONTES DE MIRANDA

COMENTÁRIOS AO CÓDIGO DE PROCESSO CIVIL

TOMO XVI
(Arts. 1.103 a 1.210)

2ª edição
Revista e aumentada
Atualização legislativa de Sergio Bermudes

Rio de Janeiro

2ª edição – 2008

© Copyright
Pontes de Miranda

CIP – Brasil. Catalogação-na-fonte.
Sindicato Nacional dos Editores de Livros, RJ.

MC45c	Miranda, Pontes de, 1892– Comentários ao Código de Processo Civil, tomo XVI: arts. 1.103 a 1.210. Rio de Janeiro, Forense, 2008. ISBN 978-85-309-2620-5 1. Direito processual civil – Legislação – Brasil I. Brasil. Leis, decretos etc. Código de Processo Civil. II. Título CDD – 348.023 349.881023 CDU – 347.91/.95(81) (094.46)
77-496	|341.46|

O titular cuja obra seja fraudulentamente reproduzida, divulgada ou de qualquer forma utilizada poderá requerer a apreensão dos exemplares reproduzidos ou a suspensão da divulgação, sem prejuízo da indenização cabível (art. 102 da Lei nº 9.610, de 19.02.1998).

Quem vender, expuser à venda, ocultar, adquirir, distribuir, tiver em depósito ou utilizar obra ou fonograma reproduzidos com fraude, com a finalidade de vender, obter ganho, vantagem, proveito, lucro direto ou indireto, para si ou para outrem, será solidariamente responsável com o contrafator, nos termos dos artigos precedentes, respondendo como contrafatores o importador e o distribuidor em caso de reprodução no exterior (art. 104 da Lei nº 9.610/98).

A EDITORA FORENSE se responsabiliza pelos vícios do produto no que concerne à sua edição, aí compreendidas a impressão e a apresentação, a fim de possibilitar ao consumidor bem manuseá-lo e lê-lo. Os vícios relacionados à atualização da obra, aos conceitos doutrinários, às concepções ideológicas e referências indevidas são de responsabilidade do autor e/ou atualizador.

As reclamações devem ser feitas até noventa dias a partir da compra e venda com nota fiscal (interpretação do art. 26 da Lei nº 8.078, de 11.09.1990).

Reservados os direitos de propriedade desta edição pela
COMPANHIA EDITORA FORENSE
Uma editora integrante do GEN | Grupo Editorial Nacional
Endereço na Internet: http://www.forense.com.br – *e-mail*: forense@grupogen.com.br
Av. Erasmo Braga, 299 – 1º e 2º andares – 20020-000 – Rio de Janeiro – RJ
Tel.: (0XX21) 3380-6650 – Fax: (0XX21) 3380-6667

Impresso no Brasil
Printed in Brazil

À memória de meus pais

MANUEL PONTES DE MIRANDA
e
ROSA CAVALCANTI PONTES DE MIRANDA.

OBRAS PRINCIPAIS DO AUTOR

I. JURÍDICAS

Sistema de Ciência Positiva do Direito (1922), 2 Tomos; 2ª ed., 1972, 4 Tomos.
Os Fundamentos atuais do Direito Constitucional (1932).
Tratado do Direito Internacional Privado, 2 Tomos (1935).
Tratado de Direito Privado, Tomos I-LX, 4ª ed.
Tratado das Ações, I-VI (1970-1976), o VII tomo em composição.
Comentários à Constituição da República dos E. U. do Brasil (1934), Tomos I e III.
Comentários à Constituição de 10 de novembro de 1937, 1º e 3º Tomos.
Comentários à Constituição de 1946, 3ª ed., Tomos I-VIII.
Comentários à Constituição de 1967, Tomos I-VI; 2ª ed., com Emenda nº 1; 2ª tiragem.
La Conception du Droit Internacional privé d'après la doctrine et la pratique au Brésil, Recueil des Cours de l'Académie de Droit International de la Haye, T. 39, 1932.
La Création et la Personnalité des personnes juridiques en Droit International privé, Mélanges STREIT, Athènes, 1939.
Nacionalidade e Naturalização no direito brasileiro (1936).
À Margem do Direito (1912).
História e Prática do Habeas-Corpus (1916); 7ª ed. (1972), 2 Tomos.
Tratado de Direito de Família, 3ª ed., 3 Tomos (1947).
Da Promessa de Recompensa (1927).
Das Obrigações por Atos Ilícitos, 2 Tomos (1927).
Dos Títulos ao Portador (1921); 2ª ed., 2 Tomos.
Fontes e Evolução do Direito Civil Brasileiro, história, lacunas e incorreções do Código Civil (1928).
Tratado dos Testamentos, 5 Tomos (1930).
Tratado do Direito Cambiário: I. Letra de Câmbio. II. Nota Promissória. III. Duplicata Mercantil. IV. Cheque, 2ª ed., 4 Tomos (1954-1955).
Tratado de Direito Predial (1953); 5 Tomos, 2ª ed.
Comentários ao Código de Processo Civil (de 1939), 2ª ed., Tomos I-XV.
Embargos, Prejulgados e Revista no Direito Processual brasileiro (1937).
Tratado da Ação Rescisória contra as Sentenças (1964), 4ª ed., 5ª ed., 1976.
História e Prática do Arresto ou Embargo (1937).
Conceito e Importância da "unitas actus" (1939).
Die Zivilgesetz der Gegenwart, Band III, *Brasilien* (Einleitung von Dr. PONTES DE MIRANDA), unter Mitwirkung von Dr. Pontes de Miranda u. Dr. Fritz Gericke, herausgegeben von Dr. Karl Heinscheilier (1928).
Rechtsgefühl und Begriff des Rechtes (1822).
Subjektivismus und Voluntarismus im Recht (1923).

Begriff des Wertes und soziale Anpassung (1922).
Brasilien, Rechtsvergleichendes Handwörterbuch, do Prof. Dr. Franz Schlegelberger, em colaboração (1929).
Questões Forenses, 8 Tomos (1953).
Dez Anos de Pareceres, 1-9; no prelo, 10.

II. DE FILOSOFIA

O Problema Fundamental do Conhecimento (1937), 2ª ed. (1973). Garra, Mão e Dedo (1953).
Vorstellung von Raume, *Atti del V Congresso Internazionale di Filosofia* (1924), Napoli, 1925.

III. SOCIOLÓGICAS

Introdução à Sociologia Geral (1926), 1º prêmio da Academia Brasileira de Letras.
A Moral do Futuro (1913).
Democracia, Liberdade, Igualdade, os três caminhos (1945).
Introdução à Política Científica (1924).
Método de Análise Sociopsicológica (1925).
Os Novos Direitos do Homem (1933).
Direito à Subsistência e Direito ao Trabalho (1933).
Direito à Educação (1933).
Anarquismo, Comunismo, Socialismo (1933).
Los Princípios y Leis de Simetria en la Sociologia General, Madri, 1925.

IV. LITERÁRIAS

Poèmes et Chansons (1969).
Obras Literárias (1960), 2 Tomos.
A Sabedoria dos Instintos (1921), 1º prêmio da Academia Brasileira de Letras, 2ª ed., 1924.
A Sabedoria da Inteligência (1923).
O Sábio e o Artista, edição de luxo (1929).
Penetração, poemas, edição de luxo (1930).
Inscrições da Estela Interior, poemas, edição de luxo (1930).
Epiküre der Weisheit, München, 2ª ed. (1973).

NOTA SOBRE A ATUALIZAÇÃO LEGISLATIVA

A expectativa do advento de leis que alteraram dispositivos tratados ou referidos neste tomo, como efetivamente ocorreu, é o fator determinante da demora da sua publicação.

Agradeço ao meu amigo Marco Aurélio de Almeida Alves, advogado ilustre, com formação acadêmica em Cambridge, a colaboração essencial, na tarefa de fazer a atualização legislativa deste tomo. A grande quantidade de notas de atualização deve-se, principalmente, à necessidade de indicar os dispositivos do Código Civil de 2002 correspondentes aos artigos do Código Civil de 1916, profusamente invocados pelo comentarista.

Rio de Janeiro, março de 2008

Sergio Bermudes
Professor de Direito Processual Civil da Pontifícia
Universidade Católica do Rio de Janeiro. Advogado.

TÁBUA SISTEMÁTICA DAS MATÉRIAS

TÁBUA SISTEMÁTICA DAS MATÉRIAS

LIVRO IV

DOS PROCEDIMENTOS ESPECIAIS

TÍTULO II

DOS PROCEDIMENTOS ESPECIAIS DE JURISDIÇÃO VOLUNTÁRIA

CAPÍTULO I

DAS DISPOSIÇÕES GERAIS

1) Jurisdição voluntária.	3
2) Regras jurídicas gerais	5
Art. 1.103	10
1) Jurisdição voluntária e ações que se submetem às regras jurídicas gerais	10
2) Simplificação geral do procedimento	11
Arts. 1.104 e 1.105	14
1) Legitimação ativa	14
2) Petição nas ações de jurisdição voluntária	15
3) Citações	16
4) Atendimento e inatendimento pelos citados	16
Arts. 1.106, 1.107 e 1.108	17
1) Resposta dos citados	17
2) Prazo para responder	18
3) Provas	18
4) Fazenda Pública	19
Arts. 1.109, 1.110 e 1.111	19
1) Sentença e prazo	19
2) Referência à lei e à conveniência ou oportunidade	20
3) Recurso	21
4) Modificação da sentença	21
5) Custas e outras despesas	30

Art. 1.112 31
1) Ações a que se estende o procedimento 31
2) Suplemento de idade (*venia aetatis*) 31
3) Menor e representação no processo de suplemento de idade 34
4) Fundamentos da suplementação de idade 34
5) Provas 35
6) Impugnação 35
7) Audiência do menor 35
8) Processo inquisitivo 35
9) Força eficacial e elemento mandamental da decisão 36
10) Recurso 37
11) Suplemento por lei e ação declaratória 37
12) Ação de sub-rogação 38
13) Competência judicial 39
14) Sub-rogação de bens inalienáveis 40
15) Bem sub-rogado e bem sub-rogante 40
16) Recurso 40
17) Petição 41
18) Sinistro e sub-rogação 41
19) Preço de indenização e sub-rogação 41
20) Cláusulas de restrição de poder 42
21) Desapropriação e sub-rogação 43
22) Sub-rogação sem ação 43
23) Sub-rogação e gravames 43
24) Juiz que desapropria ou indeniza e juiz que mandou gravar 43
25) Autorização para venda 44
26) Recurso 45
27) Bens de incapazes 45
28) Falta de autorização judicial 46
29) Pressuposto da autorização judicial 46
30) Impropriedades de linguagem 46
31) Diferença de textos 46
32) Permuta de bens de incapazes 46
33) ¿Jurisdição voluntária ou jurisdição contenciosa? 47
34) Avaliação 48
35) Natureza da sentença 48
36) Bens dotais 48
37) Bens dotais, venda e oneração 50
38) Procedimento edital 51
39) Sub-rogação real, em quaisquer casos 51
40) Exigência geral da hasta pública 51
41) Coisa comum; ações quanto a ela 51
42) Natureza das ações 52
43) Alienação, locação e administração de coisa comum 53
44) Indivisibilidade e inadequabilidade ao destino 54
45) Maioria absoluta, valor dos quinhões 55
46) Silêncio do condômino 56

47) Natureza da sentença 56
48) Se algum dos condôminos não se manifestou 56
49) Votações 57
50) Escolha do administrador 57
51) Natureza da sentença 57
52) Dúvida quanto ao valor dos quinhões ou de algum deles. 58
53) Condôminos e estranhos, preferência. 59
54) Coisa comum e alienação de quinhão. 59
55) Pressuposto da pretensão à aquisição 59
56) Natureza da ação. 60
57) Pressuposto subjetivo 60
58) Comunicação do que quer adquirir. 60
59) Instrução sumária 61
60) Natureza da sentença 61
61) Depósito do preço. 61
62) Recurso por algum dos competidores. 62
63) Sentença de adjudicação. 62
64) Ação do condômino, incidente 62
65) Conceito de usufruto. 64
66) Conceito de fideicomisso 65
67) Fontes do usufruto 66
68) Fideicomisso oriundo de negócio jurídico 66
69) Extinção de usufruto e de fideicomisso 67
70) Competência para a ação de extinção de usufruto e de fideicomisso. 68
71) Audiência do Ministério Público e da Fazenda Pública 68
72) Avaliação. 68
73) Cálculo de imposto. 68
74) Partilha dos bens em usufruto ou fideicomitidos 69
75) Natureza das decisões. 69
76) Desaparição da fiduciariedade 70
77) Exigência da judicialidade 71
78) Impostos 71

CAPÍTULO II

DAS ALIENAÇÕES JUDICIAIS

1) Alienações judiciais por lei ou necessidade objetiva 73
2) Ação de nulidade ou anulação de testamento e alienação judicial 73
    Art. 1.113 e §§ 1º, 2º e 3º 74
    Art. 1.114 74
1) Constrição judicial para alienação 74
2) Alienação judicial, noutras espécies que as previstas. 75
3) Alienação de semoventes e outros bens de guarda dispendiosa 76
4) Citação das partes. 76
5) Decisão de ofício quanto à alienação judicial 76
6) Avaliação como pressuposto necessário 77

7) Acordo dos interessados para que não se proceda a leilão 77
8) Perito nomeado ou não pelo juiz 77
    Art. 1.115 78
1) Lanço igual ou superior ao valor estimado. 78
2) Interessados e alienação sem ser em hasta pública. 79
3) Alvará 80
    Art. 1.116 e parágrafo único 80
1) Sub-rogação real. 80
2) Sentido de "ônus". 81
3) Demora no levantamento do depósito 81
    Arts. 1.117, 1.118, 1.119 e parágrafo único 82
1) Exemplificatividade 82
2) Comunhão hereditária e alienação de imóvel. 82
3) Alienação judicial da coisa comum 84
4) Bens pertencentes a incapazes 84
5) Condomínio e direito de preferência 85
6) Adjudicação antes da assinatura da carta 85
7) Citações 88

CAPÍTULO III
DO DESQUITE POR MÚTUO CONSENTIMENTO

1) Desquite, conceito e pressuposto de existência do casamento 89
2) Ação e sentença de desquite e pedido de decretação de nulidade ou de anulação . 90
3) Espécies de desquite 90
    Art. 1.120 e §§ 1º e 2º. 91
    Art. 1.121 e §§ 1º e 2º. 91
1) Pressupostos do desquite amigável. 92
2) Petição de desquite amigável 93
3) Procuração 94
4) Certidão de casamento ou prova que a valha 94
5) Contrato antenupcial. 95
6) Descrição dos bens do casal e partilha 95
7) Acordo sobre a guarda dos filhos e o regime de visitas 97
8) Criação e educação dos filhos. 98
9) Pensão alimentícia do marido à mulher 100
10) Ação de modificação. 101
11) Exigência do reconhecimento da firma. 102
12) Acordo sobre a partilha dos bens 103
13) Partilha em execução da sentença de desquite 104
14) Partilha inclusa no acordo inicial 105
    Art. 1.122, § 1º. 105
    Art. 1.122, § 2º. 106
1) Audiência dos cônjuges 106
2) Convicção suficiente do juiz. 106
3) Prazos e datas 107
4) Autuação e distribuição 112

5) Função do Ministério Público. 113
6) Desistência 113
    Art. 1.123 113
1) Desquite litigioso e conversão 113
2) Convicção do juiz. 114
    Art. 1.124 114
1) Averbação após o julgamento. 114
2) Cessação dos efeitos da sociedade conjugal. 115
3) Retratação bilateral. 115
4) Morte do cônjuge 115
5) Eficácia da sentença que homologa o desquite. 115
6) Guarda dos filhos, criação e educação; natureza da decisão 116
7) Reconciliação dos cônjuges 118
8) Processo e sentença 120
9) Morte, antes do trânsito em julgado da sentença 120
10) Desquite litigioso pedido após o pedido de desquite amigável 120
    Art. 1.124-A 120
    Art. 1.124-A, §§ 1º, 2º e 3º. 121
1) Separação e divórcio por escritura 121
2) Escritura pública. 122
3) Dispensa de homologação 122
4) Requisitos 123
5) Assistência de advogado. 124

CAPÍTULO IV

DOS TESTAMENTOS E CODICILOS

1) Processualística dos testamentos 125
2) Integração de forma e execução dos testamentos. 126
3) Arquivamento dos testamentos. 126
4) Cumpra-se dos testamentos 126
5) Testamentos notariais 127
6) Testamento público e testamento particular 127
7) Testamento e processo após a morte do testador 127
8) Testamento cerrado. 128
9) Eficácia do testamento 128

Seção I

Da abertura, do registro e do cumprimento

    Art. 1.125 e parágrafo único 128
1) Abertura do testamento cerrado 129
2) Presença do apresentante e do escrivão 129
3) Solenidade da abertura do testamento 129
4) Questões de forma 129
5) Verificação do extrínseco 130

6) Auto de abertura 131
7) Requisitos do auto de abertura 131
8) Integração de forma do negócio jurídico 132
9) Competência judicial 132
10) Recurso 133
    Art. 1.126 e parágrafo único 133
1) Formalidades extrínsecas e vícios externos 133
2) Registro dos testamentos 134
3) Exame das providências 134
4) Cópia que se envia à repartição fiscal 134
5) Natureza do cumpra-se 135
6) Audiência do Ministério Público 138
7) Sentença favorável e sentença desfavorável 138
8) Emaçamento e guarda 139
9) Recurso 140
    Art. 1.127 e parágrafo único 140
1) Testamenteiro 140
2) Testamenteiro nomeado em testamento e testamenteiro dativo 140
3) Testamenteiro oficial e testamenteiro dativo 142
4) Capacidade do testamenteiro 142
5) Não-impugnabilidade 148
6) Arquivamento 148
7) Cópia do testamento e outras providências 148
    Art. 1.128 e parágrafo único 149
1) Testamento público, apresentação 149
2) Natureza do testamento público 149
3) Procedimento 150
4) As duas fases processuais dos testamentos 150
    Art. 1.129 e parágrafo único 150
1) Dever de apresentar testamento 150
2) Fontes do dever de apresentação 153
3) Competência em matéria de testamentos 153
4) Legitimação à apresentação 153
5) Cominações da lei e dever de apresentação 154
6) Detentor de testamento 154
7) Intimação judicial para apresentar o testamento 154
8) Natureza da intimação do detentor 155
9) Ordem de exibição e busca e apreensão 155

Seção II

Da confirmação do testamento particular

1) Holografia e testamento 156
    Art. 1.130 e parágrafo único e art. 1.131 e parágrafo único 156
1) Apresentação do testamento particular 156
2) Redação infeliz, no direito anterior 157

3) Apresentação e intimações 157
4) Legitimados ao requerimento 158
5) Inquirição de testemunhas 158
6) Intimações... 158
7) Teor das inquirições 159
8) Pessoas não-encontradas.. 160
    Arts. 1.132 e 1.133 160
1) Manifestação dos interessados após as formalidades...................... 160
2) Impugnabilidade... 161
3) Perfeito juízo.. 162
4) Testemunhas que faltam 163
5) Testemunha que não confirma; testador que ignorava a morte da testemunha.... 167
6) *Voluntas testatoris*... 168
7) Confirmação imediata.. 169
8) Comunicação e *vocatio in ius*.. 169
9) Menos de três testemunhas... 169
10) Manifestação e prazo 170
11) Intimação e prazo 171
12) Rito ordinário, se há impugnação.................................... 171
13) Sentença de confirmação 172
14) Registro, arquivamento e cumprimento 172
15) Recurso... 172

Seção III

Do testamento militar, marítimo, nuncupativo e do codicilo

1) Origens do testamento militar.. 172
2) Testamento marítimo 173
3) Quem pode testar por testamento marítimo........................... 174
4) Testamento em viagem de avião...................................... 175
5) Testamentos especiais e solenidades internas......................... 175
    Art. 1.134 176
1) Conteúdo das regras jurídicas.. 177
2) Testamento marítimo 177
3) Testamento militar 178
4) Testamento nuncupativo... 180
5) Codicilo 181
6) Procedimento de direito material 186
7) Natureza da sentença 187
8) Impugnação e rito ordinário 188

Seção IV

Da execução dos testamentos

1) Testamentaria 188

2) Tomada de contas 192
3) Prazo para cumprir o testamento e perda do prêmio 193
    Art. 1.135 e parágrafo único 193
1) Prazo legal para cumprir as disposições testamentárias 193
2) Contagem do prazo para se cumprir o testamento e se prestarem contas. 196
3) Previsão de dois prazos. 197
4) Prorrogação do prazo para cumprimento 197
5) Prazo marcado pelo testador. 197
6) Interpretação de disposições testamentárias 198
7) Prestação de contas, *ius cogens* 198
8) Indelegabilidade da testamentaria 198
9) Sobras 199
    Art. 1.136 199
1) Inscrição de hipoteca legal 199
2) Tempo para a inscrição 200
    Art. 1.137 200
1) Função do testamenteiro e deveres. 201
2) Ações sobre existência, validade ou eficácia de testamento; missão do
    testamenteiro. 201
3) Deveres do testamenteiro a respeito do testamento 202
4) Testamenteiro não representa herdeiros 203
5) Ações de invalidade do testamento. 204
6) Insuficiência dos bens para cumprimento dos legados 205
7) Sucessão legítima e testamentária 205
8) Despesas no interesse do testamento 206
9) Despesas ínfimas. 207
10) Honorários de advogado. 207
11) Defesa dos bens da herança 208
    Art. 1.138 e §§ 1º e 2º 208
1) Prêmio do testamenteiro. 208
2) Pretensão à percentagem 209
3) Dados históricos sobre a vintena 210
4) ¿Máximo e mínimo?. 211
5) Como se calcula a percentagem 211
6) Cônjuge do testador e prêmio. 213
7) Preferência pelo prêmio, por parte do testamenteiro, herdeiro ou legatário. 214
8) Herança líquida. 214
    Art. 1.139 214
1) Adjudicação de bens e prêmio do testamenteiro 214
2) Direito anterior e cônjuge meeiro. 215
3) Herdeiro e adjudicação. 215
    Art. 1.140 215
1) Remoção do testamenteiro 215
2) Despesas. 216
3) Descumprimento das disposições testamentárias. 217
4) Reversão do prêmio à herança 217
5) Perda do direito ao prêmio 217

6) Conteúdo das regras jurídicas... 217
    Art. 1.141.. 218
1) Testamenteiro que quer demitir-se.................................. 218
2) Decisão do juiz... 218

CAPÍTULO V

DA HERANÇA JACENTE

1) Herança jacente.. 219
2) Bens de ausentes.. 220
3) Bens vagos... 220
4) Cumulação objetiva-sucessiva de ações.......................... 220
    Art. 1.142.. 221
    Art. 1.143.. 221
1) Remissão à lei civil... 221
2) Posse na regra jurídica sobre sucessão hereditária......... 223
3) Tentativas de explicações... 225
4) Posse no sentido próprio e posse dos herdeiros............. 225
5) Objeto da posse.. 228
6) Transmissão da posse.. 230
7) Arrecadação e provocação da arrecadação.................... 231
8) Curadoria de bens jacentes... 232
9) Até quando vai a função cautelar.................................. 233
10) Recurso... 233
11) Falta, pelo menos só aparente, de herdeiros................ 233
12) *Decujo* que não deixou cônjuge nem herdeiro............. 234
13) Competência para a arrecadação e citações................. 234
14) Ausência e falta do testamenteiro................................ 235
15) Dever de comunicação e oficial do registro civil......... 235
    Art. 1.144 e parágrafo único.................................. 235
1) Função do curador.. 235
2) Representação da herança... 236
3) Guarda, conservação dos bens arrecadados e promoção de novas arrecadações.. 236
4) Medidas conservatórias dos direitos da herança............ 237
5) Balancetes mensais... 237
6) Prestação de contas.. 238
7) Bens arrecadados... 238
    Art. 1.145 e §§ 1º e 2º... 238
1) Presença do juiz e auto de arrecadação......................... 238
2) Depositário... 239
3) Ministério Público e Fazenda Pública........................... 239
    Arts. 1.146 e 1.147... 239
1) Tempo da arrecadação.. 239
2) Selos apostos pelo juiz.. 239
3) Violações e suspeitas de violação.................................. 240
4) Inquisitividade do processo.. 240

5) Exame pelo juiz 240
6) Bens declarados vacantes 240
    Art. 1.148 e parágrafo único 241
1) Dispensa da presença do juiz 241
2) Testemunha e possível necessidade de aposição de selos 241
3) Multas 242
    Art. 1.149 242
1) Bens noutra comarca 242
2) Carta precatória ou carta rogatória 242
    Art. 1.150 242
1) Inquirição e busca de informes 243
2) Informações 243
3) Bens alhures 243
4) *Decujo* comerciante 243
    Art. 1.151 243
1) Causas de pré-exclusão ou suspensão da arrecadação 244
2) Existência de procurador 245
    Art. 1.152 e §§ 1º e 2º. 245
1) Procedimento edital e habilitação de herdeiros 245
2) Existência de sucessor ou testamenteiro 246
3) Falecido estrangeiro 247
    Art. 1.153 248
1) Fase posterior ao julgamento da habilitação de herdeiro 248
2) Testamenteiro que aparece 248
3) Cônjuge que se identifica 248
    Art. 1.154 249
1) Regra de competência para a habilitação dos credores 249
2) Habilitação e outras ações 249
3) Verificação de créditos 249
4) Embargos de terceiro 250
    Art. 1.155 250
    Art. 1.155 e parágrafo único 251
1) Alienação de bens da herança jacente 251
2) Pressupostos para a venda de bens móveis 251
3) Pressupostos para a venda de semoventes 251
4) Pressupostos para a venda de títulos de crédito e papéis de crédito. 252
5) Pressupostos para a venda de ações de sociedade 252
6) Venda de bens imóveis 252
7) Fazenda Pública e habilitando 252
    Art. 1.156 253
1) Bens com valor de afeição 253
2) Vacância da herança 253
    Art. 1.157 e parágrafo único 254
    Art. 1.158 254
1) Prazo e falta de qualquer habilitação 254
2) Sentença que proclama a vacância dos bens 254
3) Processos incidentes e habilitação de herdeiros 256

4) Ação de petição de herança e ação dos credores 256
5) Natureza da ação de arrecadação 257
6) Ação de cognição incompleta e ação de petição de herança 258
7) Credores e titulares de direitos reais................................... 258
8) Vacância e herdeiros... 259
9) Entrega de bens aos herdeiros habilitados 259

CAPÍTULO VI

DOS BENS DOS AUSENTES

1) Conceito de ausência 261
2) Ações relativas à ausência, natureza................................... 261
    Arts. 1.159 e 1.160... 263
1) Desaparecimento de alguém... 263
2) Pressupostos da arrecadação... 264
3) Procedimento arrecadativo... 265
4) Procurador que não quer ou não pode exercer a procura 265
5) Provocação.. 265
6) Curador do ausente... 265
7) Autoridades policiais e dever de comunicação ao juiz..................... 267
8) Alienação de bens arrecadados....................................... 268
    Art. 1.161 268
1) Procedimento 268
2) Citação 268
    Art. 1.162 269
1) Cessação da curadoria 269
2) Comparência do ausente.. 269
3) Morte do ausente 270
4) Sucessão provisória 270
5) Recurso... 271
    Art. 1.163 e § 1º... 271
    Art. 1.163 e § 2º... 272
1) Sucessão provisória 272
2) Requerimento da sucessão provisória.................................. 272
3) Contagem do prazo... 272
4) Citação edital 273
5) Procedimento edital 274
6) Deferimento e indeferimento de pedido................................ 274
7) Interessados na abertura da sucessão provisória......................... 274
8) Órgão do Ministério Público 275
    Art. 1.164 e parágrafo único 275
1) Requerimento da abertura da sucessão provisória 275
2) Habilitação dos herdeiros e demais sucessores 276
3) Habilitação de herdeiros... 276
4) Legitimação processual e legitimação para suceder...................... 276
    Art. 1.165 e parágrafo único 277
1) Natureza da sentença que abre a sucessão provisória..................... 277
2) Trânsito em julgado, formalmente 278

3) Herança que se fez jacente 278
    Art. 1.166 279
1) Entrega dos bens sob caução 279
2) Caução 280
    Art. 1.167 281
1) Conversão da sucessão provisória 281
2) Morte do ausente 281
3) Certeza da morte do ausente... 282
4) Decêndio após a coisa julgada 282
5) Ausente com a idade de oitenta anos ou mais 282
6) Ação de petição de herança e ação do ausente que aparece 282
    Arts. 1.168 e 1.169 e parágrafo único 283
1) Diferença entre a cessação da sucessão provisória, com a aparição do ausente, e a aparição do ausente depois de se ter transformado em definitiva a sucessão. 283
2) Ausente que aparece depois de julgado morto ou tido como morto............ 283
3) Pedido do ausente que tardiamente aparece................................ 284
4) Pedido dos ascendentes ou descendentes...................................... 284
5) Citações e contestações 284
6) Rito processual 285

CAPÍTULO VII

DAS COISAS VAGAS

1) Coisas ditas vagas.. 287
    Art. 1.170 287
    Art. 1.170 e parágrafo único 288
1) Bens arrecadáveis.. 288
2) Dever de entrega à autoridade judiciária ou policial 288
3) Decisões do achador.. 288
4) Pessoa a que pertencem as coisas................................... 288
5) Autoridade judiciária competente................................... 290
    Arts. 1.171 e §§ 1º e 2º, 1.172 e 1.173........................ 290
1) Lei processual e lei de direito material........................... 290
2) Conteúdo dos editais... 291
3) Coisa de pequeno valor... 292
4) Comparência do dono ou possuidor............................... 292
5) Não-comparência do dono ou possuidor 292
6) Comunicação de derrelicção... 292
    Art. 1.174 293
1) Dono que prefere abandonar a coisa............................... 293
2) Seguro... 293
    Art. 1.175 293
1) Hotéis, oficinas e outros estabelecimentos..................... 293
2) Reclamação dentro de um mês....................................... 294
    Art. 1.176 294

1) "Fundada suspeita" e conversão do processo............................ 294
2) Dúvida sobre a propriedade ou a posse 295

CAPÍTULO VIII

DA CURATELA DOS INTERDITOS

1) Processo de interdição e sentença...................................... 297
2) Inquisitividade do processo 298
3) Contenciosidade e voluntariedade da jurisdição 299
    Art. 1.177 e parágrafo único 301
1) Pedido de interdição e processo de interdição 302
2) Promoção da interdição, legitimação ativa............................. 303
3) Procedimento para interdição... 304
4) Interditando e curador à lide.. 305
    Art. 1.178 e parágrafo único 305
1) Promoção pelo órgão do Ministério Público 306
2) Ausência e falta de promoção... 306
    Art. 1.179 306
1) Nomeação de curador à lide 306
2) Curador à lide e função... 306
    Arts. 1.180 306
    Arts. 1.181, 1.181, 1.182 e §§ 1º, 2º e 3º 307
1) Petição inicial.. 307
2) Citação do interditando... 308
3) Impugnação do pedido de interdição 308
4) Representação do interditando 308
5) Advogado do interditando 308
6) Parente e advogado... 310
    Art. 1.183 e parágrafo único 310
1) Perícia médico-legal.. 310
2) Morte do interditando... 311
3) Juízo, instrução do processo e julgamento 311
4) Juiz e laudo.. 312
5) Decretação de interdição e nomeação do curador 313
6) Exame pessoal pelo juiz... 314
7) Competência judicial 314
    Art. 1.184 315
1) Correção à impropriedade de linguagem 315
2) Eficácia da sentença de interdição 316
3) Recurso que se interpõe da sentença de interdição...................... 318
4) Ministério Público e legitimação recursal 318
5) Registro e publicação da sentença, exigências contenutísticas 319
    Art. 1.185 319
1) Interdição de pródigo... 319
2) Pródigo, parte na ação 320
3) Regras jurídicas comuns sobre a interdição 320
4) Curatela.. 320

5) Levantamento da interdição do pródigo 321
6) Audiência do curador e do Ministério Público 321
7) Sentença de levantamento da interdição 321
8) Exame médico-legal do pródigo 321
9) Eficácia da sentença de levantamento da interdição 322
10) Surdos-mudos, interdição 322
11) Levantamento da interdição do surdo-mudo 323
12) Entorpecentes e viciados 323
13) Legitimação ativa para a interdição 324
14) Atenuação ao princípio inquisitivo 324
15) Interrogação e informações 324
16) Incapacidade dos viciados 324
    Art. 1.186 e §§ 1º e 2º 325
1) Levantamento da interdição 325
2) Legitimação ativa do interditando e do Ministério Público 325
3) Regra geral sobre legitimação ativa 326
4) Particularidade da ação de levantamento 326
5) Eficácia de coisa julgada formal 326
6) Regra jurídica de competência por conexão 327
7) Recaída após o levantamento da interdição 327
8) Coisa julgada formal e sentença de levantamento 327

CAPÍTULO IX

DAS DISPOSIÇÕES COMUNS À TUTELA E À CURATELA

Seção I

Da nomeação do tutor ou curador

1) Tutoria e espécies 329
2) Curadorias e espécies 329
3) Natureza da nomeação do tutor ou do curador 330
4) Remoção de tutor ou de curador 330
    Art. 1.187 330
1) Direito material 330
2) Natureza e eficácia do ato judicial de nomeação 330
3) Quando tem de ser feita a nomeação 331
4) Tutor ou curador testamentário 331
5) Compromisso e intimação 331
6) Nomeação e qualidade da nomeação 331
7) Prestação de contas 332
    Art. 1.188 332
    Art. 1.188 e parágrafo único 333
    Art. 1.189 333
1) Compromisso do tutor ou do curador 333
2) Pais nomeados curadores 334

3) Órgão do Ministério Público	334
4) Lapso de tempo entre o compromisso e o julgamento da especialização	334
Art. 1.190	335
Art. 1.191	336
1) Tutor ou curador de reconhecida idoneidade	336
2) Tutor ou curador que não pode prestar a garantia	336
3) Nomeação que fica sem efeito	336
Art. 1.192	336
Art. 1.192 e parágrafo único	337
1) Recusa da tutela ou da curatela	337
2) Direito material	337
3) Prazo de cinco dias	337
4) Escusa e incapacidade	337
5) Preclusão	338
Art. 1.193	338
1) Decisão sobre o pedido de escusa	338
2) Novo motivo	339

Seção II

Da remoção e dispensa de tutor ou curador

1) Remoção	339
2) Suspensão	339
Arts. 1.194, 1.195, 1.196 e 1.197	339
1) Remoção e suspensão	339
2) Direito material	340
3) Legitimação ativa e remoção de tutor ou curador	341
4) Contestação	341
5) Se não houve contestação	341
6) Extrema gravidade e suspensão	341
7) Eficácia da suspensão	342
8) Continuidade da função	342
Art. 1.198	342
1) Prazo e falta de prazo	342
2) Termo e recondução	342

CAPÍTULO X

DA ORGANIZAÇÃO E DA FISCALIZAÇÃO DAS FUNDAÇÕES

1) Fundação	343
2) Estrutura jurídica da fundação	344
3) Fiscalização das fundações	345
4) Bens das fundações	345
Arts. 1.199, 1.200, 1.201 e § 1º	345
Art. 1.201 e § 2º	346
1) Estatuto da fundação	346
2) Legitimação ativa	346

XXVIII   TÁBUA SISTEMÁTICA DAS MATÉRIAS

3) Aprovação dos estatutos 347
4) Missão do órgão do Ministério Público 347
5) Autuação do pedido 347
6) Suprimento judicial. 348
7) Modificação ou modificações ordenadas pelo juiz 348
    Art. 1.202 349
1) Apresentação do estatuto pelo Ministério Público 349
2) Procedimento para a função do órgão do Ministério Público. 349
3) Aprovação ou desaprovação pelo juiz 350
4) Elaboração judicial ou extrajudicial do estatuto. 350
5) Apresentação. 350
    Art. 1.203 e parágrafo único 351
1) Alteração do estatuto 351
2) Suprimento da aprovação 352
3) Deliberação da alteração. 352
    Art. 1.204 352
1) Ilicitude, impossibilidade da manutenção e expiração do prazo de existência ... 352
2) Impossibilidade da manutenção 353
3) Prazo atingido. 353
4) Provocação 354
5) Juízo competente 355

CAPÍTULO XI

DA ESPECIALIZAÇÃO DA HIPOTECA LEGAL

1) Hipotecas legais e especialização. 357
2) Ações exercidas pelos titulares da pretensão 358
    Art. 1.205 358
1) Legitimação processual ativa 358
2) Documento em que se funda a especialização 360
3) Recurso. 361
    Art. 1.206 e §§ 1º, 2º e 3º 361
1) Arbitramento. 362
2) Valor preestabelecido da responsabilidade. 362
3) Atos de constrição judicial 362
4) Regra jurídica de cômputo 362
5) Falta de arbitramento e nulidade processual. 363
6) Dispensa de arbitramento do valor. 363
7) Dispensa da avaliação. 363
    Art. 1207 e parágrafo único. 363
    Art. 1.208. 363
    Art. 1.209. 363
1) Citação da outra parte. 364
2) Audiência dos interessados. 364
3) Alegações do impugnante. 364

4) Individuação do imóvel 365
5) Sentença 365
6) Natureza da ação e da sentença 365
7) Margem ao procedimento inquisitivo 365
8) Insuficiência dos bens para a hipoteca legal 366
9) Hipoteca legal dos bens oferecidos insuficientes 366
10) Instrumento da especialização 366
11) Recurso 367
    Art. 1.210 367
1) Especialização negocial 367
2) Eficácia contra terceiros 367

SISTEMÁTICA DO LIVRO IV – TÍTULO II
(JURISDIÇÃO VOLUNTÁRIA)

I. Alienações judiciais 369
II. Desquite por mútuo consentimento 369
III. Ações relativas a testamentos 370
IV. Ações relativas à herança jacente 372
A) Ação de arrecadação da herança jacente 372
B) Ações de habilitações de herdeiros nos casos de herança jacente 373
C) Embargos de terceiro na ação de arrecadação 374
V. Ações relativas à arrecadação de bens de ausentes 374
VI. Ação de arrecadação de bens vagos 375
VII. Ações de interdição 376
VIII. Ações para nomeação e remoção de tutores e de curadores 377
IX. Ações de organização e fiscalização de fundação 379
X. Especialização da hipoteca legal 382

I – Índice Alfabético dos Autores 383
II – Índice Cronológico da Legislação 387
III – Índice Cronológico da Jurisprudência 401
IV – Índice Alfabético das Matérias 409
V – Tabelas 421

LIVRO IV

DOS PROCEDIMENTOS ESPECIAIS

TÍTULO II

DOS PROCEDIMENTOS ESPECIAIS DE JURISDIÇÃO VOLUNTÁRIA

Capítulo I

DAS DISPOSIÇÕES GERAIS[1])[2])

1) Jurisdição voluntária – A jurisdição voluntária tem a sua disciplina mais ou menos homogênea, na qual passa à frente o elemento da *vontade*, de modo que o conteúdo do ato inicial mais depende do sujeito da relação jurídica do que da atitude, positiva ou negativa, de outrem. O autor da ação de jurisdição voluntária exerce a pretensão sem ter de enfrentar a contenciosidade, a luta. O Estado prometeu a tutela jurídica, tanto na jurisdição contenciosa quanto na jurisdição voluntária; porém, não supõe, na jurisdição voluntária, a angularidade. No desquite amigável,[1] por exemplo, há duas pessoas interessadas, mas a mesmidade do interesse afasta a angularidade da relação jurídica processual. Nas alienações judiciais, o juiz autoriza o ato, mas antes tem de ouvir as outras partes, sem que tal audiência angularize a relação jurídica processual. Na ação de desquite amigável, há o acordo, que homogeniza. Nas alienações judiciais também a decisão favorável independe de se ferirem as pessoas ouvidas: o autor

---

1   A Lei nº 6.515, de 26.12.77, no art. 39, determinou que, no capítulo III do título II e Livro IV do Código de Processo Civil, as expressões "desquite por mútuo consentimento", "desquite" e "desquite litigioso" sejam substituídas por "reparação consensual" e "separação judicial". Vejam-se ainda os arts. 2º, III, 4º e 5º da mesma Lei. A Lei nº 11.441, de 04.01.07, no art. 3º, acrescentou ao CPC o art. 1.124-A, a cujos comentários se remete o leitor. Não substituí as expressões usadas no texto, para preservar a incolumidade dos comentários, pois não podem ser desfiguradas, como já ressaltei, tantas vezes, nas notas de atualização legislativa dos tomos anteriores.

da ação apenas exerceu a sua pretensão à tutela jurídica, independentemente do que possa requerer outro interessado, se o seu direito passa à frente (*e. g.*, o condômino, que tinha direito à preferência, que é *ferir primeiro*), requer a adjudicação. Cada um está a exercer os seus direitos, voluntariamente e sem litígio. Quem pede o cumpra-se para um testamento, ou pede a abertura e o cumpra-se, exerce pretensão à tutela jurídica em jurisdição voluntária. Às vezes, é o próprio juiz que dá início à jurisdição voluntária, tal como ocorre com a herança jacente, a arrecadação de bens de ausentes. O achador de alguma coisa perdida exerce a pretensão à tutela jurídica em jurisdição voluntária: entrega-a à autoridade judiciária ou policial, que a arrecada, a descreve e diz quem lha levou. Quem pede a nomeação de tutor ou curador voluntariamente o faz, e o Estado atende ao pedido, sem que surja contenciosidade. Pense-se também na organização e na fiscalização das fundações e na especialização da hipoteca legal. O conteúdo e o objeto põem ao vivo que não se angulariza a relação jurídica processual, posto que, por exemplo, se permita ao interditando constituir advogado, impugnar o pedido de interdição (portanto, recorrer) e pedir o levantamento da interdição. A função do juiz cresce, porque há interesse público nos atos que se vão praticar. Daí o elemento de autorização que há sempre na sentença favorável. Tal interesse cresce, ou parece crescer mais, se concerne a atos registrários.

A expressão "jurisdição voluntária" refere-se à jurisdição e à voluntariedade. O que se quis exprimir foi a existência da tutela jurídica para a constituição de negócios jurídicos, ou para a eficácia de negócios jurídicos, criativa, modificativa ou extintiva de relações jurídicas. O Estado ou subordinou a eficácia ao exercício da pretensão à tutela jurídica ou o fez um dos meios constitutivos, modificativos ou extintivos. Muito se estranhava a falta de jurisdição administrativa, mas o que se levou em consideração foi o evitamento de lides ou danos. Não se deve dizer que a função do Estado, aí, é administrativa, porque também se dilataria o conceito de administração. Há funções administrativas do Poder Judiciário, como as há do Poder Legislativo, e não só do Poder Executivo; mas seria absurdo incluir-se nas funções administrativas do Poder Judiciário a chamada jurisdição voluntária, porque, nela, as funções são puramente judiciárias (sem razão, por exemplo, René Morel, *Traité élémentaire de Procedure Civile*, 116). A função estatal é exercida pelo Poder Judiciário, sem administratividade. A tutela jurídica, que se prometeu, é puramente judicial, posto que, às mais das vezes, o juiz apenas homologue.

Nas ações de jurisdição voluntária passa-se o mesmo, no que concerne à função judiciária, que nas ações de jurisdição contenciosa: as pessoas que vão a juízo exercerem a *pretensão à tutela jurídica* e põem o Estado, através do juiz, na posição de quem prometeu e tem de prestar. Podia e pode ter deixado alguns atos e efeitos de relações jurídicas a autoridades administrativas, porém não o fez, e acertadamente abstraiu da contenciosidade para o que se pediu ao Estado, ao juiz, a prestação que prometera. Seria absurdo que se deixasse à autoridade administrativa o suprimento de consentimento ou de assentimento, o suplemento de idade e tantas outras ações. A confusão do poder e do dever administrativo com o poder e o dever judiciário levaria a graves erros. Na jurisdição voluntária há jurisdição: o juiz aplica a regra jurídica, como juiz, que é, e não deixa de ser. O Estado representou-o e fê-lo o órgão adequado (cf., no começo do século R. Thoma, *Der Polizeibefehl im badischen Recht*, 29 s., 34 s.).

A função do juiz pode ser de dar cumpra-se a testamentos, ou abri-los e dar-lhes cumpra-se, suprimento de outorga, suplemento de idade etc.

2) Regras jurídicas gerais – A despeito de o Título II ser sobre os procedimentos especiais de jurisdição voluntária, o art. 1.103 estatui, de início, que, onde o Código não estabelece procedimento especial, o Capítulo I (arts. 1.103-1.112) é que rege a jurisdição voluntária. Muito se discutiu se era possível ter-se um só rito para os processos de jurisdição voluntária, e não se chegava a apontar o que seria, de *iure condendo*, aconselhável. O Código de 1973 cogitou das espécies que tinham de ser expressamente regidas e entendeu, para o caso de não caberem nos Capítulos II a XI, dizer como se processariam as ações.

Qualquer que seja a espécie de processo de jurisdição voluntária, há a pretensão à tutela jurídica, há o direito, a pretensão e a ação de direito material e há a "ação" (remédio jurídico processual). Daí não se poder dizer, como fez José Carlos Barbosa Moreira (*Comentários ao Código de Processo Civil*, Tomo V, 104, nota 204), que "o poder de recorrer existe inclusive nos procedimentos de "jurisdição voluntária", em que não há ação". Há, sim, a ação (no sentido de direito material) e a "ação" (no sentido de direito processual), que foi assunto de todo o Título II do Livro IV (arts. 1.103-1.210). À ação de suplemento de idade, à ação de sub-rogação, à de alienação, arrendamento ou oneração de bens dotais, de bens de menores, de órfãos e de interditos, à de alienação, locação e administração de coisa comum, à de extinção de usufruto ou de fideicomisso, que são ações de direito material, correspondem as ações de direito processual (remédios jurídicos processuais), que o Código de Processo Civil regula. *Idem*, à ação de desquite por mútuo consentimento,[2] à de testamentos e codicilos, à de herança jacente, à de bens de ausentes, à de coisas vagas, à de curatela de interditos, à de tutela e à de curatela, à de organização e fiscalização de fundações, à de especialização de hipoteca legal.

A relação jurídica processual estabelece-se com o pedido, e citam-se todos os interessados, o que às vezes dá ensejo à angularização da relação jurídica processual (autor, Estado; Estado, interessado).

Na ação de desquite por mútuo consentimento, duas são as pessoas que exercem, juntas, a pretensão à tutela jurídica, de modo que há a simultaneidade, em vez de se ter de fazer a citação para que se angularize a relação jurídica.

Os escritores que atribuem caráter administrativo à jurisdição voluntária deformam o conceito de jurisdição e tentam reduzi-lo ao de jurisdição contenciosa. Só haveria prestação da tutela jurídica pelos juízes se a ação fosse em torno de controvérsia. No direito processual civil, haveria algo de outro poder, a despeito de ser o juiz quem vai prestar a tutela jurídica, que o Estado, com o monopólio da justiça, chamou a si. Muitas situações são criadas para uma pessoa, ou algumas pessoas, em que se precisa da aplicação da lei, sem ser necessário que haja discrepância entre os interessados. Sem se ter de encontrar autor e réu, que se apresentem em litígio, o Estado precisa satisfazer o que prometeu: não pode reduzir a sua promessa a situações de contenciosidade. Não há só jurisdição e administração; há administração e há jurisdição contenciosa e jurisdição voluntária. Algo que lançou, no fim do século passado, Albert Hänel (*Deutsches Staatsrecht*, I, 109).

Quando se diz que não se deve falar de partes se o processo é de jurisdição voluntária, está-se a raspar referência à ação se voluntária a jurisdição. Não haveria ação se a ação é de emancipação (suplemento de idade), ou de sub-rogação, ou de alienação, arrendamento ou oneração de bens dotais, de menores, de órfãos e de interditos, ou de alienação, locação e administração da coisa comum, de alienação de quinhão em coisa comum, ou de extinção de usufruto e de fideicomisso (art. 1.112). Nem em ações de alienações judiciais, ou de desquite por mútuo consentimento, de abertura, registro e cumprimento de testamento cerrado, ou de confirmação de testamento particular, ou marítimo, militar, ou nuncupativo, ou de

---

2   Vd. a nota 1.

codicilo, ou de arrecadação de herança jacente, ou de bens de ausentes ou de coisas vagas, de tutela e de curatela, ou de organização ou de fiscalização de fundações e a de especialização da hipoteca legal.

Em algumas espécies, o julgamento tem como conteúdo conferir *status*, como se dá com o suplemento de idade; em muitas, a nomeação, como acontece com a tutela, a curatela e administração judicial; em outras, homologação. O juiz por vezes atua com a sua volição, que *provê* (provimento) e não *negocia*. Daí a profunda diferença entre o negócio jurídico no plano do direito material e os provimentos, na atividade da jurisdição voluntária (Elio Fazzalari, *La Giuzisdizione volontaria*, 59).

Nas ações de jurisdição voluntária, há, por vezes, interessados, que participam da fase cognoscitiva, sem que sejam réus. O co-interesse passa à frente, com paridade simétrica, o que não ocorre na jurisdição contenciosa. Há participações, há partes, que atuam, sem serem autores e réus. Quando A, B, C e D pedem a alienação da coisa comum, ou do quinhão em coisa comum, não são autores e réus – são *partes* (autores), o que, em vez da posição de confrontação, leva a ações em que sé há um só autor, ou há dois ou mais, todos – portanto – partes do mesmo lado, sem que haja parte ou partes do outro lado.

Parte é quem está sujeito à eficácia sentencial na ação. A ação, por exemplo, é de A contra B, ou de A e C contra B, ou de A contra B e D, ou de A e C contra B e D. O que importa é o que vai ser julgado e atinge a pessoa ou as pessoas. Se na ação de A contra B vai afirmar-se ou negar-se o direito de A e B, A é terceiro se alguma providência atingiria o direito de A a C, ou B é terceiro se o direito de B a D seria atingido. O fato de ser A ou B parte numa ação não afasta a possibilidade de serem tidos ou admitidos como terceiros. Sempre que se diz que não pode ser terceiro quem não é parte erra-se palmarmente. Pode A embargar como terceiro em ação entre ele e outra pessoa se alguma medida judicial se estende ou desde logo atinge algum direito seu que nada tem com a lide. O que se exige é que a ofensa não seja objeto da causa, razão por que se abstrai de quem seja o autor ou réu da ação e até mesmo do objeto (a ação é de dívida hipotecária e se começa por penhora de outros bens). Daí não ter sido feliz o art. 1.046 quando diz que pode opor embargos de terceiro quem "não sendo parte no processo" sofre turbação ou esbulho.

Na ação entre A e B pode ocorrer que se constrinja bem de B e tal bem nada tenha com a lide entre os dois, como se A comprara de B o bem *b* e a medida constritiva que se deveria restringir a *b* apanhou o bem *c*, que é de B e nada tinha com a relação jurídica entre A e B.

Dizer-se que não há partes nas ações de jurisdição voluntária é evidente absurdo. Há relação jurídica processual entre autor ou autores e Estado. Pode haver e pode não haver angularização (autor-Estado, Estado-réu). A citação, nas ações de jurisdição contenciosa, angulariza a relação jurídica processual. Nas ações de jurisdição voluntária, não. Mesmo se a ação de jurisdição voluntária ocorre quando já há ações de jurisdição contenciosa, como acontece quando alguma das partes da ação de jurisdição contenciosa pede alienação judicial de algum bem ou de alguns bens depositados judicialmente (art. 1.113), a audiência da outra parte não a faz réu (ela é comparte, entra na nova relação jurídica processual como interessado que se litisconsorcia). Na ação de desquite, per mútuo consentimento (art. 1.120), ambos os cônjuges pedem a homologação. Se estava correndo desquite litigioso e os cônjuges requerem a conversão em desquite amigável (art. 1.123), a angularização apaga-se, porque, em vez de A contra B, passa a haver A e B, autores; portanto, autores-Estado (juiz). Não há mais réu. A respeito dos testamentos e codicilos, o requerimento é feito por interessado (arts. 1.125-1.134). Não há réus. Na espécie de herança jacente (artigos 1.142-1.158), o juiz é que toma a iniciativa e, se alguém aparece que reclame os bens, a pessoa legitimada não se faz parte: ou não se faz a arrecadação, ou se suspende (art. 1.151). No caso de bens de ausentes, não há a presença do titular, nem de representante, e o juiz, de ofício, manda arrecadar e nomeia curador (arts. 1.159-1.169). Pode ocorrer a sucessão provisória. Se o ausente regressa, há a citação dos sucessores provisórios ou definitivos, do órgão do Ministério Público e do representante da Fazenda Pública. Mas tal citação é um passo para se sair da jurisdição voluntária e se entrar na jurisdição contenciosa (inventário e partilha, arts. 982-1.045). Se se trata de achada de coisa alheia perdida, quem a achou a entrega à autoridade judiciária (arts. 1.170-1.176), e a atividade é do juiz. Quem entregou a coisa exerceu a pretensão à tutela jurídica, mesmo se a autoridade que recebeu foi policial. Vai ao juiz competente. O achador assinou o auto em que houve a descrição do bem e as suas declarações (art. 1.170). Na curatela de interditos, há, antes, a interdição e depois a nomeação. Autor da ação de interdição é o pai, a mãe, ou o tutor da pessoa interditanda, ou o cônjuge ou algum parente próximo, ou o órgão do Ministério Público (arts. 1.177-1.186). Há a citação do interditando, que pode impugnar o pedido, mas ele é representado pelo órgão do Ministério Público, ou, se esse foi o requerente, o curador à lide, e pode mesmo constituir advogado. O juiz decreta a interdição, ou não a decreta. Dir-se-á que houve o autor da ação e o réu, que seria o interditando. Não houve réu. Se foi interditada a pessoa, em benefício dela foi que se proferiu a sentença. Se a sentença negou a incapacidade, nada feito. O interditando tinha de ser ouvido, como o pedido de levantamento pode ser feito pelo interditado (art. 1.186). Antes, como interditando, foi citado, agora, como interditado, pede que se cesse a interdição. Quanto à nomeação de tutor ou de curador, o juiz é que atua, de ofício (arts. 1.187-1.193). No tocante à remoção ou dispensa, quem é autor da ação é o órgão do Ministério Público, ou quem é legitimamente interessado, conforme a lei, e há a citação do tutor ou curador para contestar (art. 1.195). Aí, há algo de contenciosidade, mas a lei acha conveniente inserir a ação de remoção do tutor ou curador no Capítulo IX (Das disposições comuns à tutela e à curatela). No que concerne à organização e à fiscalização das fundações, autor é o instituidor, ou algum interessado, que submete o estatuto ao exame pelo órgão do Ministério Público, que ou o aprova, ou não o aprova, ou indica modificações. Se não o aprovou, o interessado em petição motivada requer o suprimento da aprovação. A aprovação pelo órgão do Ministério Público seria ato administrativo, e não judicial. Apenas teria acolhido o estatuto que o instituidor elaborou ou foi feito por pessoa que o instituidor designou. Portanto, se isso não ocorreu, ele, órgão do Ministério Público, é que tem de elaborá-lo e submetê-lo à aprovação do juiz (art. 1.202). A relação jurídica processual é entre o interessado em que o juiz supra a aprovação (art. 1.201, § 1°) e o juiz (Estado), ou então o Ministério Público e o juiz (Estado). Não há réu. Só há autor da ação de suprimento da aprovação, ou da ação de aprovação (artigo 1.202). Qualquer interessado ou o órgão do Ministério Público pode promover a extinção da fundação (art. 1.204), e aí há a ação de extinção, ouvido sempre o Ministério Público, se não foi o autor. Se cogitamos da hipoteca legal, a homologação é pedida, mas sobre o laudo se manifestam os interessados (art. 1.207). Nas ações de suplemento de idade, de sub-rogação e outras, há a provocação pelo interessado e a citação de todos os interessados, bem como o Ministério Público (art. 1.105). Para se pôr em relevo a especificidade da jurisdição voluntária, basta que se atenda a uma das regras jurídicas gerais: os interessados podem produzir as provas destinadas a demonstrar as suas alegações, mas ao juiz é lícito investigar livremente os fatos e ordenar, de ofício, a realização de quaisquer provas (art. 1.107) e pode adotar, em cada caso, a solução que reputar mais conveniente ou oportuna (art. 1.109). A sentença pode ser modificada, sem prejuízo dos efeitos já produzidos, se ocorrerem circunstâncias supervenientes (art. 1.111).

O que se há de frisar é que, nas ações de jurisdição voluntária, não é pressuposto a lesão de direito material. Se não há, na ação de jurisdição voluntária, réu, pergunta-se: se há recurso da sentença favorável, ¿quem é legitimado a recorrer se não foi réu? Mesmo se há pluralidade de autores, ou de interessados, que foram chamados ao processo, ou ouvidos, pode haver recurso de *apelação*. Cumpre que não se distinga da jurisdição contenciosa a jurisdição voluntária, em se tratando de apelação. O art. 1.110 foi explícito. No Código de 1939 não havia essa regra jurídica, mas era o que tínhamos de assentar, a despeito da falta. Na alienação judicial, o juiz ouve sempre a outra parte antes de decidir (artigo 1.113, § 2°), razão para que possa ela apelar. Mesmo se foi o depositário que suscitou o processo, ou se o juiz de ofício lhe deu início, a outra parte ou as outras partes podem apelar.

No Código de 1973, teve-se por fito distinguirem-se a voluntariedade e a contenciosidade, em vez de se ater, como o Código de 1939, à referência à especialidade processual.

Art. 1.103. Quando este Código não estabelecer procedimento especial¹), regem a jurisdição voluntária as disposições constantes deste Capítulo²).

1) Jurisdição voluntária e ações que se submetem às regras jurídicas gerais – Para se saber quais as ações de jurisdição voluntária cujo procedimento há de ser o que em geral se estabelece, tem-se de lembrar o que consta dos Capítulos I a IX. Depois, já escapos à especialidade, há os que o art. 1.112 enumera e os restantes, a que só se há de exigir a voluntariedade da jurisdição.

Além dos procedimentos de jurisdição voluntária de que os arts. 1.113-1.119 (alienações judiciais), 1.120-1.124 (desquite por mútuo consentimento),³ 1.125-1.141 (testamentos e codicilos), 1.142-1.158 (herança jacente), 1.159-1.169 (bens dos ausentes), 1.170-1.176 (coisas vagas), 1.177-1.186 (curatela de interditos), 1.187-1.197 (tutela e curatela), 1.199-1.204 (organização e fiscalização das fundações) e 1.205-1.210 (especialização de hipoteca legal) –, há outros, dentre os quais merecem especial referência os seguintes: o da outorga judicial de consentimento, a que o Código de 1973 não dedicou textos (cp. Código de 1939, arts. 625-628); o da homologação

---

3   Vd. a nota 1.

do casamento nuncupativo (Código Civil, art. 200);[4] o da permissão para casamento de colaterais, legítimos ou ilegítimos, de terceiro grau (Decreto-Lei nº 3.200, de 19 de abril de 1941, arts. 1º-3º),[5] algo de preparatório para a habilitação de casamento; o da verificação de gravidez (Código Civil, arts. 4º, 462 e 1.668, I).[6] Nesses casos e nos demais, se o Código de Processo Civil não estabeleceu procedimento especial, nem há lei especial a respeito do que se vai pedir, tem-se de atender à regra jurídica do art. 1.103, que manda aplicar a esses casos de jurisdição voluntária as regras jurídicas do Capítulo I do Título II. No próprio Capítulo I, art. 1.112, há referências explícitas a espécies que não se puseram nos Capítulos II-XI.

Dizer-se que, com a jurisdição voluntária, há prevenção da lide é cair-se em grave erro. Pode haver, aqui e ali, finalidade preventiva, mas isso de modo nenhum permite que se dê a essa eventualidade a caracterização das ações de jurisdição voluntária. Nem se pense em que tal jurisdição é administrativa, e não judiciária, mesmo se se fala de administração pública de interesse privado: há muitos procedimentos de interesse privado na própria administração pública, que é função do Poder Executivo. A função é do Poder Judiciário e ele, aí, não administra, julga, porque se trata de *iurisdictio*. Não se pode sair da apreciação da voluntariedade, em frente à contenciosidade. O normal, nas ações de jurisdição voluntária, é que, a despeito de haver citações e defesas, não há relação jurídica processual autor-Estado Estado-réu. Coisa julgada há: o que se distingue, na jurisdição contenciosa e na jurisdição voluntária, é no tocante ao conteúdo do julgado. Quando, no art. 467, se diz que a eficácia da coisa julgada é a de tornar imutável e indiscutível a sentença, se não mais sujeita a recurso ordinário e extraordinário, não se afasta a modificabilidade se alguma das espécies do art. 471, I e II, ocorre. Daí termos de entrar em exame preciso do art. 1.111, onde se diz que a sentença de jurisdição voluntária pode ser modificada, sem prejuízo dos efeitos já produzidos "se correrem circunstâncias supervenientes".

2) Simplificação geral do procedimento – Com a observância dos arts. 1.104-1.112 têm-se reduzidas ao mínimo as exigências processuais:

---

4 C. Civ. de 2002, art. 1.541.
5 C. Civ. de 2002, art. 1.521, IV.
6 C. Civ. de 2002, arts. 2º, 1.779 e 1.901, I, respectivamente.

legitimação ativa (art. 1.104); legitimação passiva (art. 1.105); prazo para qualquer impugnação (art. 1.106); produção das provas e investigação pelo juiz, tal como convém à sua função na jurisdição voluntária (art. 1.107); a audiência da Fazenda Pública, nos casos em que tenha interesse para que basta a vista dos autos (artigo 1.108), salvo se interessada é a ponto de se perfazer a necessidade de citação (art. 1.105); o prazo para a decisão do juiz (art. 1.109); o recurso, que é o de apelação (art. 1.110) e tinha de ser; a permissão da modificação da sentença se depois ocorrem circunstâncias que levem a isso (art. 1.111). Tal o procedimento, assaz reduzido.

O art. 1.103 diz que o procedimento em casos de jurisdição voluntária que não constem do Código como especial se regem pelas disposições do Capítulo I. Isso não significa que alguma lei, estranha, portanto, ao atual conteúdo do Código de 1973, não possa estabelecer procedimento especial, estranho ao Capítulo I. Não se pode interpretar o Código de 1973, como se ele cerceasse legislação futura. Para que o art. 1.103 incida é preciso que a espécie não conste de algum texto do Código de 1973, nem que alguma *lex specialis* não haja exigido procedimento especial diferente do que se regula nos arts. 1.104-1.111. O art. 1.112 já cogitou de algumas ações de jurisdição voluntária que não cabem nos Capítulos II-XI. Qualquer regra jurídica posterior pode derrogar o que no art. 1.112 se estatui, mas a eficácia é só a partir da incidência da nova lei.

No concernente ao procedimento do Capítulo I, temos de frisar que a referência do art. 1.103 não afasta regras jurídicas processuais gerais como as dos arts. 273[7] (aplicação de "disposições gerais do procedimento ordinário" em procedimento especial), 282 (requisitos da petição inicial, além do que se estatui no art. 1.104), 295 e 296 (relativos ao indeferimento da petição inicial e ao recurso), 304-314 (sobre as exceções de incompetência, de impedimento e de suspeição), 342-347 (determinação do juiz, de ofício, em qualquer estado do processo, do comparecimento pessoal de qualquer parte, a fim de interrogá-las sobre os fatos da causa), e não há para a parte obrigação de depor sobre fatos criminosos ou torpes, que lhe foram imputados, ou a cujo respeito, por estado ou profissão, deva guardar segredo, pois as ações do art. 347, parágrafo único, não são de jurisdição voluntária, 336, parágrafo único (parte ou testemunha que não pode comparecer), 420-439 (prova pericial). Adiante, sob o art. 1.109.

---

7   O art. 1º da Lei nº 8.952, de 13.12.94, alterou e deslocou a norma do art. 273 para o parágrafo único do art. 272.

De regra não há o julgamento conforme o estado do processo (arts. 329-331), nem ensejo para o juiz julgar antecipadamente (art. 330) a ação de jurisdição voluntária.

O art. 1.103 diz que regem a jurisdição voluntária as regras jurídicas do Capítulo I (arts. 1.104-1.110) se o Código não estabeleceu procedimento especial. Mas há outras regras jurídicas de procedimento especial que são as dos Capítulos II-XI. Além disso, há regras jurídicas gerais sobre constituição e desenvolvimento regular do processo (arts. 7-41), tais como capacidade processual, deveres das partes e seus procuradores, responsabilidade das partes por dano processual, despesas e multas, procuradores. Quanto ao Ministério Público, além da referência dos arts. 1.104 e 1.105, pense-se nos arts. 81-85. Os arts. 86-153 (órgãos judiciários e auxiliares da justiça) têm de ser atendidos. Bem assim os arts. 154-257 (atos processuais), 262-269 (formação, suspensão e extinção do processo), 282-296 (petição inicial), 297-314 (resposta do citado), 332-427 (provas), 444-457 (audiência), 458-466 (sentença), 476-479 (processo em tribunal), 496-565 (recursos). Alguns artigos referidos serão objeto de comentário especial, por ter de ser atendida a especialidade ou a voluntariedade da ação. Os arts. 319-322 precisam ser examinados minuciosamente ao termos de cogitar de regras jurídicas do Título II.

A enumeração do art. 1.112 é exemplificativa, uma vez que, conforme já dissemos, há ações de jurisdição voluntária que não foram incluídas nele e nas dos Capítulos II-XI.

Sempre que alguma decisão é pedida e o juiz verifica que não há a contenciosidade, uma vez que, mesmo se a resposta do citado pode negar a existência ou a legitimação ativa, não se cria a lide (senso estrito); de jurisdição voluntária é que se trata. Por isso mesmo, há a possível conversão do processo do desquite por mútuo consentimento em processo de desquite litigioso, pois que a contenciosidade surgiu, e houve a observância dos arts. 1.121 e 1.122, § 1°, primeira parte. Daí em diante o processo é de jurisdição contenciosa, com o respeito das regras jurídicas a ela pertinentes.

Alguns procedimentos de jurisdição voluntária são os de que cogitava o Código de 1939, em virtude do art. 1.218 do Código de 1973, que diz continuariam em vigor, até que fossem incorporados em leis especiais os procedimentos dos arts. 457-464 do Código de 1939 (Registro Torrens), 595-599 (averbações ou retificações do Registro Civil), 647-651 (bem de família), 742-745 (habilitação para casamento), 754 e 755 (dinheiro a risco), 756 (vistoria de fazendas avariadas), 757-761 (apreensão de embarcações) 762-764 (avaria a cargo do segurador), 765-768 (avarias), 769-

771 (salvados marítimos) e 772-775 (arribadas forçadas). A despeito da referência ao direito anterior, as regras jurídicas das Disposições Gerais do Código de 1973, Título II, Capítulo I, são de aplicar-se aos arts. 1.104-1.111, sendo de relevância os arts. 1.109 e 1.111.

Teremos ensejo, sob o art. 1.218, de tratar, pormenorizadamente, do assunto.

> *Art. 1.104. O procedimento terá início por provocação do interessado ou do Ministério Público[1]), cabendo-lhes formular o pedido em requerimento dirigido ao juiz, devidamente instruído com os documentos necessários e com a indicação da providência judicial[2]).*
>
> *Art. 1.105. Serão citados, sob a pena de nulidade, todos os interessados, bem como o Ministério Público[3])[4]).*

1) Legitimação ativa – A legitimação ativa para o processo (provocação do procedimento) é a de quem seja interessado, assunto que se prende à natureza da ação e às regras jurídicas de direito material. Interessado pode ser o órgão do Ministério Público; mas a lei, diante do elemento vontade, que levou ao conceito de jurisdição voluntária, fez necessária a legitimação ativa do Ministério Público. Pode acontecer que lhe caibam duas funções, uma, de interesse da entidade estatal,[8] e outra, de órgão do Ministério Público, que defende interesse público.

O art. 1.104, 1ª parte, atende ao princípio geral contido no art. 2°, sem que isso pré-exclua a iniciativa do juiz. O Estado, que prometeu a tutela jurídica, tem de levar em consideração que o seu dever pode ter de ser exercido, em determinados casos, sem ser necessário que a iniciativa parta do interessado ou mesmo do Ministério Público. Para apontarmos espécies em que o juiz atua *ex officio*, basta que pensemos: no art. 1.113, relativo a bens depositados judicialmente, de fácil deterioração, que estão com avarias ou exigem grandes despesas para sua guarda, que estatui que o juiz de ofício ou a requerimento do depositário ou de qualquer das partes mande aliená-los em leilão; no art. 1.129, onde se diz que o juiz, de ofício ou a requerimento de qualquer interessado, ordenará ao detentor do testamento

---

8 Após a Const. 88, como se vê no seu art. 129, o MP não mais patrocina os interesses de entidades estatais.

que o exiba em juízo para os fins legais, se ele, após a morte do testador, não se tiver antecipado em fazê-lo, e, desatendido, determine a busca e apreensão (arts. 1.129, parágrafo único, e 839-843); no artigo 1.142, que, nos casos em que a lei civil considere jacente a herança, estabelece que o juiz, em cuja comarca tinha domicílio o falecido, proceda, sem perda de tempo, à arrecadação de todos os bens da herança; no art. 1.160, segundo o qual o juiz mandará arrecadar os bens do ausente que não deixou representante a quem caiba administrar-lhe os bens, ou, se deixou mandatário, esse não queira ou não possa continuar a exercer o mandato; no art. 1.171, em que, diante de o achador de coisa alheia perdida, tê-la entregue à autoridade judiciária, estatui que o juiz mande publicar edital, por duas vezes, no órgão oficial, para que o dono ou legítimo possuidor a reclame; no art. 1.190, segundo o qual, se o tutor ou curador é de reconhecida idoneidade, pode admiti-lo, ou desde logo dispensá-lo.

O interesse, conforme o art. 3°, é o que justifica a iniciativa de alguém a propor a ação, interesse que não se limita a direitos privados, pois há direitos públicos que têm pretensão e ação exercível perante o Poder Judiciário.

Quanto ao Ministério Público, trata-se de regra jurídica que exige a sua citação, por se estar a cogitar de ação de jurisdição voluntária, em que o interesse público é inafastável. No art. 82, I, II e III, fala-se da intervenção do Ministério Público nas causas em que há interesses de incapazes, nas causas concernentes ao estado da pessoa, pátrio poder, tutela, curatela, interdição, casamento, declaração de ausência e disposições de última vontade, e em todas as demais causas em que há interesse público, evidenciado pela natureza da lide ou qualidade da parte. Compreende-se que apenas se quis, no art. 1.105, explicitar a necessidade de trazer-se ao juízo o Ministério Público. Sé não há a citação, nulo é o processo. Aliás, já o previa o art. 84. O Ministério Público pode intervir se há interesse público, mas, nas causas de jurisdição voluntária, é necessária a sua citação: não importa se ele se manifesta, ou se não se manifesta. Ele pode responder, pode requerer medidas ou diligências necessárias ao descobrimento da verdade (art. 83, II), como pode juntar documentos e certidões. A verdade, a que se refere a lei, é a verdade dos fatos alegados, inclusive o interesse que o juiz vai apreciar.

2) Petição nas ações de jurisdição voluntária – A petição é feita pelo interessado, que é legitimado ativo, inclusive o Ministério Público, que o seu interesse não é apenas o de ser ouvido, mas o de propor a ação de jurisdição voluntária. No art. 1.104, a posição do órgão do Ministério

Público é a de autor; no art. 1.105, é apenas a de interveniente, razão por que se exige a citação. Pergunta-se: se ação foi proposta por um órgão do Ministério Público, ¿tem de ser citado órgão que tenha de conhecer do que se passa? A resposta não depende sempre da lei de organização judiciária: quer a ação tenha tido iniciação de ofício, ou por ato de órgão do Ministério Público a que se atribui a propositura da ação, o órgão do Ministério Público perante o juízo tem de ser citado, salvo se as funções são do mesmo órgão.

A petição inicial tem de indicar: o juízo ou tribunal a que é dirigida; os nomes, prenomes, estado civil, profissão, domicílio e residência do autor, bem como dos citandos; os fatos e os fundamentos jurídicos do pedido; o valor da causa; as provas com que o autor pretende demonstrar a verdade dos fatos alegados; o requerimento para citação de todos os interessados e do Ministério Público (arts. 282 e 1.105). Pode acontecer que o juízo, diante da falta de requerimento, ou diante de defeitos e irregularidades, determine que o autor emende a petição, ou a complete, no prazo de dez dias (artigo 284), caso em que, não cumprida a diligência, o juiz indefere a petição inicial (art. 284, parágrafo único).

Surgem algumas questões. ¿Pode o autor formular em ordem sucessiva dois ou mais pedidos, a fim de que o juiz conheça do pedido posterior, se não acolhe o anterior? Não se pode afastar a invocabilidade do art. 289 se tal sucessividade é justificável. Quanto à cumulação, o que é de exigir-se é que se satisfaçam os requisitos de admissibilidade (art. 292, § 1°).

3) Citações – São citados, sob pena de nulidade, todos os interessados, o que obriga a exame inicial pelo juiz, e o Ministério Público, que, conforme dissemos, pode ter duas ou mais funções.

Todos os interessados, diz a lei; e cabe ao juiz verificar se, além dos que constam da petição, tem de ser citada alguma outra pessoa, ou serem citadas duas ou mais. Se alguma ou algumas tinham de ser citadas e não o foram, a sentença não tem eficácia de coisa julgada processual ou material contra ela ou contra elas. A própria sentença pode ser argüida de nulidade, porque a falta da citação ou a falta das citações levou a isso.

4) Atendimento e inatendimento pelos citados – Algum ou alguns dos citados podem não atender à citação, isto é, não manifestar ou não manifestarem a sua resposta. Temos, de início, de referir o art. 302, parágrafo único, onde está explícito que o ônus da impugnação especificada dos fatos não se aplica ao órgão do Ministério Público, ao advogado dativo e ao curador especial. Os demais citados, se não respondem, tornam presumidos como verdadeiros os fatos narrados na petição (art. 302): salvo se não foi admissível a respeito a confissão, se a petição inicial não foi acompanhada de documento público que a lei considera da substância do ato, ou se estiverem em contradição com a defesa, considerada em seu conjunto (art. 302, I, II e III). Cf. art. 319, que fala de réu. O art. 320, I e II, pode ser invocado. Nele se enuncia que a revelia (a falta de impugnação) não tem a eficácia de criar presunção da veracidade dos fatos alegados, se, havendo pluralidade de "réus" (aqui digamos pluralidade de "citados"), algum deles impugnou, se o litígio versar sobre direitos indisponíveis. O art. 320, III, corresponde ao art. 302, II, concernente ao autor. A falta do citado quanto à impugnação não tem a eficácia que resultaria do art. 319 se ocorreu a falta do autor quanto à petição não ter sido acompanhada do instrumento público que era indispensável.

Se foram citados um ou todos os interessados e o órgão do Ministério Público, a impugnação por qualquer um dos citados, *a fortiori* por dois ou mais, basta para que não se pense em invocação do art. 319.

Adiante, sob os arts. 1.107 e 1.109, trataremos da missão especial do juiz, que de certo modo atinge a eficácia do inatendimento pelo citado ou pelos citados.

Também se há de respeitar o art. 322, 2ª parte: quem foi revel ou apenas não impugnou algum ou alguns pontos pode intervir no processo em qualquer fase, recebendo-o como está.

Art. 1.106. O prazo para responder¹) é de dez (10) dias²).

Art. 1.107. Os interessados podem produzir as provas destinadas a demonstrar as suas alegações; mas ao juiz é lícito investigar livremente os fatos e ordenar de ofício a realização de quaisquer provas³).

Art. 1.108. A Fazenda Pública será sempre ouvida nos casos em que tiver interesse⁴).

1) Resposta dos citados – Os citados manifestam-se e a tal manifestação a lei chama "resposta", para que abranja todas as alegações que afastem o que o autor pediu, com as razões de fato e de direito com que algum dos citados ou alguns ou todos impugnam o pedido (art. 300, 1ª parte). Para isso, há de haver a especificação das provas que se pretende produzir (art. 300, 2ª parte). Na resposta, que mais tem por fito negar-se o direito, a pretensão e a ação do autor, primeiro se há de argüir, conforme a espécie ou o caso, a inexistência ou nulidade da citação, a competência absoluta (ou mesmo relativa) do juízo, a inépcia da petição inicial, a litispendência, a coisa julgada, a conexão, a incapacidade da parte, o defeito de representação ou a falta de autorização, a carência da "ação", a falta de caução ou de outra prestação que a lei exige como preliminar (art. 301, I-VIII, IX, X e XI). Pode a resposta consistir em dizer-se que há a falta de ação de direito processual, dita carência de ação (art. 301, X). Tal alegação há de consistir em não ter o autor qualquer "ação" ou não ter a "ação" de jurisdição voluntária, isto é, não ser uma das espécies dos arts. 1.103, 1.112 e 1.113-1.210, a que corresponde o procedimento especial.

Depois de tais alegações é que há de vir a de não haver interesse do autor (= não ser titular de direito, pretensão ou ação), o que corresponde à negação no tocante ao mérito (em sentido amplo, que não há de ser apenas o de mérito apreciado em jurisdição contenciosa).

2) Prazo para responder – O prazo para responder é de dez dias, contados da citação. Há, aí, prazo comum (artigo 241, I), de modo que a cada interessado não pode corresponder início diferente do prazo. Os arts. 178, 180 e 184 incidem. O prazo começa após a última citação.

3) Provas – Os interessados podem produzir as provas, desde que se destinam às suas alegações como promoventes ou como citados ou como simples audientes (*e.g.*, a Fazenda Pública, art. 1.108). Os arts. 334 e 335 são invocáveis. A despeito de hão haver regra jurídica especial, nem sempre se há de produzir a prova em audiência (art. 336). Não é preciso que se abra audiência de instrução e julgamento, salvo se o juiz, de ofício, entende que se marque o dia (cf. arts. 1.107, 2ª parte, e 1.109).

Os citados podem produzir provas, ou não as produzir. Não há o dever de produção; o que há para eles é o *ônus da prova*. Ônus e dever são inconfundíveis. A expressão "podem" do art. 1.107 não foi impertinente, máxime porque no art. 1.109 se permite ao juiz "adotar em cada caso a solução que reputar mais conveniente ou oportuna". Está-se em matéria de jurisdição voluntária, em que há a alternativa de julgar favorável ou desfavoravelmente a causa, sem se terem de tratar os citados como réus. Não está o juiz a decidir controvérsias, dirimir litígio. Apenas recebe dos interessados que foram citados o que pode convir ou não ao julgamento da ação de jurisdição voluntária.

A permissão de o juiz investigar livremente os fatos e ordenar de ofício a produção de quaisquer provas contém, entre muitos outros poderes, o de inquirir citados que algo alegaram ou nada alegaram, ou dar ensejo ao Ministério Público a pronunciar sobre algum, alguns ou todos os pontos, mesmo se nada argüira.

Qualquer conclusão a que chegue o juiz, com a livre investigação, é assunto para apreciação em recurso. A instância superior não tem de atender sem liberdade ao que livremente o juiz investigou e lhe deu base para a decisão. A presunção de ser verdadeiro o que não foi atacado pelos citados não está incólume à livre investigação do juiz.

4) Fazenda Pública – Se há interesse da Fazenda Pública, interesse na espécie de ação, tem de ser ouvida. Não se confunda com o interesse de agir, que lhe daria a legitimação do art. 1.104 ou a do art. 1.105.

A situação da Fazenda Pública é a de interessado, mas o interesse, aí, é inconfundível com o do Ministério Público. Na ação de desquite por mútuo consentimento[9] pode ocorrer que se haja de proceder à partilha de bens e haja de ser ouvida a Fazenda Pública estadual (cf. arts. 999 e 1.026). *Idem*, na arrecadação de herança jacente, na qual há a intimação da Fazenda Pública e do Ministério Público para que a ela assista (arts. 1.145, § 2°); na arrecadação de bens de ausentes (art. 1.160 e 1.169), em que são citados o Ministério Público e a Fazenda Pública; na arrecadação de coisas vagas (arts. 1.172 e 1.173).

> *Art. 1.109. O juiz decidirá o pedido no prazo de (10) dias¹)⁵); não é, porém, obrigado a observar critério de legalidade estrita, podendo adotar em cada caso a solução que reputar mais conveniente ou oportuna²).*
>
> *Art. 1.110. Da sentença caberá apelação³).*
>
> *Art. 1.111. A sentença poderá ser modificada, sem prejuízo dos efeitos já produzidos, se ocorrerem circunstâncias supervenientes⁴).*

1) Sentença e prazo – Há o prazo de dez dias para que o juiz profira a decisão. Tem ele mais amplitude no exame, na apreciação das alegações

---

9   Vd. a nota 1.

e das provas, com liberdade na verificação dos fatos, na suscitação ou na produção de qualquer prova. O art. 1.109 impôs-lhe dever de consciência, que lhe obsta estar adstrito àquilo que resultou da atividade dos interessados. Com a sua liberdade, cabe-lhe buscar qual a solução que mais conveniente *in casu* e mais oportuna.

2) Referência à lei e à conveniência ou oportunidade – Nunca se pode dar a juiz a atribuição de julgar contra a lei. "Critério de legalidade estrita" somente pode ser concernente à atividade processual, com o intuito de abreviar o procedimento, de tratamento mais adequado das partes e de medidas que afastem a atividade desleal de qualquer dos interessados, inclusive do Ministério Público e da Fazenda Pública. No que toca ao direito material, de modo nenhum se pode invocar o art. 1.109. O que se teve por fito, no artigo 1.109, foi alargar-se, na jurisdição voluntária, o poder do juiz, sem que isso possa levá-lo a infringir *ius cogens*. Se tal ocorre, há a própria rescindibilidade da sentença (art. 485, V). Não pode atribuir à sentença na ação de jurisdição voluntária qualquer poder de ferir as leis. Nos recursos podem ser argüidas as nulidades dos seus atos; e, com a coisa julgada da sentença, que as cobre, tem-se a ação rescisória.

Qualquer interpretação do art. 1.109 como se nele estivesse regra jurídica de livre arbítrio do juiz seria de vedar-se energicamente. O emprego de "legalidade estrita" proveio do texto português (Código de Processo Civil, art. 1.410), cuja explicação de José Alberto dos Reis (*Processos Especiais*, II, 400) e de outros temos de repelir. No Código de Processo Civil brasileiro, art. 127, diz-se que "o juiz só decidirá por eqüidade nos casos previstos em lei". A respeito do juízo arbitral, há o art. 1.075, IV,[10] em que se prevê que o compromisso contenha a autorização aos árbitros para julgarem por eqüidade, fora das regras e formas de direito.

O art. 1.109 supõe que haja normas que o juiz observa, sem ofender a lei. Daí termos de evitar implantações de textos destoantes do sistema jurídico brasileiro. Aliás, na própria doutrina portuguesa, há divergência (*e.g.*, João de Castro Mendes, *Direito Processual Civil*, I, 47 s.).

---

10 Norma ab-rogada pelo art. 44 da Lei nº 9.307, de 23.09.96 – "Lei da Arbitragem" –, cujo art. 2º estatui que "a arbitragem poderá ser de direito ou de eqüidade, a critério das partes".

3) Recurso – O recurso é o de apelação. Tem os dois efeitos, devolutivo e suspensivo (cf. art. 520).

4) Modificação da sentença – Não se trata, no artigo 1.111, de *alteração da sentença*, para corrigenda de inexatidões materiais, ou de erros de cálculo, nem de obscuridade, dúvida ou contradição da sentença, ou omissão de ponto sobre o qual tenha de pronunciar-se a sentença (arts. 463-465);[11] porque tudo isso se refere a qualquer espécie de sentença. O art. 1.111 concerne ao conteúdo da sentença e a circunstâncias supervenientes, que poderiam dar ensejo, na jurisdição contenciosa, à *ação de modificação*. O problema que surge, no tocante ao art. 1.111, é se ele exige *a)* outra propositura de ação, ou *b)* a ação de modificação pode ser (ou há de ser) no próprio processo de jurisdição voluntária. A ação de modificação cabe sempre que a sentença, que transitou em julgado, pode ser alterada no que estabeleceu para o futuro: a própria eficácia sentencial, aí, está sujeita, devido à natureza da sentença e do seu conteúdo, à mudança, ou a mudanças, se o juízo o reconhece (cf. art. 471). O art. 1.111 é um dos "demais casos previstos em lei", que é assunto do art. 471, II, a cujo comentário fazemos remissão. O que aqui nos importa é sabermos se tem de ser aberto outro processo, o que, em princípio, ocorre com as ações de modificação, ou se tem de ser ou pode ser no mesmo processo. O art. 1.111 é regra jurídica especial, tanto que, nela, não se diz que se vai decidir "novamente" o que já se decidirá, mas modificar-se a sentença. Tem de ser, de regra, no mesmo processo.

Tem-se dito que o ato de jurisdição voluntária é ato de administração, de modo que não produz coisa julgada. Invoca-se, por exemplo, o art. 1.111, em que se diz que a sentença, no procedimento de jurisdição voluntária, pode ser modificada, sem prejuízo dos efeitos já produzidos, se ocorrem conseqüências supervenientes.

No Código de 1939, art. 288, dizia-se: "Não terão efeito de coisa julgada... as sentenças proferidas em processos de jurisdição voluntária e graciosa, preventivos e preparatórios e de desquite por mútuo consentimento." O texto era lamentável, com a interpretação, que escritores e juí-

---

11 Os arts. 464 e 465 foram ab-rogados pelo art. 3º da Lei nº 8.950, de 13.12.1994 Na redação do art. 1º dessa Lei, o art. 535 do CPC passou a regular os embargos de declaração também na primeira instância.

zes lhe davam, de que tais sentenças não tinham eficácia de coisa julgada formal, nem material. Apenas lhe admitíamos não ter eficácia de coisa julgada material (*Comentários ao Código de Processo Civil de 1939*, Tomo IV, 107-112). Felizmente, o Código de 1973 retirou o que se achava no art. 288 do Código de 1939. No art. 1.111 apenas diz que a sentença, em jurisdição voluntária, pode "ser modificada, sem prejuízo dos efeitos já produzidos, se ocorrem circunstâncias supervenientes".

De modo nenhum se referiu à falta de eficácia de coisa julgada, formal ou material.

Primeiramente, cumpre advertir-se que se afirma a persistência da eficácia produzida pela sentença, só atingível por "circunstâncias supervenientes", que permitam a modificação. Modificar é alterar, como retificar, mas, com a diferença de não corrigir, e somente regular o modo. No art. 1.111 frisa-se que isso não pode prejudicar os efeitos já produzidos. A eficácia persiste até que *sobrevenham* circunstâncias que dêem ensejo à modificação. O que foi julgado existiu, persistiu e foi eficaz, até que as circunstâncias supervenientes aos efeitos levem à modificação. Nenhuma referência à eliminação da coisa julgada: os próprios efeitos da coisa julgada material lá ficaram e a eficácia, que sobrevém, é a de se haver modificado o conteúdo da sentença. A decisão, aí, também é sentença. Procuramos caracterizar o que se passa sob o Código de 1973, o que nos permite analisar o que antes se sustentava, na doutrina, nos comentários e diante do art. 288 do Código de 1939, e repelir qualquer permanência das interpretações obsoletas. Não se pode dizer, hoje em dia, que se abrem portas à correção da injustiça, uma vez que voluntária a jurisdição (*e.g.*, Franz Schlegelberger, *Die Gesetze über die Angelegenheiten der freiwilligen Gerichtsbarkeit*, 1, 24), nem que a regra *res iudicata ius facit inter partes*, que alguns juristas pretenderam elevar à categoria de regra geral de direito público (*e. g.*, Konrad Schneider, "Das Beschlussverfahren und die Rechtskraft", *in privatrechtlichen streitigen Angelegenheiten der freiwilligen Gerichtsbarkeit, Zeitschrift für deutschen Zivilprozess*, XXIX, 153, s.), é afastada.

No XXVI Congresso dos Juristas (*Verhandlungen*, I, 86 s.; II, 32; III, 378 s.), M. Schultzenstein e E. Bernatzik destruíram as afirmações de Konrad Schneider. Aliás, Conrad Bornhak (*Verwaltungsrecht*, II, 475) já fora claro, excluindo o princípio no direito administrativo. Tentou-se também descobrir (ou indagar-se se seria possível descobrirem-se) casos de força material de coisa julgada na jurisdição voluntária.

Alguns escritores enfrentaram o problema, de *lege ferenda*. Vale a pena referir o que dizia F. Stein (*Grenzen und Beziehungen*, 102): "Devemos lembrar-nos de que, dentro dos próprios domínios, o reconhecimento da coisa julgada (material) não é 'dado' conceptualmente adquirido ('begrifflich Gegebenes'), mas sim questão resolvida com extremo cuidado de finalidade." Aqueles mesmos que pretendem levar a coisa julgada material a outros ramos do direito público, o que, *a priori*, não é vedado, tal como Seidler, no XXVI Congresso de Juristas (*Verhandlungen*, III, 385), não desconhecem a gravidade do passo. Maior interesse público é o de se poderem, *de regra*, corrigir despachos errados na jurisdição administrativa. Nem se alegue o interesse das partes e a segurança jurídica; pois que não houve litígio. Nem cabe argumentar-se com o interesse ser público, e não privado, no processo penal: a acusatoriedade assegura a vigilância pelo promotor e pela parte ou partes.

Os cálculos de imposto, quando controvertidos, são causa da Fazenda Pública dentro do processo alheio. Por isso, é erro dizê-los de jurisdição graciosa, se gracioso o processo em que ocorrem, e contencioso, se contencioso o processo. A contenção do processo nada tem com o cálculo; nem o cálculo com o processo. De regra, os cálculos são amigáveis e suscetíveis de contenção, que suscita a discussão e a decisão judicial com força de coisa julgada. Certas, nas conclusões, as Câmaras Conjuntas do Tribunal de Apelação de São Paulo, a 30 de janeiro de 1941 (*R. F.*, 90, 435). O relator, desembargador Gomes de Oliveira, tocou o ponto, que merece ser explorado pelos tribunais. Trata-se de caso de processo alheio dentro do processo.

O melhor método prático para se descobrir se a ação ou a sentença é de jurisdição contenciosa ou voluntária é o de se começar por indagar se *não pode* ser voluntária. Ficam, então, de fora, para ulterior exame, se, *podendo ser voluntária*, os elementos de contenção permitem que se considere tal. Se a ação não é tendente a (*a*) suprir capacidade jurídica, nem a (*b*) cooperar na constituição (positiva ou negativa) do negócio jurídico, nem a (*c*) transformá-lo, e sim a (*d*) aplicar direito a caso em que o direito incidiu, então não há jurisdição voluntária, e a questão está resolvida desde já. Mas isso não significa que todas as outras espécies pertençam à jurisdição voluntária. O elemento contencioso pode superar a voluntariedade ainda nas espécies *(a), (b)* e *(c)*. De modo que nem sempre, depois do primeiro exame, se pode responder que "é" de jurisdição voluntária, posto que se possa responder às vezes que "não é". Ninguém desconhece a contenciosidade das destituições de tutor e curador. Não é a forma que decide de ser voluntária ou contenciosa a jurisdição. A preponderância da contenção deriva da pretensão, mesma, da sua estrutura de pressão contra alguém, que se defende ou pode defender-se, isto é, afirmar em contrário ao afirmado no pedido. A forma, essa, mais leva em conta o *quod plerumque fit*, portanto a mais vulgar maneira de se exercer a pretensão, e não a pretensão mesma. Por isso, encontramos procedimentos concebidos como sem contraditório e até *inaudita altera parte*, parecendo de jurisdição voluntária, que, em verdade, são contenciosos, como as medidas cautelares e aqueles processos em que a parte ré *pode* introduzir a contraditoriedade, ou deixar que se ultime como se de jurisdição voluntária. O fato de haver o legislador processual concebido o "procedimento" como de jurisdição voluntária não basta para afastar a existência, ou, pelo menos, a possibilidade do contraditório. Às vezes, a sua técnica prevê a insurgência da contenção; outras, não: só se preocupa com o que mais acontece, ou com os casos sem contenção. Seja como for, a distinção entre jurisdição voluntária e jurisdição contenciosa não pode ser feita dentro da lei de processo, porque os dois conceitos não são de direito processual; são pré-processuais; são mesmo "dados", e não "construídos"; estão *antes* das leis de organização judiciária e das leis de processo. Daí a dificuldade de serem tratados como conceitos de direito processual.

Algumas ações de jurisdição voluntária são constitutivas, de modo que a sentença tem força constitutiva, ou tem, pelo menos, efeitos constitutivos. Posto que Friedrich Stein (*Grenzen und Beziehungen*, 93 s.) ainda vacilasse em separar a força constitutiva (ou efeito constitutivo) e a força material (ou efeito material) de coisa julgada, Konrad Hellwig (Anspruch und Klagrecht, 480 e 487; *Wesen und subjektiue Begrenzung der Rechtskraft*, 4) as separou com precisão. Desgraçadamente, os juízes andaram, nesse ponto, com atraso de mais de setenta anos, razão por que, falando de ações de *status*, jurisdição voluntária, e afirmando que a sentença não tem força ou efeito de coisa julgada material, ¡lhe negavam a força ou efeito de constituição! O erro do Código de 1939 deu causa a isso. Já Josef Kohler advertia na força *erga omnes* de certas ações de jurisdição voluntária, exatamente por serem constitutivas, e Max Pagenstecher pretendera resolver a questão, retirando das ações de jurisdição voluntária as ações constitutivas. Em verdade, ações constitutivas pedem ser graciosas ou contenciosas; não vem ao caso.

A sentença homologatória de desquite por mútuo consentimento[12] passa, formalmente, em julgado; e muitas vezes se tem de invocar a eficá-

---

12 Vd. a nota 1.

cia de força formal do trânsito em julgado. Tudo ocorre, como sempre, no plano da inimpugnabilidade da sentença. A sentença pode ser rescindida.

Um ponto que deu lugar a discussões é o de poder haver eficácia constitutiva nas sentenças de jurisdição voluntária.

Quando, em caso de condenação a prestações periódicas *futuras*, as circunstâncias se modificarem de tal maneira que não mais se justifiquem as prestações, no todo, ou em parte, ou a própria condenação, ou a duração delas –, cabe à parte reclamar pela chamada *ação de modificação*. Nós já a tínhamos, invocando o velho *Allgemeines Landrecht* prussiano (I, 6, § 119) ou o Código Civil francês, arts. 209 e 210, a respeito de prestações alimentares. *A generalização foi obra da ciência*.

Muitas vezes, a jurisprudência confunde ser suscetível de modificação a sentença e não ter força ou eficácia de coisa julgada. As sentenças em ação de alimentos, embora suscetíveis de modificação, têm eficácia imediata de coisa julgada. A própria sentença em ação declaratória da relação jurídica concernente a alimentos somente declara a relação jurídica, tal como é até a data da prolação, sem vedar que se declare ser diferente do que se previa após mudança de circunstâncias. Exemplo de decisão que incorre no erro de confundir modificabilidade por mudança de circunstâncias e carência de eficácia de coisa julgada tem-se na decisão da 3ª Câmara Civil do Tribunal de Justiça de São Paulo, a 18 de dezembro de 1952 (*R. dos T.*, 209, 239).

¿Qual a natureza da ação de modificação?

(1) Tem-se entendido, às vezes, que se trata de efeito retroativo do segundo julgado, o que não se compadece com os fatos e os princípios.

(2) Outras vezes, que é apenas limitação à eficácia executiva do julgado, diante da concorrência da pretensão do réu, posterior ao julgado. A ação de modificação seria como as defesas em exceção (Arthur Nussbaum, *Die Prozesshandlungen*, 54) ou os embargos do devedor segundo o artigo 741,[13] mas sem se identificar com eles.

(3) Também se sustentou que a ação de modificação de modo nenhum ofende a coisa julgada; pois a sentença leva consigo a consideração implícita (ou explícita) de ser excetuável conforme as *novae causae* (Cf.

---

13 A Lei nº 11.232, de 22.12.05, eliminou do CPC os genéricos embargos à execução fundada em título judicial. Os arts. 741 e seguintes do CPC passaram a regular, exclusivamente, os embargos à execução movidos contra a Fazenda Pública, bem como os embargos à execução de título extrajudicial (art. 745 e seguintes).

Righard Schmidt (*Lehrbuch*, II, 757; *Die Anderung*, 59 s.), Jakob Weismann (*Lehrbuch*, 238; *Die Feststellungsklage*, 131, onde considerava a ação de modificação como *condictio liberationis*), P. Klöppel (*Die Einrede der Rechtskraft*, 124 s.) e Georg Kuttner (*Die privatrechtlichen Nebenwirkungen der Zivilurteile*, 229 s.). Note-se a diferença em relação a (2): ali, a ação é contra a execução, como os embargos do devedor; aqui, contra a inteligência da sentença como rígida, no processo da ação de condenação.

(4) Friedrich Stein (cf. *Zeitschrift*, 24, 224 s.), que parecia pensar como em (2), explicou, na 10ª ed. do seu comentário, a ação de modificação como "exceção eqüidosa" à coisa julgada – explicação bem imprópria do gênio de Friedrich Stein. A solução da concorrência de duas ações pela abertura emergencial da eqüidade choca-se com os métodos de pesquisa científica. Isso em 1911. Tal como Ernst Eichhoff, em 1898 (*Die Lehre von der* compensatio lucri cum damno, 133 s.), e J. CH. Schwartz, em 1904, na sua tese sobre o § 829 do Código Civil alemão.

(5) Johann Christoph Schwartz (*Das Billigkeitsurteil des § 829 BGB*, 48, 73, 88 s.) pensou em ação de enriquecimento, *condictio ob causam finitam*, que se coaduna com a eficácia de coisa julgada da sentença. Corresponderia à (não se subsumiria na) ação contrária à execução de sentença (nossos embargos do devedor).

(6) Outros vêem na ação de modificação correção à decisão, espécie de impugnativa da sentença trânsita em julgado, como a nossa ação rescisória, com o fundamento político-jurídico de limitação aconselhável da coisa julgada (E. Neukamp). Ainda assim pensaram Georg Kleinfeller (*Lehrbuch*, 2ª ed., 258), P. Langreineken (*Der Urteilsanspruch*, 261), que frisou o alterar-se o julgado pela sua injustiça material, e Wilhelm Kisch (*Beiträge zur Urteilslehre*, 183 e 185), que acentuou a diferença em relação à ação contrária à execução (nossos embargos) e a semelhança com as ações de restituição (e, pois, a nossa ação rescisória). Felix Jaeger (*Die Umwandlungsklage*, 12 e 29 s.) referiu-se a *condictio indebiti* e a *condictio sine causa*.

(7) Oppermann (*Zeitschrift für deutschen Zivilprozess*, 38, 445 s.) invocou a semelhança com a renúncia à execução e com a moratória: aludiu, portanto, aos pressupostos fácticos da eficácia do julgado, que foram (¿ou se tornaram?) *errôneos*. O lugar de tal ação não seria na ação de execução de sentença, como ação contrária (nossos embargos do devedor), posto que semelhante a ela.

Também Konrad Hellwig (*System*, 810 s.; *Anspruch und Klagrecht*, 167; cf. Lehrbuch, I, 238) admitia que a ação de modificação *altere* o julgado mesmo. Algo como os nossos embargos infringentes do julgado, se eles fossem "ação", em vez de recurso. A sentença projeta-se no futuro; e a perspectiva do juiz, ao longo do tempo a vir, foi injusta. Konrad Hellwig usou mesmo da expressão "cômputo injusto" (*unrichtige Berechnung*) do futuro. O julgado seria anulável pelo princípio, novo, de ataque à coisa julgada. Para ele (*System*, 810) cabe a ação declaratória (entre nós, a do art. 4º), ou a ação contrária à execução (os nossos embargos do devedor).

(8) Porém Josef Kohler (Über die Grundlagen des Civilprozesses, *Archiv für die civilistische Praxis*, 97, 10) tomou, resolutamente, atitude à parte: a sentença mesma é dada na pressuposição de que, mudando as circunstâncias, ocorra a modificação. Existe, pois, reserva implícita, que se faz explícita com o outro e posterior julgado. Cláusula *rebus sic stantibus* implícita.

A questão interessa à natureza e à classificação da ação. ¿Tratar-se-á de embargos do devedor? ¿Outra ação, de cognição? ¿Simples ação declarativa? ¿Ou ação *contrária* à de condenação? ¿Correção de cálculo, ou correção da sentença mesma? ¿Ação semelhante aos embargos de declaração, que são recursos, ou semelhante à ação rescisória, ou semelhante à ação que seriam os embargos infringentes do julgado se eles fossem ação?

A (1) responda-se: nenhum efeito retroativo tem o segundo julgado; a eficácia é *ex nunc*, de modo que a construção com a noção de retroatividade destoaria de toda a metodologia da interpretação das leis e de todas as regras de investigação científica construtiva.

A (2) responda-se: restringir-se a prestação, a que serve a ação de modificação, a simples pretensão a embargos do devedor (ação contrária à execução) seria entender-se que só se repele efeito executivo. Não devemos admitir que tal ação de modificação só se refira a julgados em ações de condenação. Não podemos, *a priori*, excluí-la em caso de ação executiva *lato sensu* (exemplo, contra o julgado do art. 641),[14] portanto contra a força executiva (e não só contra o efeito), nem em casos de ações declarativas, constitutivas e mandamentais.

A (3) responda-se: o juiz não "considerou" que as circunstâncias mudassem; nem a sentença, objetivamente, podia "considerar" qualquer coisa. As *causae* são *alterae*, e não *novae*.

---

14 O art. 9º da Lei nº 11.232, de 22.12.05, ab-rogou o art. 641 do CPC, cuja norma passou ao art. 466-A do CPC.

A (4) responda-se: a eqüidade, atuando contra a eficácia das sentenças, seria fundamento bem difícil de admitir-se e extremamente perigoso.

Responda-se o mesmo a (5), pois na *condictio ob causam finitam* não se enquadraria a construção. Sobre essa *condictio*, veja-se B. Windscheid (*Lehrbuch*, II, §§ 123, nota 13, 124, nota 3, 884, 887; e nosso *Tratado de Direito Privado*, III, §§ 305, 2, 307, 1, IV, § 446, 2, VI, § 701, e XIII, § 1º, 489, 3).

A (6) responda-se: a ação de modificação de modo nenhum impugna a sentença, que foi a prestação jurisdicional quando o autor exerceu- a sua pretensão à sentença ou à execução. Nada tem com a ação rescisória, nem com o recurso de embargos infringentes do julgado.

A (7) responda-se: *a)* a renúncia à execução é exclusão voluntária da pretensão a executar e à ação executiva, ou *b)* desistência com as conseqüências do art. 267, VIII, que não excluem a *existência*, mas fazem *cessar* a instância; no caso *b)*, a desistência nada tem com a sentença que foi proferida, porque diz respeito à relação jurídica processual em que ainda não se proferiu sentença; no caso *a)*, a sentença anterior nada sofre em si mesma, ainda em sua eficácia, pois a renúncia não é elisão da sentença, mas da pretensão que corresponde à sua eficácia. Nem a ação de modificação é *constitutiva*, erro em que tantos processualistas incorreram.

A (8) responda-se: não há sentença com reserva, no caso da sentença a cuja eficácia se prende a ação de modificação; a caracterização do primeiro julgado como tal (sentença condicional resolutiva) aberraria dos fatos.

Não há dúvida que a ação de modificação não diz respeito à *não-existência*, nem à *não-validade* da sentença que se quer executar. Tãosomente à interpretação, ou versão, da sua *eficácia*. Houve modificação essencial e imprevista das circunstâncias que foram pressupostas para a condenação *quanto ao futuro*, a determinação do importe no futuro e a duração da prestação *no futuro*. *E.g.*, Código Civil, art. 401.[15] Futuro, aí, está por "depois de encerrado o debate oral".

Pretendeu-se que a ação de modificação fosse constitutiva (entre outros, Paul Oertmann, Zur Lehre von der Abänderungsklage, *Archiv für die civistische Praxis*, 109, 318); porém ainda ignoravam tais juristas a existência das ações mandamentais.

---

15   C. Civ. de 2002, art. 1.699.

(9) Trata-se de *ação mandamental* contra a *eficácia da sentença* – tal como os embargos de terceiro e os do devedor.

A eficácia da ação de modificação somente começa *ex nunc*, isto é, desde que se propõe (Felix Jaeger, *Die Umwandlungsklage*, 27). Por isso mesmo pode ser intentada *desde que* se encerrou o debate oral, pois nada tem com a apelação, a que se liga o exame do que ocorreu até à sentença da primeira instância. James Goldschmidt (*Zivilprozessrecht*, 2ª ed., § 63, nº 4) põe-na, por essa razão, como "ponto médio entre ação de mandamento e recurso em forma de sentença"; mas, em verdade, trata-se de *ação mandamental* típica, contra a eficácia da sentença, proponível – o que é a sua peculiaridade – desde o encerramento do debate oral, pela parte-ré. A alusão a ponto médio entre a ação e recurso cairia em hibridismo que nada esclareceria, nem se compadeceria com a evidente "ação" (nunca recurso!), que há na ação de modificação.

Não tem razão os que a fazem semelhante à ação rescisória ou à revisão criminal, porque a revisão vai até *todo o início do tempo em que se estabeleceu a eficácia do julgado*, ao passo que a ação de modificação só atende a sentença *ex nunc*.

A questão de poderem concorrer a ação de modificação e os embargos do devedor teve, durante anos, a maior voga. Discutia-se se podiam ser usadas as duas ações, ou se a ação de modificação se subsumia na de embargos do devedor, ou se, usada uma, a outra estava excluída. Ora, ambas concernem à eficácia, sendo, porém, a ação de modificação mais ampla. O rito do art. 740 não seria absurdo, mas os embargos não teriam efeito suspensivo. Rigorosamente, a ação de modificação, mandamental, importa em "embargos" à sentença, como se fosse "ação" de embargos interpretativos do julgado e tal ação existisse, e não em embargos ao *mandado de execução*, como os embargos do devedor. Mas é inegável o fundo comum mandamental *negativo*, relativo, na ação de modificação, à interpretação ou versão de *qualquer* eficácia da sentença que interesse ser elidida, e não só, como ocorre aos embargos do devedor, à executividade.

Ação mandamental, seria fraco (isto é, praticamente insuficiente) propô-la como ação declaratória: valeria apenas como "preceito" e não como "mandado". A cisão obrigaria a duas proposituras, uma de ação declaratória e outra de mandamento.

Lothar Seuffert, L. Gaupp-F, Stein e Oppermann firmaram a solução, sendo de notar-se que o primeiro excluiu a sentenciabilidade do segundo processo antes de ser sentenciado o segundo. No direito brasileiro, essa advertência tem fundamento no art. 105. Se foi proferida a segunda sentença antes da primeira, a ação mandamental não caiu no vácuo: a sentença no primeiro processo somente pode ir até aquele tempo em que ainda não começou o que foi decidido na sentença proferida no segundo. De modo que é recomendável aguardar-se; porém não necessário.

Se a ação de modificação pede a exclusão da condenação, a sua eficácia, partindo, como parte, somente da propositura, de modo nenhum se choca com a da sentença no primeiro processo, uma vez que essa tem de parar onde a eficácia da sentença naquela começou. Por onde se vê que o mandamento negativo se dirige ao juiz da sentença no primeiro processo, *ab initio*. Quer dizer: desde o seu despacho sobre o pedido para além do tempo que o pedido no segundo processo abrange. Mandamento contra a eficácia da sentença que *for proferida* ou que se *proferiu* – razão por que a ação pode ser proposta antes de haver qualquer sentença do primeiro processo.

(c) A ação de modificação, ainda depois de transitar em julgado a sentença nela proferida, não obsta a *outras* ações de modificação que invoquem *outras* causas (*e. g.*, mudança de circunstâncias em época mais próxima). A segunda ação pode ser somente do primeiro processo ou contra a eficácia da sentença na primeira ação de modificação.

5) Custas e outras despesas – No art. 24 diz-se: "Nos procedimentos de jurisdição voluntária, as despesas serão adiantadas pelo requerente, mas rateadas entre os interessados."

É aqui que havemos de descer a exames pormenorizados. Se os autores são dois ou mais, ou um deles ou algum deles adianta as despesas, ou todos o fazem. O Estado, que prometeu a tutela jurídica, não pode admitir que haja o adiantamento parcial (que cada um dos autores adiante quanto quiser). O dever e obrigação é de todos, solidariamente. Se o autor foi um só e fez citar os outros interessados na propositura, ele é que adianta. Se um ou alguns se antecipam no pagamento das despesas, apenas há o direito de haver dos demais o que lhes corresponde e foi adiantado.

Se a ação de jurisdição voluntária partiu do Ministério Público, não se traga a exame o art. 27, onde se estatui que as despesas dos atos processuais, efetuados a requerimento do Ministério Público ou da Fazenda Pública, serão pagas a final pelo vencido. Nas ações de jurisdição voluntária, não há réu; portanto, não há vencidos. As despesas têm de ser cobradas dos interessados, inclusive da entidade estatal que o Ministério Público representou.[16]

---

16   Vd. a nota 8.

Rateamento, aí, é a distribuição do passivo conforme a atuação de cada interessado. Aqui, o que vige é o *princípio do interesse*, e não o *princípio da parte vencida* ou *princípio da sucumbência*.

O pagamento em juízo é integral, mas pode haver negócio jurídico entre os autores para que um deles pague por todos. Se não houve, a solução é a de ratear-se o quanto entre os interessados. No desquite por mútuo consentimento[17] podem os cônjuges, na petição, dizer qual dos cônjuges adianta as despesas, ou um deles se vincula a prestar o pagamento, inclusive no tocante a registro de bens.

Art. 1.112. Processar-se-á na forma estabelecida neste Capítulo¹) o pedido de:

I – emancipação²)¹¹);

II – sub-rogação¹²)²⁶);

III – alienação, arrendamento ou oneração de bens dotais, de menores, de órfãos e de interditos²⁷)⁴⁰);

IV – alienação, locação e administração da coisa comum⁴¹)⁵³);

V – alienação de quinhão em coisa comum⁵⁴)⁶⁴).

VI – extinção de usufruto e de fideicomisso⁶⁵)⁷⁸).

1) Ações a que se estende o procedimento – O artigo 1.112 exemplifica o procedimento, em geral, de jurisdição voluntária. Note-se bem: exemplifica.

Conforme antes expusemos, as regras jurídicas gerais dos arts. 1.104-1.111 apanham as ações de jurisdição voluntária a que se dedicam os Capítulos II-XI, as que constam do art. 1.112 e as que não foram mencionadas em qualquer desses textos, uma vez que sejam de jurisdição voluntária e alguma *lex specialis* não haja afastado a incidência do artigo 1.103.

2) Suplemento de idade (*venia aetatis*) – Desde logo, lamentemos o erro de terminologia, que se repete no Código de 1973. O instituto, de que se trata, é o de *suplemento de idade*, ato judicial com que se completa, se

---

17 Vd. a nota 1.

suplementa, a idade de quem já atingiu os dezoito anos.[18] Alguns juristas se enganaram na caracterização dos dois institutos: a emancipação, ato divestitivo do titular do pátrio poder, que permite continuar a pessoa sob a tutela de outrem, e a *venia aetatis*. Essa não é instituto de direito de família; mas de Parte Geral do direito civil, originariamente de direito público, como privilégio, por serviço militar, ou outro mérito. Faz pena comparar a precisão dos velhos escritores de outrora, que tanto discutiam essas coisas, e os de hoje, pouco atentos à lição anciã e à terminologia dos povos de alta cultura jurídica.

Quem emancipa (de *emancupo*) põe fora do seu poder, por *mancipatio*. Não pode suplementar idade, porque isso pertence ao Príncipe, ao Estado.

Essa confusão foi responsável pelo esquecimento de se exigir a homologação à concessão pelo pai ou pela mãe, titular do pátrio poder, e contra a interpretação lutamos sempre, até que o Decreto nº 4.857, de 9 de novembro de 1939, art. 16, § 2º, foi explícito: "... deverá ser homologada pelo juiz togado a que estiver sujeito o oficial competente para a anotação". Dentro de processos de inventário, há quase meio século tivemos o ensejo de consignar muitíssimos casos, perturbadores, em que os pais e as mães, fiscalizados na administração dos bens dos filhos, se livraram do incômodo "emancipando-os". A alguns casos chamamos suplementos de idade *in fraudem legis*; outros eram abertamente dolosos e contrários aos interesses dos filhos, como dois, ou três, feitos nas vésperas de começar a correr o prazo para interposição de recursos, perdendo-o os suplementados. Falta outro texto, que reponha a terminologia exata, velha de tantos séculos, e expressiva. Sobre a crítica ao direito anterior, além de decisões nossas, quando juiz, o nosso *Fontes e Evolução do Direito Civil Brasileiro* (160).

O suplemento de idade *completa* a "idade" do menor para a tornar "maioridade". Tal o que diz a expressão ("suplemento") e tal o conceito jurídico. É a *venia aetatis*, que nem sempre ocorria com *a emancipatio*; nem o nosso direito as confundia. A troca de nomes afeou o Código Civil, que trocou os conceitos, na ânsia de copiar leis de países estrangeiros, em vez de aprender a ciência do direito, seja onde for, e aplicá-la ao aperfeiçoamento da nossa técnica legislativa.

---

18 Com o *caput* do art. 5º do C. Civ. de 2002, "a menoridade cessa aos dezoito anos completos"; a idade mínima a que se refere Pontes de Miranda passa a ser 16 anos, conforme inc. I do parágrafo único do art. 5º do C. Civ. de 2002.

Se procuramos descer ao fundo do instituto, o que encontramos é o critério da apreciação *a posteriori* da capacidade, em vez do critério da *quantitatividade* fixa (vinte e um anos, no Código Civil).[19] A *tese da qualificação* (julgamento *a posteriori* da capacidade), para que o homem apto entrasse na classe dos capazes, opôs-se a antítese da qualificação. Atenuou a luta a graduação intermédia (*infantes, infantiae proximi, pubertati proximi*). A fixação quantitativa legal, sem se excluir, depois de certa idade (antítese), a verificação do mérito (tese), produziu as diferentes *sínteses* de que dão exemplo os Códigos Civis contemporâneos.

A aptidão militar ou sacerdotal, *a posteriori*, foi a causa mais encontrável de "maiorização". Não se tratava de completar, *suplementar* a idade menor para a fazer maior, e sim, apenas, de *determinar* a capacidade. No período pré-romano do direito lusitano, a condição de incapaz persistia para o filho, *durante toda a vida*; e o direito romano recebido apenas abria as portas da "emancipação". No direito visigótico, foi notável a evolução: acabou o direito de vender os filhos, e o *ius vitae necisque* (salvo para as filhas encontradas em relação sexuais ilícitas). O casamento fazia cessar o pátrio poder. Se o filho vivia separado do pai, com o seu consentimento, aos vinte anos de idade iniciava-se a capacidade (quantificação, *antítese*). No direito da Reconquista, apareceu a tutela para filhos que os pais maltratavam.

A *venia aetatis* proveio de privilégio imperial – já em Roma, embora raríssimo; e obedecia a limite quantitativo mínimo (vinte anos para os varões; dezoito para as mulheres; a evolução posterior foi no sentido da lei geral de simetria). A ação de *venia aetatis*, correspondente à pretensão à constituição da capacidade, foi após a recepção. No direito processual civil, a ação constitutiva é exercida pelo menor, porém maior de dezoito anos,[20] que é *autor*, sendo o réu o pai, ou mãe, titular do pátrio poder, ou o tutor. A ação de homologação das "emancipações" concedidas, segundo o Decreto nº 4.857, de 9 de novembro de 1939, art. 16, § 2°, era exercida pelo próprio pai ou mãe "emancipante" ou pelo filho "emancipado". O contraditório é eventual e transformará uma das partes em réu em ação dita contenciosa.

A Lei nº 6.015, de 31 de dezembro de 1973, sofre os registros públicos, no art. 89, diz que serão "registrados em livro especial as sentenças de emancipação, bem como os atos dos pais que a concederem", em relação

---

19 Vd. a nota 18.
20 Vd. a nota 18.

aos menores domiciliados na comarca. Nos arts. 90-94 volta a falar de emancipação e das providências.

O processo para o suplemento de idade, aí, é o de pedido de homologação; ouvidos o menor e o órgão do Ministério Público, o juiz, se nada se argúi e está convencido do acerto da medida, homologa. Se alguma argüição surge, admite prova, inclusive conforme o art. 1.107, e decide, conforme os arts. 1.109 e 1.110. Não há indicação de meio de prova (testemunhal, documental, circunstancial).

Juiz competente é o do domicílio do menor, e não o de seu nascimento (1ª Câmara Civil do Tribunal de Justiça de São Paulo, 16 de novembro de 1948, *R. dos T.*, 178, 155).

3) Menor e representação no processo de suplemento de idade – O menor, para se apresentar no processo de suplemento de idade, não precisa de assistência do tutor. A prova da capacidade é a de que o menor tem qualidades ou habilitações para administração dos seus bens e direção própria, que correspondem ao comum das pessoas de vinte e um anos cumpridos,[21] pelo menos. Não basta, portanto, a boa conduta (Corte de Apelação do Distrito Federal, 20 de junho de 1933), nem o ser bom estudante, ou ter curso notável. O processo é inquisitivo: o poder do juiz vai além dos próprios arts. 130 e 131, pois que há o art. 1.109.

Se o menor não tem tutor, nem por isso se lhe pode negar a suplementação de idade; mas há de ser nomeado tutor *ad hoc*, ou tutor, que fale no processo.

4) Fundamentos da suplementação de idade – *O Suplemento de idade resulta: a)* da concessão do pai, ou da mãe, que tenha pátrio poder;[22] *b)* da sentença do juiz. É pressuposto comum o ter dezoito anos feitos.[23] Os outros casos são conseqüências de *fatos* (Código Civil, art. 9°, § 1°, II-V)[24] e independem de processo judicial. A sentença, em ambos os casos, é cons-

---

21 Vd. a nota 18.
22 O inc. I do parágrafo único do art. 5° do C. Civ. de 2002, em conformidade com o § 5° do art. 226 da Const. 88, estabelece que a "concessão é dos pais, ou de um deles na falta do outro".
23 Aos 16 (dezesseis) anos agora (cp. inc. I do parágrafo único do art. 5° do C. Civ. de 2002).
24 C. Civ. de 2002, art. 5°, parágrafo único, II-V.

titutiva; a do caso *a)*, integrativa. A concessão do titular do pátrio poder é ao mesmo tempo declaração de vontade e comunicação de conhecimento (afirmação da "capacidade" do menor): negócio jurídico unilateral.

O suplemento de idade por sentença é eficácia da decisão judicial, após exame do desenvolvimento do menor. Embora não seja preponderantemente declarativa, não se pode dizer, como disse a 3ª Câmara Civil do Tribunal de Justiça de São Paulo, a 25 de outubro de 1951 (*R. dos T.*, 197, 247; *R. F.*, 146, 319), que não há direito, não há pretensão à decretação. Há pretensão à tutela jurídica e há pretensão à decretação. Quem tem mais de dezoito anos[25] e satisfaz os pressupostos do art. 9°, § 1°, I, do Código Civil,[26] tem direito e pretensão à decretação. A 3ª Câmara Civil sublinhou as expressões "concessão" e "sentença", mas a expressão "concessão" está, no art. 9, § 1°, I,[27] em lugar de conferimento, o que é vulgar na redação das leis, posto que, em boa terminologia, reprovável. Dá-se o mesmo a respeito de invenções e outras criações industriais, a respeito das quais impropriamente se fala de "concessão" e, até, de "privilégio", reminiscência regaliana.

5) Provas – As testemunhas não são indispensáveis. A prova pode ser documental. A audiência do tutor e do órgão do Ministério Público é independente de terem, ou não, assistido.

6) Impugnação – Tutor e Ministério Público podem impugnar o pedido, alegando a falta de idoneidade do menor e provando-a. Se aquele ou esse impugna, há novo dia para as provas do órgão do Ministério Público e do tutor.

7) Audiência do menor – Basta que haja alegações ou provas, para que se ouça o menor; porque, tratando-se de comunicações de conhecimento, se aplica o art. 334. Os artigos 1.107, 2ª parte, e 1.109 são expressivos.

8) Processo inquisitivo – Regem os princípios do processo inquisitivo.

---

25 Vd. a nota 23.
26 C. Civ. de 2002, art. 5°, parágrafo único, I.
27 Vd. a nota 26.

9) Força eficacial e elemento mandamental da decisão – A sentença, que concede o suplemento, tem de ser enviada, por cópia, ao registro civil. Os seus efeitos, entre pai ou mãe, titular do pátrio poder, que recusou o suplemento, entre tutor e tutelado, começam do trânsito em julgado. A força *erga omnes*, somente da inscrição. Depois de feita a inscrição no livro especial, é de proceder-se à anotação no registro de nascimentos e nos mais a que interesse.

Quanto à necessidade de haver sentença, no tocante ao suplemento de idade, a Lei nº 6.015, de 31 de dezembro de 1973, afastou qualquer discussão, pois, no art. 89, explicitamente está dito que têm de ser registrados, em livro especial, as sentenças ditas de emancipação, como os atos dos pais que a concedem. Assim, as únicas espécies em que se não cogita de sentença são os suplementos de idade que os pais concederam. A capacidade começa, pois, com o ato do titular do pátrio poder, que tem de ser registrado para a eficácia *erga omnes*. Com o casamento ou com o exercício do emprego público efetivo, ou com a colação de grau científico em curso de ensino superior, com o estabelecimento civil ou comercial, com economia própria, ou com o serviço militar se o menor completou dezessete anos (Lei nº 4.375, de 19 de agosto de 1964, art. 73; Decreto nº 57.654, de 20 de janeiro de 1966, art. 239), é exigida a sentença registrada.

Na Lei nº 6.015, de 31 de dezembro de 1973, art. 91, parágrafo único, enuncia-se que "antes do registro a emancipação, em qualquer caso, não produzirá efeito". Mas a eficácia, aí, é da sentença, pois o art. 91 estabelece: "Quando o juiz conceder emancipação, deverá comunicá-la, de ofício, ao oficial do registro, se não consta dos autos haver sido efetuado este dentro de oito dias." Aí é posta em evidência a responsabilidade do juiz que proferiu a sentença, ou quem o substitui. Quem teve ciência da sentença não pode invocar o art. 91, parágrafo único, da Lei nº 6.015, de 31 de dezembro de 1973, porque efeito sentencial houve –, o que não houve, se ao registro não se procedeu, foi a eficácia *erga omnes*. É o que se passa com os figurantes do contrato de transmissão da propriedade imóvel, antes de se proceder ao registro do contrato. Às vezes, a alienação é, até, em hasta pública, e o registro serve a efeitos que o edital não produzira.

Na ação de suplemento de idade, o menor que já alcançou dezoito anos,[28] ou em caso de serviço militar, dezessete, tem capacidade proces-

---

28 Vd. a nota 18.

sual. Não se invoquem os arts. 8° e 9° do Código de Processo Civil, em que se diz que os incapazes serão representados ou assistidos por seus pais, tutores ou curadores, na forma da lei civil, e que o juiz dará curador especial ao incapaz, se não tiver representante legal, ou se com os interesses colidirem o do representante legal. O que o menor de vinte e um anos e maior de dezoito anos[29] (ou de dezessete, no caso de serviço militar) exerce é a sua pretensão à tutela jurídica, em ação de suplemento de idade. Aí, a própria lei supõe que haja a capacidade processual, porque o que se pede é a declaração da capacidade de direito material. Se não há prova do elemento suficiente para o suporte fáctico de alguma das regras jurídicas do Código Civil, art. 9°, § 1°, I-V, e § 2°.[30]

Temos de entender que hão de ser ouvidos os interessados e o Ministério Público (art. 1.105). Por exemplo: o titular do pátrio poder ou o tutor do maior de dezoito anos (ou de dezessete, em caso de serviço militar), que aí não assistem –, são citados. A decisão do juiz, favorável ou desfavorável, é declarativa, positiva ou negativa. Se se trata de ação de suplemento de idade em que é citado o titular do pátrio poder ou o tutor, que se recusa à concessão (Código Civil, art. 9°, § 1°, I),[31] então tem o juiz de verificar se quem se negou a conceder não tinha razão. No *Tratado das Ações*, Tomo II (Ações declaratórias), 78, mostramos que, aí, a sentença é de força constitutiva (3 de declaratividade, 5 de constitutividade, 1 de condenatoriedade, 4 de mandamentalidade, e 2 de executividade). Diferentes as outras ações de suplemento de idade (5 de declaratividade, 3 de constitutividade, 1 de condenatoriedade, 4 de mandamentalidade e 2 de executividade). Cf. *Tratado das Ações*, III, 29 s.

10) Recurso – O recurso é o de apelação (art. 1.110), inclusive do indeferimento do pedido de *venia aetatis* (cf. 4ª Câmara Cível do Tribunal de Apelação do Distrito Federal, 30 de janeiro de 1945, *D. da J.*, de 14 de março, 1336).

11) Suplemento por lei e ação declaratória – Há casos em que não se precisa de *constituir* a capacidade, isto é, quando essa decorre de fato

---

29 Vd. a nota 18.
30 C. Civ. de 2002, art. 5°, parágrafo único, I-V; o § 2° do art. 9° do C. Civ. de 1916 não encontra correspondente no C. Civ. de 2002.
31 C. Civ. de 2002, art. 5°, parágrafo único, inc. I.

(casamento, exercício de emprego público efetivo, colação de grau científico em curso de ensino superior, estabelecimento civil ou comercial, com economia própria, cp. Código Civil, art. 9°, § 1°, II-V),[32] de exercício de serviço militar, se completos os dezessete anos de idade (Código Civil de 1916, art. 9°, § 2°).[33] Se há interesse em prova, basta justificação com documentos e testemunhas; se alguém a nega ou está em causa alguma relação jurídica, é intentável a ação declarativa típica (art. 4°).

12) Ação de sub-rogação – Os romanos desconheceram a significação atual, larguíssima, da sub-rogação. Tiveram a sub-rogação da pessoa, em lugar de outra (sub-rogação subjetiva), que evolveu, através do direito canônico, até à sub-rogação pessoal do direito francês. A sub-rogação real, essa, assenta na Glosa (*Pretium, in universalibus, succedit in locum rei, et res in locum pretii*). Foi produto da teoria dos *universalia*. (Sobre essa evolução, nossos *Tratado dos Testamentos*, III, 353-355; e *Tratado de Direito Privado*, LVII, §§ 5.754 e 5.756.). O papel de Jasão de Maino, no século XVI, de C. G. Von Wächter (*Erörterungen*, 9 e 13), e do direito francês (com a teoria da ficção) foi enorme. As tratações sistemáticas, no sentido de se extrair o princípio da sub-rogação, são recentes: Thiele (Studien zum ehelichen Güterrecht, *Archiv für die civilistische Praxis*, 91, 1 s.), E. Windmüller (*Die Bedeutung und Anwendungsfälle des Satzes* Pretium succedit in locum rei, res in locum pretii, 13), Josef Kohler (Das Vermögen, *Archiv für Bürgerliches Recht*, 22, 1 s.) e o nosso estudo no *Tratado dos Testamentos* (III, 353-378).

Nas coisas coletivas, nos *universalia*, opera-se certa organização aquisitiva necessária (Código Civil, art. 56).[34] Mas outros casos há em que, no interesse do sujeito dono de um bem, ou de outras pessoas que têm interesses no bem, se estabelece o princípio da sub-rogação real. Certo, ali há aquisição necessária; aqui, adoção de critério de destinação. Se se opera, ou não, a sub-rogação, o assunto depende do *princípio de sub-rogação* por nós estudado na obra acima citada e no *Tratado de Direito Privado* (Tomos II, § 154, VIII, §§ 855, 11, 896, 4, 934, e XII, § 1.282).

---

32   C. Civ. de 2002, art. 5°, parágrafo único, inc. II a V.
33   Vd. a nota 30.
34   Sem correspondência no C. Civ. de 2002.

No sentido da ação de jurisdição voluntária, sub-rogação é o princípio (ou o instituto que dele resulta) segundo o qual bem ou bens tomam o lugar de outro ou outros, em substituição jurídica, portanto – submetendo-se ao mesmo regime. Para que ocorra, é preciso: *a)* que o bem adveniente entre em patrimônio, de que o bem *saiu*; *b)* que o patrimônio ou esse bem estivesse (esteja) sujeito a regime próprio. Cumpre não confundir essa noção com a noção de fungibilidade.

No sentido do que dissemos quanto a se ter de indicar o bem sobre que recairá a cláusula, a 5ª Câmara Civil do Tribunal de Justiça de São Paulo, a 6 de junho de 1952 (*R. F.*, 147, 279).

Não há sub-rogação se se pretende, com a venda de um bem, reparar outro. A sub-rogação é noutro bem, ou, por exemplo, em apólices da dívida pública (Câmara Cível do Tribunal de Justiça do Ceará, 8 de maio de 1952, *J. e D.*, VI, 70). A 4ª Câmara Cível do Tribunal de Justiça do Distrito Federal, a 23 de fevereiro de 1951 (*A. J.*, 101, 484), lançou proposições como essa, que deve ser repelida energicamente, por violação de rudimentares princípios jurídicos: "O restabelecimento da situação anterior, ou de retorno da cláusula sobre os bens em que incida, só deve ser feito quando se verifique a conveniência de tal medida." Não seria isso sub-rogação, mas levantamento de cláusula, revogação do que estabelecera o testador ou o doador.

As custas do processo de sub-rogação não podem sair do preço ou valor do bem gravado (sem razão, a 3ª Câmara Civil do Tribunal de Justiça de São Paulo, a 24 de abril de 1950, *R. dos T.*, 186, 274).

13) Competência judicial – Quanto ao foro da ação de sub-rogação, é determinado pela conexão, segundo sempre praticamos como juiz, defendendo a competência dos juízes que ordenaram a gravação da cláusula de inalienabilidade, impenhorabilidade e incomunicabilidade, *e. g.*, o juiz do inventário. Assim, o Tribunal da Relação do Rio de Janeiro, a 12 de julho de 1927, *R. da R.*, I, 470; e a 6ª Câmara da Corte de Apelação do Distrito Federal, a 3 de novembro de 1933 (Cândido de Oliveira Filho, *Prática Civil*, XII, 243; contra pareceres de Clóvis Beviláqua e A. Mendes Pimentel, 245, a favor do foro do domicílio). Se se trata de inalienabilidade, ou de impenhorabilidade *ex lege*, o foro é o do bem, ou o do domicílio, conforme a vedação de dispor se origina da razão *a parte obiecti*, ou de razão *a parte subiecti*, como a dos bens pertencentes a Municípios, inalienáveis por lei, e sitos noutro Município.

Alguns acórdãos sobre sub-rogação são errados; *e.g.*, o da 2ª Câmara Cível do Tribunal de Apelação do Rio de Janeiro (14 de novembro de 1944), que negou a competência do juízo clausulante.

14) Sub-rogação de bens inalienáveis – Fala-se de sub-rogação de "bens inalienáveis", para se frisar que os outros casos de sub-rogação se operam *ipso iure*; mas, havendo, como há, outros casos de sub-rogação pedida ao juiz, a referência é exemplificativa. Quanto às sub-rogações *ipso iure*, a lei processual nada tem com elas. Passam-se no terreno do direito material, e somente nele; salvo quando seja efeito de direito material da sentença (*e.g.*, se há condenação a indenizar, no caso do art. 762, § 1º, do Código Civil).[35]

15) Bem sub-rogado e bem sub-rogante – A indicação do bem a ser alienado e a do bem que se pretende adquirir (bem adveniente) são elementos do conceito mesmo de sub-rogação. A referência à permuta ou troca é supérflua: seria útil, se se houvesse aludido, antes, à venda. Dizendo bem a alienar-se e bem a adquirir-se, tudo ficou dito. *A particularidade da sub-rogação de bens inalienáveis está em que a lei exige que o juiz examine* in casu *a alienabilidade excepcional, a equivalência do bem alienado e do bem adveniente e permita a alienação e a aquisição.* Há declaração de vontade do juiz, porém não tanto quanto nas ações de suprimento judicial de outorga de consentimento ou assentimento. O elemento de declaração de vontade não chega a caracterizar a resolução judicial: é mais decisão do que "declaração"; o conteúdo de comunicação de conhecimento é mais forte, donde quase completo esvaziamento de vontade do juiz. Mais julga do que toma parte em negócio jurídico. Daí vem que a ação perde muito do que seria a ação constitutiva típica, porém não é ação declarativa, a despeito da grande dose de declaratividade; continua sendo ação constitutiva, cujo conteúdo é a sentença constitutiva de sub-rogação, com os efeitos de recebimento do preço que há de ser depositado.

16) Recurso – Quer se negue, quer se decrete a sub-rogação, o recurso que se pode interpor é o de apelação (1ª Câmara Cível do Rio de Janeiro, 1º de dezembro de 1952; 4ª Câmara Cível do Distrito Federal, 8 de julho de 1952, *D. da J.*, de 26 de fevereiro de 1953).

De valor teórico e prático é *comparar-se* a sentença do art. 641 do Código de Processo Civil,[36] *executiva*, com a de sub-rogação, constitutiva:

---

35 C. Civ. de 2002, art. 1.425, § 1º.
36 O art. 641, ab-rogado pelo art. 9º da Lei nº 11.232, de 22.12.05, é o atual art. 466-A, acrescido pelo art. 2º dessa mesma Lei.

ali, o juiz nenhuma declaração de vontade sua emite; ao passo que, embora lastreado de comunicações de conhecimento, na ação de sub-rogação, o conteúdo da sentença é declaração de vontade, donde serem constitutivas a ação e a sentença de acolhimento.

17) Petição – A petição está sujeita aos arts. 232, 295 e 1.104. A parte da sentença em que se verifica se o caso é de alienação não é simples questão prejudicial; pertence ao pedido mesmo. A avaliação obedece aos arts. 680, 2ª parte, 681-685, no que lhe corresponde.

18) Sinistro e sub-rogação – O fiscal, depositário, é depositário judicial, mas o depositante (consignatário) não é o juiz: é o dono do bem vendido. Tem, perante o juízo, as responsabilidades e penas do depositário judicial. As ações de depósito cabem ao dono do bem vendido e ao órgão do Ministério Público, por sua função de parte nas ações sobre bens inalienáveis, para que se efetive a cláusula ou se observe a lei. Mas é o fiscal instrumento do juiz.

19) Preço de indenização e sub-rogação – A transferência do ônus obedece, na venda e compra, à seguinte construção no tempo: (*a*) bem inalienável (a vender-se) e inalienabilidade que termina com a venda (entrega do preço); (*b*) preço inalienável, pelo princípio de sub-rogação (*Pretium in inalienalibus succedit in locum rei*); (*c*) bem alienável, que é inalienável desde a compra. O preço tem a inalienabilidade do bem destinado a um fim e que somente para esse fim se aliena. Para resguardá-lo é que o juiz nomeia o fiscal e esse responde como depositário do dinheiro. O bem adveniente é submetido a todas as exigências legais (pagamentos de impostos, extinção de garantias reais, gravação de inalienabilidade etc.), a que estava subordinado o bem vendido. No caso de troca ou permuta, só há dois momentos: o momento (*a*) e o momento (*c*). O Decreto-Lei nº 6.777, de 8 de agosto de 1944, estabeleceu (art. 1º) que "na sub-rogação de imóveis gravados ou inalienáveis estes serão sempre substituídos por outros imóveis ou apólices da dívida pública". No art. 2º foi dito: "Se requerida a sub-rogação mediante permuta por apólices da dívida pública, o juiz mandará vender o imóvel em hasta pública, ressalvado ao interessado o direito de conservá-lo livre, desde que, antes de assinado o auto de arrematação, ofereça, em substituição, apólices de valor igual ou superior ao de maior lanço acima da avaliação, ou ao desta, na falta de licitante."

Por vezes acontece que a sub-rogação se imponha, ou seja de acolher-se, por se verificarem circunstâncias supervenientes que o testador ou doador não previu e façam inadequado o bem à finalidade que o alienante queria ou impusera. Advirta-se que o juiz tem a função do art. 1.107, isto é, de investigar livremente os fatos e de ordenar a realização de quaisquer provas. Uma das suas atribuições básicas é a de pesquisar e atender à vontade de quem quis a cláusula de inalienabilidade (C. Legros, *Des Clauses d'inaliénabilité dans les actes à titre gratuit*, 97; M. Dimitrescu, *Des Clauses d'inaliénabilité suivant la jurisprudence*, 105). Se é assunto do Decreto-Lei nº 6.777, tem de ser respeitado.

A respeito, disse a Câmara Cível do Tribunal de Justiça do Ceará, a 31 de março de 1952 (*J. e D.*, VII, 179): "O art. 1º do Decreto-Lei nº 6.777, de 8 de agosto de 1944, permitiu a sub-rogação, além da substituição por outros bens imóveis, por apólices da dívida pública. Mesmo na hipótese de desapropriação por necessidade ou utilidade pública (art. 1.676 do Código Civil), a importância da indenização aplicar-se-á na aquisição de outro imóvel ou de apólices da dívida pública, *ex vi* do disposto no art. 1.677 do Código Civil combinado com o art. 1º do Decreto-Lei nº 6.777, de 8 de agosto de 1944. Assim, ressalvada a execução do próprio bem clausulado para o pagamento de dívida resultante de impostos recaídos sobre o mesmo imóvel, só se admite a sub-rogação dos bens clausulados, para que sejam substituídos por outros imóveis ou por apólices da dívida pública."

20) Cláusulas de restrição de poder – No caso de gravação de cláusula de inalienabilidade, impenhorabilidade e incomunicabilidade, o alvará, além de conter a permissão da venda ou da permuta, contém a ordem de se proceder à transcrição com a cláusula. Pode dar-se que o bem adveniente pertença também ao dono do prédio sub-rogado. Dá-se, ou não, o contrato de permuta consigo mesmo; de modo que se pode construir como (*a*) transferência sem mudança de sujeito (negócio unilateral) e como (*b*) transferência com mudança de sujeito (negócio bilateral), a despeito de serem o mesmo o adquirente e o alienante, ou (*c*) sem transferência. Naturalmente, as soluções (*a*) e (*b*) não podem ser admitidas quando se trate, por exemplo, de alienar bem de usufruto ou de fideicomisso, porque elemento *real* se transfere e não seria admissível eliminá-lo na construção. A solução no caso de se haver vendido um bem de propriedade do que pede a sub-rogação, por outro também de sua propriedade, é a solução (*c*), que lembra o *ato unilateral de vontade* (declaração unilateral de vontade), a que recorria Max Rümelin (*Das Selbstcontrahieren des Stellvertreters*,

15-28), que seria falsa em muitos negócios jurídicos do representante consigo mesmo, porém, aí, de toda a pertinência. A construção do Código de 1939, art. 632, estava certa: "se uns e outros bens pertencerem ao requerente" e só se tratar de cláusula de inalienabilidade, impenhorabilidade e incomunicabilidade, apenas ocorrerá declaração unilateral de vontade do dono dos prédios, sem transmissão de propriedade. A Fazenda Pública não pode, aí, cobrar imposto de transmissão de propriedade.

21) Desapropriação e sub-rogação – No caso de desapropriação, tudo se passa como à nota 19); ou, se o desapropriante entrega apólices da dívida pública ou bem, *ad instar* das permutas. Aí, não há ação de sub-rogação *quanto ao preço*, mas sub-rogação conseqüente à sentença de desapropriação. *Efeito* de sentença, não conteúdo de ação e sentença. As formalidades registrárias são feitas por mandado, quer as de extinção, quer as de nova gravação. Cp. Código Civil, artigos 1.676 e 1.677.[37] Sobre a competência, nota 24).

22) Sub-rogação sem ação – No caso de indenização, não há ação cujo conteúdo seja a sub-rogação; essa é *efeito* da sentença, e só isso. Adiante, nota 24).

As despesas com a sub-rogação incluem-se na indenização (2ª Câmara Civil do Tribunal de Apelação de São Paulo, 24 de fevereiro de 1942, *R. F.*, 91, 172).

23) Sub-rogação e gravames – Advirta-se que de modo nenhum se permite que se sub-roguem bens livres por bens onerados, e sim que se troquem os bens gravados por outros livres, que se venham a gravar. Não há bens inalienáveis ou impenhoráveis onerados com outro gravame que esse. No caso, porém, de haver conveniência em se sub-rogar bem gravada; por uma causa por bem gravado por outra causa, o alvará autoriza a que se troquem as respectivas clausulações.

24) Juiz que desapropria ou indeniza e juiz que mandou gravar – É assaz importante notar-se que a desapropriação nem sempre seria da competência do juiz que mandou gravar. Nem, sequer, o seguro. Sendo outro

---

37 C. Civ. de 2002, art. 1.911 e seu parágrafo único.

o juiz, a sub-rogação não passa de *efeito* da sentença: nada mais tem de fazer o juiz do gravame, a sub-rogação operou-se; e o juiz da desapropriação tem de mandar que se deposite o preço, com a restrição legal, ou que se proceda à transferência do gravame. Quanto à aplicação desse preço, nenhuma competência tem o juiz da desapropriação, porque cessou a sua cognição com a sentença. É o juiz do gravame que decide quanto à sub-rogação do preço pelo bem adveniente. A natureza das duas resoluções, a do juiz da desapropriação e a do juiz do gravame, esclarece bem as duas relações jurídicas: *a*) o juiz da desapropriação nenhuma declaração de vontade emite, nem, sequer, resolve sobre sub-rogação; apenas julga a desapropriação; a sub-rogação é efeito; *b*) o juiz do gravame examina, *in casu*, a sub-rogação.

No caso de execução por dívida dos impostos prediais (Código Civil, art. 1.676),[38] a sub-rogação também é conseqüente à execução, e não sub-rogação por pedido ao juiz. (Sobre os problemas que surgem, fora dos já examinados acima, quanto à competência, *Tratado dos Testamentos*, III, 352; *Tratado do Direito Privado*, LVII, §§ 5.754 e 5.756.)

25) Autorização para venda – A autorização para venda já é primeiro passo para a sub-rogação: o preço sub-roga-se ao bem, desde o momento em que se realiza a compra e venda, com a substituição do titular do direito real. O preço mesmo, ainda que destinado a *fim* (*aquisição* de outro bem), já é sub-rogado, já está sujeito às cláusulas de restrição de poder, a que estava sujeito o bem vendido. Outro momento é o da aquisição do bem que deve substituir o vendido e, pois, o preço desse: o preço deixa de ser *clausulado* no momento em que se *clausula* o bem adquirido. Processualmente, tudo se passa sem descontinuidade, pela intermediariedade do preço.

O depósito do preço, até que se lhe dê a aplicação devida, tem a função de assegurar a ficção legal da sub-rogação. Essa ficção, que se baseou na L. 20, § 1º, e na L. 33, § 1º, D., de *hereditatis petitione*, 5, 3, através da Glosa, evolveu até o *princípio de sub-rogação* (o "grande desconhecido", no dizer de A. Waller, *Surrogation*, 22), princípio que pertence ao direito material, e não ao direito processual.

---

38 Hipótese não mais contemplada no C. Civ. de 2002, mas ainda prevista em nosso ordenamento, *v.g.*, *caput* do art. 184 do Código Tributário Nacional.

No Código de 1939, art. 632, dizia-se que, concedida a autorização e efetuada a venda, o juiz nomearia *fiscal*, que receberia o preço e procederia à compra dos bens, aos quais se transferia o ônus. Tal fiscal ficaria sujeito à responsabilidade e penas de depositário, enquanto não prestasse as contas em juízo. O Código de 1973 não o reproduziu. Às vezes é desnecessária a providência para que se nomeie alguém que receba o preço e providencie para a compra. No art. 1.107, 2ª parte, permite-se ao juiz investigar livremente os fatos e ordenar, de ofício, a realização de quaisquer provas; e pode ele adotar a solução que lhe pareça mais adequada (art. 1.109: "mais conveniente ou oportuna").

Se o critério, *in casu*, para a sub-rogação, é o da *necessidade* ou o da *conveniência*, responde o direito material respectivo (4ª Câmara Civil do Tribunal de Apelação de São Paulo, 6 de maio de 1943, *R. dos T.*, 147, 667).

O imposto de transmissão é o da situação do imóvel, e só ele (3ª Câmara Civil do Tribunal de Apelação de São Paulo, 1° de setembro de 1943, *R. F.*, 96, 350). As questões relativas a imposto de sub-rogação, fora do imposto de transmissão, são de direito local e estranhas ao direito processual civil.

26) Recurso – Da decisão que decide sobre a sub-rogação de bens o recurso é o da apelação (já assim antes, Conselho de Justiça do Tribunal de Justiça do Distrito Federal, 13 de fevereiro de 1947, *R. F.*, 113, 132).

27) Bens de incapazes – "Bens de incapazes" diria tudo. Menores são incapazes. O Código Civil, art. 429,[39] disse que os imóveis pertencentes aos menores somente podem ser vendidos quando houver manifesta vantagem, e sempre em hasta pública. O art. 386,[40] tratando dos menores sob pátrio poder, exigiu a prévia autorização do juiz, e não aludiu à venda em hasta pública. Duas correntes surgiram: uma, que aplicava, no caso dos filhos sob pátrio poder, a parte final do art. 429; outra, que distinguia as espécies. O Código de Processo Civil de 1939 ficou ao lado da última (art. 635). A questão é de direito material. Tem-se, pois, a estrita observância do art. 429, parte final, do Código Civil.[41]

---

39 C. Civ. de 2002, art. 1.750.
40 C. Civ. de 2002, art. 1.691.
41 O art. 1.750 do C. Civ. de 2002 não mais exige a hasta pública, porém a venda deve se dar "mediante prévia avaliação judicial e aprovação do juiz".

28) Falta de autorização judicial – Código Civil, art. 429;[42] exceto no caso dos arts. 455, § 2°,[43] e 251, parágrafo único.[44] A falta de autorização judicial é nulidade de direito material (Corte de Apelação do Distrito Federal, 3 de novembro de 1931, 18 de maio de 1932, *A. J.*, 23, 359).

29) Pressuposto da autorização judicial – Código Civil, arts. 427, V,[45] 453.[46] A falta de autorização é nulidade de direito material (Tribunal de Justiça de São Paulo, 1° de setembro de 1931, *R. dos T.*, 79, 613; 18 de novembro de 1932, 86, 151).

30) Impropriedades de linguagem – Em nenhum dos incisos do art. 427 do Código Civil[47] se falou de o tutor ou o curador hipotecar os bens do menor ou do interdito. O Código de 1939, art. 635, falava de "hipotecar ou onerar bens pertencentes a órfãos" (lapso! há tutela sem orfandade),"ou a interditos". O mesmo erro está no Código de 1973, artigo 1.112, III.

31) Diferença de textos – Nos casos de venda, de bens de menores sob o pátrio poder, os pressupostos de direito material para a venda são: a necessidade, ou a evidente utilidade da prole (Código Civil, art. 386).[48] Nos de venda de bens de menores sob tutela ou de interditos, exige-se a "manifesta vantagem" (Código Civil, arts. 429 e 452).[49] A prática não conseguiu distinguir os dois conceitos (necessidade ou evidente utilidade do filho e manifesta vantagem do menor): a "manifesta vantagem" compreende a necessidade e a evidente utilidade.

32) Permuta de bens de incapazes – O Código de 1939 não cogitou da permuta de bens de incapazes, que já se ia insinuando, perniciosamente, na jurisprudência (*Tribunal de Relação de Minas Gerais*, 10 de outubro de 1928, *R. dos T.*, 70, 171; Corte de Apelação de São Paulo, 21 de outubro

---

42 Vd. a nota 39.
43 Sem correspondência no C. Civ. de 2002.
44 C. Civ. de 2002, art. 1.651 e incisos, conforme o § 6° do art. 226 do Const. 88.
45 C. Civ. de 2002, art. 1.795, V.
46 C. Civ. de 2002, art. 1.774.
47 C. Civ. de 2002, art. 1.748.
48 C. Civ. de 2002, art. 1.691.
49 C. Civ. de 2002, arts. 1.750 e 1.773, respectivamente.

de 1936, *R. F.*, 69, 327). A 5ª Câmara Civil do Tribunal de Justiça de São Paulo, a 20 de junho de 1952 (*R. dos T.*, 203, 315), reputou impraticável, por haver a exigência legal da hasta pública, a permuta de bens de tutelados ou curatelados. O art. 1.112, III, do Código de 1973, em vez de venda, falou, explicitamente, de "alienação".

33) ¿Jurisdição voluntária ou jurisdição contenciosa? – A inserção dos processos da classe do que está regulado no art. 1.112, III, do Código, não basta, no sistema jurídico brasileiro, para os tornar litígios. Mas a inserção no Livro IV tem essa conseqüência, salvo regra jurídica contrária. Em nenhum deles é tão forte a reminiscência da *voluntaria iurisdictio*; porém é mais aparente do que real tal aspecto. O órgão do Ministério Público é necessariamente ouvido. Essa audiência tem de ser provocada. Ainda que seja de simples vista, a relação jurídica processual faz-se angular: tutor ou curador, juiz; juiz, órgão do Ministério Público. É parte o menor que já fez dezesseis anos; não o próprio absolutamente incapaz, ainda que possa dar esclarecimentos. Porque, tratando-se de relativamente incapaz, necessariamente tem ele de ser ouvido. Mais: se há algum parente do menor, ou do interdito, que por ele se interesse, tem de ser ouvido. Chegamos, pois, ao que mais importa: ¿todas essas pessoas são partes, ou algumas delas são informantes? Nem o órgão do Ministério Público, nem o dono dos bens podem ser tidos como informantes. São partes, e podem recorrer da sentença que concede a autorização. Quanto ao parente, a lei de modo nenhum circunscreveu o seu papel ao de informante: ao contrário, equiparou todas as pessoas do art. 1.112, III. A fonte foi o art. 917 do antigo Código do Distrito Federal e sempre o interpretamos como pondo o parente do incapaz na qualidade de interveniente adesivo, com a pretensão a defender e a usar de recurso. Entenda-se qualquer parente, sem distinção de grau, pois o interesse, aí, é pelo incapaz, e não pela provável sucessão nos seus bens. Não responde pelas custas, salvo dos seus atos ou recursos. O recurso é o de apelação (1ª Câmara Cível do Tribunal de Apelação do Paraná, 20 de junho de 1945, *Paraná J.*, 42, 21).

34) Avaliação – A avaliação rege-se pelos arts. 680-683.⁵⁰ O arrendamento em praça, ou leilão, faz-se por lanços, de acordo com a avaliação, a qual deve ter tomado por base contrato-tipo, para que os lanços possam consistirem maiores vantagens quanto às cláusulas, se não houve discriminação das que não podem variar. O art. 704 é aplicável.⁵¹

35) Natureza da sentença – A sentença é semelhante à da sub-rogação.

36) Bens dotais – *Dote* é a porção de bens que a mulher, ou algum por ela, transfere ao marido, a fim de contribuir com os frutos e rendimentos para os encargos do casamento, com a cláusula de restituição ao se dissolver a sociedade conjugal. É incomunicável, ainda que se dê transferência do domínio – figura jurídica especialíssima, que examinamos nos livros *Direito de Família* (1ª ed., 201, s., 205-208; 3ª ed., Tomo II; *Tratado de Direito Privado*, Tomo VIII, §§ 911-944). Não se procura, com o dote, garantir a subsistência dos filhos, mas apenas subsidiar, na constância do matrimônio, a obrigação pessoal do marido de prover à mantença do lar (Álvaro Valasco, *Praxis Partitionum*, 141). Concerne, pois, à sociedade conjugal, e não ao vínculo. Ainda que esse persista, deve o dote ser restituído, qualquer que seja a causa da dissolução da sociedade conjugal: morte de um dos cônjuges, nulidade ou anulação do casamento, desquite amigável ou litigioso.⁵² O Código não trata dessas ações, que são de rito ordinário.

No pacto antenupcial pode ser incluída cláusula que limite ou amplie os direitos do marido quanto à alienação e quanto ao gravame dos bens dotais. Na falta de cláusula expressa, presume-se transferido ao marido o domínio dos bens dotais móveis e não transferido o domínio dos bens dotais imóveis (Código Civil, art. 290).⁵³ Os imóveis, em princípio, não podem ser alienados; de modo que só a expressa exceção no pacto antenupcial os faz transferíveis ao domínio do marido.

Na ação de alienação, arrendamento ou oneração de bens dotais, ou de menores ou de interditos, que é a ação de jurisdição voluntária, a petição há de ser fundamentada, têm de ser citados os interessados e o Mi-

---

50 As normas dos arts. 680, 681 e 683 foram alteradas pelo art. 2º da Lei nº 11.382, de 06.12.2006.
51 Norma alterada pelo art. 2º da Lei nº 11.382, de 06.12.2006.
52 Após a Lei nº 6.515, de 26.12.77, "divórcio consensual ou litigioso".
53 Sem correspondência no C. Civ. de 2002, o qual, aliás, aboliu o regime de bens dotais.

nistério Público. Se não há dúvida quanto a ser de deferir-se o pedido da autorização, quer se trate de alienação, de arrendamento ou de oneração ou gravame, o juiz pode ordenar as providências necessárias, inclusive a da avaliação, e decidir.

Os arts. 420,⁵⁴ 278-288⁵⁵ e 293⁵⁶ do Código Civil têm de ser atendidos.

Todo esse assunto é de direito material; razão por que remetemos aos nossos livros acima referidos.

Quando os bens dotais, imóveis ou móveis, são inalienáveis, certas circunstâncias e necessidade de certos fins podem permitir que se alienem, dependendo a alienação, em tais casos excepcionais, de ser autorizada pelo juiz e em hasta pública (Código Civil, art. 293).⁵⁷ Os sete casos legais são os seguintes: (*a*) se, de acordo, mulher e marido quiserem dotar as filhas comuns (Código Civil, art. 293, I);⁵⁸ (*b*) havendo extrema necessidade, por faltarem outros recursos para a subsistência da família (Código Civil, art. 293, II),⁵⁹ fundando essa exceção na obrigação da mulher de alimentar, subsidiariamente, a família; (*c*) para pagamento de dívidas da mulher, anteriores ao casamento, se o dote foi constituído pela mulher, quando não houver ou não bastarem os seus bens extradotais e os móveis que por ela ou por outrem foram constituídos em dote (Código Civil, arts. 293, III,⁶⁰ 299);⁶¹ (*d*) para reparos indispensáveis à conservação de outro imóvel ou imóveis dotais (Código Civil, art. 293, IV)⁶² – donde se conclui que não podem ser alienados ou onerados para a conservação de bens móveis, nem para o conserto e reparação de bens extradotais, quaisquer que sejam; (*e*) quando se acharem indivisos com terceiros, e a divisão for impossível ou prejudicial (Código Civil, art. 293, V),⁶³ mas, nessa hipótese, o preço deve ser aplicado em outros bens, em que ficarão sub-rogados, e tais bens recém-adquiridos, ou da mulher, quer sejam móveis, quer imóveis, ficam, como os anteriores, sujeitos à inalienabilidade; (*f*) havendo desapropria-

---

54 Sem correspondência no C. Civ. de 2002.
55 O C. Civ. de 2002 não mais regula o regime dotal.
56 *Idem.*
57 *Idem.*
58 *Idem.*
59 *Idem.*
60 *Idem.*
61 *Idem.*
62 *Idem.*
63 *Idem.*

ção, por utilidade pública (Código Civil, art. 293, VI),⁶⁴ em que se terá, igualmente, de empregar o preço em outros bens, que se sub-roguem aos antigos para todos os efeitos; (*g*) quando estiverem em lugar distante do domicílio conjugal, e for manifesta a conveniência de aliená-los (Código Civil, art. 293, VII),⁶⁵ devendo-se, como nos dois casos anteriores, substituir por outros, que entrarão no dote com sub-rogação (Código Civil, art. 293, parágrafo único).⁶⁶

O marido responde pela alienação: *a)* se a fez fora dos casos acima referidos; *b)* se usou de simulação, invocando alguma daquelas exceções; *c)* se deixa de empregar o preço. O juiz tem responsabilidade subsidiária (Código Civil, art. 294).⁶⁷

O que se disse sobre a alienação dos imóveis dotais vale sobre a alienação dos móveis dotais inalienáveis; e não vale para os imóveis que o pacto antenupcial excluiu da intransferibilidade.

37) Bens dotais, venda e oneração – Entenda-se: bens dotais inalienáveis. As apólices da dívida pública que foram deixadas em dote, sem expressa declaração de serem inalienáveis, ou sem se excluir a transferência ao marido, presumem-se transferidas. Fora daí, são inalienáveis os móveis (Código Civil, art. 44, II).⁶⁸ A cláusula de não-transferência contém a de inalienabilidade, porém só no caso excepcional do pacto dotal.

O interessado é o marido, ou a mulher, ou, no caso de desapropriação, qualquer dos dois ou o poder público desapropriante. No caso de dívidas da mulher anteriores ao casamento, se o dote foi constituído por ela, qualquer deles – ou credor.

A autorização judicial é indispensável em qualquer dos casos do art. 293 do Código Civil.⁶⁹ As mesmas a responsabilidade do marido, que requereu a venda, e a do juiz que concedeu (Código Civil, art. 294).⁷⁰

---

64 *Idem.*
65 *Idem.*
66 *Idem.*
67 *Idem.*
68 Sem correspondência no C. Civ. de 2002.
69 Vd. a nota 55.
70 Vd. a nota 55.

38) Procedimento edital – A função do órgão do Ministério Público é a de fiscal. A avaliação obedece aos artigos 680-684.[71]

O órgão do Ministério Público, uma vez que não é *parte*, mas *fiscal*, não podia recorrer. Hoje, pode, porque o art. 499, § 2º, foi explícito. Se alguém recorreu, fala no processo nas duas instâncias (cf. 3ª Câmara Cível do Tribunal de Apelação do Rio de Janeiro, 29 de dezembro de 1941, *A. J.*, 61, 260).

39) Sub-rogação real, em quaisquer casos – Quando a lei exigir sub-rogação, isto é, nos casos *(e)*, *(f)* e *(g)* da nota 33, observa-se o processo de que falamos a respeito do art. 1.112, II.

Nos casos *(a), (b), (c)* e *(d)*, dada a responsabilidade do juiz (Código Civil, art. 294),[72] deve ser depositado o preço para a aplicação de que tratam os incisos I-IV do art. 293 do Código Civil,[73] porém não se opera sub-rogação (Código Civil, art. 293, parágrafo único).[74] A nomeação do fiscal só é indispensável nos casos *(e), (f)* e *(g)*.

40) Exigência geral da hasta pública – Código Civil, art. 293: "...salvo em hasta pública".[75] No caso *(f)* ou de desapropriação, ocorre a aplicação conforme o art. 738 do Código Civil.[76] No caso *(c)* ou de dívidas da mulher, anteriores ao casamento, a hasta pública é indispensável. Não se pode prescindir dela. O privilégio do dote passa à frente. Sobre isso, nosso *Tratado de Direito de Família*, 4ª ed., vol. II.

As ações são constitutivas-integrativas; bem assim, as sentenças favoráveis.

41) Coisa comum; ações quanto a ela – Quando a *indivisibilidade da coisa comum* a torna imprópria ao seu uso em comum *(a)*, ou quando a divisão da coisa (naturalmente divisível) a faz imprópria ao seu destino *(b)*, pode o condômino pedir a citação dos demais condôminos para resolverem sobre matéria – ou entregando-a à administração de alguém, ou vendendo-a, ou alugando-a. Os dois casos estão longe de exaurir as

---

71 Vd. a nota 50.
72 Vd. a nota 55.
73 Vd. a nota 55.
74 Vd. a nota 55.
75 Vd. a nota 55.
76 C. Civ. de 2002, art. 1.409.

dificultações e impossibilitações do uso comum. O direito material somente focalizou as impossibilitações objetivas, que merecem os cuidados do legislador do Código Civil (art. 632)[77] quanto à *venda* (não quanto à *administração*, ou à *locação*). Em vez de, nesses casos *(a)* e *(b)*, pedir-se a alienação, o Código de Processo Civil de 1973, na esteira do Código de 1939, arts. 405-409, concebeu o pedido normalmente como alienação, locação e administração da coisa comum. Naturalmente, cabe a alternatividade de dois pedidos ou de três, ou de qualquer deles, dos dois ou dos três com outro que se não mencione na lei (*e.g.*, comodato a um dos condôminos, reconstrução, demolição e novo aproveitamento etc.). O Código de Processo Civil de 1939 não inovara, porque os condôminos já possuíam, para a administração, para a locação etc., a pretensão à "decisão" sobre uso, nesses e noutros casos (Código Civil, arts. 635 e 623, I).[78] Fora do caso da alienação, a pretensão existia, existia a ação; apenas essa não tinha qualquer procedimento especial. Esse ponto foi postergado, de maneira grave, pelos comentadores, que desejaram, ao que parece, que o Código de 1939 houvesse previsto todas as ações (são elas milhares!) das leis civis e houvesse impecável ajustamento numérico entre as pretensões, as ações e as formas processuais. O Código somente conferiu o rito especial às ações entre condôminos que tenham fundamento conforme direito material, em impossibilitações objetivas. Foi isso o que se estatuiu. É isso o que devemos explicitar, de *lege lata*. Advirta-se, porém, em que não era e não é inaceitável, de *lege ferenda*, quanto se disse, o critério do Código. As impossibilitações subjetivas podem esperar o rito ordinário.

42) Natureza das ações – As ações a que se refere o art. 1.112, IV, são ações *constitutivas*; a sentença constitui o título que habilita aos contratos de alienação, locação ou administração. Distinções "interiores" ao processo de constituição não transformam em declarativas as ações constitutivas do art. 1.112, IV, erro em que incorrem juristas. A ação somente é declarativa, em vez de constitutiva, quando há declaração sentencial da existência de declaração de vontade ocorrida *antes* do pedido. Aí, sim, a sentença seria declarativa, e não constitutiva. Desde, porém, que se pede ato ou negócio jurídico que a ação vai provocar, a sentença é constitutiva, e não declarati-

---

77 C. Civ. de 2002, art. 1.322.
78 C. Civ. de 2002, arts. 1.323 e 1.314, respectivamente.

va, ainda quando o juiz se limite a homologar a *declaração de vontade* das partes. Esse ponto, na ciência e na prática, é de extrema importância.

As ações para alienação, locação ou administração da coisa comum têm os seguintes pesos de eficácia: 4 de declaratividade, 5 de constitutividade, 1 de condenatoriedade, 2 de mandamentalidade e 3 de executividade.

43) Alienação, locação e administração de coisa comum – Temos de prestar atenção quanto aos dois fundamentos do pedido (indivisibilidade, divisão sacrificante do destino do prédio). A causa da dificultação pode ser subjetiva (*e.g.*, Código Civil, art. 635,[79] *verbis* "quando, por circunstância de fato, ou por desacordo, não for possível o uso e gozo em comum"); mas, se não ocorre algum dos dois fundamentos, não se admite o rito especial. A questão de se saber se exclui qualquer outra pretensão à alienação da coisa comum é de direito material e estranha a esta obra. O que é importante saber-se é que a ação do art. 632 do Código Civil[80] é ação para resolução de destino, conservada a divisão, ou para a alienação da coisa. O pedido de alienação, sem alternativa, pode ser feito, porque o autor tem, por direito material, a sua pretensão, independente da audiência dos outros condôminos (Código Civil, art. 632).[81] Não há contradição entre o art. 1.112, IV, e o art. 1.117, II, porque esse só se refere às alienações judiciais *acessórias*. Aqui, a ação é principal, autônoma.

Se há contribuição a gastos que não correspondem às quotas, por acordo entre comuneiros, o preço tem de ser dividido, de modo que se atenda aos valores das quotas e das contribuições que se refletiram no preço (cp. 4ª Câmara Civil do Tribunal de Justiça de São Paulo, 16 de novembro de 1950, *R. dos T.*, 190, 810: "Tratando-se de propriedade comum e indivisível de terreno adquirido por todos os condôminos, em quotas ideais, de diferentes valores e representando o trabalho encetado, igualmente, contribuições pecuniárias de todos os interessados, de maior ou menor importância, deve, no caso de paralisação da construção e desentendimento entre os condôminos, ser feita a venda do prédio, em hasta pública, para rateio do produto entre os mesmos, proporcionalmente à contribuição de cada um").

---

79 C. Civ. de 2002, art. 1.323.
80 C. Civ. de 2002, art. 1.322, *caput*.
81 Vd. a nota 80.

44) Indivisibilidade e inadequabilidade ao destino – Somente quando a coisa é indivisível ou se tornaria, com a divisão, imprópria ao seu destino, tem o condômino preferência na aquisição (Código Civil, arts. 632 e 1.139;[82] 2ª Turma do Supremo Tribunal Federal, 11 de agosto de 1950, *R. F.*, 136, 100).

Os arts. 632 e 1.139 do Código Civil[83] não dizem respeito à herança aberta, porque a expressão "indivisível", no que se refere à herança (Código Civil, art. 1.580),[84] não tem o sentido de "indivisível", nos arts. 632 e 1.139;[85] nos arts. 632 e 1.139,[86] a indivisibilidade é do *objeto*; no art. 1.580,[87] é do direito. A 2ª Turma do Supremo Tribunal Federal, a 12 de janeiro de 1951 (*R. F.*, 137, 72), confundiu as espécies, levado por comentadores irrefletidos do art. 1.580 do Código de 1916.[88] Se a coisa não é indivisível, não há direito de preferência (Turma Julgadora do Tribunal de Justiça de Alagoas, 28 de abril de 1952, *D. O.* de 18 de maio).

Não basta notificação ou comunicação do condômino para que exerça o direito de preferência; é de mister a ação do art. 1.112, IV (já antes, 1ª Câmara Cível do Tribunal de Justiça de Minas Gerais, 15 de maio de 1952, *O Diário*, de Belo Horizonte, 28-29 de outubro de 1952).

A 2ª Turma do Supremo Tribunal Federal, a 18 de novembro de 1949 (*R. dos T.*, 199, 608), entendeu que a divisibilidade do prédio só se aprecia economicamente, e não pelo aspecto jurídico. Mas isso é de se repelir: se o uso em comum é ou se tornou impossível e o bem é juridicamente indivisível, a ação do art. 1.112, IV, exsurge (cp. 2ª Câmara Civil do Tribunal de Justiça de São Paulo, 18 de setembro de 1952, *R. dos T.*, 208, 266).

Na ação, cada interessado tem o ônus da prova da sua propriedade. O prazo comum corre depois de citado o último réu, se forem vários, e o Ministério Público (art. 241, II).[89]

---

82 C. Civ. de 2002, art. 1.322, *caput* e art. 504, respectivamente.
83 Vd. a nota 82.
84 C. Civ. de 2002, art. 1.791, *caput*.
85 Vd. a nota 83.
86 Vd. a nota 83.
87 Vd. a nota 84.
88 Vd. a nota 87.
89 Atualmente, inc. III, já com a redação que lhe deu o art. 1º da Lei nº 8.710, de 24.09.93.

A citação inicial é para todos os atos do processo. A superveniência do casamento de uma das partes não torna nulos os atos que se processaram depois sem o assentimento do outro cônjuge, mas, se tem ele parte no bem, como cônjuge meeiro, tem de ser citado, para se inserir na relação jurídica processual. Sem distinguir, erradamente, a 2ª Turma do Supremo Tribunal Federal, a 26 de janeiro de 1951 (*D. da J.*, de 10 de novembro de 1952).

Se dois condôminos querem que não se aliene e um só deseja que se aliene, nem por isso se há de alienar a coisa, comum divisível: a maioria é que decide sobre o aluguer ou a administração, se algum deles não pede a divisão.

A exigência de todos concordarem que se não venda faria supor-se que se tem de vender, se um só o quer. Ora, isso depende da propositura da ação de alienação da coisa comum, em que se há de deliberar se há de ser alienada, administrada ou alugada, e aí é que qualquer dos condôminos pode *requerer* a alienação.

O art. 635, § 1°, do Código Civil,[90] é para o caso de ninguém *requerer* a venda judicial. Não é preciso que haja unanimidade na intenção de não vender, mas sim que nem todos estejam de acordo com a venda. Se algum quer vender e não quer adjudicar aos outros ou a alguém, porém não promove a ação do art. 1.112, IV, o que se há de fazer é deliberar a administração ou a locação. Se o uso e gozo é comum e passível, ainda que todos queiram não alienar, nem por isso se procede segundo o art. 635, § 1°.[91] O art. 635, § 1°,[92] depende do art. 635,[93] com os seus pressupostos.

45) Maioria absoluta, valor dos quinhões – A maioria absoluta dos condôminos, calculada pelo valor dos quinhões, pode determinar o destino da coisa. Pergunta-se: ¿o pedido pode ser alterado? *E.g.*, se não se pediu locação, ¿resolver-se locar? Não há, no caso, mudança, nem acréscimo do pedido, mas simplesmente exercício do direito dos réus em suas *declarações de vontade*. Em tais demandas, os votos e soluções proferidos pelos citados dilatam ou restringem o pedido do autor. Por isso, permite-se, sempre, a deliberação unânime, ainda que antes se houvesse o condômino manifestado em contrário.

---

90 C. Civ. de 2002, art. 1.323.
91 Vd. a nota 89.
92 Vd. a nota 89.
93 Vd. a nota 89.

46) Silêncio do condômino – Resolve-se o problema técnico do silêncio do condômino escolhendo-se o segundo dos três meios à sua escolha: (*a*) considerá-lo a favor da alienação; (*b*) contra a alienação; (*c*) não computável como voto. Se nenhum dos condôminos opinar a favor da venda, presume-se ser contrário o voto do que se não manifestar. Não se deve supor a discórdia. Aí, a regra *qui tacet consentire videtur, ubi loqui potuit ac debuit,* de emprego resultante de lei, tem aplicação. O voto é então declaração de vontade, sem qualquer necessidade de efeito (constitutivo) de resolução do juiz. Vale por si. Se a resolução judicial o omite, ou o conta mal, infringiu a lei e deixou, ao mesmo tempo, de atender à declaração de vontade (cf. Eugen Ehrlich, *Die stillschweigende Willenserklürung,* 173). Se, porém, o autor pediu a alienação, o condômino, que deixa de se manifestar, entende-se que concorda, pelo mesmo princípio de que, podendo manifestar-se e devendo fazê-lo, não se manifestou. Nem se poderia interpretar o seu silêncio como contestação, ou como declaração em sentido contrário. Essa é a solução. *Aliter*, art. 1.112, V (Código Civil, art. 1.139),[94] em alienação de quinhão em coisa comum.

47) Natureza da sentença – Contestada a ação, tem de haver a sentença, que é *declarativa*, devendo ser repelido, ou não, o pedido. Dela cabe apelação em ambos os efeitos. Se favorável ao autor, ordenará que se aliene a coisa, ou que opinem sobre o destino da coisa, conforme tenha sido pedida a alienação, ou não, quer pelo autor, quer por um, que seja, dos condôminos.

48) Se algum dos condôminos não se manifestou – Maioria absoluta, isto é, mais de metade da soma do valor dos quinhões. Se algum dos condôminos não se manifestou, cumpre distinguir: *a*) o autor pedira fosse alugada (ou administrada); *b*) algum dos condôminos requerera; *c*) nem o autor nem qualquer dos condôminos requerera. No caso *a*), qualquer condômino que é contumaz se tem como favorável à medida proposta pelo autor. No caso *b*), o condômino que é contumaz tem-se como favorável ao requerimento de que foi ciente. No caso *c*), deve o juiz, ordenando que se manifestem, formular a cominação, sem o quê o seu ato cai no vácuo.

---

[94] C. Civ. de 2002, art. 504.

49) Votações – As votações podem ser separadas, uma, para o destino da coisa, e, outra, para a escolha do administrador; ou juntas, se há base para a eleição. A lei ordena que, ao se resolver sobre a administração, não se adie a escolha de quem administre; o ato judicial é um só, a despeito das duas partes.

50) Escolha do administrador – Se os condôminos opinam pela escolha do administrador; não se há de determinar o destino da coisa. Se há empate (metade por metade do valor dos quinhões, sempre computado como favorável à medida proposta o quinhão do contumaz), decide o juiz por um nome ou por outro. Cabe-lhe o desempate, não como declaração de vontade sua, e sim como resolução judicial. Ouve, antes, os condôminos, sobre as causas das suas preferências. Em tais casos, as leis atribuem ao juiz colher dos informes dos declarantes *afirmações*, que possam ser aferidas e conferidas, para que a sua decisão seja certa. O art. 1.109 é invocável. Não há arbítrio puro, o que só se dá quando a lei o concedeu ao juiz. Se o juiz erra na apreciação das razões que os condôminos tiveram para votar, o seu erro é ontológico; se erra por haver crido poder declarar, em vez de "decidir", o erro é nomológico – infringiu a lei, e cabe ação rescisória se o cometeu em decisão. A votação é negócio jurídico (Andreas Von Tuhr, *Der Allgemeine Teil*, II, 1ª parte, 234; contra, Otto Von Gierke, Josef Kohler e J. E. Kuntze); tem de ser construída como ato uno, declaração *comum*, sendo o ato do juiz elemento *constitutivo* integrativo (efeito constitutivo da resolução). Sobre o ato coletivo, J. E. Kuntze (Der Gesamtakt, *Festgabe für* Otto Müller, 72). O administrador tem ação de imissão de posse, contra o possuidor, inclusive o administrador substituído.

51) Natureza da sentença – A sentença sobre a administração ou sobre a escolha do administrador é sentença em *demanda de estado modificável*, de forma que depende permanência das circunstâncias, segundo as conseqüências de direito material respectivas. Se, por direito material, pode ser retirado o poder do administrador, claro que outra resolução judicial é provocável, inclusive nos casos de responsabilidade do administrador, ou de novo uso da coisa. Nessa parte da decisão, a força específica e a coisa julgada formal não são obstáculo. (Não pelo motivo, que se assoalha por aí, de ser de jurisdição voluntária o feito.) O pedido mesmo fora feito como subordinado a nascerem *ações de modificação*. Sobre o assunto, notas ao art. 471, I.

52) Dúvida quanto ao valor dos quinhões ou de algum deles – Se há dúvida sobre a fração dos quinhões, ou de algum deles, a solução técnica pertence ao direito material. Nada tem com o processo. Tratando da administração do condomínio, o Código Civil, após a regra jurídica sobre a repartição dos frutos na proporção dos quinhões, se não há em contrário estipulação ou disposição de última vontade (art. 638),[95] estatui, em regra jurídica interpretativa, que nos casos de dúvida, se tenham por iguais os quinhões (art. 639).[96] No direito civil alemão (§ 742), a regra jurídica é geral; também no suíço (art. 646, alínea 2ª). Apesar da colocação do art. 639 do Código Civil[97] brasileiro, entendeu-se, e bem, que a regra interpretativa se aplica a outros casos que o da divisão dos frutos (*e.g.*, deliberação sobre administração, locação). A regra jurídica de direito material incide *antes de qualquer demanda* sobre o valor. O direito conhece pretensão à tutela jurídica nascida de se não concordar em que haja dúvida sabre o valor dos quinhões, por erro ontológico das partes, de ordem objetiva (não foi feita a avaliação) ou subjetiva (má apreciação do juiz). Portanto, pode ser disputada a própria aplicabilidade do art. 639 do Código Civil.[98]

A dúvida a que se refere o Código Civil, art. 639,[99] é a dúvida sobre o tamanho, as dimensões, do quinhão – dúvida sobre a *quantidade*, a fração de cada condômino.

Se, em vez de se determinarem as quotas por *tamanho*, e. g., A tem 1/3, B 1/6, C 1/6, D 1/3, foi estabelecido que essas frações seriam sobre o *valor*, qualquer diferença entre o valor pelo tamanho é inoperante: cada condômino tem a fração do valor, e não a do tamanho. Então, é possível que algum ou alguns condôminos entendam que há diferença entre o valor global do bem e a soma dos valores dos quinhões, considerados de per si.

Quando essa controvérsia pode ser dirimida mediante avaliação, ordena-se que se avaliem os quinhões, porém não se pode, hoje, deixar de respeitar o art. 1.109 do Código de 1973.

Ao exemplo. A fração 1/3, por circunstâncias de ser suscetível de aproveitamento separado, ou pelo que importa como peso, nas delibera-

---

95 C. Civ. de 2002, art. 1.326.
96 Sem correspondência no C. Civ. de 2002; vd., todavia, o § 3º do art. 1.325 do C. Civ. de 2002.
97 Vd. a nota 96.
98 Vd. a nota 96.
99 Vd. a nota 96.

ções, vale 10; a fração 1/6, menos de 5. Aí tem de fazer-se a avaliação; porque não se tem a igualdade entre a soma dos valores das quotas e a do bem, ou porque não coincidem as frações do valor.

53) Condôminos e estranhos, preferência – Código Civil, art. 636.[100] O condômino prefere ao estranho. Entre os condôminos, rege o art. 1.118. Não houve alteração ao Código Civil, nem em 1939, nem em 1973, mas solução (processual) analógica à do direito material e à da alienação do quinhão; aliás, já se explicitava no Código Civil. Igualdade de condição, e não só de preço, ou de prazo, apreciada, pelo juiz, ouvidos os interessados, se há vantagens numas cláusulas e desvantagens noutras. A discussão das desvantagens traz à bulha enunciados de fato – não declarações. A sentença, que decide sobre a locação, é constitutiva (homologatória); sujeita, portanto, a ser feito algum pedido se as circunstâncias mudarem, relativamente ao contrato. A demanda é de estado modificável, como a de alimentos. Sobre as *ações de modificação*, notas ao art. 471, I.

54) Coisa comum e alienação de quinhão – O condômino, que quer alienar a sua parte na *coisa indivisível*, tem a pretensão a aliená-la, mas subordinada ao exercício da pretensão à aquisição por parte dos outros condôminos (*e.g.*, à formação do contrato de compra e venda, à empção). A referência que não se encontra no Código Civil, art. 1.139[101] (o parágrafo único usa "preferirá", a propósito de competição entre condôminos). A edição francesa do Código suíço, artigo 682, fala de "direito à preempção legal"

55) Pressuposto da pretensão à aquisição – A pretensão é sujeita ao pressupostos da indivisibilidade da coisa, tendo a lei material ficado entre as duas soluções extremas: *(a) a do tratamento igual dos condôminos e dos estranhos* e *(b) a do tratamento preferencial, erra todas os casos, dos condôminos*. Aquela é a da maioria dos sistemas jurídicos; essa depende de lei expressa ou de cláusula negocial (entre vivos ou *causa mortis*), e não é verdade que tenha sido a do direito luso-brasileiro anterior (cf. Manuel de Almeida e Sousa, *Fascículo de Dissertações*, II, 48; Lafaiete Rodrigues Pereira, *Direito das Coisas*, I, 86; Lacerda de Almeida, *Direito das Coisas*, I,

---

100 C. Civ. de 2002, art. 1.323.
101 C. Civ. de 2002, art. 504.

108; Ordenações Filipinas, Livro IV, Título II). O Código só admitiu a pretensão se indivisível a coisa. A ação do art. 1.112, V, não é *actio duplex*.

56) Natureza da ação – A *ação de alienação de quinhão em coisa comum* é ação *constitutiva*, quer haja concorrência, quer não, para adquirir o quinhão, quer todos concordem com a alienação, quer não concordem. Há a sentença que decide a alienação e há a adjudicação que contém a determinação do comprador, completando a resolução judicial; de modo que ocorre a particularidade de se cindir a entrega da prestação jurisdicional (declaração do direito à alienação e resolução de permiti-la; constituição adjudicatória). Se não há pretendentes, a segunda fase é omitida.

A sentença na ação do art. 1.112, V, apenas declara que é caso de se alienar e que não houve concorrentes. De posse de tal sentença, é livre o autor de alienar o bem a quem entenda alienar. A sentença, então, é *constitutiva negativa*, porque desconstituiu a pretensão dos outros condôminos à preferência. Não se pense em ação declarativa negativa, porque antes do pedido *existia* a pretensão dos condôminos: a ação do art. 1.112, V, serve a constituir-se o negócio jurídico da compra pelo preferente, ou a desconstituir-se a pretensão dele.

57) Pressuposto subjetivo – O pressuposto subjetivo é ser condômino; o pressuposto objetivo, a indivisibilidade da coisa (não basta o tornar-se imprópria ao seu destino, se dividida fosse).

58) Comunicação do que quer adquirir – O condômino tem de *comunicar* se quer adquirir e *afirmar* a sua melhor legitimação, quer dizer – a sua pretensão por ser condômino, por ser condômino e ter benfeitorias, por ser condômino e ter mais benfeitorias do que os outros que pretendem adquirir, por ser condômino e não terem os outros benfeitorias e ter maior quinhão (o art. 639 do Código Civil[102] é aplicável), ou não ter querido o de maior quinhão que o seu. Se os quinhões forem iguais, a parte vai a todos os que se apresentaram. Não cabe dois ou mais se juntarem para perfazer quinhão maior; salvo se, antes da lide, transferiram a um só a parte ideal da propriedade. Deve-se ter toda a atenção com a diferença entre declaração de vontade e comunicação de conhecimento.

---

102 Vd. a nota 96.

A soma de quinhões assenta na sucessão de direito material, e não na sucessão de direito processual, de modo que, se, antes da dedução dos artigos, se der a sucessão material, nada se há de exigir processualmente; mas, feita a dedução e findo o prazo, nada mais se pode alterar, *devido à relação jurídica processual a que as declarações serviram*.
Trata-se de direito real de preferência.

59) Instrução sumária – Findo o prazo, contestado, ou não, o pedido, o juiz procede à instrução sumária dos arts. 1.107 e 1.109, facultando às partes a produção de provas e decide de acordo com o seu livre convencimento, isto é, com solução que reputar conveniente ou oportuna. A sentença, desde que não repila a ação, deve estabelecer a gradação entre os *concorrentes* (excluídos os contumazes, por ser incabível qualquer ficção ou presunção de vontade); ou, se todos estiverem em iguais condições (mesmas benfeitorias ou não-benfeitorias, mesmos quinhões), *declarar* que tais e tais concorrentes têm direito à adjudicação e podem exercê-la. Essa parte não é executiva, nem de mandamento. É parte declarativa do direito à aquisição, em sentença preponderantemente constitutiva. Apenas o elemento constitutivo está no fim, por ser a constituição precedida da decisão. Ainda depois da sentença não pode ser transferido o direito, porque é acessório do direito de propriedade; transfere-se com essa, *ipso iure*, sendo supérfluo mencioná-lo na transferência e ineficaz reservá-lo.

60) Natureza da sentença – A sentença é constitutiva-declarativa conforme já dissemos, e condicionada à mantença da declaração de vontade dos que concorreram. Dela cabe apelação. Qualquer deles ou todos eles menos um podem recusar a aquisição em comum. A particularidade está não em se não ter vinculado o concorrente, mas em se ter introduzido elemento novo – a aquisição por mais de um. Se um só aceitou ficar, em comum, com o quinhão posto à alienação, a ele cabe adquiri-lo, sozinho, se todos repeliram a comunhão no adquirir. Essa declaração gera todos os efeitos, incluído o da prioridade, pode ser feita antes da sentença.

61) Depósito do preço – Sendo um o condômino, ou sendo alguns os que vêm no primeiro lugar, têm de depositar o preço. O que não depositar é excluído. Se um só, deposita todo o preço; se dois ou mais do mesmo grau, deposita-se a parte que cabe a cada um. O que falha, sendo o único, é substituído pelo do grau seguinte, ou pelos que, sendo dois ou mais, aceitarem a comunhão no quinhão alienado; se falha um, ou se falharem alguns dos que foram chamados, a parte ou partes vagas podem ser adquiridas pelos restantes, requerendo-a ao juiz, com o depósito do resto do preço. Se não a quiserem, ou não as quiserem, são chamados os do grau seguinte, como acima se expôs. Sempre que tenha de os chamar deve o juiz marcar-lhes o prazo para o depósito.

62) Recurso por algum dos competidores – Se algum dos competidores recorre (aos contumazes falta o interesse, salvo para discutir a contumácia), somente o pode fazer depositando o preço. O efeito suspensivo da apelação não dispensa o depósito no prazo porque não é efeito atributivo, mas acautelador.

O condômino omitido nas citações tem o prazo do artigo 1.139, 2ª parte, do Código Civil,[103] para pedir ao juiz, em ação contra o adquirente e o vendedor, a adjudicação do quinhão alienado. Tem de provar que, se tivesse sido citado, lhe teria tocado a aquisição, com exclusão total ou parcial daquele a que foi atribuída. O art. 1.139, 2ª parte,[104] refere-se à mesma ação quando o adquirente foi estranho e quando foi condômino, pois o parágrafo único apenas modifica a 1ª parte do art. 1.139.[105]

63) Sentença de adjudicação – Há sentença para se adjudicar a parte alienada. Essa sentença é integrativa. Dela cabe apelação.

64) Ação do condômino, incidente – O art. 1.112, V, somente se refere à ação do condômino que quer alienar, e não à do condômino que quer exercer o direito de preferência. Só se pode invocar o art. 1.139, 1ª parte, do Código Civil.[106]

Surge o problema do exercício do direito do condômino se o outro vendeu a sua parte a estranhos, sem ter dado ao condômino notícia da venda. Lê-se no art. 1.139 do Código Civil:[107] "Não pode um condômino em coisa indivisível vender a sua parte a estranhos, se outro consorte a quiser, tanto por tanto. O condômino a quem não se der conhecimento da venda poderá, depositando o preço, haver para si a parte vendida a estranhos, se o

---

103 C.Civ. de 2002, art. 504.
104 Vd. a nota 103.
105 Vd. a nota 103.
106 Vd. a nota 103.
107 Vd. a nota 103.

requerer no prazo de seis meses." ¿Desde quando se começa de contar esse prazo? As soluções possíveis são as seguintes: o prazo preclusivo inicia-se *a)* no momento em que se vende o bem comum; *b)* no momento em que se transfere a propriedade; *c)* no momento em que o condômino tem ciência da venda, ciência, *ex hypothesi*, posterior à venda.

A solução *a)* é de afastar-se, porque ainda não se operou a alienação (o contrato de compra e venda é consensual, o acordo de transmissão só tem efeito translativo com o registro). Seria a opinião de A. L. Câmara Leal (*Comentários*, V, 272 e 281).

A ciência há de ser antes da compra e venda (art. 1.139, 1ª parte, do Código Civil);[108] se não houve essa ciência, pode vir a dar-se após a assinatura da escritura, e desde aí se conta o prazo; se não ocorreu por ato judicial ou extrajudicial, há *publicidade* oriunda do registro de imóveis, de modo que o prazo tem de ser contado daquele dia.

A 1ª Turma do Supremo Tribunal Federal, a 9 de outubro de 1958, reformou acórdão em que se contava o prazo conforme a solução *a)*. Adotou a solução *c)*, por ter o relator lido Cunha Gonçalves; mas é preciso advertir-se em que, se é certo que o art. 1.139, 2ª parte,[109] foi inspirado pelo art. 1.566, § 1°, do Código Civil português, daquele tempo, a lei brasileira, exatamente no que se refere o texto português ao início do prazo, não o importou. Lê-se no art. 1.566, § 1°, do Código Civil português: "O comproprietário, a quem se não der conhecimento de venda, poderá haver para si a parte vendida a estranhos, contanto que o requeira dentro do prazo de seis meses, a contar da data em que tenha conhecimento da venda, depositando, antes de efetuada a entrega, o preço que, segundo as condições do contrato, estiver pago ou vencido." Não são idênticas as duas regras jurídicas. Evitou-se, no texto brasileiro, qualquer alusão ao início do prazo, porque o art. 1.139, 2ª parte,[110] cai em sistema jurídico cujo regime de aquisição da propriedade imobiliária é peculiar e rígido. No direito português, Cunha Gonçalves não podia dizer outra coisa que aquilo que escreveu; mas é fora de toda pertinência invocá-lo no direito brasileiro, que riscou, precisamente, a alusão ao "conhecimento da venda". Não só. A afirmação do relator de que a transação é sem importância para o começo

---

108 Vd. a nota 103.
109 Vd. a nota 103.
110 Vd. a nota 103.

do curso do prazo não pode ter acolhida em sistema jurídico que tem o art. 530, I, do Código Civil.[111]

No caso que a 1ª Turma julgou, tinha havido arrematação (precedida, portanto, por editais), tinha saído carta de arrematação, que é sentença, e se havia feito a transcrição. Quando a lei quis dar sanção à falta de notificação judicial a respeito de credor hipotecário, disse-o explicitamente (Código Civil, art. 826, 2ª parte;[112] cf. Código de Processo Civil, art. 698).

Trata-se de alienação de *parte* do bem, que pertence ao alienante, e apenas se cogitou de regular o exercício do direito de preferência que tem o condômino. Não há nenhuma nulidade de aquisição da arrematação, se o condômino não teve conhecimento: apenas a lei lhe confere a ação para haver o bem, depositado o preço, se o faz nos seis meses. Se teve conhecimento antes, dessa data começou de correr o prazo; salvo se tal conhecimento foi em citação na ação de que cogita o art. 1.112, V, porque então não há pensar-se na 2ª parte do art. 1.139 do Código Civil.[113] O Código de Processo Civil não tratou da ação do condômino para haver a coisa julgada cuja propriedade já se transferiu. A ação há de ter rito ordinário. Se a transcrição foi de título sentencial, de que o condômino não teve notícia, a ineficácia é relativa e só enquanto não preclui o prazo do art. 1.139, 2ª parte, do Código Civil.[114]

65) Conceito de usufruto – *Usufruto* é o direito real, ou o conceito que se emprega, para se distinguir o direito elementar composto do *usus* e do *fructus*, com as conseqüentes pretensões a usar da coisa e a fruí-la (perceber-lhe os frutos), *ius utendi fruendi*. A propriedade racha-se em nua propriedade e usufruto. O usufrutuário exerce o direito real e a posse em coisa que é do domínio de outrem – *ius alienis rebus utendi fruendi*, dizem os textos. (Pode haver usufruto de coisa própria, uma vez que se tenham os dois elementos: o uso e o fruto. Johann Voet falava de usufruto causal do proprietário, e formal do usufrutuário; o que desatendia à diferença dos conceitos de direito e elemento, de direito e de pretensão.) A propriedade despida do uso e do fruto, os textos romanos relativamente recentes, e o direito anterior ao Código Civil chamavam "nua propriedade" (cf. Decreto nº 4.355, de 17 de abril de

---

111 C. Civ. de 2002, art. 1.245, *caput*.
112 C. Civ. de 2002, art. 1.501.
113 C. Civ. de 2002, art. 504.
114 *Idem*.

1869, art. 7°, § 6°) e o Decreto n° 5.881, de 28 de março de 1874, art. 25, § 1°, e art. 31, parágrafo único), "propriedade separada".

Por influências de teorias filosóficas, que iam à maravilha com o estado econômico da época, os textos romanos falavam de *substância*; o direito do dono seria o direito à substância, e o do usufrutuário, sem a *substância*. Note-se o acento de idéias reacionárias, que faziam ser substância, coisa, a "abstração", o conceito de propriedade, exatamente como se filosofava à decadência grega e na hipótese platônica. (Os conceitos de propriedade e de usufruto são os melhores materiais psicanalíticos da evolução filosófica romana; e da evolução econômico-social, está claro.) Sobre o direito material do usufruto, Código Civil, arts. 674, 713-741, 1.602 e 1.688.[115]

Também o fiduciário tem uso e *fruição*, separados do domínio, sem que o fideicomisso se confunda com o usufruto. E o locador de prédio que dê frutos.

66) Conceito de fideicomisso – No fideicomisso, há duas figuras titulares de direito, partindo-se, *no tempo*, a propriedade, em vez de se partir *nos elementos* do direito de propriedade (nua propriedade; uso e fruto). A subjetividade é dupla em toda a extensão dos elementos, *menos* a sucessão temporal. Há o *fiduciário*, que recebe e guarda a herança; e o *fideicomissário*, que a "terá" depois. Mas são herdeiros da mesma herança. Materialmente, as duas sucessões ligam-se ao mesmo instante, o da abertura da sucessão, o da morte do testador. Temporalmente, uma se sobrepõe à outra, começa onde a outra acaba, o fim de uma é começo da outra. O seu processo histórico é o da posposição, a ligação dos bens a dois sujeitos, que ocupam cada um a sua região temporal, o seu sítio na duração. Quanto ao testador, dois herdeiros, inconfundíveis, dos mesmos bens. Diz-se que o fiduciário é herdeiro restrito, limitado; não o é menos o fideicomissário, contra o qual corre um tempo, *antes* (aí a sua vantagem *posterior*), em que não tem a herança. Apenas, o fiduciário perde-a para sempre quando o fideicomissário a recebe definitivamente. Contudo, para se ver quanto é também limitada a situação desse, basta pensar-se em que, se morre antes de receber a herança, foi herdeiro sem ter tido herança. Herdeiros confinantes, no tempo, herdeiros cujas raias jurídicas temporalmente se tocam e

---

115 C. Civ. de 2002, arts. 1.225, IV, 1.390-1.411, 1.816, parágrafo único, e 1.921, respectivamente.

se excluem. Friedrich Endemann (*Lehrbuch*, 8ª e 9ª ed., III, 1ª parte, 371) fala de herdeiros "em camadas", herdeiros estratificados.

No momento da abertura da sucessão, vai ao fiduciário direito subjetivo atual, em dia; ao fideicomissário, direito expectativo, *Wartrecht*. A qualidade de herdeiro vai aos dois; a mesma herança é objeto de dois direitos. Por isso mesmo, objetivamente, devemos tratar a herança como patrimônio, universalidade ou valor "destinado a um fim". Que o fideicomissário seja o herdeiro do testador é a opinião assente, e resiste às críticas de Konrad Hellwig. Esse entende que o fideicomissário ou o pós-herdeiro é *sucessor* do fiduciário ou do pré-herdeiro, e não do testador. Porque, argumenta, no momento em que o pós-herdeiro recebe a herança, já não existe o testador. Recebe-a do pré-herdeiro, que tinha direito resolutivamente condicionado ou a termo. Ainda mais: porque a passagem consiste não em se chamar o fideicomissário ou pós-herdeiro, mas em se *limitar* o direito do pré-herdeiro ou fiduciário. Assim falou Konrad Hellwig (*Lehrbuch*, I, 278, *System*, § 177; *Rechtskraft*, §§ 32-34). Sem razão. Há confusão entre *herdar e recolher*, materialmente, a herança. Se o fideicomissário herdasse do fiduciário, suceder-lhe-ia nas dívidas. No entanto, só pelas dívidas do testador responde o fideicomissário. Não é verdade que o direito do fiduciário passe ao fideicomissário. O que se dá é que o direito do fiduciário se extingue; começa a *atuação* do direito do fideicomissário, direito existente desde a abertura da sucessão.

67) Fontes do usufruto – O usufruto pode ser criado por ato *inter vivos*, ou por ato testamentário (*usufrutos negociais*), ou por lei. Ao testador é facultado desmembrar, em direitos reais, a propriedade, ou deixar ao herdeiro, ou legatário, os direitos reais que tem sobre coisa de outrem. Também lhe é dado legar a *pretensão a haver de outrem*, ou legar *direito que se tenha ainda de adquirir*. O direito processual nada tem com a constituição dos direitos de usufruto. Tem com a extinção dos direitos *negociais* de usufruto. O usufruto constituído pelo enfiteuta a favor do proprietário é usufruto de proprietário.

68) Fideicomisso oriundo de negócio jurídico – O fideicomisso é oriundo de testamento, negócio jurídico testamentário. Foi discutido se em negócio jurídico *inter vivos* podia ser estabelecido. De um lado, os que o negavam (*e.g.*, Joaquim Inácio Ramalho, *Instituições Orfanológicas*, § 30; nosso *Tratado dos Testamentos*, IV, 179, 180); do outro, os que afirmavam (*e.g.*, Dias Ferreira, *Código Civil português*, III, 447; Teixeira de Freitas, *Tratado*, 329; Carlos de Carvalho, *Nova Consolidação*, art. 1.194). As construções, que foram tentadas, não provaram existir o fideicomisso em negócio entre vivos, por lhes faltar a fidúcia; e o caso mais interessante, o de Diogo Guerreiro (*Decisiones*, 163), era doação *sub modo*. Outras são de doações com reversão, ou de propriedade resolúvel simples. Mas há fidúcia entre vivos, propriedade fiduciária.

69) Extinção de usufruto e de fideicomisso – Extinção de usufruto ou de fideicomisso é nome genérico para significar que a propriedade se consolidou, ou os bens passaram ao fideicomissário. Extinto o usufruto, consolida-se a propriedade – deixa de ser nua. Veste-se. Extinto o fideicomisso, não há mais fiduciário, ou não há mais fideicomissário. Nesse sentido, a caducidade do direito de fideicomissário não é extinção. Caduca o fideicomisso: *a*) em caso de repúdio da herança, se os credores não aceitam a herança (Código Civil, arts. 1.735, 1.586);[116] *b*) em caso de indignidade do fideicomissário; *c*) quando fideicomissário pré-morre ao fiduciário (art. 1.738).[117] Só se ocorre a condição, depois da abertura da sucessão, a que se subordinou a instituição do fideicomissário; pode ser preciso, fora do caso da morte do fiduciário, processo de extinção do fideicomisso. A aplicação mais freqüente é a da extinção por morte do fiduciário; porém não é a única.

Nos casos em que se extingue o usufruto pela morte do usufrutuário, ou pelo advento do termo ou condição, ou pela cessação da causa, ou pela destruição da coisa, ou pela consolidação negocial ou acidental, ou pela prescrição, cabe a extinção do usufruto, em processo especial de ação de mandamento, com eficácia *erga omnes* e eficácia executiva *lato sensu*, com sentença mandamental. Tem ela efeito de coisa julgada material. Não se pode pensar em ação declarativa, no caso de extinção por culpa do usufrutuário: a ação é de condenação, com efeito de mandamento e efeito executivo. Ainda nos casos de extinção sem culpa do titular, o elemento declarativo é secundário: apenas se revela na eficácia de coisa julgada material, *inter partes*. A classificação da verba feita na partilha tem de ser respeitada. A propositura da ação declaratória típica não seria apenas, nas espécies, uso do rito ordinário, em vez do rito especial; seria *menos*, no plano das ações, e não só do procedimento. O mesmo que acima se disse

---

116 C. Civ. de 2002, arts. 1.855 e 1.813, *caput*, respectivamente.
117 C. Civ. de 2002, art. 1.958.

vale para os fideicomissos. A ação e a sentença são de mandamento (cancela-se a inscrição no registro), com efeito *erga omnes* e executivo.

Nenhuma ação de condenação pode ser processada com o rito da ação de extinção.

70) Competência para a ação de extinção de usufruto e de fideicomisso – A competência é determinada: *a) pela conexão* – se o usufruto ou o fideicomisso provém de verba testamentária, é competente, para as extinções de usufruto ou de fideicomisso, o juiz do inventário e partilha dos bens deixados em usufruto ou em fideicomisso; *b) pela ligação ao domicílio* do doador ou do outorgante – aliás, pode não ser o lugar da doação ou do negócio, o juízo desse domicílio, *em regra jurídica não prevista*; *c) pela situação do bem imóvel*. (As outras ações, quanto à doação ou outro negócio jurídico, não ficam subordinados ao art. 1.148; obedecem aos princípios gerais de competência.) A arrecadação determina, pela conexão, as ações que se refiram à herança; *e.g.*, petição de herança cumulada à de investigação da paternidade (1ª Turma do Supremo Tribunal Federal, 11 de novembro de 1943, *R. F.*, 99, 396).

Se o usufruto ou o fideicomisso foi de origem testamentária, o foro é o do juízo do inventário (art. 96). Se não se trata de usufruto ou de fideicomisso de origem testamentária (*e.g.*, de doação entre vivos), a regra jurídica do art. 94 é que incide (bem como as dos §§ 1°-4°), uma vez que se trate de usufruto ou fideicomisso de bens móveis. Se, porém, o usufruto ou o fideicomisso é de bem imóvel, o foro é o da situação do bem (art. 95, 1ª parte).

71) Audiência do Ministério Público e da Fazenda Pública – A audiência do órgão do Ministério Público ou do representante da Fazenda Pública é indispensável em qualquer extinção, ainda que não se trate do processo especial do art. 1.112, VI.

72) Avaliação – A avaliação é para efeitos de direito material privado (obrigações do usufrutuário, ou do fiduciário) ou de direito fiscal.

73) Cálculo de imposto – O Cálculo de imposto sobre extinção de usufruto ou de fideicomisso é feito pelo contador do juízo. Não é preciso sobre ele ouvirem-se interessados, nem se proferir sentença.

A sentença não pode dar nem tirar aos efeitos que produziu o fato da extinção; nem esses efeitos *precisam* da declaração do juiz. Quando ele diz "julgo extinto o usufruto (ou o fideicomisso)" apenas manda e executa (efeito executivo); não declara nem constitui, propriamente – *manda*. Os dois elementos preponderantes são o mandamental, determinante da situação de publicação do direito real, e o efeito executivo do direito de caráter privado, então declarado. Conseqüências: não se pode falar de força material de coisa julgada das sentenças de extinção de usufruto ou de fideicomisso; a sua força é a das sentenças de mandamento; efeito constitutivo somente no que concerne à publicação do direito real (não à relação entre os interessados); efeito declarativo, quanto ao direito de usufruto e pressupostos da extinção (efeito de coisa julgada material).

74) Partilha dos bens em usufruto ou fideicomitidos – A partilha, de que se trata, resulta da verba testamentária ou da doação, e nesses casos a sentença é *executiva* do negócio jurídico testamentário ou entre vivos. O juiz do inventário ou do domicílio do doador pode não ser competente para a partilha dos bens do nu-proprietário ou do fideicomissário, que faleceu e a cujos herdeiros ou legatários vão os bens, para ação *communi dividundo*. Não se podem intercalar na ação do art. 1.112, VI, os processos de inventário e partilha (arts. 982-1.045), ou de divisão e demarcação (artigos 946-981), posto que, quanto aos bens partilhados por força da verba testamentária, ou do negócio jurídico da doação, seja permitida a divisão geodésica das terras, ou, se feito, a demarcação de quinhões.

Somente após o trânsito em julgado da sentença de extinção de usufruto ou de fideicomisso, pode haver partilha do que se recebeu com o fato da extinção (3ª Câmara Cível do Tribunal de Justiça do Rio Grande do Sul, 4 de maio de 1950, *J.*, 32, 237). Partilha anterior a isso seria ineficaz; portanto eficacizável, se ratificada (não "nula", como pretendeu a 3ª Câmara Cível).

75) Natureza das decisões – A partilha amigável depende de serem capazes (não só *maiores*!) os interessados (art. 1.129, e parágrafo único).[18] Em qualquer caso, mesmo se feita por escritura particular, não se lhe dispensa a homologação. Aqui, a sentença, que é uma só, julga o cálculo, se houve, julga extinto o usufruto, ou o fideicomisso, e julga a partilha. O seu caráter compósito estabelece o recurso da apelação nos dois efeitos. Na parte em que julga extinto o usufruto é mandamental negativa, de efeitos

---

118 Na verdade, art. 1.029, parágrafo único.

constitutivos (efeitos *erga omnes*) de integração da publicidade (dos direitos reais), e não declarativa, a despeito do forte elemento declarativo. A distinção é de conseqüências práticas consideráveis. O usufruto e o fideicomisso estavam extintos, *ex hypothesi*; nas relações entre o usufrutuário e o nu-proprietário ou entre o fiduciário e o fideicomissário, a extinção, por direito material, começara de produzir todos os efeitos. Enquanto a outrem, a publicidade é indispensável e é a isso, não à declaração por sentença, que o chamado processo de extinção do usufruto ou do fideicomisso provê. É a extinção, no plano do direito público, que é processual.

76) Desaparição da fiduciariedade – Extinto o fideicomisso, não há mais fiduciário. Entregues os bens ao fideicomissário, passa quem fora o herdeiro a ser estranho para herança, *que foi sua*. As ações contra os bens da herança ou a favor dela já lhe não interessam, nem ele é autorizado a prosseguir, como autor, ou como réu, em tais processos: a mudança de sujeitos opera-se *ipso iure*, ao chegar o advento do termo, ou ao realizar-se a condição. Mas, se deixou de pagar alguma dívida para que recebera dinheiro da herança, a sua responsabilidade continua.

Depois de entrega dos bens, o fiduciário não é mais devedor das obrigações da herança. Se algum herdeiro retardatário recusa a quota, ou passa em julgado a sentença que pronunciou a indignidade de um deles, o acrescimento já lhe não aproveita, e sim ao fideicomissário. Pelas dívidas assumidas pelo fiduciário, ainda que para a exploração e administração dos bens, não respondem esses, porque a sua destinação os imuniza às obrigações do fiduciário. Feito o inventário, segundo ele é que responde o fiduciário. Aliás, feito judicialmente, pelas dívidas da herança, que aparecem, ambos respondem, salva se excedem às forças dela. Os credores da herança são credores do fiduciário, até o montante dos bens herdados, e do fideicomissário, até o mesmo importe. No momento em que o fideicomissário recebe, responde na qualidade de herdeiro, que é. Se o fiduciário não pagou as dívidas da herança, paga-as o fideicomissário. Os credores do fiduciário não são credores da herança. As dívidas decorrentes de impostos atrasados, multas aplicadas às coisas da herança, ele as paga, mas tem por elas ação contra os fiduciários.

As dívidas do fiduciário garantidas pelos bens (hipoteca, penhor, anticrese, caução) não são cargos *dos bens*. Com a mudança dos *sujeitos* da propriedade, todas se extinguem *quanto ao bem*; os credores têm ação contra o fiduciário, e não as ações contra, os bens hipotecados, empenhados ou anticréticos. A penhora do direito do fiduciário, nos bens, por dívida do fiduciário, extingue-se *ipso iure*. São bens *alheios*. Se o fiduciário pagou, com dinheiro seu, a hipoteca de bem fideicomitido, dá-se a sub-rogação a seu favor (R. Beyer, *Die Surrogation*, 216). Tal doutrina combina com os arts. 985, III, e 988 do Código Civil.[119]

A jurisprudência continua eivada de erros quanto a bens deixados em usufruto e fideicomisso. A 3ª Câmara Civil do Tribunal de Apelação de São Paulo – por exemplo – entendeu que é "juridicamente impossível" que os bens vinculados passem (?), por morte do usufrutuário, com a cláusula, de inalienabilidade, aos proprietários (1° de março de 1944, *R. dois T.*, 149, 259). Ora, ¡os bens passaram, com a morte do decujo, com a cláusula!

77) Exigência da judicialidade – Não há ato negocial declaratório de extinção de usufruto ou de fideicomisso, extrajudicial, que possa ser registrado, sem que haja a sentença de jurisdição voluntária de que cogita o art. 1.112, VI, do Código de Processo Civil.

A decisão judicial é de força mandamental e de eficácia imediata declarativa, se está em causa espécie do art. 739, I-VI, do Código Civil [20] (morte do usufrutuário, termo da duração, cessação da causa de que se originou, destruição da coisa, consolidação, prescrição da pretensão), ou de força condenatória e de eficácia imediata mandamental, se a espécie é a do art. 739, VII.[121] Ainda que se trate de pessoas capazes, a renúncia por escritura pública tem de ser apresentada na ação do art. 1.112, VI, do Código de Processo Civil (sem razão, a 1ª Câmara Cível do Tribunal de Justiça do Pará, 12 de março de 1951, *J.*, de 1951, 51). O oficial público só cancela o registro mediante requerimento que contenha o mandamento judicial, ou se lho manda, diretamente, o juiz.

78) Impostos – Há imposto de transmissão a ser pago, porque o uso e o fruto passam ao seu proprietário, imposto que é o do tempo da extinção, pois o outro, o que concerniu ao direito de nua propriedade, já fora pago, segundo o valor ao tempo da sucessão. Certa, a 2ª Câmara Cível do Tribunal de Justiça do Rio de Janeiro, a 15 de abril de 1952. Quanto à extinção de fideicomisso, é diferente (*e.g.*, Câmaras Civis Reunidas do

---

119 C. Civ. de 2002, arts. 346, III e 349, respectivamente.
120 C. Civ. de 2002, art. 1.410, I, II, IV, V, VI, respectivamente; quanto à "prescrição da pretensão", sem correspondência no C.Civ. de 2002.
121 C. Civ. de 2002, art. 1.410, VII.

Tribunal de Justiça de São Paulo, 30 de outubro de 1950, *R. dos T.*, 190, 967; 6ª Câmara Civil, 21 de setembro de 1951, 196, 296, 2ª Câmara Civil, 25 de março de 1952, 201, 323; 1ª Câmara do Tribunal de Alçada, a 14 de novembro de 1951, 197, 381). Se a lei fiscal permite que se pague por ocasião da constituição o imposto de aquisição da nua propriedade e o imposto da extinção, trata-se de regra jurídica favorecente. O fideicomisso dá ensejo a duas aquisições de domínio: há duas transmissões simultâneas; os impostos são os do tempo da abertura da sucessão. Se a lei permitiu dividir-se em duas parcelas o imposto do fideicomissário, uma por ocasião da execução testamentária, outra por ocasião da extinção do fideicomisso, houve favor da lei.

O fideicomissário não é herdeiro do fiduciário; de modo que, na extinção de fideicomisso, não há imposto de transmissão a causa de morte (cf. 4ª Câmara Civil do Tribunal de Justiça de São Paulo, 9 de fevereiro de 1950, *R. dos T.*, 185, 350. *Idem*, quanto ao usufruto.

Capítulo II

DAS ALIENAÇÕES JUDICIAIS¹)²)

1) Alienações judiciais por lei ou necessidade objetiva.– A despeito da generalidade do título, as alienações judiciais dos arts. 1.113-1.119 não compreendem todos os casos de alienações judiciais, nem a arrematação dos bens executados (arts. 686-707). Aos casos dos arts. 1.113-1.119 falta a razão suficiente da execução. Os do art. 1.113 supõem fácil deterioração, avarias, grande despesa para a guarda dos bens; os do art. 1.117, I, não cabem no quinhão de um herdeiro, ou não admitem divisão cômoda, o bem a ser partilhado; os do art. 1.117, II, ser indivisível a coisa comum, ou se tornar imprópria ao seu destino; os do art. 1.117, III, terem de ser vendidos, com autorização judicial, os bens de incapazes ("órfãos", diz o art. 1.117, III). A arrematação tem outra motivação, que lhe é intrínseca: converter, para executar o Estado a obrigação. O Código de 1939 não cogitou do processo especial da venda da coisa comum e nem dos bens a serem partilhados que não são suscetíveis de divisão cômoda e não cabem no quinhão de algum herdeiro.

2) Ação de nulidade ou anulação de testamento e alienação judicial – A 3ª Câmara Cível do Tribunal de Apelação do Distrito Federal, a 27 de julho de 1945 (*R. F.*, 107, 495), decidiu que, proposta a ação de nulidade ou de anulação do testamento, começa o interesse do autor nos bens do espólio e pode opor-se à alienação de algum bem.

É muito vago. O que o autor pode requerer é a assistência segundo os arts. 50 e 54, ou a medida das arts. 798, 822 e 826.

A alienação do imóvel, no processo de partilha, por se não pôr no quinhão de um herdeiro, ou de dois ou mais herdeiros, que o queiram em comum, é alienação para se levar por diante a partilha. Há ato alienativo para a finalidade de ação executiva *lato sensu*. As alienações segundo o art. 1.117, III, também supõem necessidade para a disposição e obedecem a pressupostos de direito material. Isso não quer dizer que bens de incapazes (*e.g.*, quotas hereditárias) não possam achar-se entre bens de que fala o art. 1.117, I e II. Se os bens sob medida constitutiva são de fácil deterioração, ou avariados, ou causadores de graves despesas, e pertencem a incapazes, não se dispensa a autorização judicial para a alienação, se exigida pelo direito material. Passa-se o mesmo quanto às espécies do art. 1.117, II. A respeito da quota hereditária, o juiz do inventário e partilha é que decide enquanto não há adjudicação do bem ao incapaz.

Art. 1.113. Nos casos expressos em lei²) e sempre que os bens depositados judicialmente forem de fácil deterioração, estiverem avariados ou exigirem grandes despesas para a sua guarda, o juiz, de ofício⁵) ou a requerimento do depositário ou de qualquer das partes, mandará aliená-los em leilão¹).

§ 1° Poderá o juiz autorizar, da mesma forma, a alienação de semoventes e outros bens de guarda dispendiosa; mas não o fará se alguma das partes se obrigar a satisfazer ou garantir as despesas de conservação³).

§ 2° Quando uma das partes requerer a alienação judicial, o juiz ouvirá sempre a outra antes de decidir⁴).

§ 3° Far-se-á a alienação independentemente de leilão, se todos os interessados forem capazes e nisso convierem expressamente⁷).

Art. 1.114. Os bens serão avaliados⁶) por um perito nomeado⁸) pelo juiz quando:

I – não o hajam sido anteriormente;

II – tenham sofrido alteração em seu valor.

1) Constrição judicial para alienação – Ao tratarmos da penhora dissemos da diferença do papel do Estado na prenda do arresto, do seqüestro, do depósito e da penhora. Aqui, havendo a motivação dos arts. 1.113 ou 1.117, defere o juiz a alienação judicial, ou determina-a de ofício, pela necessidade que se contém em qualquer dos motivos.

"Nos casos expressos em lei" e "sempre" que ocorra algum dos outros motivos (fácil deterioração, avarias, despesas excessivas). Esses motivos são exemplificativos, conforme já se disse. A premente conveniência da venda, fazendo-a necessária, basta a compor o motivo; nunca a simples conveniência ou vantagem, ainda de vulto e extraordinária.

Nos casos expressos em lei entram, por exemplo: o do art. 1.070, §§ 1° e 2° (alienação imediata em leilão das coisas vendidas com reserva de domínio); o do art. 1.155 (alienação de bens móveis e semoventes, das heranças arrecadadas); os casos de necessidade do art. 1.155; o do art. 608 do Código Civil[122] (venda do achádego).

O art. 1.113, *verbis* "sempre que...", à diferença do art. 1.117, estabelece direito processual objetivo de que resulta pretensão à alienação, sem qualquer alusão, ou, *a fortiori*, dependência do direito material. É a situação de direito processual (arresto, seqüestro, depósito, penhora) que põe o problema, técnico da alienação, ocorrendo o motivo de necessidade.

2) Alienação judicial, noutras espécies que as previstas – O art. 1.113 fala de "casos expressos em lei". Alguns casos constam do próprio Código de Processo Civil: art. 1.070, § 1° (alienação judicial em leilão de coisa vendida que foi penhorada, por se tratar de venda a crédito com reserva de domínio), art. 1.155 (alienação de bens na herança arrecadada), art. 1.173 (alienação de coisa alheia perdida, que foi depositada), art. 1.112, III (alienação de bens de incapazes), art. 1.139 (alienação do quinhão do condômino na coisa indivisível), art. 1.017, § 3° (alienação de bens necessários para o pagamento do passivo do inventário). Também no Código Civil, art. 293[123] (alienação de bens dotais) e art. 606[124] (alienação de bens achados quando não se encontra quem prove a propriedade).

A alienação pode ser judicial sem que se trate dos "casos expressos em lei" e dos de arresto, seqüestro, depósito ou penhora. Outros há em que o juiz mantém sobre a coisa poder de vedar a disposição ou de dispor da coisa, e a alienação é judicial. O Supremo Tribunal Federal, a 10 de abril de 1929 (*A. J.*, 10, 374), decidiu que a venda, realizada em juízo, de embarcação atingida por dívidas privilegiadas, a requerimento do proprietário, era venda, "voluntária", pois que a coisa não se achava penhorada, nem depositada. De modo que, segundo o raciocínio do Supremo Tribunal Federal, os créditos acompanhariam a embarcação vendida, gravando-a. Sem razão. Ou a venda prescindia de motivação e era livre de fazê-la o proprietário, desconhecendo o direito brasileiro a venda em juízo a líbito dos donos, o que rebaixaria os juízes à função dos notários, empurrando-os para o tempo da velha *voluntaria iurisdictio*; ou a venda foi deferida, após

---

122 C. Civ. de 2002, art. 1.237, *caput*.
123 Sem correspondência no C. Civ. de 2002, o qual não mais regula o regime de bens dotais.
124 Vd. a nota 122.

cognição de motivo para vender e com as cautelas judiciais, *e.g.*, depósito do preço, e então se operou a sub-rogação real, segundo os princípios.

Se a alienação tem de ser judicial, ou se é permitido não ser em hasta pública, responde, primeiro, o direito material. Se há divergência de regras no direito processual e no direito material, entende-se que as daquele são gerais e essas, especiais, se, na hipótese, exigem a hasta pública.

3) Alienação de semoventes e outros bens de guarda dispendiosa – Tratando-se de semoventes, pode o juiz determinar a alienação, salvo se uma das partes se obriga a satisfazer ou garantir as despesas de conservação. Para assumir tal atitude, tanto é legitimada qualquer das partes ou o próprio depositário. Além dos semoventes há a referência a outros bens de guarda dispendiosa. ¿E os deteriorados, ou que estiverem avariadas? ¿Só seria de deferir-se o requerimento se tais bens exigirem grandes despesas para a sua guarda? A despeito de o art. 1.113, § 1°, não ser explícito como o foi o art. 1.113, a resposta é afirmativa.

4) Citação das partes – O art. 1.113, § 2°, diz que, requerida a alienação por uma das partes, a outra tem de ser ouvida, antes de o juiz decidir. Está em ação de jurisdição voluntária, de modo que o art. 1.105 é imperativo: são citados, sob pena de nulidade, todos os interessados, bem como o Ministério Público. Pode dar-se que a ação parta de ato do próprio juiz, que, embora atue de ofício, não pode deixar de observar o art. 1.105. Aí, não está ele obrigado a tomar, antes de decidir, a providência do art. 1.113, § 2°. Se foi uma das partes que suscitou a alienação judicial, os interessados tinham de ser citados (art. 1.105) e, além disso, depois das medidas do art. 1.114 e quaisquer outras, a outra parte ou as outras partes têm de ser ouvidas.

5) Decisão de ofício quanto à alienação judicial – Os casos em que o juiz pode ordenar de ofício a alienação são aqueles em que: *a)* a lei lhe dê responsabilidade pela guarda da coisa e sua conservação; *b)* tendo-lhe sido aberta a cognição, estaria prejudicado, sem ela, interesse de incapaz ou do público (*e.g.*, perigo para a saúde pública: doenças contagiosas de animais, deterioração de certos gêneros etc.), sendo de notar-se que, aí, a determinação da alienação é que é de ofício, sem ser provocado pelo juiz o processo; *c)* quando a venda judicial seja ordenada em lei dirigida aos juízes; *d)* nos casos expressos em lei e naqueles em que, sem a alienação, o processo, mesmo com prazo para terminar, não andaria sem ela.

6) Avaliação como pressuposto necessário – O Código no art. 1.114 exige, sempre, a avaliação, para servir de base à venda, salvo se os bens foram, antes, avaliados judicialmente. Não estabeleceu tempo em que valha essa avaliação anterior. Entenda-se, porém, que se exclui o seu valor se ocorre alguma das espécies do art. 683. ¿*Quid iuris*, se for provada a sua imprestabilidade pelo tempo decorrido? Essa imprestabilidade tem na hasta pública o ensejo de ser confirmada; e nada obsta a que o preço antigo sirva de base para a hasta pública. Atende-se, sempre, à correção monetária.

7) Acordo dos interessados para que não se proceda a leilão – No art. 1.113 cogentemente se diz que a alienação há de ser em leilão e no § 3º permite-se que se aliene o bem independentemente de leilão, se todos os interessados são capazes e nisso convierem expressamente. Não basta presunção de concordância, nem, sequer, concordância tácita. O interesse pode ser público, razão para se ter de manifestar o Ministério Público. Também pode ter interesse alguém que tenha registrado algum direito de preferência, quer de ordem legal, quer de ordem negocial.

No exame do acordo, tem o juiz de adotar a solução que reputa mais conveniente ou oportuna (art. 1.109, 2ª parte), isto é, o leilão.

8) Perito nomeado ou não pelo juiz – O art. 1.114, I e II, estatui que os bens são avaliados por um perito nomeado pelo juiz quando não tiverem sido avaliados anteriormente, ou quando tenham sofrido alteração no seu valor. Supõe-se que a lei estadual não haja criado cargo público para tal missão. Não se trata de processo civil, que seja da competência da União, mas de função que a lei estadual pode estabelecer. Se há perito oficial, não tem o juiz de nomear perito. No art. 680,[125] concernente ao procedimento de execução, diz-se que o juiz nomeia perito para estimar os bens penhorados "se não houver, na comarca, avaliador oficial". No sistema jurídico brasileiro, interpretação restrita do art. 1.114 dele destoaria.

Se o bem ou os bens a serem alienados são de cotação na Bolsa, é de afastar-se a exigência da avaliação por perito, nomeado ou oficial.

Para se afastar a exigência do leilão, que consta do art. 1.113, de modo nenhum se pode invocar o art. 1.109, porque seria permitir-se o arbítrio do juiz, principalmente diante do art. 1.113, § 3º, que só admitiu a alienação

---

125 O art. 2º da Lei nº 11.382, de 06.12.06, alterou a norma do art. 680 do CPC.

sem ser em leilão se todos os interessados são capazes e nisso convierem expressamente. Nem se diga que há contradição entre o art. 1.113 e § 3° e o art. 1.109. Seria contradição entre enunciados interpretativos que dessem ao juiz, no artigo 1.109, poder de infringir a lei. A redação do art. 1.109 não permite que até aí se vá. Por outro lado, se os imóveis são pertencentes a menores, porque, conforme o Código Civil, art. 429, "só podem ser vendidos, quando houver manifesta vantagem, e sempre em hasta pública".[126]

O que o juiz pode ordenar é que o edital e os atos de publicidade sejam em jornais adequados, evitando-se qualquer fraude (art. 17, IV),[127] prevenir qualquer ato contrário à dignidade da justiça (art. 125, III), ou obstar a objetivos das partes ou de alguma parte, proibidos por lei, ou prática de ato simulado (art. 129). Para o leilão tem de haver edital, com os pressupostos do art. 686, afixado no átrio do edifício do fórum e publicado, em resumo, no órgão oficial do Estado-membro, e duas vezes em jornal diário, se houver (art. 687).[128] Também se hão de respeitar os §§ 1° e 2° do art. 687.

Art. 1.115. A alienação²) será feita pelo maior lanço oferecido, ainda que seja inferior ao valor da avaliação¹).

1) Lanço igual ou superior ao valor estimado – A regra jurídica do art. 1.115 é a do princípio que rege as alienações ao público, "a quem der mais". Sempre que há estimação de valor, toma-se por base esse. Se não houve lanço igual ou superior, outra *comunicação de vontade* expressa o juiz – manda que se venda pelo preço obtido. O órgão da alienação não tem autoridade para a emissão dessa vontade, essencial à declaração de vontade que vai constituir o negócio jurídico da alienação judicial, qualquer que seja, nela, o papel do juiz. Pode ser a de simples elemento de cooperação (constitutiva-integrativa), como acontece nas alienações de bens de incapazes; ou constitutiva, como se dá nas alienações de bens penhorados, que

---

126 C. Civ. de 2002, art. 1.750, que dispensa a "hasta pública", mas exige "prévia avaliação judicial e aprovação do juiz".
127 Com as alterações introduzidas pelo art. 1° da Lei n° 6.771, de 27.3.80, a norma do inc. IV do art. 17 agora está no inc. III desse mesmo artigo.
128 O art. 1° da Lei n° 8.953, de 13.12.94, alterou a norma do *caput* do art. 687; agora, "o edital será afixado no local de costume e publicado, em resumo, com antecedência mínima de 5 (cinco) dias, pelo menos uma vez em jornal de ampla circulação local".

é feita pelo Estado mesmo, sem qualquer declaração de vontade dos donos dos bens. O poder de conversão passara ao Estado.

Temos de lembrar o art. 701 onde se lê: "Quando o imóvel de incapaz não alcançar em praça pelo menos oitenta por cento do valor da avaliação, o juiz o confiará à guarda e administração de depositário idôneo, adiando a alienação por prazo não superior a um ano". "Se, durante o adiamento, algum pretendente assegurar, mediante caução idônea, o preço da avaliação, o juiz ordenará a alienação em praça" (§ 1°). Se o pretendente se arrepende, há a multa de vinte por cento sobre o valor da avaliação, em benefício do incapaz, valendo a decisão como título executivo (§ 2°). Findo o prazo do adiamento, aliena-se o imóvel (§ 4°) conforme o art. 686, VI.

2) Interessados e alienação sem ser em hasta pública – Os interessados, que podem preferir a alienação, sem ser em hasta pública, são os donos dos bens arrestados, seqüestrados, depositados ou penhorados, ou, por outra razão, subordinados ao processo dos arts. 1.113-1.119, *desde que capazes e concordantes*. A construção, pelo menos a respeito dos bens penhorados, não é fácil: a penhora invade a esfera jurídica do executado, tirando-lhe a disposição eficaz dos bens, que passa ao Estado. Se ocorre algum dos motivos do art. 1.113, que regula a alienação *necessitatis causa* dos bens penhorados, a constrição desses bens não muda: a alienação "particular" é de bens de que só o Estado pode dispor, de modo que a *declaração de vontade* é a do Estado, a despeito de ser fora da hasta pública a alienação. O legislador, deslizando pela superfície dos conceitos, não percebeu quanto estava, por baixo deles, de realidade jurídica. Interessados, na venda de bens penhorados, não são somente o exeqüente e o executado; são outros credores que se apresentam com preferência, ou de outras penhoras. Feito o alvará para essa alienação fora de juízo, é inelidível que esse alvará contém a declaração de vontade do Estado – os bens continuam penhorados (arrestados, seqüestrados, depositados etc.), *até que se alienem e sejam entregues*. Enquanto não se deposita o preço, para que a sub-rogação real se opere, a constrição do bem persiste. Sempre que o negócio jurídico, como é o caso dos bens penhorados, é negócio jurídico do Estado, e não do dono dos bens, o dono coopera com esse, ainda que se *lhe* permita vender, particularmente, bens que estão à disposição do Estado e só o Estado os pode converter. Daí deriva, por exemplo, a responsabilidade do Estado e, eventualmente, do juiz, em alienações com fundamento no art. 1.113, que foram feitas contra lei (*e.g.*, sem ocorrência de suficiente motivo) ou com dolo.

Cumpre não se pensar que a alienação dita, no Código de 1939, "particular" é a alienação não-judicial. Acertadamente, o Código de 1973, no art. 1.113, § 2°, riscou a referência à "venda particular", que estava no Código de 1939, art. 704, § 2°. As alienações não se dividem, segundo em alienações judiciais e alienações particulares. A alienação particular é apenas o oposto à praça e ao leilão: a alienação que não é *ao público*. Não se dispensou a judicialidade da venda. Termo mais técnico seria a alienação fora de hasta pública, ou "não-pública", ou "não ao público". A alienação em hasta pública é combinação da compra e venda com a declaração unilateral de vontade. A outra é por declaração bilateral. À "alienação judicial" o que se opõe é "venda extrajudicial", venda de direito material puro.

3) Alvará – Não se pode dispensar o *alvará*, pois que o Estado chamou a si o poder de dispor, ou de autorizar, e a alienação é *judicial*, posto que "alienação particular", isto é, sem hasta pública. Hasta pública e judicialidade não são conceitos co-extensivos.

É de toda importância não se confundir com a alienação dita "particular" feita em juízo, se o sistema jurídico a permite, a alienação "por iniciativa particular" do art. 670, que é alienação antecipada. A alienação particular é limitada, de ordinário, aos casos de fácil deterioração, avarias ou grandes despesas para a sua guarda, ou de evidente vantagem. Fora daí, ela não cabe.

Art. 1.116. Efetuada a alienação e deduzidas as despesas, depositar-se-á o preço, ficando nele sub-rogados[1]) os ônus[2]) ou responsabilidades a que estiverem sujeitos aos bens.

Parágrafo único. Não sendo caso de se levantar o depósito antes de trinta (30) dias, inclusive na ação ou na execução, o juiz determinará a aplicação do produto da alienação ou do depósito, em obrigações ou títulos da dívida pública da União ou dos Estados[3]).

1) Sub-rogação real – Nos casos de arresto, seqüestro, depósito, penhora etc., o bem está sob as ordens do Estado, a que, de regra, porém não em todos os casos, exceto os de penhora, passou à disposição do bem. Até que se opere a sub-rogação, o bem continua sob essa constrição estatal. O depósito do preço, deduzidas as despesas, tem função apenas cautelar, para que se evite a perda ou o desvio do objeto em que se dará a sub-rogação real. Nenhum ato é preciso, a mais, para que se efetue. A sub-rogação acontece *ipso iure* no momento da alienação judicial ou particular. Quer nessa, quer naquela, o preço, deduzidas as despesas, é depositado antes de se entregar a coisa, ou de se instrumentar a transferência. Não há transferência sem a sub-rogação da coisa pelo preço, deduzidas as despesas; porque somente com a sub-rogação cessa a constrição estatal. Nos casos de outras vendas em que o bem não está constrito pelo Estado, o poder de vigilância do juiz toma a intensidade que a espécie exige. Sempre, porém, que a sub-rogação real se tem de dar, o depósito prévio é necessário.

O preço fica *in locum rei*; e aí termina a eficácia das sentenças de venda judicial; não é essa ato, em seqüência de atos – como a arrematação, que é ato de conversão, como os outros, mas em seqüência de atos executivos.

2) Sentido de "ônus" – ônus está, no art. 1.116, em sentido larguíssimo: o destino do bem, que fez exigível a intervenção do Estado, completa (*e.g.*, penhora) ou apenas integrativa (*e.g.*, bens de incapazes), na alienação. A simples autorização do juiz, ou o suprimento do assentimento de pessoa que deveria assentir ao ato de outrem, não faz judicial a venda, se se trata de ato do juiz, integrativo de negócio jurídico de direito privado, sem a constrição estatal, ou sem a vigilância do Estado quanto ao ato da alienação (*e.g.*, Código Civil, arts. 235 e 237, 242 e 245).[129]

Tudo se passa em três momentos: *a)* permissão da alienação; *b)* alienação e sub-rogação no preço; *c)* sub-rogação na coisa adquirida. Ou só em dois: *a)* e *b)*, se é caso de poder ficar o preço sob a constrição.

3) Demora no levantamento do depósito – Se, no caso, não é levantável o depósito antes de trinta dias, inclusive na ação ou na execução, o juiz determina a aplicação do produto da alienação ou do depósito em obrigações ou títulos da dívida pública da União ou dos Estados-membros.

Tratando-se do depósito, se o credor exeqüente não concorda que fique como depositário o devedor, o art. 666, I, estabelece que se há de depositar no Banco do Brasil, na Caixa Econômica Federal, ou em banco de que o Estado-membro tenha mais de metade do capital social integralizado, ou, em falta de tais estabelecimentos de crédito, ou agências suas no lugar, em qualquer estabelecimento de crédito designado pelo juiz. No art. 1.116, referente às alienações judiciais, de jurisdição voluntária, há a aplicação

---

129 C. Civ. de 2002, arts. 1.647, 1.648, 1.147 e 1.567, parágrafo único, respectivamente.

do produto da alienação ou do depósito em obrigações ou títulos da dívida pública da União ou dos Estados-membros (redação da Lei nº 5.925, de 1º de outubro de 1973). Com isso se evitam os males dos depósitos sem juros e da desvalorização monetária. O dinheiro, hoje, é algo em deterioração.

> *Art. 1.117. Também¹) serão alienados em leilão, procedendo-se como nos artigos antecedentes:*
>
> *I – o imóvel que, na partilha, não couber no quinhão de um só herdeiro ou não admitir divisão cômoda, salvo se adjudicado a um ou mais herdeiros acordes²);*
>
> *II – a coisa comum indivisível ou que, pela divisão, se tornar imprópria ao seu destino, verificada previamente a existência de desacordo quanto à adjudicação a um dos condôminos³);*
>
> *III – os bens móveis e imóveis de órfãos, nos casos em que a lei o permite e mediante autorização do juiz⁴).*
>
> *Art. 1.118. Na alienação judicial de coisa comum, será preferido⁵):*
>
> *I – em condições iguais, o condômino ao estranho;*
>
> *II – entre os condôminos, o que tiver benfeitorias de maior valor;*
>
> *III – o condômino proprietário de quinhão maior, se não houver benfeitorias.*
>
> *Art. 1.119. Verificada a alienação de coisa comum sem observância das preferências legais, o condômino prejudicado poderá requerer, antes da assinatura da carta, o depósito do preço e adjudicação da coisa⁶).*
>
> *Parágrafo único. Serão citados o adquirente e os demais condôminos para dizerem de seu direito, observando-se, quanto ao procedimento, o disposto no art. 803⁷).*

1) Exemplificatividade – O art. 1.117 é exemplificação do art. 1.113, pr. Submete os casos dos incisos I-III ao procedimento dos arts. 1.113-1.116.

2) Comunhão hereditária e alienação de imóvel – O imóvel que, na partilha, não cabe no quinhão de um herdeiro, nem admite divisão cômoda, nem, a respeito dele, se chega a acordo quanto à reposição pelo herdeiro, nem quanto à inclusão no pagamento de dois ou mais herdeiros, que fiquem em comum, tem de ser alienado, *necessitatis causa*. A equiparação aos casos do art. 1.113 é fácil de compreender-se. A regra jurídica pertence ao direito material (Código Civil, art. 1.777),[130] a que a lei processual apenas atende, com os princípios de direito formal. No mesmo sentido, com citação da 1ª ed. dos *Comentários ao Código de 1939*, IV, 159 (2ª ed., VIII, 493), a 1ª Turma do Supremo Tribunal Federal, a 23 de outubro de 1952 (*D. da J.* de 5 de setembro de 1955).

A venda dos bens necessários ao pagamento do passivo da herança (art. 1.017 e §§ 2° e 3°) obedece às regras jurídicas da alienação em execução de sentença.

Se há quotas ideais e contribuições diferentes para a construção, que se paralisou, sem atendimento entre os condôminos, aliena-se o prédio para se dividir o preço conforme as quotas e as inversões (4ª Câmara Civil do Tribunal de Justiça de São Paulo, 16 de novembro de 1950, *R. F.*, 138, 172).

O art. 1.117, I, do Código de 1973, como o art. 706, I, do Código de 1939, e o art. 1.777 do Código Civil de 1916,[131] só se refere a imóvel que, na partilha, não couber no quinhão de um só herdeiro, ou não admitir divisão cômoda. Pergunta-se: se um bem móvel que, na partilha, não cabe no quinhão de um herdeiro, ou não admite divisão cômoda, ¿como se há de resolver? Cogitamos da questão (*Tratado de Direito Privado*, LX, § 5.994, 1) e dissemos que, já antes do Código de 1939, se aplicava ao bem móvel que não cabe no quinhão de um só herdeiro, ou não admite divisão cômoda, o artigo 1.777 do Código Civil[132] (cf. 5ª Câmara Cível do Tribunal de Justiça do Distrito Federal, 30 de outubro de 1939, *A. J.*, 54, 229).

Pode dar-se que um ou alguns herdeiros peçam a adjudicação. O art. 1.117, I, fala de um ou mais herdeiros concordes. Aí, há aquisição por um ou por mais de um, se cate nos quinhões, ou a aquisição do que excedeu ao quinhão ou aos quinhões. A *reposição* permite que o interessado ou os interessados adquiram bem que excede o seu quinhão. O excesso não é aquisição *causa mortis*; é compra e venda, e, como tal, sujeito a imposto de transmissão *inter vivos*. O dinheiro reposto paga a compra e sub-roga-se ao excesso, para todos os efeitos da sub-rogação real (*pretium succedit in loco rei*); ainda que se trate de operação em que o inventariante, com o dinheiro, complete a aquisição do bem, para satisfazer exigência testamen-

---

130 C. Civ. de 2002, art. 2.014 e § 1°.
131 Vd. a nota 130.
132 Vd. a nota 130.

tária. Porque o princípio da sub-rogação real, em assunto de comunhão hereditária, a faz independente de se ter adquirido o bem com meios da herança, ou não (Franz Lecnhard, *Erbrecht*, 2ª ed., 183; *aliter*. R. Beyer, *Die Surrogation bei Vermögen im BGB.*, 222).

3) Alienação judicial da coisa comum – Código Civil, arts. 632 e 635.[133] A alienação da coisa comum, nos casos do art. 632 do Código Civil, pode ser sem qualquer intervenção do Estado, desde que os condôminos estejam de acordo: é venda para divisão do preço, com a pluralidade subjetiva de vendedores, sem qualquer processualidade civil. Há pretensões, para cada um dos condôminos, baseadas no art. 632 do Código Civil, e eventualmente ações. A espécie não se confunde com a do art. 635 do Código Civil.[134] A alienação, a que se refere o art. 1.117, II, do Código de Processo Civil, é a que supre a ação nascida do *desacordo* entre os condôminos (elemento que pode não existir na ação do Código Civil, artigos 632 e 635) quanto à adjudicação a um só. Pode dar-se que todos, menos um, prefiram aliená-la; devido a esse um, não se estabelece a possibilidade de ser vendida em ato de direito material, ou durante o processo correspondente aos arts. 632 e 635 do Código Civil. Entendamos o art. 1.117, II: se um, ou dois, ou alguns pedem a adjudicação, e os outros não concordam, tem-se de alienar a coisa, *judicialmente*.

4) Bens pertencentes a incapazes – Sempre que a autorização judicial é necessária à alienação de bens de incapazes, tal alienação se rege pelos arts. 1.013-116. Se a autorização judicial é necessária, responde o direito material. Afirmativa a resposta, aplica-se o art. 1.117, III, onde "órfãos" está por "incapazes", uma vez que seria absurdo só se cogitar da alienação de bens de órfãos. O direito material é que dá a solução.

Sempre exprobramos a expressão imprópria "órfãos", que estava no Código de 1939, art. 706, III, e se conservou sob o Código de 1973, art. 1.117, III. Temos de entender hoje, como entendíamos, que a regra jurídica se refere a quaisquer incapazes, sejam pela menoridade ou sejam pela interdição. Antes, art. 1.112, III, onde tratamos do assunto.

---

133   C. Civ. de 2002, arts. 1.322, *caput* e 1.323, respectivamente.
134   C. Civ. de 2002, art. 1.323.

5) Condomínio e direito de preferência – Código Civil, arts. 632,[135] 1.139 e parágrafo único.[136]

6) Adjudicação antes da assinatura da carta – A adjudicação, no art. 1.119, é conteúdo de comunicação de vontade (*verbis* "poderá requerer") mais a comunicação de conhecimento de que não lhe foi respeitada a preferência do art. 1.118 (Código Civil, arts. 632 e 1.139 e parágrafo único),[137] ainda que algum outro condômino, acima do requerente, houvesse sofrido com a inobservância das regras legais. Os pressupostos gerais e necessários são: infração do art. 1.118; ser o requerente um dos condôminos, com preferência em relação ao comprador. Pretensão à adjudicação tem-na ele sempre, porque, sendo condômino, se a alienação foi feita a estranho, a sua pretensão é evidente. Quando a alienação foi feita a outro condômino, então muda de figura: tem-se de apurar quem vem em primeiro lugar, depositando-se o preço.

Não cabe discutir-se se esse condômino conhecia, ou não, a alienação. O art. 1.118, III, nada tem com a espécie do art. 1.139, 2ª parte, do Código Civil [38] (essa regra jurídica deve ser lida, como se fosse § 2°, depois do parágrafo único do mesmo artigo): se o condômino não teve conhecimento da alienação, cabe-lhe a pretensão, não firmada no art. 1.118, III, mas no art. 1.139, 2ª parte, do Código Civil,[139] de haver para si, depositando o preço, a parte vendida a estranhos, precluível em seis meses. A essa pretensão corresponde ação autônoma, quer tenha havido, ou não, a sentença na espécie do art. 1.139, 2ª parte, do Código Civil,[140] pois que, *ex hypothesi*, não foi citado.

Discutiu-se se os que têm preferência, como condôminos, têm de comparecer à praça, ou se basta que peçam a adjudicação até ser assinada a carta de arrematação. Se não se exige o lanço, porque o exercício é "antes da assinatura da carta", conforme diz o art. 1.119, e o texto era e é claro, dispensa-se o lanço (nesse sentido, a 1ª Turma do Supremo Tribunal Federal, a 31 de outubro de 1950, *R. F.*, 135, 88; 1ª Câmara Cível do Tribunal

---

135 C. Civ. de 2002, art. 1.322, *caput*.
136 C. Civ. de 2002, art. 504 e parágrafo único.
137 C. Civ. de 2002, art. 1.322, *caput* e art. 504 e parágrafo único, respectivamente.
138 C. Civ. de 2002, art. 504 e parágrafo único.
139 Vd. a nota 138.
140 Vd. a nota 138.

de Justiça do Distrito Federal, 27 de agosto de 1952, *D. da J.* de 9 de julho de 1953; 2ª Câmara Cível do Tribunal de Justiça do Rio de Janeiro, 7 de dezembro de 1951).

Temos de corrigir a conclusão a que se chegara, porque o art. 1.119 diz que "verificada a alienação de coisa comum sem observância das preferências legais, o condômino prejudicado poderá requerer, antes da assinatura da carta, o depósito do preço e adjudicação da coisa". Se o condômino não lançou, nem se manifestou, desde logo, que está a exercer a pretensão à preferência, o que é lançar, por estar implícito o lanço, não pode, depois da alienação a outrem, requerer o depósito do preço e a adjudicação do bem, porque não verificou "alienação de coisa comum sem observância das preferências legais". O elemento do lanço igual é indispensável. O condômino foi intimado para o leilão, com a data certa (art. 687, § 2°),[141] e tinha de se manifestar para que, diante da igualdade, o direito de preferência surgisse.

O condômino foi intimado, por edital, para a licitação, de cuja data teve ciência (art. 687, § 2°).[142] O condômino tem de manifestar a sua pretensão à preferência e, se acaso lançou com o mesmo valor que outrem lançou, evidente está que já exerceu a sua pretensão à preferência. O que importa em todas as espécies do art. 1.118, I, II e III, é que se parte do *princípio da igualdade de lanços*. Se o lançador ou lançadores são estranhos, basta a invocação de tal princípio. A igualdade não basta se o outro lançador ou os outros lançadores são condôminos. Aí, tem-se de observar o art. 1.117, II ou III, que atende a existirem benfeitorias feitas pelo preferente, ou benfeitorias de maior valor feitas por ele.

O pressuposto da igualdade é comum a estranhos e a condôminos, razão por que, diante dela, é que se têm de verificar os outros pressupostos. Pode haver benfeitorias de maior valor, feitas por um dos condôminos lançadores, e, até mesmo, haver quinhão de maior valor, e ter faltado o que mais importa, que é a igualdade dos lanços. Então, não há direito de preferência.

O art. 1.139, 2ª parte,[143] do Código Civil, só se refere à venda de parte a estranho, não à venda da coisa comum.

---

141 Parece que o autor quis dizer *art. 687, § 3°*, norma que corresponde, atualmente, ao § 5° desse mesmo art. 687, com a redação que lhe deu o art. 2° da Lei nº 11.382, de 06.12.06.
142 Vd. a nota 141.
143 C. Civ. de 2002, art. 504.

O art. 1.139, 2ª parte,[144] também alcança os co-herdeiros, se algum deles aliena a parte hereditária (Câmaras Cíveis Reunidas do Tribunal de Justiça do Rio de Janeiro, 27 de janeiro de 1953).

A ação de consignação é adequada (5ª Câmara Civil do Tribunal de Justiça de São Paulo, 12 de maio de 1950, *R. dos T.*, 187, 304).

Temos agora de cogitar do conteúdo dos incisos I, II e III do art. 1.118. No inciso I, dá-se preferência na alienação judicial do condômino diante do estranho. O elemento essencial é a igualdade dos lanços, e havemos de entender que é indispensável a manifestação de vontade do condômino diante da manifestação feita pelo estranho. Não pode o condômino que nada disse diante do lanço do estranho pretender a preferência. Para que ele, antes da assinatura da carta, requeresse o depósito do preço e a adjudicação da coisa, seria preciso que "a alienação de coisa comum" tivesse sido "sem observância das preferências legais" e, uma vez que ele não lançou, ou, talvez, nem sequer tenha comparecido ao leilão, nenhum desrespeito houve à sua pretensão à preferência. Não se pode exercer preferência sem que se haja produzido algo que prefira outra pretensão. Não é a sua qualidade de condômino que gera a sua possível preferência, é a de condômino que faz lanço igual.

Se a espécie é a do art. 1.118, II, a preferência resulta de ter sido o mesmo o valor do lanço, de serem condôminos os dois ou mais lançadores e um deles ter feito benfeitorias na coisa, que foram as únicas ou as de valor maior do que o que outro condômino fez, ou que os outros condôminos, de per si, fizeram. Se as benfeitorias do condômino foram do valor 3 e as dos outros, respectivamente, 2 e 2, prefere o condômino das benfeitorias de valor 3. Não se somam os valores dais benfeitorias dos outros condôminos. Surge um problema: se o lanço foi pelos dois, que tinham, respectivamente, as benfeitorias de valor 2, ¿podem-se somar os dois valores? A resposta, devido à unicidade da figura de lançador, é afirmativa; porém não devemos afastar a invocação, pelo juiz, da regra jurídica do art. 1.109, 2ª parte.

Quanto à espécie do inciso III, em que há concorrência de condôminos com quinhões de diferentes valores, o condômino cujo quinhão é de maior valor tem direito de preferência. Mas o problema que apontamos a respeito do inciso II surge para a pretensão à preferência, em se tratando

---

144 Vd. a nota 143.

de condôminos cujos quinhões têm valores diferentes. Se o lanço foi feito por dois ou mais como único lançador, ¿como se há de tratar o assunto? ¿Somam-se os valores dos quinhões ou não se somam? A solução é a de atender-se a que houve um lanço por dois ou mais, que de certo modo mantiveram entre si a comunhão. Todavia, o juiz pode invocar e aplicar o art. 1.109, 2ª parte.

Se ocorreu o leilão sem ter havido a intimação do condômino, houve violação da lei. O interessado pode pedir a decretação da nulidade do leilão (arts. 247-249).

Qualquer exercício da pretensão a que se deposite o preço e se adjudique a coisa só é permitido antes que se assine a carta do ato de arrematação ao estranho, ou a carta de adjudicação ao condômino.

7) Citações – São citados, no caso de condômino que requer a adjudicação, o adquirente e os outros condôminos. Não havendo contestação pelas pessoas que foram citadas, são tidos como verdadeiros os fatos alegados pelo requerente e, dentro de cinco dias, tem o juiz de decidir (arts. 1.119, parágrafo único, e 803). Também é citado o Ministério Público (art. 1.105).

Capítulo III

DO DESQUITE[145] POR MÚTUO CONSENTIMENTO[1])[2])[3])

1) Desquite, conceito e pressuposto de existência do casamento – A palavra "desquite", que o Código Civil adotou, para designar a dissolução da sociedade conjugal, conservando-se o vínculo (*foedus matramonii*), corresponde ao divórcio canônico, que se superpusera, no tempo, ao divórcio romano. A indissolubilidade do vínculo, onde se mantém nas formas jurídicas, perdeu quase toda a significação, sob a complacente atitude de tolerância com que os crentes aceitam a hipocrisia das anulações de casamentos. A sua conservação é um dos índices de que a personalidade humana está em decadência nesses países; o favorecimento das anulações, a recepção desses casamentos nos meios ditos católicos, é índice de quanto a hipocrisia constitui a base da sociedade política. É tão grave o dano, que advém disso, e tão profundas as consequências, que os povos imperialistas protestantes prestigiam todos os movimentos a favor do vínculo nos povos de cuja desordem psicológica e econômica tiram proveito. A política alemã na Itália, antes da guerra e provavelmente depois, ordenava que se combatesse, fora da Alemanha, a adoção da lei do divórcio. Sobre a história do divórcio católico, *Direito de Família*, 2ª ed., I, 345-349, e 3ª ed., I, 412-419; *Tratado de Direito Privado*, VIII, § 829. Hoje, o Brasil tem o divórcio.

O desquite supõe a existência do casamento. Enquanto não se declara a inexistência, ou não se pronuncia a nulidade do casamento, pode ser pedido o desquite. Ao juiz do desquite não é dado, salvo em reconvenção, decretar a nulidade, ou pronunciar anulação. Não assim, se se trata de matrimônio não existente. Então, cabe-lhe recusar-se a decidir o desquite, quanto ao mérito, declarando, antes, a inexistência. Toda a ação de desquite, que é ação constitutiva, a despeito da forte dose de condenação (exceto no desquite de mútuo consentimento), leva consigo, implícito, ponto pre-

---

145 Vd. a nota 1.

judicial de existência. Daí terem os que promovem o desquite de provar a existência do casamento (Tribunal da Relação do Rio de Janeiro, 20 de novembro de 1925; Corte de Apelação de São Paulo, 25 de julho de 1934). Se não está junta a certidão, ou a prova que a supra (Tribunal de Justiça de São Paulo, 25 de fevereiro de 1919; 1ª Câmara da Corte de Apelação do Distrito Federal, 26 de abril de 1923), é de converter-se o julgamento em diligência, para que o façam as partes (Tribunal de Justiça de São Paulo, 4 de agosto de 1906), e a qualquer tempo, pendente a lide, pode exigi-lo o juiz. Não há, porém, inconveniente em que, justificada a urgência da separação e certa prova do estado de casados, e esclarecida a dificuldade de ser atendido o despacho, se homologue o desquite amigável, ou se profira sentença no processo de desquite litigioso em que ambos os cônjuges afirmam a existência do casamento (art. 319). Se, sem prova do casamento, o juiz proferiu a sentença de desquite e, após recurso, ou sem ele, a decisão passou em julgado, ou se passou em julgado decisão de outra instância, que, provendo ao recurso de sentença denegatória, o concedeu, não constitui tal resolução prova de casamento. Pode ser invocada como um dos meios de prova, na posse de estado de casados.

No Código Civil, art. 323,[146] diz-se que, "seja qual for a causa do desquite, e o modo como este se faça, é lícito aos cônjuges restabelecer a todo o tempo a sociedade conjugal, nos termos em que fora constituída, contanto que o façam, por ato regular, no juízo competente".

2) Ação e sentença de desquite e pedido de decretação de nulidade ou de anulação – A ação ou a sentença de desquite não obsta ao pedido de decretação de nulidade, ou de anulação do casamento, nem a litispendência da ação de nulidade ou de anulação obsta ao pedido de desquite. Se passou em julgado a sentença que decretou a nulidade, ou que anulou o casamento, não mais se pode pedir o desquite: o casamento não existe mais. Nem o desquite decretado persiste.

3) Espécies de desquite – Duas são as espécies de desquite: *a) o desquite amigável*, que é permitido, por mútuo consentimento dos cônjuges, se

---

[146] O art. 54 da Lei nº 6.515, de 26.12.77 (Lei do Divórcio), revogou os arts. 315 a 328 do C. Civ. de 1916.

forem casados por mais de dois anos;[147] *b) o desquite litigioso*, erradamente dito "judicial", em que uma das partes alega e prova um dos motivos graves que a lei menciona para que se possa requerer o desquite. O Código não trata da ação de desquite litigioso, porque é ordinário o rito do processo.

Art. 1.120. O desquite por mútuo consentimento¹) será requerido em petição assinada por ambos os cônjuges²).

§ 1° Se os cônjuges não puderem ou não souberem escrever, é lícito que outrem assine a petição a rogo deles³).

§ 2° As assinaturas, quando não lançadas na presença do juiz, serão reconhecidas por tabelião¹¹).

Art. 1.121. A petição, instruída com a certidão de casamento⁴) e o contrato antenupcial se houver⁵), conterá:

I – a descrição dos bens do casal e a respectiva partilha⁶);

II – o acordo relativo à guarda dos filhos menores e ao regime de visitas⁷);[148]

III – o valor da contribuição para criar e educar os filhos⁸);

IV – a pensão alimentícia do marido à mulher, se esta não possuir bens suficientes para se manter⁹)¹⁰).

§ 1° Se os cônjuges não acordarem sobre a partilha dos bens¹²), far-se-á esta, depois de homologado o desquite¹³)¹⁴), na forma estabelecida neste Livro, Título I, Capítulo IX.[149]

§ 2° Entende-se por regime de visitas a forma pela qual os cônjuges ajustarão a permanência dos filhos em companhia daquele que não ficar com sua guarda, compreendendo encontros periódicos regularmente estabelecidos, repartição das férias escolares e dias festivos.⁷)[150]

---

147 O art. 1.574 do C. Civ. de 2002 reduziu o prazo de 2 (dois) anos, previsto no *caput* do art. 4° da Lei n° 6.515, de 26.12.77, para apenas 01 (um) ano.
148 O requisito "e ao regime de visitas" foi incluído pelo art. 2° da Lei n° 11.112, de 13.05.05.
149 Antigo parágrafo único, renumerado como § 1° pelo art. 3° da Lei n° 11.112, de 13.05.05.
150 Parágrafo incluído pelo art. 3° da Lei n° 11.112, de 13.05.05.

1) Pressupostos do desquite amigável — São pressupostos do *desquite amigável: a)* estarem casados os cônjuges há mais de dois anos[151] (datando-se o pedido, portanto, *pelo menos*, do dia imediato ao segundo aniversário); *b)* consentimento dos cônjuges, conjuntamente manifestado perante o juiz; *c)* homologação judicial. É o que resulta do Código Civil, art. 318.[152] Nada obsta a que os cônjuges acordem em que a separação seja apenas *quoad lectum*, permanecendo eles sob o mesmo teto – o que suscita a questão de se saber se os filhos da mulher, concebidos após a separação, se presumem do marido. Diante do art. 341 do Código Civil,[153] não seria possível ao pai invocar a só separação legal para excluir a legitimidade do filho. Com o mesmo teto extingue-se a presunção.

O desquite amigável pode ser proposto, a despeito da existência de pedido de desquite litigioso. Não há litispendência contra ele; nem o pedido de desquite litigioso determina a competência por conexão (certa, a 4ª Câmara Cível do Tribunal de Apelação do Distrito Federal, a 18 de março de 1941, *R. F.*, 87, 132), nem previne a competência. O desquite amigável pode mesmo ser aforado noutro juízo que o do domicílio dos cônjuges, ou do marido, ou da mulher, que é o dos desquites litigiosos em geral (art. 100, I). Por outro lado, a propositura do desquite litigioso depois do desquite amigável não impede que os cônjuges prossigam nele. Não se dá litispendência contra aquele, nem fica determinada a competência pela conexão, nem prevenida. A razão é simples: não há *eadem causa petendi*; e o desquite amigável conserva certa liberdade de aforamento, própria da maioria das ações constitutivas.

No art. 1.123, o Código de 1973 fez lícito às partes, a qualquer tempo, no curso do desquite litigioso, requererem a conversão de desquite litigioso em desquite por mútuo consentimento, caso em que se há de observar os arts. 1.121 e 1.120, § 1°, 1ª parte. A conversão não se confunde com o que expusemos acima a respeito de duplicidade de pedido ou de extinção de um e permanência do outro.

A sentença de homologação do desquite amigável é de força *constitutiva negativa*, se considerarmos que o estado natural é o de não casado, e o casamento, vínculo que declarações de vontade das partes constituíram,

---

151 Vd. a nota 147.
152 Vd. a nota 146.
153 Sem correspondência no C. Civ. de 2002.

e ressaltam apenas a data da propositura da ação e eficácia da sentença. O "consentimento", o ato dos cônjuges, o seu negócio jurídico bilateral para o desquite, é juridicamente relevante, posto que precise da homologação *que o integre.*

A *validade* das cláusulas pode ser apreciada pelo juiz, não lhe sendo possível decretar a nulidade das que só em ação seriam alegáveis pelas partes. Tudo depende, pois, dos princípios de direito material. Demasiado largo o acórdão do Tribunal de Apelação de Santa Catarina, a 26 de novembro de 1943 (*J.*, 1944, 109). Todavia, o juiz pode invocar o art. 1.109.

Convertida em ação de desquite amigável a ação de desquite litigioso, processa-se na forma da lei, apresentando-se a petição com es requisitos dos arts. 1.120 e 1.121 (5ª Câmara Civil do Tribunal de Justiça de São Paulo, 30 de março de 1951, *R. dos T.*, 192, 732).

2) Petição de desquite amigável – No caso de desquite amigável, devem os cônjuges apresentar ao juiz a petição, assinada por ambos, ou, se não sabem ou não podem escrever, pelo procurador, por instrumento público, ou, ainda, a rogo (art. 1.120, § 1°, inovação do Código de 1939, art. 642), se não souberem ou não puderem escrever, não sendo de se desprezar o despacho do juiz para que se tome por termo o pedido. No direito anterior a 1939 era repelida a assinatura a rogo. O Código permite a assinatura a rogo, com firmas reconhecidas.

Uma só pessoa pode assinar a rogo por ambos os cônjuges, se é o caso (Turma Julgadora do Tribunal de Justiça de Alagoas, 23 de abril de 1948, *R. de J. B.*, 80, 201). Em vez disso, podem constituir procurador, por escritura pública, se não podem ou se não sabem escrever (sem razão, a 2ª Câmara Cível do Tribunal de Justiça do Rio de Janeiro, a 3 de agosto de 1948). Se sabem e podem escrever, não pode ser assinada por procurador a petição (2ª Câmara Civil do Tribunal de Justiça de São Paulo, 12 de outubro de 1948, *R. dos T.*, 177, 716).

O juiz não pode suspender o processo do desquite litigioso somente porque foi pedido o desquite amigável: teria fixado prazo para o processo do desquite amigável, o que seria impróprio. O que poderia haver seria a *desistência*, mas essa terá de ser com as assinaturas dos cônjuges ou procuração com o poder especial (arts. 264 e 38).

Adiante falaremos da *conversão* da ação de desquite litigioso em ação de desquite amigável.

O art. 1.121 apenas concerne aos requisitos especiais da petição inicial. O art. 282 vem à frente, porque, como *ius cogens*, atinge qualquer petição. Dela há de constar o juiz ou tribunal a que é dirigida (dissemos tribunal porque o desquite amigável pode ser pedido, dentro do processo de desquite litigioso em grau de recurso, que esse naquele se converta, conforme o art. 1.123). Na petição hão de estar os nomes, prenomes, estado civil (que é necessariamente o de casados), a profissão, o domicílio e a residência dos cônjuges, o fato (sociedade conjugal que se quer dissolver) e os fundamentos jurídicos do pedido (manifestações de vontades concordantes para o desquite) e o pedido, com a especificação. Pode ser que os cônjuges acordem em que a mulher continuará com o nome do marido, o que, em caso de omissão, é o que se tem por assente (Código Civil, art. 240),[154] ou em que passe a mulher a usar o seu nome de solteira, ou que use outro à sua escolha. Também a petição há de referir-se ao valor da causa.

Os atos processuais correm em segredo de justiça (artigo 155, II).

3) Procuração – A procuração por instrumento público não foi posta de lado pelo Código, se o cônjuge não sabe ou não pode escrever. Quem pode o mais pode o menos – mas é procuração em que o texto da petição deve ser inserto.

O art. 1.120 exige a assinatura dos cônjuges no pedido de desquite amigável. Daí procurou tirar a Câmara Cível do Tribunal de Apelação de Santa Catarina, a 19 de março de 1945 (*J.*, de 1945, 93), que se exigia ser feita aos cônjuges, e não aos procuradores ou advogados, a intimação da sentença; mas a mesma Câmara Cível, a 14 de maio e a 4 de junho de 1945 (*J.*, de 1945, 244), afastou-se de tal ilação.

Se os cônjuges podem assinar, têm de fazê-lo na presença do juiz; se não o fazem, a lei exige que sejam reconhecidas as firmas por tabelião.

4) Certidão de casamento ou prova que a valha – A prova que valha a certidão de casamento é a que se determine em direito material.

No Código de 1939, art. 642, ao falar-se da petição instruída com a certidão do casamento, dizia-se que tinha de ter sido realizado há mais de dois anos. O Código de 1973, art. 1.121, apenas exige a certidão de casamento. Com isso não se revogou o art. 318 do Código Civil,[155] no qual se estatuiu que se dá "o desquite por mútuo consentimento dos cônjuges, se

---

154   C. Civ. de 2002, art. 1.578, § 2º.
155   C. Civ. de 2002, art. 1.574 *caput*, que reduziu o prazo para 1 (um) ano.

forem casados por mais de dois anos, manifestado perante o juiz e devidamente homologado". A retirada do que constava do Código de Processo Civil de 1939 de modo nenhum significa que se atingiu o Código Civil. Se bem que não devamos estar a buscar a intenção do legislador, em vez de aplicarmos regras jurídicas de interpretação das leis, de base científica, frisemos que há dúvida sobre o próprio legislador ter tido tal intuito. A regra jurídica do Código Civil estava no Código de 1939 e o Código de 1973 não a reproduziu; nem precisaria fazê-lo, porque se trata de regra jurídica de direito material. O Código de 1973 exigiu a certidão de casamento, porque isso é preciso no campo do direito processual. No art. 1.122 está claro que o juiz tem de verificar se a petição inicial preenche os requisitos; mas o prazo do art. 318 do Código Civil[156] é assunto do mérito, e ele pode examinar desde logo a petição no tocante à falta da causa de pedir (art. 295. I, e parágrafo único, I). A petição é inepta. Se um cônjuge entende que há razões para o desquite litigioso, que proponha a ação. No próprio Projeto do Código Civil ainda se marca prazo, posto que diminuído para um ano (Suplemento de Diário Oficial de 13 de junho de 1975).

5) Contrato antenupcial – A exigência que fez o Código de 1939, art. 642, I, de se instruir a petição com o contrato antenupcial atendia a que o juiz precisa saber qual o regime matrimonial dos desquitandos. No Código de 1973 retirou-se a alusão, de modo que apenas, muitas vezes, há conveniência, porque se faz a descrição dos bens do casal.

6) Descrição dos bens do casal e partilha – *Comunicação de conhecimento*, e não declaração de vontade, quanto aos bens que são comuns e, o que é conveniente, quanto aos bens que são próprios, ou apenas quanto aos bens somente comuns. Há exteriorização da vontade de ambos os cônjuges sobre a partilha, dirigida ao juiz, de modo que a *declaração de vontade*, que aí se faz, no tocante à partilha, ainda não é o negócio jurídico, uma vez que a cooperação da autoridade, que é o juiz, é necessária ao negócio jurídico da partilha dos bens dos desquitandos. A distinção entre comunicação de conhecimento (art. 1.121,1, *verbis* "descrição dos bens do casal") e declaração de vontade (*verbis* "... respectiva partilha") é relevante, na teoria e na prática. Por aquela, pode ser responsabilizado o cônjuge

---

156 Vd. a nota 155.

que deu a informação ao outro, ou que escreveu a petição, se o outro não pode ler etc. A manifestação quanto à partilha não contém *afirmações*, mas vontade. O art. 1.121, I, não faz essencial a declaração de vontade sobre a partilha dos bens, devido ao art. 1.121, parágrafo único.[157] A comunicação de conhecimento sobre os bens é essencial; sobre ela repousará o inventário, podendo fazer-se nova comunicação (complemento, não retificação da relação anterior) se, por ocasião da partilha, se tiverem de inventariar outros bens. Se fora feita a *declaração* da partilha (portanto acordo quase feito), então houve sentença sobre a partilha, que somente pode ser impugnada por ação ordinária. A *retificação* da relação feita também depende de ação.

É essencial a descrição dos bens do casal na petição inicial (1ª Câmara Civil do Tribunal de Apelação de São Paulo, 7 de outubro de 1940, 17 de novembro de 1941, 8 de junho de 1942, *R. dos T.*, 128, 244; 134, 576; 136, 677; 3ª Câmara Cível do Tribunal de Justiça do Rio de Janeiro, 28 de julho de 1947). É escusada se não há bens. Ou se as circunstâncias mostrarem que não se pode, no momento, saber quais sejam esses bens. Não se submete o interesse de assunto ligado à pessoa ao interesse de ordem econômica.

Se um dos cônjuges abre mão de algum bem, de modo que o outro recebe mais do que lhe tocava, paga esse os impostos de transmissão de imóveis, como foi liberalidade (1ª Câmara Civil do Tribunal de Justiça de São Paulo, 4 de maio de 1948, *R. dos T.*, 174, 665).

A Câmara Cível do Tribunal de Justiça de Santa Catarina, a 21 de março de 1946 (*J.*, 212), entendeu que não prevalece (isto é, não é eficaz) o acordo que desobriga um dos cônjuges de prestar assistência aos filhos do casal. Não está certo. Se se julgou e transitou em julgado a decisão, só a ação rescisória poderia caber. A questão nada tem com a pretensão dos filhos a alimentos, invocando os arts. 396 e 397 do Código Civil.[158]

O acordo sobre os bens em que fica evidente o grave prejuízo de uma das partes não deve ser homologado (2ª Câmara Civil do Tribunal de Apelação de São Paulo, 29 de setembro de 1942, *R. dos T.*, 140, 614). O juízo do desquite não é o próprio para atos de liberalidade que infrinjam os arts.

---

157 Vd. a nota 149.
158 C. Civ. de 2002, arts. 1.694 e 1.696, respectivamente.

1.175 e 1.176 do Código Civil;[159] *a fortiori*, se não há aplicação do art. 320 do mesmo Código[160] ou art. 1.121, IV, do Código de Processo Civil. Todavia pode acontecer que a medida caiba no art. 1.109, 2ª parte.

A ação de sonegados pode ser proposta em caso de inventário em desquite (1ª Turma de Câmaras Cíveis do Tribunal de Justiça do Distrito Federal, 24 de setembro de 1951, *R. dos T.*, 205, 532), ainda se litigioso (3ª Câmara Civil do Tribunal de Justiça de São Paulo, 5 de abril de 1951, 192, 772).

Ao fazerem a descrição dos bens, têm os cônjuges de mencionar as dívidas, bem como os gravames e ônus dos bens descritos, inclusive referir-se a que alguma ação está pendente no tocante a algum ou a alguns bens.

7) Acordo sobre a guarda dos filhos e o regime de visitas –[161] O acordo sobre a guarda dos filhos é declaração de vontade. Somente se há de entender como tal; e a regra legal sobre a guarda dos filhos é, aí, dispositiva, ou interpretativa. Em conseqüência, o juiz não pode homologar o desquite se: *a)* no acordo, um dos cônjuges renunciou a direito irrenunciável, *e.g.*, ao pátrio poder (a guarda dos filhos pode ser objeto de convenção); ou *b)* um dos cônjuges se isentou de algum dever cogente quanto aos filhos; ou *c)* se nada se estabeleceu sobre o sustento em sentido lato (criação), ou educação dos filhos.

O art. 2º da Lei nº 11.112, de 13.05.05, acrescentou ao inc. II a determinação de que a inicial contenha não apenas o acordo relativo à guarda dos filhos menores, como ainda ao regime de visitas.

> *O § 2º deste art. 1.121, também resultante da mencionada lei, define o regime de visitas como a forma pela qual os cônjuges ajustarão a permanência dos filhos em companhia daquele que não ficar com sua guarda. Inconveniente esse parágrafo, primeiro porque não cabe à lei definir, como teimou fazer o legislador em alguns dispositivos (v.g., o art. 47 e o art. 213). Definição é matéria da doutrina; não da lei. Existe, ademais, um erro na definição do regime de visitas que não é a forma, ou modo, pela qual os cônjuges o ajustam, porém, o próprio ajuste.*

---

159 C. Civ. de 2002, arts. 548 e 549, respectivamente.
160 Vd. a nota 146; confira-se, também, o art. 1.694 e parágrafos do C. Civ. de 2002.
161 Em decorrência das inovações da Lei nº 11.112, de 13.05.05, são do atualizador os parágrafos impressos em caracteres diferentes.

A prática forense mostra que, comumente, as visitas se fazem em fins de semana alternados e num certo dia do meio da semana, bem como nas datas de aniversário natalício do menor, ou dos seus pais. É encontradiça a divisão dos feriados como Natal e Ano Novo, quando o menor passa uma parte do dia com o cônjuge que lhe detém a guarda e a outra com o visitante, invertendo-se a ordem nos anos subseqüentes.

Parece exacerbação do regime de visitas pretender que o menor permaneça no lugar onde reside, do qual sairá o cônjuge que o guarda e ingressará o outro. Imaginem-se os transtornos decorrentes dessa prática, de cuja adoção no Brasil, não se têm notícias. Há que se lembrar, de qualquer forma, que o direito de visitas se estabelece em benefício do menor, e não dos seus pais. O acordo pode, conforme as circunstâncias, instituir um direito de visita autônomo para os avós, ou algum destes, consideradas as circunstâncias, embora, de ordinário, a visita dos avós se efetive dentro da visita do cônjuge de que eles são pais.

Sem alterar-lhe a redação, a mesma Lei nº 11.112 transformou em § 1º o anterior parágrafo único, já que acrescentou ao art.1.121 o § 2º com a definição do regime de visitas.

8) Criação e educação dos filhos – A criação dos filhos compreende comida, casa, vestes, remédios, médico etc.; a educação, o meio em que hão de viver, as convivências e a escola.

A decisão que homologa a cláusula do desquite amigável concernente aos filhos, ou que foi inserta pelo juiz, em virtude do art. 327 do Código Civil,[162] pode ser modificada, se as circunstâncias por modo tal mudaram que se impõe a modificação, no interesse do filho ou dos filhos (*ação de modificação*). Na espécie, devido ao art. 327 do Código Civil,[163] a ação pode ser iniciada pelos cônjuges, inclusive em acordo modificativo, que se leve à homologação, pelo Ministério Público, pois que foi ouvido sobre a cláusula, ou, de ofício, pelo juiz.

---

162 Vd. a nota 146; confira-se, também, o art. 1.699 do C. Civ. de 2002.
163 Vd. a nota 162.

Competente para julgar a ação de modificação de cláusula do desquite sobre os filhos é o próprio juiz do desquite, e não o do domicílio posterior dos pais, ou dos filhos (7ª Câmara Cível do Tribunal de Justiça do Distrito Federal, 17 de julho de 1951).

A 8ª Câmara Cível do Tribunal de Justiça do Distrito Federal, a 13 de janeiro de 1950 (*D. da J.*, de 8 de janeiro de 1951), entendeu que, no desquite amigável, não podem os cônjuges estabelecer o internamento dos filhos. A confusão ressalta. A cláusula é lícita.

Se as circunstâncias posteriores sugerem aos desquitados outra solução, podem eles modificar aquilo em que acordaram. Tais circunstâncias, quando sejam concernentes a interesse dos filhos, ou do filho, ou, ainda, a algum ou alguns deles, podem ser tão importantes que perfaçam a pretensão de qualquer dos desquitados ou do Ministério Público à modificação da cláusula. Trata-se, então, de *ação de modificação*, que, com fundamento analógico no art. 327 do Código Civil,[164] pode ser iniciada pelo juiz, de ofício. A ação de modificação é inconfundível com a do art. 394 do Código Civil,[165] exercida após o trânsito em julgado da sentença proferida na ação de desquite.

Quando o 1º Grupo de Câmaras Civis do Tribunal de Justiça de São Paulo, a 14 de novembro de 1950, e a 2ª Câmara Civil, a 20 de junho de 1950 (*R. dos T.*, 190, 216, e 188, 247), julgaram que os motivos graves podem dar ensejo à "alteração" das cláusulas adotadas na ação de desquite a respeito dos filhos ou por serem os fatos alegados "desabonadores da conduta do progenitor prejudicado", ou porque tais fatos possam ser nocivos ao "bem-estar do menor" ou ao "seu desenvolvimento físico e moral", como se houve prematura internação em estabelecimento de ensino, andaram perto da distinção entre as duas ações – a de modificação da cláusula do desquite e a ação do art. 394[166] ou mesmo do art. 395 do Código Civil,[167] ação que não modifica o acordado no desquite, ou estabelecido pelo juiz, e apenas tem eficácia que atinge a esfera jurídica dos pais ou de um deles.

---

164 C. Civ. de 2002, art. 1.586.
165 C. Civ. de 2002, art. 1.637.
166 *Idem*.
167 C. Civ. de 2002, art. 1.638.

9) Pensão alimentícia do marido à mulher – A pensão alimentícia do marido à mulher é dependente das necessidades da mulher e dos meios do marido. A sentença, nesse ponto, é sujeita à mudança das circunstâncias. Antes, sob o art. 471, I; salvo se nada quis a mulher.

O direito a alimentos, na ação de desquite, pode não ser exercido. Todavia, homologado o desquite, a necessidade posterior de prestação alimentícia não faz titular de pretensão a alimentos o desquitado, salvo a ação de nulidade ou de anulabilidade do acordo, se é o caso (2ª Turma do Supremo Tribunal Federal, 22 de julho de 1947, *D. da J.*, de 17 de fevereiro de 1949; sem razão a Turma Julgadora do Tribunal de Justiça do Rio Grande do Norte, a 26 de março de 1947, *R. F.*, 117, 515, e 1ª Câmara Cível do Tribunal de Justiça do Rio de Janeiro, 13 de outubro de 1947, 12 de abril, 2 e 6 de setembro de 1948; 3ª Câmara Civil do Tribunal de Justiça de São Paulo, 24 de abril de 1947, *R. dos T.*, 168, 270). Pode dar-se mesmo que haja base para a ação rescisória.

Se a mulher é dona de bens ou tem rendas que bastem para mantê-la, o art. 1.121, IV, permite que disso não se fale na petição, posto que seja conveniente dizê-lo, salvo se a descrição dos bens por isso dá o suficiente informe.

Extinta a sociedade conjugal, não há direito superveniente da mulher a exigir pensão alimentícia.

Surge um problema: ¿vale a cláusula de prestação de pensão alimentícia do marido à mulher se essa possui bens suficientes para se manter? Se a mulher não tem bens suficientes para se manter, há a exigência do art. 1.121, IV; mas isso não afasta que o marido possa fixar pensão alimentícia ou não só alimentícia, se a mulher tem bens suficientes (*e.g.*, marido milionário e mulher que tem renda ou vencimentos ou honorários suficientes).

O Código somente se refere à prestação de pensão alimentícia se a mulher não tem bens suficientes. Pergunta-se: se a mulher, por exemplo, tem grande renda e o marido está paralítico e não tem renda suficiente, ¿tem-se na petição de mencionar essa pensão? A resposta há de ser afirmativa, porque solução diferente feriria o art. 153, § 1°, da Constituição de 1967, com a Emenda n° 1, que é princípio supraestatal dos Direitos Humanos. Não se trata, outrossim, de divórcio, o que cortaria o vínculo conjugal, mas de desquite, com o qual permanece o vínculo e só se extingue a sociedade conjugal, que pode ser refeita. Advirta-se que, mesmo no desquite litigioso, se tem de dar igual interpretação ao art. 320 do Código

Civil,[168] onde se diz que, "no desquite judicial, sendo a mulher inocente e pobre, prestar-lhe-á o marido a pensão alimentícia, que o juiz fixar". Ora, se o marido é inocente e pobre, talvez mesmo em estado físico ou psíquico que não lhe permite trabalhar, admitir-se que nenhuma obrigação tem a mulher condenada na ação de desquite litigioso, seria contra o art. 153, § 1°, da Constituição de 1967, com a Emenda n° 1, e contra os Direitos Humanos retirar o dever, que o marido, se fosse o condenado, teria.

O art. 404 do Código Civil[169] não concerne a alimentos em ação de desquite (*Tratado de Direito Privado*, IX, § 1.001, 1; sem razão, a 2ª Câmara Civil do Tribunal de Justiça de São Paulo, a 29 de abril de 1947, e a 4ª Câmara Civil, a 4 de dezembro de 1947 e 5 de fevereiro de 1948, *R. dos T.*, 168, 707, 172, 199 e 173, 305). Certas, a 6ª Câmara Civil, a 12 de dezembro de 1945, 172, 231, e a 4ª Câmara Civil, a 24 de setembro de 1948, 177, 325).

10) Ação de modificação – A ação de modificação da cláusula de alimentos ao cônjuge, por mudança de circunstâncias, somente se pode referir à importância da prestação (cf. Supremo Tribunal Federal, 6 de dezembro de 1950, *R. dos T.*, 209, 476, *A. J.*, 97, 391; 1ª Turma, 11 de julho de 1949, *R. dos T.*, 194, 474; 5ª Câmara Cível do Tribunal de Justiça do Distrito Federal, 13 de março de 1951, *R. F.*, 137, 116; 8ª Câmara Cível, 9 de outubro e 22 de novembro de 1951; 2ª Turma do Tribunal de Justiça do Espírito Santo, 21 de agosto de 1951, *R. do T. de J. do E. S.*, VI, 384). *E. g.*, se sobreveio grande desvalorização da moeda.

Se a mulher desquitada, para a qual não se cogitou de pensão alimentícia, vem, mais tarde, a precisar dessa, não lhe nasce pretensão a recebê-la (Câmara Cível do Tribunal de Justiça do Ceará, 21 e 28 de maio e 24 de setembro de 1951, *J. e D.*, II, 28 e 50, III, 54, e IV, 108, 145, 149, *R. dos T.*, 205, 521, com algumas decisões discordantes, datadas de 18 de fevereiro de 1952, *J. e D.*, V, 53 e 56, e VII, 171; 4ª Câmara Cível do Tribunal de Justiça do Distrito Federal, 3 de agosto de 1949, *R. F.*, 128, 144; 3ª Câmara Cível, 18 de julho de 1950, *R. dos T.*, 194, 365; 6ª Câmara Cível, 8 de agosto de 1950; Seção Civil do Tribunal de Justiça de São Paulo, 25 de setembro de 1950, e 1ª Câmara Civil, 28 de março de 1950, *R. dos*

---

168 C. Civ. de 2002, art. 1.702.
169 C. Civ. de 2002, art. 1.707.

T., 189, 895 e 619; 3ª Câmara Civil, 20 de setembro de 1951, 195, 226, *R. F.*, 145, 311, e 16 de junho de 1952, 203, 186; sem razão, a 2ª Câmara Cível do Tribunal de Justiça da Bahia, a 2 de outubro de 1951, *R. dos T.*, da Bahia, 44, 400; 1ª Câmara Cível, 18 de dezembro de 1951, 45, 274; 8ª Câmara Cível do Tribunal de Justiça do Distrito Federal, 12 de junho e 24 de agosto de 1951, *R. F.*, 142, 230; 3ª Câmara Civil do Tribunal de Justiça de São Paulo, 14 de agosto de 1952, *R. dos T.*, 204, 268; 2ª Câmara Civil, 9 de setembro de 1952, 206, 285).

Se era ignorado o paradeiro do marido, que assinara a petição, e depois se descobre que poderia dar à mulher pensão alimentícia, entende-se que não houve renúncia (1ª Câmara Cível do Tribunal de Justiça do Rio de Janeiro, 13 de setembro de 1951).

A questão de rescindibilidade por erro, coação ou dolo do acordo ou da renúncia é outra questão (art. 486). A decisão quanto à pensão alimentícia ao outro cônjuge, no desquite amigável, é simplesmente homologatória.

11) Exigência do reconhecimento da firma – No artigo 1.120, § 1°, a propósito do pedido de desquite amigável ("por mútuo consentimento"), diz-se que a petição há de ser assinada pelos cônjuges, ou, "se não puderem ou não souberem escrever", assinada a rogo. Acrescenta o § 2°: "As assinaturas, quando não lançadas na presença do juiz, serão reconhecidas por tabelião." A espécie é de pressuposto de validade, de modo que se sana a nulidade com o reconhecimento posterior à entrega da petição, ou há a ratificação em juízo.

A exigência do reconhecimento da firma por tabelião é quanto à assinatura que não for lançada na presença do juiz. Se não o houve, converte-se o julgamento em diligência para que seja reconhecida a firma (6ª Câmara Civil do Tribunal de Justiça de São Paulo, 9 de fevereiro de 1951, *R. dos T.*, 191, 677, *R. F.*, 146, 321; 1ª Câmara Cível do Tribunal de Justiça do Rio de Janeiro, 13 de dezembro de 1951), ainda que em superior instância. A solução de se decretar a nulidade (2ª Câmara Civil do Tribunal de Justiça de São Paulo, 24 de abril de 1951, *R. dos T.*, 193, 272) viola os princípios do direito processual civil. Se foi argüida e não atendido o argüente, a sentença, que transitou em julgado, é rescindível por ofensa (art. 485, V) de "violar literal disposição de lei".

O art. 1.120, § 2°, nada tem com a assinatura do procurador judicial (6ª Câmara Civil do Tribunal de Justiça de São Paulo, 5 de dezembro de 1952, *R. dos T.*, 208, 296). Só se refere às assinaturas dos cônjuges e devemos evitar confusões.

Se só um cônjuge não podia assinar e o outro assinou, aquele tem o tratamento do art. 1.120, § 1°, e esse, o do art. 1.120, § 2°. No caso de ambos poderem assinar e terem assinado, mas um na presença do juiz e o outro não, a assinatura desse tem de ser reconhecida por tabelião.

12) Acordo sobre a partilha dos bens – A partilha dos bens, se houve acordo, é parte integrante da sentença da homologação, ainda que o juiz exclua a parte ilícita ou contra os bons costumes, se separável. Se não houve acordo, procede-se a inventário dos bens. De modo que o requisito da *declaração de vontade* sobre os bens do casal (comuns) não é essencial ao pedido. Não tendo havido a declaração de vontade do art. 1.121, I, 2ª parte, não houve sentença sobre os bens, mesmo que tenha havido sobre os bens comuns alguma comunicação de conhecimento do art. 1.121, I.

A partilha feita no desquite dispensa o inventário posterior, judicial (4ª Câmara Cível do Tribunal de Apelação do Distrito Federal, 14 de janeiro de 1944, *J.*, 22, 14).

A 2ª Câmara Cível do Tribunal de Justiça de Minas Gerais, a 28 de maio de 1951 (*R. dos T.*, 197, 422), explicitou: "É necessário que os próprios requerentes descrevam os bens individualmente..., e dêem valor a cada um deles separadamente. Não é exato que o § 3° do art. 642 só se ajuste à hipótese prevista pelo § 2°; ainda na hipótese do art. 642, II, há necessidade de serem os bens descritos e avaliados separadamente." Hoje, art. 1.121, I, e parágrafo único.[170]

Disse a 3ª Câmara Cível do Tribunal de Justiça do Rio de Janeiro, a 23 de agosto de 1951: "No sistema do Código de Processo Civil, não é essencial ao desquite amigável que os cônjuges desquitandos acordem, desde logo, sobre a partilha dos bens do casal, quando houver bens a partilhar. Desde, porém, que, com o pedido de desquite, os desquitandos manifestam, como na espécie dos autos, expressamente seu acordo quanto à partilha dos bens, tal acordo deve ser homologado na mesma sentença, a menos que o juiz tenha motivos para o não fazer, caso em que deveria declará-los. Quando não há acordo dos desquitandos, ou quando a partilha por eles proposta não é legalmente possível, é que se aplica o preceito

---

170 Por força do art. 3° da Lei n° 11.112, de 13.05.05, o parágrafo único do art. 1.121 foi renumerado para § 1°.

contido no § 2° do art. 642 do Código de Processo Civil". Hoje, art. 1.121, parágrafo único.[171]

O art. 1.121, parágrafo único,[172] manda que se observem as regras jurídicas sobre inventário e partilha. É dispensável nova comunicação de conhecimento sobre a relação dos bens, pois que foi feita antes. Se há outros bens, a relação desses é indispensável. O art. 988 só é aplicável se um dos cônjuges morre antes da partilha, caso em que a competência é do juiz do desquite, quanto aos bens da relação, somente podendo atrair o inventário e partilha da herança se pode dar-se, segundo a lei de organização judiciária, a prevenção ou prorrogação. O art. 990 é inaplicável. Pode ocorrer, contudo, remoção do inventariante (art. 995).

Inventariante, no processo de inventário e partilha, é o cônjuge inocente; no desquite amigável, quem foi escolhido no acordo, ou, se o não foi, o marido (cf. 2ª Câmara Cível do Tribunal de Justiça do Rio de Janeiro, 2 de maio de 1947; 6ª Câmara Civil do Tribunal de Justiça de São Paulo, 8 de agosto de 1947, *R. F.*, 116, 184). Se ambos são condenados, no desquite litigioso o marido.

13) Partilha em execução da sentença de desquite – A partilha, se não houve acordo, tem de ser em execução da sentença de desquite, que é sentença de separação de corpos e de bens. A sentença é o titulo executivo e dá a base ao inventário judicial e à partilha, segundo os arts. 1.022-1.030 ou 1.031-1.045, *mutatis mutandis*, e eliminado tudo que é peculiar à partilha entre herdeiros. Trata-se de ação de inventário e partilha *no mesmo processo*, salvo se as partes preferirem fazer noutro processo, ou se, tendo morrido um dos cônjuges, se prefere, por economia processual, levar a partilha entre os cônjuges ao juízo do inventário e partilha dos bens da herança.

(Teoricamente, observe-se que a sentença constitutiva negativa do desquite tem efeito executivo. Efeito, e não força. À semelhança das sentenças condenatórias. Porque tem efeito executivo, há ação de partilha, que é executiva, fundada no título executivo da sentença de desquite. Esse ponto é assaz importante, para se confirmar o que dissemos sobre a ação de inventário e partilha, a propósito dos arts. 982 e seguintes.)

---

171 Vd. a nota 170.
172 Vd. a nota 170.

14) Partilha inclusa no acordo inicial – O juiz não pode obrigar a que no desquite amigável se faça desde logo a partilha. Pode não ser possível, no momento, o acordo, ou ser de conveniência para os cônjuges que só se faça depois. A omissão da partilha só é dependente dos cônjuges. Se houve acordo e, antes da homologação, um dos cônjuges alega erro, dolo ou outro defeito de vontade, a decisão do juiz que, homologando o desquite, deixe de fora a partilha, se entende que remeteu os interessados às vias ordinárias (anulabilidade do acordo, negócio jurídico bilateral). O que o juiz não pode fazer é indeferir o pedido de homologação por considerar elemento necessário a partilha (2ª Turma do Supremo Tribunal Federal, 17 de janeiro de 1950, *R. F.*, 132, 90, *O. D.*, 70, 173; Câmara Cível do Tribunal de Justiça do Espírito Santo, *R. do I. de J. do E. S.*, VII, 507). A descrição e a avaliação, sim, são requisitos necessários. Se os bens são atribuídos em sua totalidade ou por mais de metade ao outro cônjuge, há doação (5ª Câmara Civil do Tribunal de Justiça de São Paulo, 2 de maio de 1952, *R. dos T.*, 202, 271), ou outro negócio jurídico de disposição. A afirmativa da 5ª Câmara Civil do Tribunal de Justiça de São Paulo, a 2 de maio de 1952 (*R. dos T.*, 202, 271), no sentido de somente poder haver doação após a partilha, é de repelir-se. Doa-se parte *pro indiviso*, doa-se a metade em determinado bem, o que pode ser feito antes da partilha, ou fora da partilha; doa-se por negócio jurídico incluso no acordo de partilha, para que se considere cláusula desse e dependa da homologação da partilha (pode ser concebido, aliás, como separável, só dependente, portanto, da homologação do desquite). Se se atribuem todos os bens a um só dos cônjuges, entende-se que houve partilha e doação, ou partilha e outro negócio jurídico, oneroso, devendo-se respeitar os princípios concernentes ao negócio jurídico que está à base da atribuição.

Entende-se, outrossim, que se respeitou o *princípio de igualdade* (imprópria a explicação que dá a 2ª Turma do Supremo Tribunal Federal, a 11 de junho de 1948, *R. F.*, 126, 89); ainda se se atribuem todos os bens, houve, implícita, a partilha, na qual é de se supor que se hajam observado os princípios pertinentes.

> *Art. 1.122. Apresentada a petição ao juiz, este verificará se ela preenche os requisitos exigidos nos dois (2) artigos antecedentes; em seguida, ouvirá os cônjuges sobre os motivos do desquite, esclarecendo-lhes as conseqüências da manifestação de vontade[1]).*
>
> *§ 1º Convencendo-se o juiz[2]) de que ambos, livremente e sem hesitações, desejam o desquite, mandará reduzir a termo*

as declarações e, depois de ouvir o Ministério Público) no prazo de cinco (5) dias, o homologará; em caso contrário, marca-lhes-á dia e hora, com quinze (15) a trinta (30) dias de intervalo, para que voltem, a fim de ratificar o pedido da desquite³)⁴)⁶).

§ 2° Se qualquer dos cônjuges não comparecer à audiência designada ou não ratificar o pedido, o juiz mandará autuar a petição e documentos e arquivar o processo.

1) Audiência dos cônjuges – O juiz tem de ouvir os cônjuges sobre os motivos do pedido. Está na lei (as críticas de Tito Fulgêncio, *Do Desquite*, 234, seriam para ser examinadas e discutidas de *lege ferenda* e não foram atendidas). A ratificação do pedido de desquite é formalidade essencial e constitui parte integrante da comunicação de vontade e da declaração, que foi a petição inicial no juízo dúplice do desquite amigável. Adiante, falaremos. Pode esclarecer algum item da petição, até mesmo alterá-lo (arg. ao art. 264), desde que mantenha o pedido de desquite por mútuo consentimento. Ratificado o pedido, o desaparecimento do cônjuge não obsta à homologação (Tribunal de Justiça de São Paulo, 12 de fevereiro de 1913); não, assim, a morte, ainda que o desquite esteja em grau de apelação, de ofício ou não (1ª Câmara Cível da Corte de Apelação do Distrito Federal, 9 de julho de 1906, *R. de D.*, I, 368; Tribunal de Justiça de São Paulo, 28 de fevereiro de 1919). *Aliter*, se em grau de recurso extraordinário, intentado do acórdão que reformou a sentença homologatória, por simples *quaestio iuris*. É preciso cuidado em não se confundirem as *ações de invalidade de casamento* (absoluta e relativa) com as *ações de desquite*. As de nulidade ou de anulação dizem respeito ao passado, e o elemento declarativo é maior, posto que sejam ações constitutivas. As ações de nulidade e anulação correm contra o morto. Não coincidem a legitimação ativa e a legitimação passiva, nas ações de nulidade ou de anulação, e nas ações de desquite. As ações sobre existência do casamento são ações declarativas.

Alguns juristas atacavam a regra jurídica de serem ouvidas as partes sobre os motivos do desquite amigável, porque tais motivos não devem vir a público e poderia isso causar escândalo. Ora, o desquite amigável, como o próprio desquite litigioso, é em segredo (art. 155, II), e o conhecimento dos motivos somente pelo juiz de modo nenhum se há de considerar base para divulgação prejudicial, salvo se há atitude criminosa do juiz. Além disso, tem aí o juiz dados que podem servir à conciliação.

2) Convicção suficiente do juiz – No art. 1.122, § 1°, há duas hipóteses: *a)* a de ficar convencido o juiz de que ambos os cônjuges, livremente e sem qualquer hesitação, desejam desquitar-se, razão por que manda reduzir a termo as declarações ouvidas e, após falar o órgão do Ministério Público no prazo de cinco dias, homologará o pedido de desquite; *b)* a de faltar ao juiz a convicção de que os cônjuges não hesitam quanto ao desquite amigável.

3) Prazos e datas – A regra jurídica do Código de 1939, art. 643, provinha do Decreto nº 181, de 24 de janeiro de 1890, art. 86, onde se dizia: "Recebidos os documentos referidos e ouvidos separadamente os dois cônjuges sobre o motivo do divórcio, pelo juiz, este fixar-lhe-á um prazo, nunca menor de quinze dias, nem maior de trinta, para voltarem a ratificar ou retratar o seu pedido". Donde a pluralidade de interpretações, todas com decisões judiciais que as preferissem: *a)* o juiz teria de dizer que somente após quinze dias, ou somente após mais de quinze dias, até trinta dias, se podia dar a ratificação, de modo que, despachado o pedido, não poderia ser ratificado antes desse prazo, considerado de reflexão, mas o poderia ser após ele, sem limite; *b)* o juiz marcaria a data entre o décimo quinto dia após a despacho e o trigésimo dia, podendo ser marcado outro dia se justificada a falta; *c)* o juiz marcaria prazo, que terminaria no décimo quinto dia após o despacho, ou noutro dia até o trigésimo dia, e prazo de quinze a trinta dias, após expirar aquele; *d)* o prazo de quinze a trinta dias, iniciado no dia seguinte ao despacho. Hoje, há o art. 1.122, § 1º, que não estava no Código de 1939.

a) A verdadeira solução era a solução *a)*: o prazo era de reflexão. Acertadamente, as Câmaras Civis Reunidas do Tribunal de Justiça de São Paulo, a 6 de março e a 3ª Câmara Civil, a 30 de novembro de 1950 (*R. dos T.*, 185, 901, e 190, 892), converteram o julgamento em diligência para nova ratificação por se ter ratificado o pedido no décimo quinto dia, pois somente poderia ser ratificado a partir do décimo sexto dia (quinze + um).

b) A 6ª Câmara Civil do Tribunal de Justiça de São Paulo, a 16 de maio de 1952 (*R. dos T.*, 202, 284), disse que o juiz havia de designar o dia, e não fixar prazo. Ora, a lei estabelecia exatamente o contrário: "lhes fixará prazo de quinze a trinta dias". Se havia conveniência em se determinar, desde logo, o dia, era outra questão (1ª Câmara Civil, 23 de outubro de 1951, 197, 215); e a não-comparência dos cônjuges para a ratificação, sem ocorrer força maior, havia de ser tida como mudança de vontade. Aí é que se precisava alegar força maior (Código de 1939, art. 38). Força maior somente se havia de afirmar e provar ter existido se foi admitido pelos cônjuges o dia marcado; porque a lei não falava, de modo nenhum, em designação de dia.

Prestemos atenção ao que desejava a 6ª Câmara Civil do Tribunal de Justiça de São Paulo, porque, contra a lei de então, é o que hoje está na lei, e, de *lege ferenda*, foi acertado.

O prazo era de quinze a trinta dias. A lei não dizia que havia de ser designado o dia nos quinze até trinta dias (sem razão, também, a 6ª Câmara Civil do Tribunal de Justiça de São Paulo, a 31 de outubro de 1947, *R. dos T.*, 172, 178). O prazo é que tinha de ser de quinze a trinta dias (2ª Turma do Supremo Tribunal Federal, 26 de janeiro de 1951, *A. J.*, 101, 233). Havia nulidade (não cominada) de processo se o juiz marcasse prazo a começar de quatorze dias ou menos (6ª Câmara Civil, 3 de setembro de 1948, 177, 181) e a ratificação foi no décimo quarto ou no décimo quinto dia. A prática de se designar dia, sem se marcar o prazo, era ilegal; a designação do dia, se se marcou prazo, somente pode ser entendida como de dia inicial do prazo. Tudo isso mudou. É o juiz, hoje, que marca o dia e a hora.

c) Se o prazo fora prazo menor de quinze dias e a ratificação se deu, havia nulidade, porque a lei exigia que a ratificação somente se fizesse após quinze dias de reflexa (prazo mínimo para a ratificação). Assim, a 2ª Câmara Cível do Tribunal de Justiça de Minas Gerais, a 6 de agosto de 1951 (*J. M.*, V, 531), e a 1ª Câmara Cível do Tribunal de Justiça do Paraná, a 16 de maio de 1950 (*Paraná J.*, 25, 209); sem razão, a 5ª Câmara Cível do Tribunal de Justiça do Distrito Federal, a 31 de julho de 1951 (*D. da J.*, de 23 de fevereiro doe 1952). A interpretação *c)* era de repelir-se exatamente porque o texto não permitia que se pensasse em dois prazos, um de reflexão (prazo de pelo menos quinze dias, findo o qual podiam os cônjuges ratificar o pedido) e outro de atividade (prazo de quinze dias, ou mais, até trinta dias). Ou se entendia que daquele cogitou a lei, ou se entendia que cogitou desse. Hoje, há a regra jurídica do art. 1.122, § 1°, *verbis:* "O juiz marcar-lhes-á dia e hora, com quinze e trinta dias de intervalo, para que voltem, a fim de ratificar o pedido de desquite", de jeito que se lê como se dissesse: "O juiz marcar-lhes-á dia e hora, para com o prazo de quinze a trinta dias, findo o qual possam ratificar o pedido de desquite."

d) A solução *d)* eliminaria a *ratio legis* do Código de 1939, que era a de se dar tempo para que os cônjuges refletissem e pudessem retirar o pedido.

Se, em técnica, legislativa, se poderia adotar *a), b)* e *c)*, a solução *d)* não teria sentido, a *ratio legis* haveria de ser a oportunidade para a reflexão. De *lege lata*, a solução *b)* era a única acertada; porque a lei tem por fito estabelecer trato de tempo para que os cônjuges repensem as suas declarações de vontade, o que afastava a solução *d)*; o Código de 1973 falou em designação de dia e hora, o que compreende, hoje, a solução

COMENTÁRIOS AO CÓDIGO DE PROCESSO CIVIL 109

b); não se podem buscar à proposição única dois conteúdos, o que rechaça a solução *d)*.

Muitos erros provieram de não terem os juízes distinguido as quatro soluções e por vezes adotarem ora uma, ora outra.

Alguns erros, ainda sob o Código de 1939, foram graves (*e. g.*, 4ª Câmara Civil do Tribunal de Justiça de São Paulo, 26 de abril de 1951, *R. dos T.*, 193, 211, que seguiu *c)*, e 1ª Câmara Civil, 5 de agosto de 1952, 204, 265).

Frise-se bem que o Código de 1973 seguiu a solução *b)*, ao passo que o Código de 1939, art. 643, acolhia a solução *a)*, mais adequada.

(2) A ratificação antes de iniciado o prazo não valia (nulidade não-cominada). Dizia-se que não valia se depois de expirado, salvo força maior (Câmaras Cíveis Reunidas do Tribunal de Justiça do Distrito Federal, 30 de outubro de 1947, *A. J.*, 87, 274; 5ª Câmara Cível, 11 de maio de 1951, *D. da J.*, de 16 de abril de 1953; 3ª Câmara Civil do Tribunal de Justiça de São Paulo, 5 de fevereiro de 1947, *R. dos T.*, 166, 616, e 5 de junho de 1947, 168, 678), mas isso se chocaria, hoje, com o art. 1.122, § 2°, onde explicitamente está dito que, "se qualquer dos cônjuges não comparecer à audiência designada ou não ratificar o pedido, o juiz mandará autuar a petição e documentos e arquivar o processo". Todavia, a audiência pode ser adiada se algum dos cônjuges não puder comparecer "por motivo justificado" (art. 453, II), ou se os dois cônjuges acordarem, o que só se permite uma vez (art. 453, I). O impedimento tem de ser provado até a abertura da audiência (art. 453, § 1°).

(3) A ratificação tem de ser feita pessoalmente. Não se admite representação (2ª Câmara Cível do Tribunal de Justiça do Paraná, 20 de janeiro de 1948, *Paraná J.*, 47, 171). A ratificação há de ser na presença do juiz (3ª Câmara Civil do Tribunal de Justiça de São Paulo, 8 de setembro e 20 de novembro de 1947, *R. dos T.*, 170, 583; 6ª Câmara Civil, 2 de maio de 1947 e 27 de fevereiro de 1948, 167, 688, e 173, 738; 1ª Câmara Cível do Tribunal de Justiça do Rio de Janeiro, 19 de julho de 1948, *B. J.*, 37, 52; 8ª Câmara Cível do Tribunal de Justiça do Distrito Federal, 17 de março de 1951) e por ele assinada (sem razão, a 1ª Turma do Supremo Tribunal Federal, a 15 de setembro de 1947 *O. D.*, 50, 254). A 3ª Câmara do Tribunal de Justiça de São Paulo, a 20 de novembro de 1947 (*R. dos T.*, 171, 648), permitiu a ratificação perante o juiz no dia, e a lavratura e assinatura do termo noutro dia, o que é contra os princípios (com razão, a 6ª Câmara Civil, a 2 de abril e a 13 de agosto de 1948, 173, 742, e 176, 652; 1ª Câmara Cível, a 14 de setembro de 1948, 177, 304, que mandou ouvi-los de novo).

A data sói ser uma só para ambos os cônjuges (3ª Câmara Civil, 16 de setembro de 1948, 177, 316; 1ª Câmara Civil, 28 de outubro de 1948, 178, 166; sem razão a 2ª Câmara Civil, a 28 de setembro de 1948, 177, 611); porém nada impedia que se fixassem dois prazos (cf. 3ª Câmara Civil, 20 de abril de 1950, 186, 710). Hoje, a data é uma só e uma só a hora.

Quanto à designação do dia, há de ser depois de se haver completado o prazo mínimo; portanto, se o prazo foi de quinze dias, no décimo sexto dia, não incluído o dia do despacho. Tinha de ser pedida de início, ou após a marcação do prazo, ou após se haver completado o prazo. Se o juiz designou o dia no despacho de fixação do prazo, sem que se houvesse pedido a designação, entendia-se que o fez por ter sido implícito o pedido de designação, e hão de manifestar-se os cônjuges, aceitando a designação ou não a aceitando, pois, aceita, expressamente ou pela ciência sem imediata manifestação de não servir o dia a ambos, ou a um deles, surgia o dever de comparência, só invocável para que não se torne ineficaz a petição inicial com a invocação do texto legal. A designação de outro dia pelo juiz era nula (5ª Câmara Civil do Tribunal de Justiça de São Paulo, 2 de abril de 1950, *R dos T.*, 187, 800), salvo se houve impedimento ou não-comparência do juiz, ou se vai haver impedimento ou não-comparência desse ou se ocorreu para qualquer dos cônjuges motivo justificado de não-comparência. Se o juiz havia marcado prazo que foi de menos de quinze dias e a ratificação se deu no décimo sexto dia, não havia nulidade, porque decorrera o tempo mínimo de reflexão. Era erro dizer-se como disse a 2ª Câmara Cível do Tribunal de Justiça do Rio de Janeiro, a 26 de dezembro de 1952, que era nulo o processo se o prazo de reflexão concedido aos cônjuges foi inferior a quinze dias. Nulo seria o despacho, nessa parte; e nula a ratificação que antes do décimo sexto dia se operou. Se depois ou no décimo sexto dia, satisfeita foi a *ratio legis*.

A qualquer tempo, ainda que em grau de recurso, as partes podem desistir (Tribunal de Relação do Rio de Janeiro, 28 de outubro de 1919); mas um só, depois da ratificação, não pode desistir, fora do art. 264 (*Direito de Família*, 2ª ed., I, 377; *Tratado de Direito Privado*, VIII, 3ª ed., § 837). Se o desquite não foi homologado e houve recurso de ambas as partes, ou de uma, podem ambos desistir dos seus recursos, ou o que recorreu desistir, sozinho. Aí não há retratação do pedido, mas desistência do recurso.

A 2ª Câmara Civil do Tribunal de Apelação de São Paulo, a 24 de setembro de 1940 (*R. dos T.*, 128, 240), entendeu que a falta de audiência dos cônjuges não acarreta nulidade do processo. Tal afirmação romperia com o princípio da relevância de todas as regras jurídicas de forma e com o princípio da relevância das regras sobre audição das partes. Ora, o art. 1.122 é insofismável: "... ouvirá os cônjuges...". Trata-se de nulidade não cominada (art. 244). O que se pode passar é o que se passaria com qualquer outra nulidade dessa natureza (arts. 244-249, 245 e 248), principalmente o que se prevê nos arts. 244, 248 e 250. A mesma 2ª Câmara Civil julgara bem, pronunciando a nulidade, no acórdão de 26 de maio de 1942 (*R. dos T.*, 137, 643), tal como, anteriormente, a 1ª Câmara Civil, a 10 de março de 1941 (*R. dos T.*, 130, 667).

A expressão "ratificar" está, aí (art. 1.122, §§ 1º e 2º), em vez de "recomunicar", e não no de "declarar *ex novo*". É integração.

Morto um dos cônjuges, extingue-se a pretensão ao desquite e, pois, a ação. A 1ª Câmara Cível da Corte de Apelação do Distrito Federal (9 de julho de 1906, *R. de D.*, I, 368) e o Tribunal de Justiça de São Paulo (28 de fevereiro de 1919) assim julgaram. Posteriormente, a 4ª Câmara Civil do Tribunal de Apelação de São Paulo (23 de julho de 1942, *R. F.*, 92, 713) entendeu que a morte, depois de homologado o desquite amigável, quando em grau de apelação a ação, não o extingue. Negar-se-ia, assim, o princípio de que em causa de desquite (ou de divórcio, nos países que o têm) não cabe sucessão. A solução seria injusta, porque: eliminaria a retratabilidade essencial à ação; estabeleceria coisa julgada formal, sem comunicação da sentença a uma das partes, a que faleceu. As próprias ações de nulidade de casamento são, *a priori*, sem sucessão: é a lei que abre exceções a isso. Admitir-se que se constitua o desquite (ou o divórcio), cuja sentença é constitutiva negativa *ex nunc*, quando não há mais casamento, pois um dos cônjuges morreu, seria absurdo. Esse argumento não prevalece quanto às ações de nulidade de casamento, porque essas são de eficácia consti-tutiva-negativa *ex tunc*: no passado há casamento, para ser decretada a nulidade, se a lei acha que deve admitir a hereditariedade da *ação inicia-da*. Naturalmente, não se está a cogitar da ação de nulidade de casamento em que houve a chamada substituição processual (Código Civil, arts. 178, § 5º, III, 2ª parte,[173] 213[174]-216,[175] 190,[176] e 208, parágrafo único,[177] sendo que, ainda nos casos de casamento nulo por infração de regra, jurídica de

---

173 C. Civ. de 2002, art. 1.560, § 1º.
174 C. Civ. de 2002, art. 1.552, incs. II e III.
175 Sem correspondência no C. Civ. de 2002.
176 Sem correspondência no C. Civ. de 2002.
177 C. Civ. de 2002, art. 1.549, *caput*.

competência, a propositura pelo órgão do Ministério Público é dependente da vida dos cônjuges).

As custas do desquite amigável, se ocorre morte, são pagas pelos herdeiros e pelo cônjuge sobrevivente, não por aplicação analógica do art. 26 e §§ 1° e 2°, e sim em virtude de princípio geral de direito judicial. Nos desquites litigiosos, pelos herdeiros do autor, ou pelo autor sobrevivente.

Às vezes, as leis brasileiras empregam a expressão "ratificação" no sentido de reafirmação ou recomunicação de conhecimento, ou de recomunicação de vontade, em lugar de se aterem ao sentido estrito, técnico, em que se fala de "ratificar" o negócio jurídico nulo.

¿Qual a função da "ratificação" nos pedidos de desquites amigáveis? A de asseverar que a vontade dos cônjuges de se desquitarem *persistiu*. Portanto, não-revogação. A comunicação de vontade inicial era, pois, revogável; e a lei, em vez de se satisfazer com o simples decorrer do prazo, para que cessasse a revogabilidade, *exige* a explicitude dessa vontade de não revogar. A relevância da matéria, que é a sociedade conjugal, e a experiência da vida, que aponta a freqüência das conciliações entre os desquitandos, sugeriram que se adotasse o pressuposto da ratificação, que tem aí o conteúdo de afirmação da conservação da vontade antes comunicada.

A lei poderia ter-se satisfeito *a)* com o prazo para *revogar* o pedido, ou *b)* com a *exceção de conciliação*, à semelhança do desquite litigioso, ou exigir *c)* a *ratificação*. Fez a essa pressuposto necessário.

4) Autuação e distribuição – A autuação e a distribuição fazem-se, excepcionalmente, depois de decorrido o prazo e antes do ato judicial da ratificação. Assim temos a inquirição das partes pelo juiz, perfeitamente explicável e de grande alcance, razão por que recusamos valor às críticas à velha regra jurídica do art. 1.122 ("ouvirá os cônjuges sobre os motivos do desquite"), e tal inquirição era separadamente; depois, a fixação do dia e hora para a ratificação; a ratificação, que é comunicação de vontade e declaração, ao mesmo tempo (*aliter*, no desquite litigioso, onde não há declaração de vontade, salvo acidental), e faz-se por termo nos autos; ouve-se o órgão do Ministério Público; sobem os autos, conclusos, ao juiz. Se a data do art. 1.122, § 1°, foi além de trinta dias, a nulidade é não-cominada (art. 244; antes, no Código de 1939, art. 273; cf. 4ª Câmara Civil do Tribunal de Apelação de São Paulo, 12 de abril de 1945, *R. F.*, 102, 491).

Tivemos de entrar em referências ao passado e ao presente, porque o texto de 1939 levou a controvérsias e até acórdão que foi, de *lege lata*, errado e hoje estaria certo. Não se pode negar que foi de boa orientação o Código de 1973, com o art. 1.122, § 1°, 2ª parte. Há o prazo mínimo de quinze dias, que hoje é para o juiz, e também o máximo de trinta dias, que também é para ele, em cujo intervalo há de ser fixados por ele o dia e a hora para que os cônjuges se manifestem. Não há outra interpretação possível para o art. 1.122, § 2°, 2ª parte, mas isso não afasta que se invoque o art. 183 e o § 1°, em que se ressalva a parte provar que não realizou o ato "por justa causa". O juiz, acolhendo a alegação, tem de marcar outro dia e hora (art. 183, § 2°). A solução do art. 1.122, § 2°, evitou outras discordâncias: o juiz marca o dia e a hora, e o intervalo, que é para a fixação da data, faz a reflexão pelos cônjuges ser, pelo menos, de quinze dias.

5) Função do Ministério Público – O órgão do Ministério Público é fiscal, não parte (2ª Câmara Cível da Corte de Apelação do Distrito Federal, 22 de abril de 1919). A falta importa em nulidade, mas são aplicáveis os arts. 243, 245 e 248 (também o art. 113, § 2°).

No desquite amigável, o art. 1.122, § 1°, exige a audiência do órgão do Ministério Público. Entendeu a 3ª Câmara Cível do Tribunal de Apelação do Rio Grande do Sul (22 de julho de 1943, *J.*, 23, 463) que não intervém o órgão do Ministério Público se litigioso o desquite. A interpretação do Código de Processo Civil, aí, tem de ser *a fortiori*. Se se exige na ação de desquite amigável, com mais forte razão no desquite litigioso (veja *Tratado de Direito Privado*, Tomo VIII, § 830, 10).

6) Desistência – A desistência antes da ratificação, em que resulta a retratação, tem o efeito de, sendo feita pelos dois, excluir qualquer traço do processo, de que nenhuma anotação fica no cartório; feita por um só, vale o processado, que fica arquivado; juntando-se-lhe a própria retratação. Só as partes podem requerer certidões ou cópias dessas peças. Quanto às custas, no caso de algum dos cônjuges não comparecer, regem-se pelo art. 26.

> *Art. 1.123. É lícito às partes, a qualquer tempo, no curso do desquite litigioso, lhe requererem a conversão em desquite por mútuo consentimento¹); caso em que será observado o disposto no art. 1.121 e primeira parte do § 1° do artigo antecedente²).*

1) Desquite litigioso e conversão – No processo de desquite litigioso (não importa até que ponto já se chegara, mesmo em via de recurso), podem os cônjuges requerer que se converta em ação de desquite amigável a ação de desquite litigioso. O requerimento tem de conter a descrição dos bens do casal e a respectiva partilha, o acordo relativo à guarda dos filhos menores,[178] o valor da contribuição para criar e educar os filhos e a pensão alimentícia do marido à mulher, se essa não possuir bens suficientes para se manter (art. 1.121). Se não acordarem quanto à partilha dos bens, depois da homologação se procederá à partilha (art. 1.121, parágrafo único).[179]

2) Convicção do juiz – Para que o juiz defira o requerimento de conversão do desquite litigioso em desquite amigável, é preciso que esteja convicto de que o requerem livremente e sem hesitações. Tem de ser ouvido o Ministério Público, no prazo de cinco dias (art. 1.122, § 1°, 1ª parte).

Art. 1.124. Homologado o desquite, averbar-se-á¹)⁵)⁶) a sentença no registro civil²)³)⁴) e, havendo bens imóveis, na circunscrição onde se acham registrados⁷)¹⁰).

1) Averbação após o julgamento – A averbação é feita no livro de casamentos, ainda que estranha a jurisdição (efeito mandamental da sentença de desquite, que é constitutiva). A averbação não é integrante da constitutividade da sentença, mas ligada à eficácia *erga omnes*. O pedido de desquite amigável é irretratável após a ratificação (1ª Turma do Supremo Tribunal Federal, 15 de setembro de 1947, *O. D.*, 50, 254, *R. dos T.*, 182, 463, *R. F.*, 122, 381; 5ª Câmara Cível do Tribunal de Justiça do Distrito Federal, 2 de julho de 1947, *A. J.*, 88, 50; 2ª Câmara Cível do Tribunal de Justiça do Rio de Janeiro, 5 de novembro de 1948, *B. J.*, 38, 67). *A fortiori*, após a homologação (1ª Turma, 4 de outubro de 1948, *A. J.*, 89, 138, *R. dos T.*, 183, 461; 8ª Câmara Cível do Tribunal de Justiça do Distrito Federal, 5 de julho de 1946, *R. de J. B.*, 77, 59; 3ª Câmara Civil do Tribunal de Justiça de São Paulo, 27 de novembro de 1947, *R. dos T.*, 172, 765, *R. F.*, 119, 478). Foi absurda a decisão da 2ª Câmara Civil do Tribunal de Justiça de São Paulo, a 4 de novembro de 1947 (*R. dos T.*, 171, 256), que admitiu a retratação unilateral a qualquer tempo, ainda na via recursal.

---

178 Vd. as notas 148 e 161.
179 Renumerado como § 1° pelo art. 3° da Lei n° 11.112, de 13.05.05.

2) Cessação dos efeitos da sociedade conjugal – Relativamente aos efeitos quanto à divisão dos bens, dependem eles de ser registrada a sentença no Registro de Imóveis (Corte de Apelação do Distrito Federal, 25 de setembro de 1934, *A. J.*, 33, 280). Mas os efeitos da *sociedade conjugal* cessaram com o trânsito em julgado da sentença (Corte de Apelação do Distrito Federal, 6 de outubro de 1929, *A. J.*, 14, 59; 12 de março de 1940, 82, 106), ou, *erga omnes*, da averbação da sentença de desquite no registro de casamentos. A comunhão que persiste não é mais de direito matrimonial. É de direito das obrigações e das coisas. Esse ponto é assaz relevante.

3) Retratação bilateral – A retratação bilateral na superior instância tem efeito de descida dos autos, para que se arquivem no cartório onde foi proferida a sentença. Se não foi bilateral a desistência, a descida dos autos permite mandado de segurança contra o tribunal (Supremo Tribunal Federal, 19 de janeiro de 1945, *A. J.*, 75, 3).

4) Morte do cônjuge – Após a morte do desquitando, não mais se pode homologar o desquite (*Tratado de Direito Privado*, VIII, § 837, 7; cp. 8ª Câmara Cível do Tribunal de Justiça do Distrito Federal, 27 de janeiro de 1947, *R. F.*, 114, 406; sem razão, 3ª Câmara Cível do Tribunal de Justiça do Rio de Janeiro, 29 de junho de 1948, *B. J.*, 37, 67).

5) Eficácia da sentença que homologa o desquite – Sobre a sentença que homologa o desquite amigável, já se discorreu às notas ao art. 469. O Código de 1939, art. 288, tinha o defeito de não haver compreendido o princípio do art. 323 do Código Civil,[180] que permite, a todo o tempo, o restabelecimento da sociedade conjugal dissolvida pelo desquite (qualquer) e de pensar que as sentenças de desquite não têm a eficácia material de coisa julgada. Interessante é observar-se que os críticos caíam em erros semelhantes: mal viam ou sentiam o engano do legislador (sem saber *por que* era erro); ora o estendiam ao caso dos desquites litigiosos (*e. g.*, discussão do Código de Processo Civil de Minas Gerais, em Odilon de Andrade, *Código do Processo Civil*, I, 93), ora timidamente aventuravam que as sentenças de desquite não produzem coisa julgada "no que diz respeito ao restabelecimento da sociedade conjugal" (Código de Processo Civil de

---

180 C. Civ. de 2002, art. 1.577, *caput*.

Pernambuco, art. 172, inciso 4; Clóvis Beviláqua, *Código Civil Comentado*, II, 284; Lafaiete Rodrigues Pereira, *Direito de Família*, 64; pareceres de Alfredo Bernardes e L. F. S. Carpenter, *A. J.*, 19, 32; 6ª Câmara Cível da Corte de Apelação do Distrito Federal, 29 de maio de 1931), ora negando a coisa julgada à sentença de qualquer desquite (assim, Tito Fulgêncio, *Do Desquite*, 154).

Felizmente, o legislador de 1973 atendeu à rija crítica que fizéramos ao Código de 1939, art. 645, e a juristas que incidiam no mesmo erro, e retirou todo o art. 645.

A reconciliação dos cônjuges é circunstância nova, nova declaração constitutiva, que nada tem com a questão da coisa julgada material. Se perdi a ação de reivindicação, não fico privado de comprar a coisa. O elemento constitutivo é comum a todas as sentenças de desquite; o elemento de condenação, só às do desquite litigioso. A sentença no desquite amigável é constitutiva: opera como operaria o contrato de compra e venda por instrumento público, mais o reforçamento da decisão judicial. A do desquite litigioso é constitutiva e, em segundo plano, de condenação.

Se foi suspensa a lide quanto ao desquite judicial, por ter havido acordo dependente de homologação, a retratação ou a falta de homologação permite que qualquer cônjuge requeira a continuação da ação de desquite litigioso. Qualquer desistência somente produz efeitos após a homologação (art. 158, parágrafo único). Se, após a ação de desquite judicial, se fez acordo para o desquite amigável, a cessação da instância somente ocorre com a desistência homologada pelo juiz.

6) Guarda dos filhos, criação e educação; natureza da decisão
– O acordo sobre a guarda dos filhos, quotas para criação e educação deles, bem como sobre a pensão alimentícia à mulher, tem de ser respeitado como a parte da sentença do desquite litigioso em que o juiz fixa a pensão alimentícia da mulher pobre (Código Civil, art. 320),[181] ou a quota para criação e educação dos filhos (Código Civil, art. 321).[182] Ali, *declaração dos cônjuges*; aqui, *decisão do juiz*. Como se trata de equiparação das cláusulas do acordo à resolução do juiz, tem-se de saber de que natureza é essa resolução. Ora, essa resolução contém exatamente, um dos problemas

---

181 C. Civ. de 2002, art. 1.702.
182 C. Civ. de 2002, art. 1.703.

mais sutis de direito processual: o problema da sentença em que o juiz tem de emitir declaração de conteúdo ainda não determinado (a do art. 641 é de conteúdo já determinado).[183] Tal sentença (cf. Wilhelm Kiisch, *Beiträge zur Urteilslehre*, 110 s.) não é gênero à parte das sentenças de condenação, declarativas, constitutivas, executivas e mandamentais; é espécie de cada uma delas, mas principalmente da constitutiva ou da executiva. No caso dos desquites, essas sentenças chamadas "dispositivas" (*verfügende Urteile*) têm a função de dispor, na falta do *acordo*, sobre aquela pensão e aquela quota. De modo que a inteligência brasileira viu o problema técnico, apontou a semelhança entre as duas fixações de quota e de pensão, porém não dispunha da técnica para isolar (*a*) o elemento comum da dispositividade, (*b*) a *judicialidade* do acordo homologada e (*c*) a *judicialidade* da determinação pelo juiz, com simples diferença de grau na cooperação do juiz. Não se pense em caso de simples determinação ao modo do arbitrador; porque o juiz, aí, coopera, por si, no desquite litigioso; e não arbitra – homologa, no desquite amigável. O assunto é assaz importante em questões de direito do trabalho. Não se aluda à força material da coisa julgada; aluda-se à constitutividade, *fazendo-se claro que é inoperante a diferença de grau de cooperação do juiz para que a eficácia constitutiva se exerça.*

A dispositividade é insignificante, no caso da resolução judicial: o acordo não é *prius*, embora se diga que o juiz disporá, na falta de acordo; o *prius* é a resolução sobre o que é necessário para a criação e a educação dos filhos, pensão alimentícia à mulher e guarda dos filhos, fundando-se os julgamentos em comunicações de conhecimento feitas pelas partes cuja verdade se apure (o elemento condenatório é ressaltante). Apontar como dispositiva a sentença de fixação de quota ou pensão nada adiantaria. A sentença é, aí, constitutiva, com forte dose de condenatoriedade, se não houve acordo. Se houve acordo, constitutiva-integrativa. Assim, apenas se diz, tautologicamente, que as sentenças *constitutivas*, com elemento condenatório, e as constitutivas-integrativas são sentenças *constitutivas*, de força constitutiva. Tais regras jurídicas são úteis enquanto não se eleva o nível da cultura jurídica. Podem ser, porém, mal-entendidas.

---

183 O art. 9º da Lei nº 11.232, de 22.12.05, ab-rogou o art. 641 do CPC; essa norma, por força do art. 2º da mesma Lei, foi incluída, como art. 466-A, na Seção I do Capítulo VIII do Título VIII do Livro I do CPC.

Se não foi cumprido o acordo sobre a guarda e educação dos filhos, cabe a *ação de modificação da sentença*, por mudança de circunstâncias (5ª Câmara Cível do Tribunal de Justiça do Distrito Federal, 9 de abril de 1948, *D. da J.*, de 8 de dezembro). Aliás, podem os cônjuges acordar diferentemente do que se estabelecera, homologando-o o juiz (8ª Câmara Cível, 27 de novembro de 1946).

7) Reconciliação dos cônjuges – O Código de 1973 não se referiu à reconciliação. Uma vez que o direito brasileiro só possui a separação *quoad thorum et habitationem*, e não *quoad foedus et vinculum*, a reconciliação é sempre passível. "Seja qual for a causa do desquite", diz o Código Civil, art. 323,[184] "e o modo como este se faça, é lícito aos cônjuges restabelecer a todo o tempo a sociedade conjugal, nos termos em que fora constituída, contanto que o façam, por ato regular, no juízo competente".

Pode requerer a reconciliação o próprio cônjuge que pediu o desquite. O cônjuge separado, que se reconciliou, pode ainda intentar nova ação de desquite. Não podem alegar, todavia, os *fatos* apontados para o primeiro desquite, e sim outros, ainda que da mesma natureza, mas posteriormente à reconciliação, ou, se *anteriores*, ignorados, provadamente, pelo autor do novo processo de desquite. O ato de reconciliação perante o juiz competente restaura, integralmente, a anterior situação matrimonial, renascendo em cada cônjuge todos os direitos e deveres que a sentença de desquite apagara. Se a mulher perdera o direito a usar o nome do marido, readquire-o com a reconciliação. O Código Civil fala em restauração "por ato regular". "Ato regular", dizíamos (*Direito de Família*, 2ª ed., 391), "é o que for indicado pela lei processual, pois que se trata de ato perante o juiz, ato que pode revestir-se do caráter de pedido de prestação jurisdicional, ou de simples ato em cartório, no juízo competente. A perfeição depende, em conseqüência disso, da formalidade que exige a regra jurídica processual, a que remete, evidentemente, o art. 323 do Código Civil,[185] não só quando alude à *competência* do juízo, como igualmente quando e exige o ato regular. Reconciliação somente há quando satisfeitas as exigências da lei processual. Fora disso, apenas é reconciliação de fato". Citando o que escrevemos, a 3ª Câmara Cível do Tribunal de Justiça de Minas Gerais, a 8

---

184 C. Civ. de 2002, art. 1.577, *caput*.
185 C. Civ. de 2002, art. 1.577, *caput*.

de março de 1956. Quanto aos bens, a reforma do direito brasileiro, com a incidência do Código Civil, foi radical. Enquanto o direito anterior não admitia que restabelecido fosse o regime, a nova lei civil, retomando, aliás, a trilha de velho direito (então dizia, por exemplo, L. Trigo de Loureiro, *Instituições*, I, 124: "...cesse entre eles a comunhão. Ela, porém, revive, se algum dia tornarem a unir-se, e a viver na mesma casa como marido e mulher") não só o permitiu, como estatuiu a restauração da sociedade conjugal, nos termos em que era constituída, antes do desquite. A verdadeira interpretação do art. 323 do Código Civil é, portanto, a seguinte: é lícito aos cônjuges desquitados restaurarem a sociedade conjugal, contanto que o façam nas condições anteriores do desquite. A política do art. 323 do Código Civil,[186] ao conceder a reconciliação com o restabelecimento da sociedade conjugal "nos termos em que fora constituída" foi justamente estabelecer a volta ao que era. Eis o que dizia o parecer da Comissão Especial da Câmara dos Deputados (1902): "O regime dos bens dos cônjuges desquitados que se reconciliaram fica restabelecido" (*Trabalhos*, Rio de Janeiro, 1902, VIII, 30). Cessado o desquite, isto é, restaurada – juridicamente – a sociedade conjugal, readquire cada cônjuge o direito de suceder ao outro (Código Civil, art. 1.611).[187] Não basta a reconciliação de fato, nem o pedido de reconciliação, ainda que mandado tomar por termo, pois a lei processual exige homologação pelo juiz para que a reconciliação juridicamente se perfaça. Atendendo às vicissitudes da fortuna dos cônjuges desquitados, antes ou durante a separação *quoad vitae consuetudinem*, bem como às simulações, por interesses inconfessáveis, de sucessivos desquites e reconciliações, o Código Civil, no art. 323, parágrafo único, disse que "a reconciliação em nada prejudicará os direitos de terceiros, adquiridos antes e durante o desquite, seja qual for o regime de bens". Se o desquite foi litigioso ou amigável, é indiferente.

Particularidade da reconciliação é a de ser um dos poucos casos de *comunicação de sentimento*, conteúdo de *declaração de vontade*.

A sentença de reconciliação é *constitutiva-positiva* (negativa da constitutiva-negativa sobre o desquite, portanto positiva); o que concerne a formalidades registrárias é efeito mandamental, para eficácia *erga omnes*. Não há eficácia *ex tunc*.

---

186 C. Civ. de 2002, art. 1.577, *caput*.
187 C. Civ. de 2002, art. 1.830 c/c art. 1.838.

8) Processo e sentença – A reconciliação tem de ser reduzida a termo, por ambos assinada, seguindo-se-lhe a homologação por sentença. A sentença é constitutiva-integrativa da forma. A averbação no registro civil é necessária para os efeitos *erga omnes*; e, se há imóveis que tenham de volver a ser comuns, ou dotais, é indispensável a averbação no respectivo registro. O regime matrimonial dos bens restabelece-se entre os cônjuges com o trânsito em julgado da sentença e opera *erga omnes* com a averbação no registro civil. Não há escolha de novo regime; restabelece-se o anterior.

9) Morte, antes do trânsito em julgado da sentença – A morte, antes do trânsito em julgado da sentença de homologação, extingue a *ação de reconciliação*. Não se deu e, pois, não mais se poderia dar a passagem em coisa julgada formal. Trata-se de ação, não herdável, constitutiva *ex nunc*.

10) Desquite litigioso pedido após o pedido de desquite amigável – Extinta a sociedade conjugal por desquite amigável, não há possibilidade de desquite litigioso (Supremo Tribunal Federal, 26 de julho de 1946, *O. D.*, 51, 132). Se, durante o desquite amigável, há propositura do desquite litigioso, o juiz não pode julgar esse antes de transitar em julgado a sentença que deixe de homologar aquele. Não há razão para se vedar, enquanto isso não ocorre, que se processe a ação de desquite litigioso (só assim se pode admitir o que disse a 2ª Turma, a 27 de junho de 1948, *O. D.*, 50, 238): não se pode pensar em exceção de litispendência, pois faltam os pressupostos.

Convertida em ação de desquite amigável a ação de desquite litigioso, processa-se na forma da lei, apresentando-se a petição com os requisitos do art. 1.121 (5ª Câmara Civil do Tribunal de Justiça de São Paulo, 30 de março de 1951, *R. dos T.*, 192, 732).

Art. 1.124-A.[188] A separação consensual e o divórcio consensual[1), não havendo filhos menores[4) ou incapazes do casal[4) e observados os requisitos legais quanto aos prazos[1), poderão[1) ser realizados por escritura pública[2)1), da qual constarão as disposições relativas à descrição e à partilha dos bens

---

188 Integrado o art. 1.124-A ao CPC, pelo art. 3º da Lei nº 11.441, de 04.01.07, são do atualizador os comentários, que se apresentam em caracteres diferentes, para permitir a imediata dissociação dos textos do saudoso comentarista.

comuns[4] e à pensão alimentícia[4] e, ainda, ao acordo quanto à retomada pelo cônjuge de seu nome de solteiro ou à manutenção do nome adotado quando se deu o casamento[4].

§ 1º A escritura[2] não depende de homologação judicial[3][2] e constitui título hábil para o registro civil e o registro de imóveis[2][3].

§ 2º O tabelião[2] somente lavrará a escritura[2] se os contratantes[2][3] estiverem assistidos por advogado comum ou advogados de cada um deles[5], cuja qualificação e assinatura constarão do ato notarial[5].

§ 3º A escritura[2] e demais atos notariais serão gratuitos àqueles que se declararem pobres sob as penas da lei[2].

1) Separação e divórcio por escritura – *O art. 3º da Lei nº 11.441, de 04.01.07, trouxe ao direito positivo a importante inovação de permitir o divórcio e a separação consensuais por escritura pública. Dispensa-se, então, o comparecimento das partes a um juízo, perante o qual deduzem, mediante petição, o pedido de extinção da sociedade conjugal, ou do vínculo conjugal, conforme a hipótese seja de separação, ou de divórcio.*

Tanto o divórcio consensual quanto a separação consensual são atos de jurisdição voluntária, cuja característica é a administração de interesses públicos pelo Estado, como no caso em que se desfaz o casamento. Já se disse da dificuldade de definir a jurisdição voluntária de modo a abranger todas as legislações porque algumas delas incluem nessa espécie interesses que noutras se deixam às próprias partes. Amílcar de Castro estranhava que, no CPC, o inventário seja um procedimento especial de jurisdição contenciosa (art. 982) mas o juiz deva remeter questões de alta indagação, ou dependentes de prova às vias ordinárias (art. 984).

O art. 1.124-A cria para as partes a faculdade de celebrar a separação, ou o divórcio por escritura pública, atendidos os requisitos estabelecidos na própria norma. Não se trata de regra cogente, porém dispositiva, que as partes afastarão quando, ao seu critério, reputarem conveniente entregar a separação ou o divórcio consensuais ao controle jurisdicional. "Poderão ser realizados por escritura pública...", e não "deverão". Certas circunstâncias podem recomendar a escolha do processo judicial (v.g., a idade de um dos cônjuges, ou a sua inexperiência na condução de negócios complexos, ou na estipulação de valores).

O artigo restringe a sua incidência aos casos de separação consensual e divórcio consensual, mesmo porque a ocorrência de lide não pode ser solucionada por escritura, necessária a sentença constitutiva. Litigio-

sa a separação, ou o divórcio, as partes precisam recorrer ao Judiciário para obterem a sentença em qualquer desses dois casos.

O artigo condiciona a aplicação da norma à observância dos prazos para a separação, ou o divórcio: mínimo de um ano de casamento para a separação consensual, conforme o art. 1.574 do Código Civil de 2002, que modificou o prazo previsto na norma do art. 4º da Lei nº 6.515, de 26.12.77 ("Lei do Divórcio"), ou de um ano, para a conversão da separação judicial em divórcio, ou de dois anos para o divórcio direto (Constituição Federal, art. 226, § 6º, e art. 25 da lei citada).

2) Escritura pública – *O conceito de escritura pública é o do direito material, que regula os atos notariais, lançados em livros ou assentamentos de cartórios regularmente estabelecidos a cujos serventuários, ou a algum ou alguns deles a lei outorga competência para a prática do ato. O § 2º fala em tabelião, num sentido lato, pois a escritura poderá ser lavrada pelo serventuário competente. Não é escritura o instrumento particular, assinado pelas partes e testemunhas e apenas registrado no registro público de títulos e documentos. A lavratura, isto é, a feitura do ato na forma de escritura é essencial.*

A escritura de que trata o artigo é ato oneroso, celebrado mediante o pagamento de taxa. Entretanto, a simples declaração da parte de que é pobre bastará para isentá-la dos emolumentos da escritura e dos atos notariais subseqüentes, como o registro imobiliário (alteração quanto ao titular da propriedade) ou o registro civil (registro da separação, do divórcio, da alteração do nome). Se apenas uma das partes for pobre, a outra arcará com metade de todas as custas. Não valeria, por fraudatória, a cláusula que atribuísse as despesas com os atos cartorários exatamente à parte desprovida de recursos. A declaração enganosa quanto à hipossuficiência é crime de falsidade que sujeita o infrator às sanções correspondentes.

3) Dispensa de homologação – *A escritura não depende de homologação judicial, reza o § 1º do art. 1.124-A. Quer isto dizer que a escritura não é levada a juízo. Lavrada e assinada, ela produzirá os seus efeitos, a partir da sua assinatura pelas partes. Não se admite, quanto a ela, a ação rescisória (CPC, art. 485), porque não há sentença de mérito transitada em julgado, nem se aplica o art. 486 do diploma processual, eis que não se trata de ato judicial.*

Negócio entre as partes, a escritura do art. 1.124-A submete-se, quanto à validade e eficácia ao regime dos atos jurídicos em geral. A nulidade da escritura não produz os efeitos a que visa esse ato. Nula, as partes continuarão casadas, ou apenas judicialmente separadas, conforme o caso. Isso ocorrerá também, quanto ao estado civil das partes, ou ao nome, na hipótese de anulação da escritura. Conquanto a anulação se opere ex nunc, *não será compatível com ela admitir-se que, até a decretação da nulidade relativa, as partes foram temporariamente separadas ou divorciadas, ou tiveram um certo nome, mas voltaram ao estado civil anterior. A anulação, entretanto, surtirá seus efeitos quanto à disposição de bens e aos alimentos.*

A nulidade de cláusula não essencial da escritura não invalida esse ato. Aqui, incide o princípio utile per inutile non vitiatur. *Não se pode esquecer de que a escritura, além de dispor sobre partilha e pensão, pode conter outras cláusulas, relativas aos bens (*v.g.*, comodato de um deles a terceiro), ou a outros aspectos da vida conjugal (*v.g.*, obrigação de não concorrer, comercialmente, um cônjuge com o outro).*

A escritura pode conter contrato, como nos exemplos que se acaba de oferecer. Todavia não é contrato no tocante à separação ou ao divórcio.

*Celebrada, leva-se o traslado, ou a certidão da escritura ao registro de imóveis, ao registro civil, ou a qualquer outro, para a prática do ato devido, independentemente de mandado judicial. Os tributos incidentes (*v.g.*, o imposto de transmissão sobre bens excedentes da meação) pagam-se como dispuser a lei.*

4) Requisitos – *Colhem-se, no próprio art. 1.124-A, os requisitos da escritura. Obviamente, ela deve ser pública e lavrada por tabelião. Os cônjuges serão capazes e assistidos por advogados. O prazo para a separação consensual, para a conversão da separação judicial em divórcio, ou para o divórcio direto devem ser observados. O cumprimento do prazo é requisito essencial.*

A descrição dos bens do casal e a partilha deles são essenciais, sempre que bens houver, mesmo quando as partes decidirem não partilhar tais bens, permanecendo como condôminos deles. Não podem as partes deixar a partilha dos bens para ser feita em juízo, como ocorre na hipótese do § 1º do art. 1.121 do Código de Processo Civil. Ou as partes se compõem quanto à divisão dos bens, ou não se admitirá a escritura.

A disposição relativa a alimentos não existirá, quando houver necessidade da estipulação deles. A dispensa de alimentos deverá, contudo, constar da escritura. A estipulação de alimentos é determinativa, caindo no regime do art. 471, I, do Código de Processo Civil. Pode a pensão ser alterada por acordo entre as partes, feito também por escritura pública. Quanto ao nome, qualquer disposição deverá constar da escritura, inclusive a deliberação de que se decidiu conservar o nome, mantendo-o inalterado.

Não existindo filhos menores ou incapazes do casal, bastará que a respectiva declaração conste da escritura. O conceito de menoridade é o da lei civil. Só não se admite a escritura, havendo filhos menores, ou filhos incapazes do casal, também ditada a incapacidade pelas normas de direito material. A existência de filho menor, ou incapaz, de somente um dos cônjuges não impede a celebração da escritura porque o artigo só fala em filhos do casal.

5) Assistência de advogado – *É requisito essencial da escritura a assistência das partes por advogados, cujos nomes, qualificações, particularmente a inscrição na OAB, e assinatura constarão do ato. O cônjuge que for advogado pode tanto fazer-se assistir de outro, ou atuar em causa própria. Pelo manifesto conflito de interesses, ele não pode assistir a outra parte, ainda que ela o consinta. Podem os cônjuges escolher um só advogado para a assistência de ambos, como cada qual constituir o seu patrono. A presença de advogado, legalmente habilitado pela inscrição na OAB (CPC, art. 36), é requisito essencial de validade da escritura, como se lê no § 2º do art. 1.124-A, onde se fala, incorretamente, em contratantes, em vez de partes. Não havendo advogado habilitado no lugar da escritura (fato raro no país de hoje), ou no impedimento ou recusa dos que houver, as partes, ou a parte sem advogado, atuarão em causa própria.*

O Ministério Público não intervém na escritura, como faz na separação consensual (CPC, art. 1.122, § 1º) porque ali se trata de processo judicial onde se pode cuidar de direitos não previstos no art. 1.124-A.

Capítulo IV

DOS TESTAMENTOS E CODICILOS¹)⁹)

1) Processualística dos testamentos – Sobre o direito material testamentário, o nosso *Tratado dos Testamentos* (cp. *Tratado de Direito Privado*, Tomos LVII-LX). *Testamento* é a declaração unilateral de última vontade (contendo, às vezes, comunicações de conhecimento e de vontade), pela qual alguém, nos limites da lei, e para depois da sua morte, dispõe dos seus bens, no todo ou em parte, ou algo resolve para efeitos jurídicos. Ato unilateral, não existe qualquer aceitante, ou recebedor da declaração de última vontade, posto que o testador possa dar *cargos* a alguém. Sobre disposições estranhas ao testamento, contratos e promessas de venda, pactos sucessórios, testamento para excluir herdeiro etc., nosso *Tratado dos Testamentos*, I, 78-90. O testamento é imprescritível (só há prescrição de pretensões), embora as pretensões nascidas do domínio e da posse, ou de alguma obrigação, sejam prescritíveis. O Código deixou ao processo ordinário as ações de nulidade de testamento e as ações de anulação de disposições testamentárias em si.

A *capacidade testamentária* ativa é regida pelo Código Civil de 1916, arts. 1.627 e 1.628.[189] O *negócio jurídico* do testamento é suscetível de trato comum aos outros negócios jurídicos e do trato especial, derivado da sua natureza (*Tratado dos Testamentos*, I, 145-421). As *formas testamentárias* têm importância variável, conforme as circunstâncias do sujeito que testa, e pertencem ao direito material (Código Civil, arts. 1.629-1.663).[190] Esse direito por vezes invade a parte processual (direito formal), razão por que ocorre, por incúria legislativa, a dupla legislação (a mesma regra jurídica no direito civil e no direito processual). Não se pode argüir o Código Civil de ter muitas vezes exorbitado. As regras jurídicas dos arts. 1.644 e 1.655[191] contêm proposições que pertencem a um ramo; e outras

---

189 C. Civ. de 2002, arts. 1.860 e 1.861, respectivamente.
190 C. Civ. de 2002, arts. 1.862-1.896.
191 C. Civ. de 2002, arts. 1.875 e 1.885, respectivamente.

que pertencem a outro ramo do direito. Mas a lei processual incorreu, aqui e ali, no mau vezo de usurpar as regras de direito material, derrogando o Código Civil.

2) Integração de forma e execução dos testamentos – Nos arts. 1.125-1.141 têm-se duas espécies distintas de regras jurídicas, umas sobre a *integração da forma do testamento*, do negócio jurídico, para a sua eficácia (não para a sua conclusão), que são aquelas que vão, no tempo, até o cumpra-se, e outras sobre a *execução dos testamentos*. Cientificamente, a primeira fase ainda diz respeito à forma do negócio, caso de exigência da cooperação judicial, sem a presença do autor da declaração, *posterior à conclusão*. Não é único. Existem muitos casos como esse; por exemplo, nos registros de atos *inter vivos*, quando não se requer a presença do autor da declaração, ou, sequer, a sua anuência.

A execução do testamento contém a execução voluntária e a execução forçada. Além dessas *ações executivas (lato sensu)* existem as ações ligadas às pretensões declarativas ou condenatórias, à existência ou inexistência, ou à eficácia ou ineficácia do testamento. A ação declaratória (art. 4°) é admitida. A de nulidade do testamento não foi disciplinada no Código, por ser de rito ordinário. É ação constitutiva-negativa.

3) Arquivamento dos testamentos – O *arquivamento* dos testamentos vem-nos do Decreto n° 834, de 2 de outubro de 1851, art. 41. Sobre isso, comentário ao art. 1.125, parágrafo único. O emaçamento deve ser por ordem cronológica, acompanhado de índice, que facilite a procura do original. O arquivista tem a responsabilidade civil e penal pelo desaparecimento. Subsidiariamente, o Estado.

4) Cumpra-se dos testamentos – Os processos para obtenção do cumpra-se são integrativos da forma do negócio jurídico dos testamentos. O juiz funciona cooperando posteriormente, para que tenha eficácia o negócio jurídico. Essa cooperação é quase a mesma nos testamentos públicos, cerrados, particulares e especiais. Verdade é, porém, que maior âmbito para impugnação surge nos particulares e nos especiais. Daí A. J. de Gouveia Pinto (*Tratado*, 6ª ed., 61) ter dito que o processo de publicação dos testamentos particulares é contencioso, dissentindo de Pascoal José de Melo Freire (*Instituciones*, III, 40). Essa fusão das duas jurisdições é freqüente, desde séculos; e a observação de A. J. de Gouveia Pinto mostra a sua perspicácia em apontar o elemento de "demanda", pelo menos eventual, no processo de cumpra-se dos testamentos.

5) Testamentos notariais – Os testamentos públicos e os cerrados são duas espécies de *testamentos notariais*. Os testamentos públicos são, no seu todo, atos jurídicos lançados pelo oficial público. Nos testamentos cerrados, só os atos de aprovação, fechamento e costura pertencem ao oficial público. Sobre eles, Código Civil de 1916, arts. 1.632-1.644[192] e 1.650.[193]

As ações relativas aos testamentos cerrados e aos testamentos públicos são ações constitutivas-integrativas, que se processam sem angularidade (*non audiatur altera pars*). A força probatória de forma, que provém da fé pública do tabelião, permite que a lei confira ao juiz tal atitude; de modo que fique às impugnativas a sentença, em *ações*, qualquer ataque (ações constitutivas-negativas da sentença, como a de nulidade, e a ação de rescisão da sentença). Quanto às ações de nulidade ou de ineficácia do conteúdo do testamento, são ações que investem contra o testamento mesmo, de modo que se passa o que será exposto à nota ao art. 1.126.

6) Testamento público e testamento particular – Havendo já o testamento público e o particular (Código Civil, arts. 1.632-1.637,[194] 1.645-1.649[195] e 1.650),[196] justifica-se o *testamento cerrado* como a forma velada, secreta, com a qual o testador, se o quer, oculta as suas últimas vontades. Se ele permite a divulgação delas, o oficial pode lê-lo e verificar se a cédula está com as formalidades necessárias. De regra, isso não se dá; e o próprio testador não precisa lê-lo. A exigência de saber e poder ler o testador provê exatamente a essa verificação do conteúdo. O segredo não é pressuposto necessário (*aliter*, Código Civil francês, art. 976; holandês, art. 987; chileno, art. 1.623; venezuelano, art. 845).

7) Testamento e processo após a morte do testador – O Código de modo nenhum tratou da *feitura do testamento*. Essa parte pertence, de todo, ao direito material, naquela zona do direito civil, que fica entregue, hoje, aos tabeliães (notários) – sucessores, historicamente, dos juízes, antes encarregados da atuação nesses negócios jurídicos (desjudicialização da "jurisdição voluntária"), ou às próprias pessoas figurantes no negócio

---

192 C. Civ. de 2002, arts. 1.864-1.875.
193 Sem correspondência no C. Civ. de 2002.
194 C. Civ. de 2002, arts. 1.864-1.867.
195 C. Civ. de 2002, arts. 1.876-1.880.
196 Sem correspondência no C. Civ. de 2002.

jurídico. Não temos, pois, de tratar de *como se fazem* os testamentos. O que interessa à lei processual é o testamento *depois de morto o testador*. As formalidades iniciais são: *a)* a apresentação (e, sendo cerrado, a abertura); *b)* a leitura; *c)* o auto de apresentação (abertura) e leitura; *d)* a audiência do órgão do Ministério Público; *e)* o cumpra-se; *f)* o registro; *g)* a inscrição. Se particular, há o processo da "publicação" (art. 1.130). *Publicação* significa, aí, menos comunicar ao público do que tornar, pela intervenção judicial, público (= equiparado ao testamento público). Segue-se a *confirmação*.

8) Testamento cerrado – Os arts. 1.125-1.127 falam do testamento cerrado. A palavra "abertura", generalizada até abranger o rompimento de envoltório somente materiais, ajurídicos, dos testamentos públicos, era erro grave, porque esses são testamentos abertos, "públicos", por sua natureza, havia multissecular confusão entre *apresentação* e *cumpra-se*, elementos necessários e comuns a todos os testamentos, e abertura solene dos testamentos cerrados, ou, ocasionalmente, dos particulares.

9) Eficácia do testamento – Nem sempre coincidem a competência para o cumpra-se e a competência para a ação sobre eficácia do testamento, seja a declarativa (ação declaratória do art. 4°), seja a constitutiva-negativa (ação de nulidade ou de anulação do testamento). Daí prever-se a requisição por outro juiz. Se a diligência de falsidade se processa no mesmo juízo, não há requisição: há determinação do juiz.

Seção I

Da abertura, do registro e do cumprimento

Art. 1.125. Ao receber testamento cerrado, o juiz[9]), após verificar se está intato[4])[5]), o abrirá[1])[3]) e mandará que o escrivão o leia em presença de quem o entregou[2]).

Parágrafo único. Lavrar-se-á em seguida o ato de abertura[6]) que, rubricado pelo juiz e assinado pelo apresentante, mencionará[7])[10]):

I – a data e o lugar em que o testamento foi aberto;

II – o nome do apresentante e como houve ele o testamento;

III – a data e o lugar do falecimento do testador;

IV – qualquer circunstância digna de nota, encontrada no invólucro ou no interior do testamento[8]).

1) Abertura do testamento cerrado – Cf. Código Civil de 1916, art. 1.644.[197] A regra jurídica firma que o testamento cerrado é aberto pelo juiz. No Código Visigótico, a publicação pertencia ao sacerdote. A Lei de 21 de maio de 1349 repôs a jurisdição secular. Mas, a despeito dessa lei, ainda P. J. de Melo Freire, na linha dos outros juristas, transigia (*Instituciones*, I, 81; III, 39). O que se devia fazer – a abertura pelo juiz (Manuel de Almeida e Sousa, *Coleção de Dissertações*, 195) – ele apenas atestava ter visto. Persistência da tradição visigótica, pensou Henrique da Gama Barros (*História da Administração Pública*, III, 299 e 301). Também persistência era a abertura por outra pessoa: "sacerdote, *vel* testibus" (Henrique da Gama Barros, 299, diz "pároco e testemunhas"; mas sem razão; cf. nosso *Tratado dos Testamentos*, II, 168; e *Tratado de Direito Privado*, Tomo LIX).

2) Presença do apresentante e do escrivão – A exigência da presença do apresentante e do escrivão, de direito processual, resulta da natureza das coisas: quem apresenta tem de permanecer e assinar o auto de apresentação; e esse auto lavra-o o escrivão, cuja presença se supõe.

3) Solenidade da abertura do testamento – A *abertura* do testamento cerrado – ato material, mas solene – tem, na praxe, a feição ditada pelas circunstâncias: cortar das linhas que cosem o testamento, arrancar ou quebrar do lacre, desdobrar das folhas. Vulgarmente por cima dele ainda há outro invólucro, em que o testador o meteu, e talvez mesmo tenha cosido e lacrado. Se, por fora, há algum escrito, convém que o juiz o leia alto. Antes de qualquer gesto para abri-lo, deve o juiz examiná-lo por fora, para verificar se está intacto e se contém vício extrínseco, que o torne suspeito de nulidade ou falsidade.

(A abertura do testamento particular, eventualmente "fechado", é ato material, que se consigna.)

4) Questões de forma – Os arts. 1.125 e 1.128, à diferença do art. 1.128, apenas se referem a questões de forma. O art. 1.130 não mais alude à verificação – superficial, já se vê – do "perfeito juízo" do testador, o que constava do Código de 1939, art. 532, a propósito de testamento particular. Em todo caso, se o testador estava interdito por alguma causa que o torna-

---

197 C. Civ. de 2002, art. 1.875.

ria incapaz de testar, *não pode* o juiz apor o seu cumpra-se. Mas a alegação, ainda provada, de estar, por exemplo, louco, ou de ter estado ausente do lugar em que se diz ter sido feito o testamento público ou cerrado, não basta para que o juiz negue o cumpra-se. A regra é a de somente poder e dever o juiz respeitar decisões anteriores com as quais seja incompatível o cumpra-se, bem como atender a fatos constantes dos *registros públicos*, como se o testamento, datado de 31 de dezembro, é atribuído à pessoa que já estava morta, segundo o registro de óbitos, a essa data.

5) Verificação do extrínseco – O juiz primeiro verifica se o testamento cerrado se acha intacto e se não contém vício extrínseco que o torne suspeito de nulidade ou de falsidade. Se o testamento não está intacto, o juiz deve mandar que se diga no auto qual o seu estado (art. 1.125). Se contém vício extrínseco, ou esse vício é causa *a)* de inexistência, ou *b)* de falsidade, ou *c)* de nulidade, ou *d)* de anulabilidade. Se ocorre *a)*, *b)*, ou *c)*, o juiz pode negar o cumpra-se, fundamentando a decisão, posto que dificilmente possa o vício extrínseco evidenciar a falsidade. Se ocorre *d)*, a ação de cumprimento, que é ação constitutvia, com eficácia mandamental imediata, não é adequada à desconstituição. Aliás, a carga da sentença de cumpra-se e a de denegação do cumpra-se são assaz expressivas:

TABELA L – EFICÁCIA DA SENTENÇA
QUE DEFERE O PEDIDO DE CUMPRA-SE

Declarativa	*Constitutiva*	*Condenatória*	*Mandamental*	*Executiva*
2	5	1	4	3

TABELA LI – EFICÁCIA DA SENTENÇA
QUE NÃO DEFERE O PEDIDO DE CUMPRA-SE

Declarativa	*Constitutiva*	*Condenatória*	*Mandamental*	*Executiva*
5	4	2	3	1

O juiz não pode apreciar mais do que o que se refere ao extrínseco e o que resulta de sentença sobre a capacidade do testador, ou de documento de fé pública (*e.g.*, certidão de idade do testador). O que ele declarar, dentro do que lhe cabe decidir, terá de ser desconstituído em recurso, ou em ação rescisória, se algo há para se lhe argüir.

Tinha-se pretendido que a decisão sobre o cumpra-se podia ser reformada, a qualquer tempo, por se tratar de decisão que não fazia coisa julgada. Antes, fundando-se em se tratar de jurisdição voluntária, a 2ª Turma do Tribunal Federal de Recursos, a 10 de novembro de 1950 (*D. da J.*, de 1º de outubro de 1951). O art. 288 do Código de 1939, a que corresponde, hoje, o art. 469 do Código de 1973, referia-se à jurisdição voluntária. Mas criticamo-lo. Hoje foi suprimida a alusão à jurisdição voluntária. A diferença entre jurisdição voluntária e jurisdição contenciosa somente pode ser feita concretamente por exame do direito vigente (cf. Leo Rosenberg, *Lehrbuch*, 5ª ed., 51).

6) Auto de abertura – Aberto o testamento, deve o juiz examiná-lo externa e internamente, a fim de verificar se tem as formalidades essenciais. O juiz ou o escrivão o lê em voz alta. É leitura para a *publicidade limitada* (a certo número de pessoas), de que falam os processualistas. Finda a leitura, lavra-se o *auto de abertura*, logo depois do auto de aprovação do testamento cerrado, que foi cerrado em vida do decujo. (No texto está "ato de abertura", em vez de "auto de abertura".)

7) Requisitos do auto de abertura – No auto de abertura tem-se de dizer qual a data e o lugar em que o testamento foi aberto, quem o apresentou, se o fez por si, ou a mando de outrem, quais as relações entre o apresentante e o testador, ou entre ele e os herdeiros, ou entre o guardador, o apresentante e o testador, a razão para ter havido do testador o testamento, isto é, como lhe chegou às mãos o testamento. Também do auto de abertura e leitura há de constar a data da morte, nome por inteiro, estado, naturalidade, filiação, domicílio e residência do testador. É indispensável mencionar-se se foi achado e apresentado intacto, cosido e lacrado, se os pontos estavam sem irregularidade, ou se estavam desfeitos, cortados ou forçados, se havia emendas, rasuras, rasgaduras dentro e fora do testamento, e se foram encontrados outros defeitos. São circunstâncias dignas de nota, além de outras.

O Código de 1973, como o Código de 1939, não falou de circunstância de ter o testador determinado que só seja aberto o testamento depois de certo acontecimento, ou em certa data. Há juristas nacionais e estrangeiros que acolhem, sem restrições, tal cláusula. Pense-se que o art. 983 do Código de 1973, como o anterior art. 467, fixaram prazos para que se requeiram o inventário e a partilha. Se o testador no invólucro ou na parte externa do testamento fixou data ou época da sua abertura, não se há de pensar em atendê-lo se há herdeiros legítimos, quer necessários ou não; outrossim, se não tem herdeiros legítimos, porque se estaria sem saber quais são os herdeiros, ou quais são os legatários, e a quem passaram a propriedade e a posse, em virtude da saisina (Código Civil, art. 1.572).[198] Se no invólucro estava a cláusula, ou mesmo dentro do testamento, o juiz tem de mencioná-lo (art. 1.125, parágrafo único, IV).

8) Integração de forma do negócio jurídico – Para a abertura dos testamentos não é preciso citarem-se interessados: *ainda* não se trata de exercício de pretensão, ainda não se está no plano das *actiones*, mas sim de integração da forma do negócio jurídico à causa de morte. Morte, ou sucessão provisória (Código Civil de 1916, arts. 10, 471, 481 e 482).[199] No direito brasileiro, há a *successio praematura* após o prazo legal de espera da pessoa desaparecida, desde quando se pode abrir o testamento: procede-se como se falecido estivesse o ausente; a curadoria definitiva, que vem depois, é apenas período de mais forte presunção, *espécie de segundo grau de morte presumida*. O juiz dos ausentes, havendo testamento, oficiará ao dos testamentos, para que o abra. A jurisdição da ausência não lhe confere, só por si, a atribuição de abrir e de mandar cumprir o testamento do ausente. Tudo se pratica "como se" o ausente estivesse morto. *Fictio tantum operatur in casu ficto quantum veritas in casu vero.*

9) Competência judicial – A *competência* para o cumpra-se de quaisquer testamentos é a do juiz do lugar da morte, (*a*) ou do último domicílio do decujo ou da decretação da sucessão provisória, (*b*) ou a do juiz do lugar em que se acha, em poder de alguém, o testamento (*c*). Não coincide sempre com a competência para o inventário e partilha, porque se trata de *integração da forma do negócio jurídico*, e não de *litígio*. Em qualquer caso, se apresentado a outro juiz que o competente para o inventário e partilha (Código Civil, art. 1.578;[200] Código de Processo Civil, art. 96), o juiz do testamento cumpre as chamadas "disposições de corpo presente", do enterro, dos funerais, e remete cópia autêntica ao juiz competente para o inventário e partilha (se não tem as duas competências) – não ao juiz dos testamentos do lugar em que devam correr inventário e partilha (nosso *Tratado dos Testamentos*, IV, 340, s.). Sobre a diferença entre a competência para a apresentação e o cum-

---

198 C. Civ. de 2002, art. 1.784.
199 C. Civ. de 2002, arts. 6º, 28, 37 e 38, respectivamente.
200 C. Civ. de 2002, art. 1.785.

pra-se do testamento e a competência para o inventário e partilha – adiante, nota. ao art. 1.129. Abstraímos das leis de organização judiciária.

Como é de praxe, oriunda do Decreto nº 834, de 2 de outubro de 1851, art. 41, há o arquivamento do testamento no cartório, registro e emaçamento por ordem cronológica, acompanhado de índice, que facilite a procura do original. Se o testamento é cerrado, há a abertura, com o respectivo ato processual, a conclusão e o registro, a que se segue o arquivamento. Se particular pode ter havido ou não a confirmação, mas, de qualquer modo, há o registro e o arquivamento.

Podem ser competentes o juízo para cumprimento do testamento e para conhecer de ações sobre a ineficácia do testamento, seja declarativa (ação sobre não existir ou existir o testamento, cf. art. 4°), seja constitutiva-negativa (ação de nulidade ou anulação do testamento), seja somente sobre ineficácia (*e.g.*, não é verdade que tenha morrido o testador). Nas duas primeiras espécies, pode acontecer que dois sejam os juízes, razão por que tenha de ser requisitado o testamento. Se tal acontece, o juízo competente para a ação declarativa ou constitutiva-negativa tem de proceder, com urgência, à diligência, para que se não perturbe o cumprimento. Ficou traslado no juízo. Só a coisa julgada na ação declarativa-negativa, ou na ação constitutiva-negativa, pode obstar ao cumpra-se, salvo se o próprio juiz do cumpra-se aponta fundamento para o não cumprir. Aliás, pode ocorrer na ação de cumprimento do testamento a ação incidental de falsidade (art. 5°).

As sentenças quanto à existência, validade ou eficácia do testamento podem ser rescindidas, conforme o art. 485.

10) Recurso – Decisão que nega ou dá o cumpra-se é decisão sobre mérito; dela cabe recurso de apelação (já antes, a 3ª Câmara Civil do Tribunal de Justiça de São Paulo, 10 de outubro de 1952, *J.*, 12, 135 e 211).

> *Art. 1.126. Conclusos os autos, o juiz, ouvido o órgão do Ministério Público*[6]*), mandará registrar, arquivar e cumprir o testamento*[5])[7])[9]*), se lhe não achar vício externo*[1]*), que o torne suspeito de nulidade ou falsidade*[3]*.*
>
> *Parágrafo único. O testamento será registrado*[2]*) e arquivado no cartório a que tocar*[8]*), dele remetendo o escrivão uma cópia, no prazo de oito (8) dias, à repartição fiscal*[4]*).*

1) Formalidades extrínsecas e vícios externos – O juiz verifica se o testamento está com as formalidades extrínsecas. *Formalidades extrín-*

secas são as que derivam de todas as regras jurídicas de forma, aplicáveis à espécie de testamento. Essa inspeção é anterior à conclusão e consta do *auto de abertura*. Conclusos os autos, manda o juiz que seja ouvido o curador de testamentos ("órgão do Ministério Público").

2) Registro dos testamentos – Os testamentos têm de ser registrados. O *registro* é exigido aos testamentos públicos, aos cerrados, aos particulares, ao marítimo e ao militar. Aos codicilos também (*Tratado dos Testamentos*, IV, 355).

3) Exame das providências – A inscrição ou apresentação nas repartições fiscais era velharia, em que a legislação de 1939 insistia (sobre a legislação fiscal, *Tratado dos Testamentos*, IV, 336, 337). O cumpra-se precede ao registro e ao arquivamento. Mas, perguntava-se, ¿que é que devem fazer os escrivães: registrá-lo, para maior garantia do testamento, que lhe foi entregue e vai sair do cartório; ou mandá-lo à inscrição e só depois registrá-lo, incluindo, no registro, mais essa formalidade cumprida? Razão fiscal contra razão do interesse dos beneficiários. Leis discordantes. No Distrito Federal, por exemplo, até 1929, havia duas praxes diferentes nos dois cartórios. Na doutrina, afirmativas obscuras quanto à anterioridade do registro. Nas leis fiscais, é que se devia buscar a solução, e eram elas acordes em mandar que se inscrevessem *depois de registrados*. Uma delas, para inscrição, fixava prazo de oito dias contados do registro. Mandava-se cumprir (chamado "despacho" de cumpra-se), registrar e inscrever. Exprobramos tais velharias. Tudo isso mudou. O testamento cerrado, com o cumpra-se, é registrado e arquivado, conforme a lei. Quem for legitimado a pedir certidão pode fazê-lo. Repitamos o que dissemos nos *Comentários ao Código de 1939* (Tomo VII, 2ª ed., 213): "Só após o registro e a inscrição é que se começa a cumprir. É isso que querem dizer as leis fiscais. Aliás, obsoleta e inútil providência a da inscrição: a Fazenda Pública limita-se a tomar o nome do testador, o estado civil, se consta, e o cartório a que foi distribuído. As verbas ainda vão ser interpretadas, classificadas, reduzidas, e pouco adiantaria à estação fiscal o inteiro teor da cédula. Não se justifica a exceção, que ela é, ao princípio de não saírem dos cartórios os originais dos testamentos. Nota escrita do escrivão, assinada ou fiscalizada pelo juiz, chegaria ao mesmo resultado. E essa é a praxe". Acertadamente, na esteira do que dissemos, resolveu o Código de 1973, art. 1.126, parágrafo único.

4) Cópia que se envia à repartição fiscal – O artigo 1.126, parágrafo único, diante da solução de se arquivar o testamento cerrado, estatui que o escrivão remeta cópia, no prazo de oito dias, à repartição fiscal. Não só com a nossa crítica ao texto anterior como com a praxe que em alguns lugares já havia chegado a esse ponto, afastados foram os inconvenientes que apontáramos.

5) Natureza do cumpra-se – O *cumpra-se*, introduzido pela praxe e, mais tarde, ato legal, constitui sanção judicial, para a exeqüibilidade do testamento, exame preliminar (cognição superficial) pelo juiz. É o conteúdo de sentença de constituição integrativa de forma. Por ele, proclama-se que "existe" um testamento sem aparentes ou visíveis nulidades (elemento declarativo da sentença): diz-se que está regularmente feito, com as solenidades extrínsecas e sem aparente nulidade ou ineficácia. Não se trata, porém, de sentença declarativa. É constitutiva (integrativa de forma). Nulidades, se as há, dependem de provas *aliunde*, de contenda de provas, de longo exame, que as torne, afinal, visíveis. Essas, ainda alegadas, não podem ser discutidas e julgadas no rito de *apresentação, abertura e cumpra-se* que precede ao *registro* e ao arquivamento. Não é lugar, nem momento próprio – e o cumpra-se ou a denegação do cumpra-se não as julga: são estranhas ao poder de decidir que, na espécie, tem o juiz.

O que se requer ao juiz é a *inspeção*, para verificar se o instrumento tem as formalidades extrínsecas essenciais, e também, por força do art. 145 do Código Civil de 1916,[201] se não contém nulidade pronunciável de ofício. Diziam o mesmo, no direito anterior, os tratadistas. Pena foi que o Código de 1939, art. 526, só se referisse a solenidades extrínsecas. Foi o que lhe criticamos e o Código de 1973 atendeu ao que dissemos, posto que ainda fale de "vício externo". Na execução, eliminará o juiz tudo que for contrário a direito, decretando a nulidade das diversas disposições; mas há nulidades visíveis, não-extrínsecas, que fazem nenhum o próprio testamento, e fora absurdo que, vendo-as, o juiz ordenasse o cumprimento da cédula. Casos típicos são o testamento feito pelo interdito, o testamento do menor de dezesseis anos, o do louco, ou surdo-mudo que não possa exprimir a sua vontade. Trata-se de comparação fácil de datas, diante das certidões. Se o Código Civil, art. 146, parágrafo único,[202] manda que o juiz as pronuncie de ofício – também no plano processual, o art. 1.126

---

201 C. Civ. de 2002, art. 166.
202 C. Civ. de 2002, art. 168, parágrafo único.

("suspeito de nulidade ou falsidade") não nos deixa dúvida, a despeito do final do assunto. É regra, pois, que se há de negar o cumpra-se quando houver nulidade resultante de se haverem preterido formalidades visíveis no próprio instrumento (como número insuficiente de testemunhas) ou em prova literal (ser absolutamente incapaz uma delas); ou se houver nulidade por falta de solenidade intrínseca, daquelas nulidades substanciais ao testamento e pronunciáveis, de ofício, pelo juiz, sejam visíveis no testamento ("eu, testador, interdito por loucura na cidade de São Paulo, mas em verdade com uso das minhas faculdades mentais"), sejam só verificáveis em certidões (testamento feito pelo interdito é certidão de registro).

Qualquer outra nulidade, das que de ofício não se pronunciam, terá de ser apreciada em ação própria, e não no processo especial da apresentação e cumpra-se dos testamentos, que é de cognição superficial. Sobre as que o juiz pode apreciar, não precisa que se arguam, para que ele as decrete. Não se trata de "anulação", mas de exame prévio, exatamente com o fim de decretar as nulidades e a ineficácia, como uma peneira judicial para melhor policiamento das cédulas testamentárias. Criou-a a prática, *utilitatis causa*; consagraram-na, depois, as leis, considerando-a indispensável. Em geral, as provas de incapacidade absoluta não se podem considerar *aliunde*, porque as interdições se inscrevem em registro público (Código Civil de 1916, art. 12, III)[203] e os nascimentos têm o seu, cujas certidões não se poderiam aguardar ações para produzirem os seus efeitos de fé pública. Dir-se-á o mesmo quanto ao testamento com data posterior à morte do testador. Juntou-se certidão de óbito (Código Civil, art. 12, I);[204] não se compreenderia que o juiz, conhecendo-a, apusesse o cumpra-se a tal cédula. Na espécie, nem sequer é nula: não existe, pela falta do sujeito.

No art. 1.126 diz-se que o juiz dá o cumpra-se se não achar no testamento "vício externo que o torne suspeito de nulidade ou falsidade". O juiz, apesar de ter dado o cumpra-se e não ter suspeitado de nulidade ou falsidade, não disse na decisão que não há nulidade ou falsidade do testamento – apenas não suspeitava. Pode ser que o erro do juiz tenha consistido em não *suspeitar* de haver nulidade ou falsidade do testamento. O cumpra-se não afasta a propositura das ações de invalidade ou de falsidade. Apenas se permite que o juiz, suspeitando de haver nulidade ou

---

203 C. Civ. de 2002, art. 9º, III.
204 C. Civ. de 2002, art. 9º, I.

falsidade, se recuse a dar o cumpra-se. ¿E se o juiz indefere o pedido? Tem ele de fundamentar a sua suspeita e cabe, então, a ação em que se peça ser repelida a suspeita (não haver nulidade ou falsidade); mas da decisão de indeferimento cabe recurso. O que se teve por fito com alusão a algo que torne suspeito de nulidade ou falsidade (Código de 1973, art. 1.126, e Código de 1939, art. 524) foi não se dar o cumpra-se se há dúvida que justifique a ação declarativa de não haver falsidade ou a ação negativa de haver nulidade. De certo modo se deixa de julgar o que não compete ao juiz a quem se levou o testamento apenas para o cumpra-se. O indeferimento, com base no art. 1.126, *in fine*, apenas é de cognição incompleta: o juiz não se convenceu, apenas suspeitou. No recurso é que convém que o interessado ou os interessados mostrem não haver razão para a suspeição, que apenas é desconfiança. O caminho que o direito processual tomou pode dar ensejo a retardamento do inventário e partilha, mas, enquanto não se chega ao cumpra-se, o juízo do inventário e partilha não pode atender às cláusulas testamentárias. Não deixa de haver, aí, algo de perturbante, de modo que, de *iure condendo*, seria conveniente que o juiz só indeferisse o cumpra-se se havia fundamento suficiente para se reputar nulo ou falso o testamento.

Estudando-se, a fundo, a natureza da *ação de cumprimento de testamento*, baseada naquela cognição superficial de que falamos, temos que (*a*) essa cognição superficial é aquela que têm os juízes na verificação dos pressupostos para o adiantamento de execução de títulos extrajudiciais, ou para a concessão de medidas preventivas. Apenas, a sentença de cumpra-se é sentença que constitui, integrando – dita, por isso, constitutiva-integrativa, em vez de executiva-condenatória (arts. 585 e 586), ou mandamental, nas ações de medidas cautelares, como o arresto, o seqüestro, a busca e apreensão e o depósito de menores e incapazes. A cognição superficial basta para que toda a eficácia constitutiva-integrativa se opere: a sentença tem toda a sua força e produz todos os seus efeitos. Por isso mesmo, é suscetível de rescisão, de querela de nulidade (*e.g.*, casos do art. 741, I)[205] e de perder a sua eficácia se, em ação de cognição completa, se desconstitui o testamento (ação de nulidade de testamento, que é ação constitutiva-negativa, de cognição completa).

Assim, a sentença do cumpra-se, integrativa do testamento, tem eficácia somente *enquanto tem eficácia o testamento*. Perdendo-a esse, perde-a aquela. Portanto, *a*) se alguma relação jurídica testamentária é, em

---

205 A norma do inc. I do art. 741 foi alterada pelo art. 5º da Lei nº 11.232, de 22.12.05.

ação declaratória, segundo o art. 4°, declarada inexistente, não tem eficácia, aí, o cumpra-se; *b)* se foi decretada a nulidade, ou a ineficácia de alguma disposição, aí, não tem eficácia a sentença do cumpra-se; c) se o ato do testamento foi anulado (eficácia constitutiva-*negativa*, desconstituidora do testamento, contra eficácia, constitutiva-*positiva*, integrativa do testamento), cessa toda a eficácia; *d)* se o testamento se tornou, posteriormente, ineficaz, o cumpra-se também se tornou.

A ação constitutiva-negativa (de nulidade de testamento) desconstitui o testamento e a sentença de cumpra-se (cognição completa contra cognição superficial).

A eficácia do cumpra-se, baseada em cognição superficial, cede à eficácia das sentenças de cognição completa, porque foi concebida com tal limitação a própria sentença do cumpra-se. Se essa, ciente ou não o juiz, foi proferida após a sentença de cognição completa ter passado em julgado, a eficácia integrativa cai no vácuo: não *há* testamento, ou não há *eficácia do testamento*, e não pode integrá-lo (não se integra o que não existe), ou atribuir eficácia ao que não *mais existe* como fonte de eficácia.

A exigência de citação de interessados, para o cumpra-se dos testamentos públicos e cerrados, é sem qualquer base em direito (sem razão, o Tribunal de Apelação do Rio Grande do Norte, 27 de novembro de 1944, *R. dos T.*, 154, 788).

6) Audiência do Ministério Público – Após a lavratura do auto de abertura do testamento cerrado e conclusos os autos ao juiz, tem ele de ouvir o Ministério Público, antes de proferir o cumpra-se. Na decisão, que sentença é, ele manda registrar, arquivar e cumprir.

7) Sentença favorável e sentença desfavorável – ¿Para se negar o cumpra-se a um testamento basta que o testador casado tenha deixado os bens à concubina? ¿Ou tal nulidade há de ser alegada pelos meios ordinários? O Tribunal de Justiça de São Paulo reputou questão de alta indagação, que só pelos meios ordinários poderia ser discutida e resolvida (29 de novembro de 1918); mas um dos juízes entendia que, diante do art. 1.717 do Código Civil de 1916,[206] sendo casado o testador e deixando os bens à

---

[206] A referência correta é ao art. 1.719, III, que corresponde ao art. 1.801, III do C. Civ. de 2002.

concubina, devia ser negado o cumprimento, por ser contrário ao direito. Nem o acórdão nem o voto vencido feriram, como deviam, a questão: a disposição é contrária ao direito, mas uma coisa é a *disposição* e outra o *testamento*. O cumpra-se não torna válida, nem coonesta a cláusula desonesta. Trata-se, no cumpra-se, de apreciação do ato unilateral do decujo, e não do que, dentro do ato, dispôs. Para o despacho do cumprimento, há de o juiz examinar os requisitos *essenciais* (Código Civil, arts, 1.632-1.634, 1.638-1.643, 1.645, 1.647 e 1.648 etc.),[207] e não as cláusulas, no que contenham e dependam de prova. Pode negar o cumpra-se ao que só institua herdeiro universal um animal, ou, sendo casado, "a minha amante, ou quem viver", porque, aí, falta o sujeito passivo do ato jurídico, e a nulidade consta, evidente, de dados extrínsecos do testamento. Se, porém, não é o animal nem a concubina o único instituído ou interessado, a nulidade da disposição não invalida o testamento. É o testamento que o juiz está a apreciar, para exercer a sua *função integradora da forma*, embora posterior à conclusão do negócio jurídico.

A sentença é constitutiva-integrativa, de cognição superficial, ou constitutiva-negativa, de cognição completa. Se o testamento *não existe*, então a sentença é declarativa.

8) Emaçamento e guarda – Depois de registrados, devem-se guardar nos cartórios do juiz dos testamentos os originais, emaçados com os do mesmo ano (Código Civil, artigo 1.644,[208] Decreto nº 834, de 2 de outubro de 1851, art. 41). É o arquivamento. Antes, ao tempo das Ordenações Filipinas (Livro I, Título 62, §§ 8º e 9º), ficavam com os testamenteiros, e tal era a praxe. A Lei de 7 de janeiro de 1692 ordenou que, após o registro, se entregassem às partes. Teixeira de Freitas (nota 9 ao art. 1.094 da *Consolidação*) aplaudiu a inovação acauteladora do Decreto nº 834, art. 41 (contra, A. P. Rebouças, em observações ao citado artigo). Tudo aconselhava que se conservasse tal disposição: se fosse perdido o original, restaria o registro; e não tem procedência o argumento do censor de Teixeira de Freitas – o custo da tirada do traslado. Deve prevalecer contra tais motivos o interesse público.

---

207 C. Civ. de 2002, arts. 1.864-1.865, 1.868-1.874, 1.876, 1.878 e 1.878, parágrafo único, respectivamente.
208 C. Civ. de 2002, art. 1.875.

A solução explícita do arquivamento foi acertada (artigo 1.126: "O juiz... mandará registrar, arquivar e cumprir o testamento").

9) Recurso – Quer se negue o cumpra-se, quer se dê, o recurso é o de apelação. A afirmação de que não cabe recurso da decisão que manda cumprir é sem qualquer fundamento jurídico (sem razão, a 6ª Câmara Civil do Tribunal de Justiça de São Paulo, a 27 de agosto de 1948, *R. dos T.*, 177, 638, que a reputava mero despacho interlocutório).

> *Art. 1.127. Feito o registro, o escrivão intimará o testamenteiro¹)²)⁵) nomeado a assinar, no prazo de cinco (5) dias, o termo da testamentaria; se não houver testamenteiro no meado, estiver ele ausente ou não aceitar o encargo, o escrivão certificará a ocorrência e fará os autos conclusos; caso em que o juiz nomeará testamenteiro dativo), observando-se a preferência leal³)⁶)⁷).*
>
> *Parágrafo único. Assinado o termo do aceitação da testamentaria, o escrivão extrairá cópia autêntica do testamento para ser juntada aos autos de inventário ou de arrecadação da herança.*

1) Testamenteiro – Sobre o testamenteiro, nota ao art. 1.135.

2) Testamenteiro nomeado em testamento e testamenteiro dativo – A regra jurídica é que o testador nomeie e discrimine, no tempo, no espaço e quanto às funções, os poderes dos testamenteiros. Vulgarmente, o testador nomeia dois ou mais de dois, enumerados por ordem, ou não, mas presumidos separados e não conjuntos, porque mais se vêem aqueles do que esses. Separados, ou o são no tempo, um em falta do outro, ou por funções discriminadas (simultâneas e de atribuições inconfundíveis). Conjuntos, solidários, se não há distinção do que fazem e se se diz que exercem, ao mesmo tempo, o cargo, ou não-solidários, se, a despeito de serem conjuntos e da regra jurídica do art. 1.765 do Código Civil de 1916,[209] tem de ser excluída a solidariedade, por tê-los querido conjuntos o testador, porém só responsáveis pelos atos próprios, nas resoluções, se-

---

209 C. Civ. de 2002, art. 1.986.

gundo o discrime eventual para os casos de discordância. Não é o testador obrigado a nomear testamenteiro o herdeiro, ou o cônjuge, ou pessoa que lhe mereça a confiança. É ato todo seu, de escolha íntima, baseado só no seu interesse. Pode ser também para cláusulas relativas à porção indisponível, ou somente para isso; bem como dar-se que seja a única disposição testamentária. Há deveres legais que justificariam, de si só, tal designação, uns eventuais, outros permanentes (cf. F. Ritgen, em G. Planck, *Kommentar*, V, 386 s.).

A nomeação é revogável, em outro ato jurídico, inclusive suplementar se feita pelo testador; é retratável até à aceitação, se feita pelo juiz. Pode ser em testamento ou em codicilo (Código Civil, arts. 1.753 e 1.693).[210] A disposição mesma, em que o testador nomeia, não precisa, para ser eficaz, de explicitude. Em vez de testamenteiro, ou executor testamentário, é admitida qualquer expressão que signifique "testamenteiro". A intenção é que importa.

A 2ª Câmara Cível do Tribunal de Justiça de Minas Gerais, a 3 de fevereiro de 1947 (*R. F.*, 118, 495), disse ser formalidade útil, porém não indispensável, a aceitação da testamentaria, e serem as funções do testamenteiro independentes da aceitação. Há evidente confusão. Quem não assinou o termo não é testamenteiro, foi apenas nomeado; o termo contém a aceitação.

Pode o testador referir-se à pessoa que nomeia ou a alguma dentre duas ou muitas, indicando a maneira de se determinar. Se o testador nomeia sem qualquer indicação que caracterize o nomeado, ou deixando em branco o lugar do nome, é como se não tivesse escrito. Não precisa de palavras solenes. Às vezes faz-se em tom de pedido, de desejo, ou com breves informações de funções a serem exercidas: "Espero que A ordene (ou ponha em ordem) tudo isso." "A entregará essas coisas" (sobre a matéria da nomeação, modalidades do ato etc., nosso *Tratado dos Testamentos*, V, 176-182; *Tratado de Direito Privado*, LX, § 5.957). A lei confere ao testador a faculdade de nomear testamenteiros sucessivos, ou não. Resta saber-se qual o número deles.

Tudo que podia fazer, quanto à nomeação, o testador pode o juiz. Se os testamenteiros exercem em comum a testamentaria, cabe ao juiz, em caso de desacordo, se não têm de deliberar por maioria, ou em caso de empate, decidir.

---

210 C. Civ. de 2002, arts. 1.976 e 1.925, respectivamente.

3) Testamenteiro oficial e testamenteiro dativo – Onde não há testamenteiro oficial, a nomeação do dativo tem de obedecer à ordem legal (cf. art. 990, a cujas notas nos reportamos). Acrescente-se apenas que os instituídos preferem aos legítimos, devido à natureza do cargo.

4) Capacidade do testamenteiro – O testamenteiro tem de ser capaz *no momento em que deve começar as suas funções*. Emil Strohal (*Das deutsche Erbrecht*, 3ª ed., § 40, nota 10) e outros entendem que o momento de apreciar-se é o da *abertura* da sucessão ou o da ciência da nomeação. Friedrich Endemann (*Lehrbuch*, 574) fixa-o à época da aceitação da testamentaria. E com razão. Portanto, se *aceitou*, verifica-se-lhe, então, a capacidade. Se foi intimado e não foi assinar, *tollitur quaestio*, supõe-se não ter aceito. De onde resulta que se devem intimar os que não poderiam ser, mas, munidos de ato convalescedor, puderem ser, isto é, as mulheres casadas, ou menores suplementáveis na idade. Fica-lhes tempo para se habilitarem – prazo, aliás, que, por eqüidade, pode o juiz dilatar. É escusado dizer que a incapacidade superveniente põe fim à testamentaria (cf. Código Civil chileno, art. 1.275). Mas, em relação à mulher casada, cumpre atender ao que adiante se dirá.

A fixação da verificação da capacidade no *momento da aceitação* facilita, evidentemente, a solução das questões.

Facilmente se revela o direito relativo à capacidade. Omisso o Código Civil, dos princípios, expedientes quantitativos e soluções referentes à vida conjugal, resulta que são incapazes para que possam exercer testamentaria:

(1) Os menores, salvo se se lhes suplementou a idade (arts. 5°, I, 6°, I, 9°, § 1°, do Código Civil de 1916),[211] por um dos meios dos incisos I-V do art. 9°, § 1°, do Código Civil.[212] Esses poderiam exercer mandato judicial. São maiores ou "declarados" maiores, na terminologia legal (Código Civil, art. 1.325, I).[213] A regra jurídica do art. 1.296 do Código Civil[214] não poderia ser aplicável ao mandato em juízo. Com maioria de razão, à testamentaria. Portanto, em relação à idade, só os que têm a plena capacidade civil podem ser testamenteiros. A capacidade deve-se apurar ao tempo em que se vai assinar o termo, e não antes. A abertura da sucessão fixa o

---

211 C. Civ. de 2002, art. 3°, I, art. 4°, I e art. 5°, parágrafo único, respectivamente.
212 C. Civ. de 2002, incs. I-V do parágrafo único do art. 5°.
213 Sem correspondência no C. Civ. de 2002.
214 C. Civ. de 2002, art. 666.

momento da capacidade hereditária, mas seria afastar-se da natureza das coisas exigir-se que em tal momento tenha sido capaz o futuro testamenteiro. Se o testador nomeou menor e, aberto o testamento, está maior, ou vai habilitar-se o nomeado, trazendo a juízo o documento da sua recente maioridade legal (exemplo: certidão de casamento, ou sentença do juiz, título de emprego público efetivo), não se lhe pode recusar o exercício de um cargo, que só então vai começar. Na velha doutrina, Francisco Pinheiro sustentava a capacidade do relativamente incapaz, hoje menor de vinte e um e maior de dezesseis anos,[215] para o exercício da testamentaria. Atuava em seu espírito, como no de outros, em diferente propósito, a falsa concepção de ser mandato *ad negotia* a testamentaria. Mas basta atendermos à gravidade do cargo para concluirmos ser contraditório permanecer insuplementado na idade o menor a que se deu autorização para assinar o termo e cumprir as delicadas e arriscadas missões de testamenteiro. Pode o testador dizer: nomeio testamenteiro meu filho, que, se, quando eu morrer, não tiver chegado à maioridade, tenho-o como filho a que suplementei a idade. Morrendo quando o suplemento podia ser feito, suplementado na idade está o filho.

(2) Os interditos: loucos (Código Civil, art. 5°, II),[216] surdos-mudos, que não puderem exprimir a sua vontade (III),[217] e pródigos (Código Civil, art. 6° II).[218] Ainda sujeita a recurso, a sentença de interdição tem eficácia desde logo (Código Civil, art. 452).[219] Se, por ocasião da assinatura do termo, já estiver pendente processo de interdição – consultando as circunstâncias, mandará o juiz que o imediato testamenteiro, ou um dativo, se não houver outro nomeado pelo testador, assine, a título provisório, o termo. Assim será aguardado o julgamento do juízo de interdições. No caso de ter assinado o termo o interditando, cumpre ao juiz e, *a fortiori*, ao órgão do Ministério Público fiscalizar, atentamente, os atos testamentários.

(3) Os silvícolas (Código Civil, art. 6°, III).[220] Enquanto sujeitos ao regime tutelar e, pois, ainda inadaptados à civilização, seria contraditório confiar-lhes cargos da importância material e moral da testamentaria. Os

---

215 *Aliter*, C. Civ. de 2002, art. 4°, I.
216 C. Civ. de 2002, art. 3°, II.
217 C. Civ. de 2002, art. 3°, III.
218 C. Civ. de 2002, art. 4°, IV.
219 C. Civ. de 2002, art. 1.773.
220 Sem correspondência no C. Civ. de 2002.

silvícolas ficam sujeitos a regime tutelar, que as leis e regulamentos especiais estabelecem (Código Civil, art. 6°, parágrafo único).[221] Ocorreu que pessoa de fortuna, que ia às terras de uma tribo, convivia com uma silvícola, e a trazia, de quando em quando, para a sua casa da aldeia e às vezes até a levava à capital. Já aprendeu a ler e escrever, mas insistia em viver na tribo. O amante deixara testamento em que a fizera herdeira de uma parte da herança e testamenteira. Quiseram afastá-la da testamentaria. O juiz telefonou-me e respondi que tal afastamento era absurdo. Ela exerceu a função de testamenteira até o fim, sem qualquer problema para o juízo.

(4) Os ausentes julgados tais por ato do juiz (Código Civil, art. 5°, IV).[222] Aqui, não só se trata do instituto da ausência. No art. 1.764 do Código Civil,[223] travam-se as questões relativas aos ausentes nomeados testamenteiros, à indelegabilidade e à representação judicial dos testamenteiros.

¿Quando se há de considerar ausente o testamenteiro para se aplicar o art. 1.127? Houve a intimação do testamenteiro nomeado no testamento a assinar o termo. Se está declarado ausente, não se pode pensar em intimação. A ausência já consta de sentença. Se ainda não foi declarado ausente, tenta-se a intimação. Não é só ao ausente de que cogita o art. 463 do Código Civil[224] que se reporta o art. 1.127. O testamenteiro pode mesmo estar ausente por muito tempo e não poder vir assumir o cargo. Então, o juiz tem de nomear testamenteiro. Se o testamenteiro nomeado pelo testador reside noutra comarca ou no exterior, o que era sabido do testador, não se pode deixar de atender à cláusula testamentária, salvo se o nomeado declara que não pode exercer o cargo. Tem-se de atender ao art. 1.764 do Código Civil,[225] que faz intransmissível e indelegável o encargo de testamenteiro, mas permite representação por procurador com poderes especiais.

Pergunta-se: se o testamenteiro nomeado pelo testador declara que somente pode exercer o cargo depois de determinado tempo, ¿como há de proceder o juiz? Se no testamento não se pensou em substituto ou em dois ou mais testamenteiros, cabe ao juiz escolher, atendendo ao art. 1.103, entre nomear substituto temporal ou nomear definitivamente o testamentei-

---

221 C. Civ. de 2002, art. 4°, parágrafo único.
222 Sem correspondência no C. Civ. de 2002.
223 C. Civ. de 2002, art. 1.985.
224 C. Civ. de 2002, art. 22.
225 C. Civ. de 2002, art. 1.985.

ro, por considerar inconveniente ou inoportuna a espera do testamenteiro nomeado pelo testador.

Convém que o juiz, ao nomear testamenteiro, a despeito de poder escolher quem quiser, nomeie algum herdeiro, ou legatário.

No direito anterior à Lei n° 4.121, de 9 de agosto de 1962, as mulheres casadas não podiam ser testamenteiras se não autorizadas pelos maridos, ou, se esses recusassem a autorização, ou nos demais casos, quando não obtivessem o suprimento judicial da outorga. Está visto que a mulher desquitada[226] ou a que tivesse a direção e a administração do casal (Código Civil, art. 25)[227] podia livremente exercer a testamentaria. Surgiu uma questão: se o testador nomeou testamenteira a mulher de alguém, que figura no testamento com a sua assinatura, ¿presume-se ela outorgada? Sim, mas, revogável, como era, a todo tempo, o assentimento (Código Civil, art. 244),[228] só podia tal circunstância constituir elemento de prova para a apreciação do juiz suprimentador. A mulher a que o marido revogou o assentimento podia pedir o suprimento judicial da outorga. Esses problemas, hoje, não surgem mais, porque nada obsta a que se outorguem poderes à mulher casada, mesmo como inventariante ou testamenteira.

(5) As pessoas jurídicas. Assim se entendeu, até hoje, no direito brasileiro. Em conseqüência, não podem aceitar e exercer por outra pessoa o múnus testamentário (Código Civil, art. 1.764).[229] Viu-se na personalidade da função empecilho a corpos que precisam de órgão para funcionar em juízo (2ª Câmara da Corte de Apelação, 12 de julho de 1927). Em relação às ordens, irmandades, corporações, há leis explícitas na vedação da testamentaria (Lei de 9 de setembro de 1769, § 21, Alvará de 20 de maio de 1796, Assentos: 1°, de 29 de março de 1770, 4°, de 5 de dezembro de 1770, 1°, de 20 de julho de 1780, e 2°, de 21 de julho de 1797). Sobre essas questões, veja-se nosso *Tratado dos Testamentos*, V, 176 s., e *Tratado de Direito Privado*, LX, § 5.953. Pode haver fraude à lei se apenas se faz figurar a pessoa física.

Também não podem ser executores testamentários as pessoas de direito público, interno ou externo. Os monges, a que as ordens proíbem

---

226 Vd. a nota 1.
227 Na verdade, art. 251 do C. Civ. de 1916; norma que se encontra revigorada no art. 1.570 do C. Civ. de 2002, que deve ser conjugada com a do art. 1.567 desse mesmo Código.
228 Sem correspondência no C. Civ. de 2002.
229 C. Civ. de 2002, art. 1.985.

a testamentaria, não são, perante a lei, incapazes (cf. Emil Meischeiler, *Die letztwilligen Verfügungen*, 469). O testador pode deixar a alguém a função de indicar o testamenteiro. Com isso não infringe a regra jurídica da indelegabilidade do ato de fazer o testamento e de exprimir a sua vontade. A pessoa que tal encargo recebe deve desempenhá-lo dentro do prazo marcado pelo testador, ou pelo juiz. Se o não fizer, perde o direito de indicar. Resta saber se pode ser *pessoa jurídica* esse terceiro indicante. A situação não é a mesma que se observa quanto ao cargo do testamenteiro. Decidiram, por isso, alguns que sim (*e.g.*, F. Herzfelder, J. V. *Staudingers Komnwntar*, V, 551, contra Brettner, Der Testamentsvollstrecker *Archiv für Bürgerliches Recht*, 17, 216). Aceita-se que também possa ser um dos herdeiros. Pode o terceiro indicar a si mesmo (contra, Franz Leohard).

É omisso o direito civil, e com ele o processual, sobre a capacidade ou incapacidade dos funcionários da Justiça. Mas devemos, no assunto, adotar o princípio geral da capacidade. Temos visto funcionar, como testamenteiros, ministros do Supremo Tribunal, juízes de Tribunal de Justiça e da primeira instância, secretários de tribunal e escrivães. Em todo o caso, uma exceção naturalmente se impõe: o funcionário do juízo de testamentos, no círculo da sua jurisdição, não pode ser testamenteiro (M. E. Eccius, *Theorie und Praxis*, IV, § 255, nota 56; Richard Wilkz, *Erbrecht*, nota 5 ao § 2.197; contra, sem maior exame, Adolf Weissler, *Das deutsche Nachlassverfahren*, 183). Seria preterir pelo cargo privado, do interesse de um, o cargo público, de natureza permanente e geral. Mas, se, pelo laço de parentesco, ou outro fundado e notório motivo de impedimento, não poderia servir, no processo, o funcionário público, juiz, escrivão, escrevente etc., cessa, na espécie, o obstáculo funcional.

¿Pode ser testamenteiro a pessoa que, a rogo, escreveu o testamento, o seu cônjuge, ou alguns dos ascendentes, descendentes, ou irmãos? Velha dúvida, criada pela proibição de serem tais pessoas nomeadas herdeiros ou legatários (Código Civil, art. 1.719, I).[230] Função de extrema confiança, não descobrimos imoralidade intrínseca em ser essa mesma pessoa aquela em que o testador confie para lhe escrever um testamento. Certamente, *de lege ferenda*, discordaríamos das facilidades do testamento cerrado no Código Civil (arts. 1.638-1.644),[231] porém isso é outro assunto. Simpli-

---

230 C. Civ. de 2002, art. 1.801, I.
231 C. Civ. de 2002, art. 1.868-1.875.

ficou-se com as considerações feitas em torno do art. 1.719,[232] relativo a herdeiros e legatários, a questão de se saber se vale a nomeação, em testamento, de uma ou mais das testemunhas, para testamenteiro. Já vimos a heterogeneidade histórica da capacidade para ser *executor testamentário* e a de *adquirir por testamento*. Restaria o aspecto moral, mas não ofendeu a raciocinadores mais éticos do que científicos, como Dias Ferreira, J. A. Ferreira Alves, Carvalho Mourão (*R. de D.*, 52, 477) e Itabaiana de Oliveira (*Elementos*, 452). Aqui, porque nula seria a liberalidade (Código Civil, art. 1.719, II),[233] cumpre proceder às distinções que a respeito do escritor do testamento foram feitas. Nulidade das mandas liberais, validade da nomeação de testamenteiro e elemento estritamente remuneratório, atendidos, em globo, e tornados entre si coerentes os arts. 1.763, 1.766, 1.767, 1.719, 1.720 do Código Civil.[234]

No art. 1.719, III, do Código Civil,[235] proíbe-se que receba legado ou herança a concubina do testador casado. No artigo 1.720[236] declaram-se nulas as disposições que acaso forem feitas. ¿Importa isso nulidade da nomeação de testamenteiro e de possíveis remunerações respectivas? Na vigência da sociedade conjugal, constituiria imoralidade executar um testamento a amante do testador, em frente ao cabeça do casal, talvez meeiro em todos os bens. Se colisões de interesses permitem soluções demissionárias, com maioria de razão colisões de interesses morais. Não se trata de trazer ao terreno da capacidade para ser testamenteiro, por analogia ou revelação de conteúdo, o art. 1.719, III, do Código Civil,[237] e sim da livre revelação de norma jurídica, de conteúdo moral, de que o art. 1.719, III,[238] apenas constitui caso menor, especial, que o trato das circunstâncias mais visíveis da vida pôs ante os olhos de legislador, tão desatento que ainda se esquece, no redigir os artigos, do adultério das mulheres. Se desquitados os cônjuges, nenhum óbice há em que faça testamenteiro a pessoa com que viva.

---

232 C. Civ. de 2002, art. 1.801, I.
233 C. Civ. de 2002, art. 1.801, II.
234 C. Civ. de 2002, arts. 1.984, 1.987, 1.988, 1.801 e 1.802, respectivamente.
235 C. Civ. de 2002, art. 1.801, III.
236 C. Civ. de 2002, art. 1.802.
237 C. Civ. de 2002, art. 1.801, III.
238 Vd. a nota 237.

Não podem ser herdeiros nem legatários e, se forem, serão nulas as disposições, o oficial público, civil e militar, nem o comandante, ou escrivão, perante quem se fizer, assim como o que fizer, ou aprovar o testamento (Código Civil, artigo 1.719, IV).[239] Fundada em Diogo Guerreiro (*De Inventario*, c. 6, n°s 12, 13), a doutrina anterior concedia que fossem testamenteiros (F. de P. Lacerda de Almeida, *Sucessões*, 471; J. A. Ferreira Alves, *Consolidação*, § 157). O Código não o proíbe.

Pela falência fica o falido privado da administração e disposição dos bens que hão de responder pelas obrigações assumidas para com os credores, e não pode, desde o dia da sentença decretativa, praticar atos que digam, direta ou indiretamente, com os bens, direitos, interesses e obrigações que a falência abrange. Por isso, mantém plena administração e disposição de bens que naqueles não se incluam e assume as obrigações estranhas ao patrimônio sujeito à falência. Não é um incapaz. Mas, aqui, surge, questão: ¿se culposa ou fraudulenta a falência? Aqui, só dois elementos podem resolver (como, aliás, em todas as pronúncias em crime contra propriedade e abusos de confiança) – as circunstâncias que pesaram para a nomeação pelo testador, que podem ter mudado, e a idoneidade não atingida por essas pronúncias. Assunto, esse, delicadíssimo. Quanto aos condenados, por certo, esses devem ser excluídos. Em relação às nomeações pelo juiz, deve ele evitar que sejam testamenteiros herdeiros de maus antecedentes (escolha relativa), ou estranhos sobre que pairem dúvidas (nomeação de arbítrio judicial, porém, como sempre, não de *arbítrio puro*).

5) Não-impugnabilidade – O art. 1.000 é inaplicável. Contra a nomeação há o recurso de agravo de instrumento.

6) Arquivamento – Antes, nota 5) ao art. 1.126. O arquivamento é, hoje, antes de se assinar o termo de testamentaria.

7) Cópia do testamento e outras providências – As *cópias autênticas* (aliás cópias notariais) são os documentos suficientes para serem atendidos no inventário e partilha, ou no processo da arrecadação de herança. Também servem às diferentes ações a respeito do testamento, ou fundadas nele. Somente quando se discuta a falsidade podem os originais sair do

---

239 C. Civ. de 2002, art. 1.801, IV.

arquivo, a fim de se realizarem diligências periciais; ou se tiver de servir de prova na responsabilização de arquivista, pela infidelidade das cópias. Em todo caso, se não é imprescindível saírem, deve o juiz impedi-lo.

Nomeado pelo testador ou pelo juiz, ou oficial o testamenteiro, assina, no prazo de cinco dias, o termo de aceitação do encargo, sendo de costume forense a promessa de bom desempenho das funções.

O escrivão expede a certidão, por inteiro, do testamento e dos despachos do juiz, principalmente da decisão do cumpra-se, bem como do termo de aceitação do testamenteiro.

Art. 1.128. Quando o testamento for público²) qualquer interessado, exibindo-lhe o traslado ou certidão, poderá requerer ao juiz que ordene o seu cumprimento¹).

Parágrafo único. O juiz mandará⁴) processá-lo conforme o disposto nos arts. 1.125 e 1.126³).

1) Testamento público, apresentação – O testamento público *apresenta-se*. Não se abre, nem se publica. Se o traslado vem dentro de invólucro, a abertura constitui ato material sem importância. B. Carpzov, W. A. Lauterbach, J. Brunnemann e Samuel Stryke afirmavam não se usar publicação de testamento público ou cerrado. Dela somente precisavam os particulares. G. L. Boehmer dizia: *solenis apertura fit in testamentis mere privatis, auctoritate iudicis, ut hac ipsa publicam fidem accipiant.*

2) Natureza do testamento público – O testamento público vem-nos, provavelmente, da prática de se procurar o tabelião para os negócios mais graves. Nada tem com o *testamentum publicum* romano: é o que os nossos maiores chamavam testamento aberto a *tabellione scriptum*, que nada tem de origem romana quanto à forma (sobre isso, contra Henrique da Gama Barros, *História da Administração Pública*, III, 280, nota 1) nosso *Tratado dos Testamentos*, II, 25 s.). Os pressupostos necessários dos testamentos públicos são de direito material; de modo que remetemos à nossa obra especial (II, 25-116), ou ao *Tratado de Direito Privado* (LIX, § 5.864). Note-se, contudo, o seguinte: (*a*) O testamento que está nas notas tem força probatória de forma. Ainda que o testador ou outra pessoa rasgue o exemplar que o oficial entregou ao testador, ou a outrem, o que está escrito existe, e só se revoga por outro testamento (público, cerrado, particular, ou especial). (*b*) Quanto aos fatos de que o oficial teve notícia *propriis sensibus, visus et auditus,* e constam do escrito, têm força probatória de conteúdo.

Não, por exemplo, quanto à capacidade do testador, que poderia parecer ser capaz e não o ser. (*c*) Se alguém tem traslado ou certidão do testamento e incêndio destruiu os livros do tabelião, não importa: a certidão basta.

3) Procedimento – O procedimento é o mesmo que se estabelece para o testamento cerrado (arts. 1.125 e 1.126). Portanto, recebendo-o, o juiz verifica se está intacto, se dele constam a data e o lugar em que foi feito, a competência do tabelião. Tem de ser lido, rubricado pelo juiz e lavrado o auto de apresentação, no qual o apresentante tem de mencionar a data, o seu nome e como houve o traslado ou a certidão, o lugar do falecimento do testador e qualquer outra circunstância que mereça ser exposta (*e. g.*, os herdeiros foram buscá-lo, mas o testador lhes deixara uma carta em que disse onde se achava o traslado ou a certidão). Conclusos os autos, o juiz, ouvido o órgão do Ministério Público, registra e arquiva o traslado ou a certidão. Após isso, vem o cumprimento.

4) As duas fases processuais dos testamentos – Já deixamos clara a distinção entre (*a*) a fase que vai da apresentação ao cumpra-se, integrativa da forma do testamento como negócio jurídico a causa de morte, e (*b*) a fase de execução do testamento, atributiva de bens da vida àqueles a favor de quem foram criadas as pretensões. Os testamentos, como todos os negócios jurídicos que fazem nascer pretensões a bens, suscitam, se o que tem o dever de cumprir não o cumpre (cumprimento *voluntário* pelos que têm o dever de fazê-lo), casos – assaz diferentes – de cumprimento forçado.

> *Art. 1.129. O juiz[3]), de ofício ou a requerimento de qualquer interessado[4]), ordenará[7])[8]) ao detentor de testamento[6]) que o exiba em juízo para os fins legais [2]), se ele, após a morte do testado, não se tiver antecipado em fazê-lo[1]).*
>
> *Parágrafo único. Não sendo cumprida a ordem, proceder-se-á à busca e apreensão do testamento [9]), de conformidade com o disposto nos arts. 839 a 843[5]).*

1) Dever de apresentar testamento – Não há, na lei processual, nem no Código Civil, regra jurídica sobre a *competência judicial para apresentação e cumpra-se dos testamentos*. Não se diga que ficou às leis de organização judiciária. A lei de organização judiciária apenas tem oportunidade para dizer *qual* o juiz que, dentro da unidade política, ou da comarca, pode mandar cumprir. Devia o Código ter redigido a norma processual de competência para todo o Brasil. Existe, porém, a regra *a priori*, de que falamos em nota ao artigo 1.125: (*a*) lugar do falecimento; (*b*) lugar da *successio praematura*; (*c*) lugar onde se acha, por vontade do testador, o testamento. A diferença, para a determinação da competência, foi explicada em nosso *Tratado dos Testamentos* (IV, 341). No *juízo do inventário e partilha* cogita-se de universalidade, que é a *herança*, e nele são discutidos interesses dos herdeiros, legatários, beneficiados, credores, cessionários etc., até que se faça cessar a indivisão; precisa-se de ponto certo, que ao mesmo tempo tenha probabilidade de ser o centro de negócios e bens do decujo; não poderia ser, precipuamente, o do óbito casual, nem aquele onde mora alguém a quem o testador confiou o testamento ou onde o testador ou esse alguém o guardou. Daí a concepção de regras jurídicas como as do art. 96 e parágrafo único. Lei que invertesse a ordem dos dados que fixam a competência seria contra os princípios. Não se dá o mesmo a respeito do *juízo dos testamentos*. Se a regra é que as pessoas morrem no foro do domicílio, há exceções. Se a regra também é que o testamento se encontre nesse foro, exceções também sofre. Porque o testamento, antes do cumpra-se, interessa mais ao morto que aos outros, e talvez dele conste *qual* o domicílio do testador, e porque há disposições de última vontade para o tempo imediato à morte e antes da abertura do inventário – é o lugar da morte (ou da sucessão provisória), ou o lugar em que está o testamento, que determina a competência. Estando o testamento fora do domicílio do testador, as competências deixam de ser coincidentes. Se o testador leva consigo, ou faz alhures o seu testamento, de algum modo transfere, para onde vai, aquela presumida escolha do juiz integrador da forma do testamento. Se testa e entrega o testamento a pessoa de outro lugar, está-se a ver que escolheu o lugar para o cumpra-se. Assim, é acidental, a despeito da freqüência, coincidirem as duas competências. Nem vão os testamentos para o foro, ou para o juízo do inventário. Vão, apenas, *cópias*. Nunca os originais. Não havendo instruções expressas do testador, ou circunstâncias que o indiquem, o apresentante leva o testamento a qualquer deles. A confiança do testador confere-lhe esta faculdade. Mas, uma vez apresentado, *previne-se* a competência: podendo haver três juízes competentes, o que primeiro conhece não pode declinar a causa. Qualquer ato dos outros deve ser enviado a esse, em favor de quem se operou a jurisdição preventa.

Duas questões interpõem-se: (1) Se o apresentante houve o testamento por meio inábil, ¿pode apresentá-lo, indiferentemente? Não. Se não há pessoa a quem o testador houvesse confiado, somente duas competências podem concorrer: a do domicílio do testador, se é perto, e a do lugar em que faleceu. (2) ¿Pode o testador designar onde se deve apresentar o testamento? Trata-se de escolha. Nos contratos, podem os contraentes especificar domicílio, ou lugar onde se exercitem e cumpram obrigações resultantes dos contratos; não o foro. Mais, se aquela competência de que falamos, para os testamentos fora de domicílio, se funda em presunção, maiores razões temos para aceitar que o próprio testador, por vontade, não presumida, mas expressa, ou até expressa em circunstâncias, diga aonde se deve levar, para que se cumpra, o testamento. A cópia vai ao juízo do inventário e partilha. De um Estado para outro, de um Município para outro Município, o juiz dos testamentos não transmite, nem partilha, com outro juiz dos testamentos, as funções que tem. Exercendo as funções de inventariar, o do inventário vigia a execução. No Código de 1939, arts. 540 e 544, como no de hoje, arts. 1.129 e 1.135, já o juiz dos testamentos não mantém, como era no direito anterior, a sua autoridade, quanto à prestação das contas do que se recebeu e despendeu. Relativamente à vontade do testador, à validade do próprio testamento e de cada uma das disposições, ao desempenho pelo testamenteiro, nomeação, remoção, direito à vintena, percentagem, perda e exata execução das verbas, a competência depende da lei de organização judiciária.

Se ocorre apresentação de testamento a juiz sem competência, nunca essa se *prorrogará*: trata-se de juízo *ratione materiae*. Se aquele a quem for apresentado tem competência, porém não se trata daqueles casos de *prevenção*, a que acima nos referimos, vai ao competente o original do testamento. Se o abriu o juiz sem competência, trata-se o caso como resulta do art. 113, § 2°. Vinda de outro juízo dos testamentos, mas incompetente, a ordem pública não sofre – chegam os autos e, ouvidos os fiscais e interessados, podem ser ratificados os atos (nosso *Tratado dos Testamentos*, IV, 342).

(Quando, acima, raciocinamos com a regra jurídica do Código Civil, art. 42,[240] sobre lugar da execução do contrato, *conceito de direito material*, de modo nenhum o confundimos com o *forum cortractus*, com que o Código Civil nada tem, e, sendo, como é, *conceito de direito processual*, absolutamente não resulta de haver a regra do art. 42 do Código Civil.[241] Se invocamos esse texto é porque se trata de *integração da forma do testamento*, e não de litígio. Se há, preponderantemente, litígio, a competência

---

240 C. Civ. de 2002, art. 78.
241 Vd. a nota 240.

rege-se por outros princípios, conforme se disse em nota 1) ao art. 1.127. Adiante, nota 3). Código Civil nada tem com o foro. Se tivesse invadido o terreno do direito processual, estaria agora derrogado. Se o devedor fixou o lugar do pagamento, aí tem de executar; se não executa a demanda, contra ele obedece ao Código de Processo Civil, e não ao Código Civil.)

2) Fontes do dever de apresentação – O dever de apresentação ou se origina da lei civil, ou das leis de direito público, eventualmente penais. Adiante, nota 5). Deriva do fato de estar em poder da pessoa o testamento. Ainda que o guardador do testamento seja, por sua vontade, ou não, eliminado da sucessão, o dever de apresentação persiste (*e.g.*, testamenteiro que desde logo comunica não aceitar a testamentaria).

3) Competência em matéria de testamentos – Ainda a respeito de competência, tem-se de distinguir da competência para a apresentação e o cumpra-se a competência para as ações de nulidade de testamento e petição de herança ou de legado. Já vimos, à nota 1), que podem não coincidir a competência para a apresentação e a competência para o inventário e partilha. Quanto à prestação de contas do que o testamenteiro recebeu do juízo do inventário, o Código atribui a competência a esse juízo, o que as leis de organização judiciária não podem alterar (art. 1.135, *verbis* "no juízo do inventário"). Há, porém, outros casos em que é réu o testamenteiro, ou em que é autor, a respeito de disposições testamentárias. O Código não atribuiu ao juízo do inventário tal competência. Cada espécie tem de ser aforada segundo os princípios que as leis de organização judiciária firmarem. Temos, pois, a respeito de testamentos, três competências, *pelo menos*, que podem estar juntas e podem não estar: *a*) para apresentação e cumpra-se do testamento; *b*) para o inventário e partilha dos bens testados e as prestações de contas do art. 1.135; *c*) para as ações testamentárias em que seja réu ou autor o testamenteiro, ou em que tenha de ser interveniente ou assistente.

4) Legitimação à apresentação – O que encontrou, ou tem em seu poder o testamento, é *legitimado* à apresentação. Dever de ordem civil, ou de direito público, a que corresponde legitimação. Se dever somente de direito público, a sua legitimação para a ação constitutiva-integrativa, que é a de cumpra-se ao testamento, é dependente da aparição de algum legitimado, que lhe suceda, afastando-o, e da sua própria vontade. O achador do testamento é obrigado a apresentá-lo, não a levar a cabo o processo de cumprimento. Têm-se, pois, de separar o *dever de apresentar*, que se pode exaurir, e o *dever de promover e incoar o processo de cumprimento do testamento*. O legitimado de primeira plana, para a ação de cumpra-se, é o *testamenteiro*. À sua aparição, corre-lhe a maior responsabilidade, como, se está com ele, ou se ele sabe da existência do testamento, o maior dever de apresentação e suscitamento do processo, prosseguimento e outros atos necessários à execução do testamento.

Nos casos do art. 1.129, em que o detentor não apresentou o testamento, nem sempre se tem, apenas, *provocação da apresentação* – há, às vezes, *provocatio ad agendum*. Adiante, explicitamente, nota 8).

5) Cominações da lei e dever de apresentação – O art. 1.129 não mais fala de cominações da lei, o que estava no Código de 1939, art. 541. Mas tal regra jurídica é implícita. Há cominações da lei. Isto é: da *lei civil* (*e.g.*, Código Civil, art. 1.595, 1ª parte,[242] *verbis:* "São excluídos da sucessão os herdeiros, ou legatários: III. Que... lhe obstaram a execução dos atos de última vontade"; mas a indignidade não opera *ipso iure* e exige ação ordinária, art. 1.596,[243] cp. arts. 1.759,[244] 1.763,[245] não devendo o faltoso ser nomeado testamenteiro pelo juiz, 1.768,[246] cp. Código de Processo Civil, art. 1.140), da *lei penal*.

6) Detentor de testamento – "Detentor" está, no art. 1.129, por pessoa que tem consigo, por vontade do testador, ou não, o testamento. Quem tem em seu poder (*e. g.*, em suas mãos, em cofre, gaveta, arca, ou deixado por alguém sobre a mesa) algum testamento de pessoa que *morreu* tem o dever de apresentá-lo ao juiz. Se alguma indicação existe, por fora, do juiz a quem há de entregar, cabe-lhe obedecer a essas instruções. Se não há, nem sabe onde faleceu o testador, pode entregá-lo onde era domiciliado; ou, se também o ignora, ou é distante, ao juiz do lugar em que se acha o testamento, competente para o cumpra-se de testamentos.

7) Intimação judicial para apresentar o testamento – Basta que tenha notícia da morte de alguém, dentro da sua jurisdição, ou cuja suces-

---

242 C. Civ. de 2002, art. 1.814, III.
243 C. Civ. de 2002, art. 1.815.
244 Art. 1.759, sem correspondência no C. Civ. de 2002.
245 C. Civ. de 2002, art. 1.984.
246 C. Civ. de 2002, art. 1.989.

são caiba na sua competência, ou cujo testamento esteja em sua jurisdição, para que possa o juiz, de ofício, mandar que se intime quem devia apresentar e não apresentou. O pressuposto de estar de má-fé o intimando de modo nenhum exclui a competência do juiz.

8) Natureza da intimação do detentor – A intimação do art. 1.129 é cominatória, dependendo de cada espécie o conteúdo da cominação. A *provocatio* é a *apresentar*, não a *propor* a ação de cumprimento do testamento. Pode, todavia, ocorrer que implícita ou explicitamente se contenha a intimação a propor, *provocatio ad agendum*, o que ocorre, por exemplo, sempre que o detentor é o testamenteiro. Nada obsta a que o interessado conceba a ação cominatória como ação condenatória ordinária, quer o dever de apresentar seja de ordem civil, quer seja de direito público.

9) Ordem de exibição e busca e apreensão – O detentor, qualquer que tenha sido a causa da posse ou da tença, tem o dever de apresentação. Nasce tal dever no momento após a morte, porque pode dar-se que o testamento diga o que se há de fazer para os seus funerais ou quais as medidas relativas a filhos, cônjuge, herdeiros ou outras pessoas, ou quais as medidas relativas a bens (*e.g.*, "no dia da minha morte quero que a minha casa seja, desde logo, ocupada por B", "no dia da minha morte, quero que providencie para que meu corpo seja transportado para tal cidade").

Não sendo cumprida a ordem de apresentação, há a busca e apreensão do testamento, conforme as regras jurídicas dos arts. 839 e 843.

A intimação do detentor para apresentar o testamento pode partir do juiz da comarca a que se teria de levar o testamento, a requerimento de algum interessado, ou do Ministério Público, ou de ofício, ou em que teria de ser movida a ação de inventário, ou em que já o foi. Se o detentor se acha em lugar estranho à competência para o cumpra-se do testamento, ou para abertura de inventário, pode o juiz da comarca em que teria de ser apresentado o testamento, ou iniciado o inventário, remeter carta precatória, ou mesmo rogatória, para que o detentor seja intimado (arts. 202-212).

Há as sanções para o caso de não cumprimento (deixa de entregar ou com culpa deixa deteriorar-se ou desaparecer, de *ordem civil*, que são assunto do Código Civil, arts. 1.595, III, e 1.596,[247] de *ordem processual*

---

247 C. Civ. de 2002, arts. 1.814, III, e 1.815, respectivamente.

(custas e despesas) e de *ordem penal* (*e.g.*, Código Penal, art. 330). A referência a serem as sanções processuais "sem prejuízo das sanções de ordem penal e civil estabelecidas pela omissão" estava na redação do Código de Processo Civil de 1973, art. 1.129, parágrafo único; mas a Lei nº 5.925, de 1º de outubro de 1973, retirou-a. Tal exclusão é sem relevância, porque é de sanções de direito material que se trata.

Seção II

Da confirmação do testamento particular[1])

1) Holografia e testamento – A generalização do testamento hológrafo, que fora para casos particulares, assim no direito romano como no *Breviarium Alaricianum*, operou-se dentro do próprio direito português, e o testamento de Santa Perpétua, em 511, já era hológrafo (*Tratado dos Testamentos*, II, 181). Sobre os pressupostos de tal testamento, tem de ser consultado o direito material.

Art. 1.130. O herdeiro, o legatário ou o testamenteiro[4]*) poderá requerer, depois da morte do testador, a publicação em juízo do testamento particular*[1]*), inquirindo-se as testemunhas*[5]*) que lhe ouviram a leitura e, depois disso, o assinaram.*

Parágrafo único. A petição será instruída com a cédula do testamento particular[2]*).*

Art. 1.131. Serão intimados[6]*)*[7]*) para a inquirição*[3]*):*
I – aqueles a quem caberia a sucessão legítima;
II – o testamenteiro, os herdeiros e os legatários que não tiverem requerido a publicação;
III – o Ministério Público.

Parágrafo único. As pessoas, que não forem encontradas[8]*) na comarca, serão intimadas por edital.*

1) Apresentação do testamento particular – Abertura de testamento é formalidade relativa ao testamento cerrado. *Apresentação* é ato concernente a quaisquer. Todos os testamentos, igualmente, dependem do cumpra-se. Em todo caso, nos tratadistas do uso moderno, nas leis luso-brasileira e nos praxistas, fala-se em *abertura* como solenidade comum a todos os testamentos, extensão perfeitamente compreensível mas *imprópria*, porque só se abre o que está fechado. Se o público, ou o particular, vem em carta fechada ou capeado, com lacre, amarras, ou costura, *abri-lo é ato material*, mais do que de jurisdição. Tanto assim que poderiam os apresentantes tê-lo aberto antes de apresentar. Para a abertura do testamento não é mister citação daqueles a quem interessa, *eorum quorum interest*. A citação é solenidade que se requer para publicar, e não para abrir. O testamento cerrado, que, supõe, necessariamente, tê-lo fechado – e cosido – o tabelião, quando o aprovou, e o testamento público, que foi escrito pelo oficial em seu livro de notas, não precisam de *publicação*. Já os tratadistas do uso moderno (C. Thomasius, J. Schilter, J. Brunnemann) insistiam em distinguir abertura e publicação; e, compendiando-os, Samuel Stryke escreveu (29, 3, § 2°): "*Si testamentum in scripts privata auctoritate conditum est eo casu publicationem legem requirunt, quae fit citatis illis, quorum interest, vocatisque testibus ad recognitionem subscriptiones, et sigillorum.*" Assim o Código Civil, que somente fala de publicar-se o testamento, e de citarem-se as testemunhas, se particular.

2) Redação infeliz, no direito anterior – O art. 530 do Código de 1939 dizia a respeito do testamento hológrafo ou particular: "... será aberto e publicado depois da morte do testador que o escreveu e assinou". Testamento particular não se abre. Daí termos escrito: "O art. 530 recorre a circunlóquio para se referir ao testamento particular – como se esse testamento fosse ligado ao requisito da aprovação, de que se *desligasse*. Nem é verdade histórica, nem científica. Em todo o caso, se a lei pudesse começar o Capítulo a tratar do "testamento teratológico", estudado por nós (*Tratado dos Testamentos*, II, 169), compreender-se-ia a alusão à *superposição* do ato ineficaz." Falava-se, também, de faltar o instrumento de aprovação.

¡Como persistem as formas mortas! Ainda em Código do ano de 1939 reminiscência da Ordenação Afonsina do Livro IV, Título 103, § 2°, *verbis* "sem teendo estormento pubrico nas costas" (os autores da Ordenação ignoravam a história dos dois testamentos).

O Código de 1973, art. 1.130, diz que "o herdeiro, o legatário ou o testamenteiro poderá requerer, depois da morte do testador, a publicação em juízo do testamento particular, inquirindo-se as testemunhas que lhe ouviram a leitura e, depois disso, o assinaram". Atendeu às nossas críticas ao Código de 1939.

3) Apresentação e intimações – O Código Civil, artigo 1.646,[248] abrangendo a matéria dos arts. 1.130 e 1.131, apenas disse: "Morto o testador,

---

248 C. Civ. de 2002, art. 1.877.

publicar-se-á em juízo o testamento, com citação dos herdeiros legítimos". O processo dos artigos 1.130-1.133 é o de *publicação do testamento* – integrativo da forma do negócio jurídico, não necessariamente contenção.

4) Legitimados ao requerimento – A regra jurídica é exemplificativa. O apresentante há de ser quem "tem de apresentar" o testamento. Se coincide ser o herdeiro instituído, o legatário, ou o testamenteiro, claro que é do seu interesse que se processe a publicação, obtendo-se o cumpra-se. Se não foi qualquer deles o apresentante, nem por isso fica privado de promovê-la. O "interessado", melhor se dirá, porque a qualidade de herdeiro, a de legatário e a de testamenteiro não exaurem as categorias de interessados na execução do testamento (*e.g.*, o beneficiado pelo *modus*, a Fazenda Pública). O próprio cônjuge sobrevivente e o herdeiro legítimo são interessados. Abririam inventário e partilhariam inutilmente, se não observassem o testamento.

Por vezes acontece que o testador não quis fazer testamento público, nem testamento cerrado, e faz o testamento particular. Mas alguma razão teve para entregá-lo a pessoa de sua confiança, ou mesmo para evitar, sem a ajuda de outrem, que algum parente ou cônjuge não lhe rasgue o testamento particular, destruindo assim todas as suas declarações de vontade.

5) Inquirição de testemunhas – Essa inquirição das testemunhas é uma das velharias, que o Código Civil reintroduzira, matando, por bem dizer, a forma privada dos testamentos. Confusão com as formas extraordinárias ou especiais e o testamento a rogo. Tecnicamente, o Código Civil ficou inferior às Ordenações Afonsinas, Livro IV, Título 103, § 2º (*Tratado dos Testamentos*, II, 216-218). Como ele, os Códigos de 1939 e o de 1973.

6) Intimações – Outro circunlóquio do Código de 1933. Cp. Código Civil, art. 1.646,[249] *verbis* "citação dos herdeiros legítimos". Citação é que seria certo; a expressão "notificação", que estava no Código de 1939, art. 531, obrigava à aplicação do art. 167 quanto à forma, em vez dos arts. 161 e demais, concernentes à citação. Nas Ordenações Afonsinas (Livro IV, Título 103, § 2º) mandava-se que fossem "chamadas as partes, a quem pertencer (a herança), segundo forma de direito".

---

249 C. Civ. de 2002, art. 1.877.

As Ordenações Manuelinas (Livro IV, Título 76, § 3º) e Filipinas (Livro IV, Título 80, § 3º) copiaram-no. Pascoal José de Melo Freire explicou (*Institutiones*, III, 40): "*Citatis iis, quorum interest hereditatem ab intestato deferri.*"

O Código de 1973, art. 1.131, apenas se refere às *intimações para a inquirição*, isto é, para assistirem à inquirição das testemunhas (art. 1.130). Pôs-se de lado, por enquanto, o cumprimento do testamento e a abertura do inventário.

Se está em dúvida a revogação de anterior testamento, devem ser intimados os interessados do outro, se fora apresentado no mesmo ou noutro juízo. Como cautela. E é indispensável intimar-se o cônjuge do testador, se se suspeita haver póstumo, ou nascituro.

São intimadas para assistirem à inquirição: aqueles a quem caberia a sucessão legítima; o testamenteiro, os herdeiros e os legatários que não tiverem requerido a publicação; o Ministério Público.

7) Teor das inquirições – Cf. Código Civil, art. 1.647,[250] que se interpreta do seguinte modo, com mais forte razão depois do Código de Processo Civil, do atual e do anterior, que distingue da função integradora da forma, que tem o juiz, a sentença sobre a disputa eventual.

A solenidade da publicação, com intimação dos herdeiros legítimos, bem como dos herdeiros e legatários, constitui formalidade essencial para se cumprirem os testamentos particulares. O que o art. 1.647[251] do Código Civil quer (e o que os princípios superiores de direito permitem vejamos nele) é *bastar* ao processo de redução a público serem as testemunhas contestes, pelo menos sobre a leitura perante elas, e serem por elas reconhecidas as assinaturas próprias e do testador. A lei processual não diz que "só se confirmará", mas que "o confirmará".

Quanto ao testamenteiro, aos herdeiros e legatários "que não tiverem requerido a publicação", deles se tem conhecimento através do próprio testamento. Se A foi nomeado testamenteiro pelo testador, se B está no testamento como um dos herdeiros, ou o herdeiro, ou um dos legatários, ou o único legatário, compreende-se a necessidade de serem intimados, para que se manifestem.

---

250 C. Civ. de 2002, art. 1.878.
251 *Idem*.

8) Pessoas não encontradas – Se alguma das pessoas que tenham de ser intimadas (art. 1.131) não forem encontradas, têm de o ser por edital. Por aí se vê que a presença delas tem a relevância para se apurar a verdade do testamento. Aliás, ele pode ser autêntico, mas alguma das pessoas intimadas ou pessoa estranha sabe que existe testamento posterior. O testamento posterior pode ser público ou cerrado, ou outro testamento particular.

> *Art. 1.132. Inquiridas as testemunhas⁴), poderão os interessados, no prazo comum de cinco (5) dias, manifestar-se¹)³) sobre o testamento²)¹⁰)¹⁵).*
>
> *Art. 1.133. Se pelo menos três (3) testemunhas contestes reconhecerem⁵)⁹) que é autêntico o testamento, o juiz, ouvido o órgão do Ministério Público, o confirmará, observando-se quanto ao mais o disposto nos arts. 1.126 e 1.127.*

1) Manifestação dos interessados após as formalidades – Sobre o testamento, após a inquirição das testemunhas, que são cinco (Código Civil, art. 1.645, II),[252] podem manifestar-se os interessados. Têm eles o prazo de cinco dias, sendo de relevância o seu comparecimento. Não são interessados apenas o herdeiro, o legatário e o testamenteiro, legitimados a requerer a publicação em juízo do testamento particular. Na Seção II fala-se de "confirmação do testamento particular"; não há impropriedade da expressão, porque testemunho afirmativo é testemunho que confirma. O que não há é a fé do tabelião, que é essencial ao testamento público, em que ele colabora; nem a aprovação pelo tabelião (Código Civil, art. 1.638, V, VI e VII),[253] indispensável à constituição formal do testamento cerrado. Da confirmação pelas testemunhas e pelo próprio testador (art. 1.638, V)[254] é que resulta a atuação do tabelião. No testamento particular as testemunhas, ouvidas depois da morte do testador, confirmam ou não confirmam o que do testamento consta e serem verdadeiras as suas assinaturas e a do testador (Código Civil, arts. 1.645-1.649).[255]

---

252 Ab-rogado pela norma do § 1º do art. 1.876 do C. Civ. de 2002; o número de testemunhas agora é de 3 (três).
253 C. Civ. de 2002, arts. 1.868, II, III, e 1.869, respectivamente.
254 C. Civ. de 2002, art. 1.868, II.
255 C. Civ. de 2002, arts. 1.876-1.880.

O Código de 1939, art. 532, era minudente ao referir-se às "disposições de última vontade", a que foi lido o testamento "em sua presença" e a que o "testador, quando testou, se achava em perfeito juízo". Tudo isso não era necessário que constasse de regra jurídica do Código de 1973, porque se trata de inquirição das testemunhas em processo de jurisdição voluntária, no qual tem o juiz, além das outras atribuições em geral, no tocante ao objeto da causa, os poderes do art. 1.109, 2ª parte. O juiz inquire sobre tudo que lhe pareça necessário ou útil para a confirmação. Por exemplo: se foi lido pelo testador às testemunhas o testamento (Código Civil, art. 1.645, III),[256] se, ao lê-lo, alguém estava junto que o obrigava a isso. Mais: o juiz pode verificar se houve rasura ou acréscimo, o que lhe permite determinar perícia quanto às letras e aos cancelamentos. Se as testemunhas confirmam que era assim o testamento lido, há a confirmação judicial. Mas isso não obsta à propositura de ações de nulidade, mesmo se parcial.

2) Impugnabilidade – Os arts. 1.647 e 1.648 do Código Civil[257] somente cogitaram do reconhecimento das assinaturas pelas testemunhas e do depoimento, pelo menos, sobre a leitura; e outra questão, bem velha, continua. Se as testemunhas reconhecem as assinaturas e depõem segundo o Código Civil, art. 1.647,[258] porém os herdeiros citados afirmam que a letra e a assinatura não são do testador, ou só a letra, ou só a assinatura, não o é, ¿que deve fazer o juiz: reputar assunto estranho à sua verificação, que é de ordem superficial (cognição incompleta), ou, desde logo, admitir a prova? Furgole (*Traité des Testaments*, Capítulo II, Seção VI) distinguia segundo os costumes, pois esses reputavam, aqui ou ali, solene, ou não-solene, o testamento hológrafo: onde eram solenes, como em Paris, eles valiam, como se fossem públicos, e não precisavam de tal reconhecimento de letra (em 6 de junho de 1744, por exemplo, remeteu-se a interessada às vias de direito). E. Furgole errava: o costume de Paris não autorizava isso (Bourjon, *Droit Commun*, II, 203). Todavia, não ficava excluída a possibilidade da questão onde, por lei, tal testamento não fosse solene. R. Pothier cortava cerce o problema (*Traité des donations testamentaires*, Capítulo I, art. 2°, § 3°): *"Il faut que le testament olographe soit reconnu par les*

---

[256] C. Civ. de 2002, art. 1.876, § 1° ou § 2°, a depender se o testamento foi escrito "de próprio punho, ou mediante processo mecânico".
[257] C. Civ. de 2002, art. 1.878 e parágrafo único, respectivamente.
[258] C. Civ. de 2002, art. 1.878, *caput*.

héritiers pour être écrit et signé de la main du testateur, ou que, sur leur refus de le reconnaître, l'écriture soit reconnue par des experts". No nosso direito de hoje, a solução deve ser essa, a de impugnabilidade, desde logo, do testamento, mas, no direito das Ordenações Filipinas (Livro IV, Título 80, § 3°), que copiou as outras Ordenações, mais acertado fora decidir com Furgole, porquanto, em todas elas, iguais entre si, estava escrito "seja havido em lugar de tabelião", posto que no fim se exigisse a publicação. (Tudo isso mostra, mais uma vez, as camadas heterogêneas do direito português, que, se em muitos pontos conseguiu a síntese, em quase todo seu corpo deixou indeléveis os azulejos das fusões étnicas e culturais.) De qualquer modo, ao que alega incumbe a prova. Pode alegá-lo o órgão do Ministério Público, ou o Procurador da Fazenda, quando essa é herdeira legítima.

(a) Se ninguém alegou, no prazo que alei processual fixou, só a ação de nulidade pode ser proposta.

(b) Se ninguém impugnou, mas parece ao juiz que se não trata de testamento escrito e assinado pelo testador, *quid iuris*? ¿Devemos admitir que o juiz, na sentença com que o há de mandar cumprir, possa converter em diligência o julgamento para os exames que se façam precisos? A praxe dos juízes brasileiros é ordenar-se, em qualquer tempo, nos processos de testamento ou de inventário, que se reconheçam quaisquer escritos que foram juntos: Mas a conversão em diligência poderia, eventualmente, ser perigosa: não reconhecido o escrito, ou teria sido inútil a providência, ou levaria o juiz a negar, somente por isso, o cumpra-se, e sem o rito processual devido. Melhor há de ser que se ordenem tais providências na fase das impugnações e das provas.

Está entendido, em todo o caso, que o não-reconhecimento não retira ao juiz o poder do art. 131.

3) Perfeito juízo – O art. 532 do Código de 1939 falava de se verificar se, ao testar, "se achava em perfeito juízo" o testador. A prova admitida seria somente a testemunhal, mas das *testemunhas instrumentais*; não se admitia outra. De modo que a apreciação do juiz, qualquer que seja os seus enunciados, não podia exceder os limites dessa cognição superficial. A sentença de confirmação somente possuía, quanto a esse ponto, o valor de proposição em que o juiz dissesse: "Pelo depoimento das testemunhas instrumentais não posso negar o cumpra-se." Em conseqüência, não havia julgamento da questão de incapacidade do testador, findo aberto o campo às futuras demandas. Cognição superficial. Se o juiz nega o cumpra-se por entender que o testador era incapaz, então prefere sentença de cognição completa, com as suas diversas espécies de eficácia. Na apelação, que é o recurso cabível, o interessado atacá-la-á. Se transitar em julgado a sentença denegatória do cumpra-se, quer do primeiro grau, quer de qualquer outro, aos interessados somente resta a ação rescisória de sentença. Ou a de nulidade da sentença, se é o caso.

O Código de 1973 não alude ao objeto das inquirições, mas a pergunta pode ser feita, como algumas outras, inclusive quanto a elementos de coação. O que havemos de entender é que, se três testemunhas dizem que o testador era capaz e não houve coação, o juiz tem de confirmar o testamento. Isso não afasta a propositura de alguma ação de invalidado, como não afastaria a própria ação de falsidade.

4) Testemunhas que faltam – Cf. Código Civil, artigo 1.648,[259] *verbis* "faltando até duas das testemunhas". As testemunhas são cinco (Código Civil, art. 1.645, II).[260]

Exigem-se, no direito material, cinco testemunhas para a assinatura do testamento (art. 1.645, II:[261] "que nele intervenham cinco testemunhas, além do testador"). No processo de confirmação, "faltando até duas testemunhas, por morte, ou ausência em lugar não sabido, o testamento pode ser confirmado, se as três restantes forem contestes, nos termos do artigo antecedente" (art. 1.648).[262] No art. 1.647,[263] "se as testemunhas forem contestes sobre o fato da disposição, ou, ao menos, sobre a sua leitura perante elas, e se reconhecerem as próprias assinaturas, assim como a do testador, será confirmado o testamento".

Surgem problemas. Se a morte das testemunhas ou a ausência em lugar desconhecido foi ocorrência, em vida do testador e ele sabia disso, ¿como se há de resolver? Disso adiante trataremos. Se a falta é, por exemplo, por estar mentalmente incapaz a testemunha, ¿conta-se ela? Já na 1ª ed. dos *Comentários ao Código de 1939*, Tomo III, 2, p. 152) dizíamos

---

259 C. Civ. de 2002, art. 1.878, cujo parágrafo único, nas condições que estabelece, exige apenas uma testemunha a "reconhecer" o testamento, das 3 (três) necessárias: vd. a nota 256.
260 C. Civ. de 2002 exige apenas 3 (três) testemunhas: vd. a nota 256.
261 *Idem*.
262 Vd. a nota 259.
263 C. Civ. de 2002, art. 1.878, *caput*.

que referência à morte e à ignorância do domicílio ou morada é apenas exemplificativa. (Já no *Tratado dos Testamentos*, V, 368.)

A falta pode ser por morte ou ignorância do domicílio. Houve o edital. O que importa é que a falta não pode ser de mais do que de duas testemunhas. Qualquer que seja a causa da *falta*. Mas o art. 1.648 do Código Civil[264] e o art. 533 do Código de 1939 não podiam ser interpretados contra os princípios superiores de direito, se o testador não conhecia a falta da testemunha. O que não deixa dúvida é que os dois legisladores ainda permaneciam com a reminiscência da nuncupação, com a lembrança do testamento oral, ao tempo da grande camada rica, mas analfabeta, de Portugal e do Brasil. A verdadeira solução seria a de Pascoal José de Melo Freire, a de valer o testamento hológrafo com as testemunhas *restantes* (*Institutiones*, III, 40), em vez de caducar, como queriam, no século XVII, Domingos Antunes Portugal e Melchior Febo, e, no século XVIII, João Rodrigues Carneiro, nas suas *Dubitationes*. A despeito do tardio formalismo dos arts. 1.648 do Código Civil[265] e 533 do Código de Processo Civil de 1939, temos de atender a que somente cogitaram das circunstâncias normais, se o testador está ciente da morte ou da ausência em lugar não sabido das duas testemunhas. Temos de recordar que o Código Civil não adotou a teoria de A. Koeppen (Der oblig. Vertrag unter Abwesenden, *Jherings Jahrbücher*, 11, 153), nem a de E. R. Bierling (Juristische Prinzipienlehre, II, 267), quer dizer – para ele o testamento é *perfeito* desde que se *faz*, e não pela *morte*, nem pela *publicação*. Ainda instrumento particular, ele se consumou com a assinatura do testador e das testemunhas: lei nova não o atinge, incapacidade superveniente não o invalida. No art. 1.648 do Código Civil[266] substitui-se o qualificativo pelo quantitativo (Rudolf Von Jhering, *Der Besitzwille*, 147-150; *Der Geist des römischen Rechts*, I, 53, 54; nosso *Sistema*, I, 484; II, 246-248). Mas o meio traiu o fim: a interpretação estrita, literal, teria o grave resultado de matar ato de extraordinária importância, como é o testamento, *sem a culpa e contra a vontade, provada, do testador*. Então, o artifício, que tinha por fito proteger a testamentificação, passaria a constituir injunção contrária à justiça. Nessa discordância entre o meio e o fim, a inércia do juiz pode ser indefensável, pode, mesmo, ser

---

264 C. Civ. de 2002, art. 1.878, parágrafo único.
265 Vd. a nota 264.
266 Vd. a nota 264.

felonia à sua missão. Ele não é um instrumento de imposição, mas instrumento do direito, e o conflito entre o texto imperfeito e as realidades que compõem a situação jurídica deve resolver-se segundo o direito, e não pela capitulação diante da letra injusta. Os arts. 1.647 e 1.648 do Código Civil[267] são de forma *probatória*. É dever do juiz reputá-los tais. Por outro lado, acreditava o legislador que o disponente, *sabendo* da morte, da ausência ou da incapacidade da testemunha, fizesse *outro testamento*. Era compreensível que se supusesse isso.

Mas essa suposição pode falhar: (1) Três ou mais testemunhas, *após* a morte e antes da apresentação do testamento para se publicar, morrem, enlouquecem, ausentam-se para lugar não sabido, surdo-emudecem, de modo que não possam depor. (2) Três ou mais testemunhas morrem, tornam-se incapazes ou desaparecem, *ainda em vida do testador*, sem que esse saiba. Pressupomos que se prove ter morrido ele na convicção de que nada disso ocorrera. (3) Três ou mais testemunhas, peitadas pelos interessados no não-cumprimento do ato testamentário, depõem contra o próprio ato que firmaram. Muitas vezes o direito cede à sugestão moral corrigindo o abuso de poder da legislação, do fenômeno político; aqui, se prevalecesse o falso testemunho, com a ajuda da lei de forma, que o art. 1.648 do Código Civil[268] consagra, teríamos a imoralidade (o que é absurdo), prevalecendo contra o direito, *no domínio desse*. Ora, a perfectibilidade da adaptação social global está na crescente redução do conflito entre o texto e o que *devia* ser, entre o escrito na lei e a regra jurídica não *descoberta* pelo legislador na sua insuficiência de ciência e de técnica. Aos casos principais que apontamos acrescentaremos outro, pelo caráter especial que o extrema daqueles. (4) Morte simultânea do testador e das testemunhas no mesmo navio, no mesmo trem, no mesmo avião, ou em lugares diversos. Em qualquer dos casos que sugerimos, *feita a prova de que o testador não teve conhecimento do golpe no seu ato testamentário*, impõe-se o cumprimento do testamento particular. O testemunho não é prova insuprível, e não deve, nem pode a lei criar injunções contra a realidade das coisas.

Examinemos as quatro hipóteses. Ver-se-á que a delicadeza do problema constitui séria crítica ao sistema do Código Civil. Mas será frutífera a solução, por invocar os princípios superiores de direito. Se somente

---

267 C. Civ. de 2002, art. 1.878 e parágrafo único, respectivamente.
268 C. Civ. de 2002, art. 1.878, parágrafo único.

duas, das cinco testemunhas, morreram, enlouqueceram, ficaram surdas-mudas, ou se ausentaram para lugar não sabido, o texto legal basta: o juiz pode mandar cumprir, satisfazendo-se com as afirmativas das três. *Quid*, ¿se a morte, incapacidade ou ausência ocorre a três ou mais? O testador não podia prever. Não será possível atribuir qualquer culpa ao testador, e a solução negativa resolveria, duramente, contra a sua própria suposição de ter morrido com testamento válido. Por outro lado, o próprio juiz pode estar plenamente convencido da verdade do escrito e da observância instrumental das formas solenes do art. 1.645 do Código Civil.[269] Ainda mais: pode ser apresentante o único interessado na nulidade, o herdeiro legítimo. Ou que todos os herdeiros legítimos reputem valioso, expressão exata e indiscutível da vontade do testador, tudo aquilo que no escrito se insere. Seria ofensivo à verdade, à realidade perceptível das coisas, dar ao testemunho o caráter de prova insuprível. Também entre os romanos *iure civili* continuava válido o testamento cujo fio foi cortado, o *linum* que unia as tábuas. Nem por isso deixou o Pretor de introduzir a distinção: incisões feitas por terceiro, ou fortuitas, e incisões de própria vontade do testador (L. 1, § 9º, D., *de bonorum possessione secundum tabulas*, 37, 11). Iguais atitudes tomou ele em certos casos de testamento *ruptum* e *irritum*. E ia além a L. 21, § 5º, C., *de testamentis*, 6, 23, relativa a escrituras imperfeitas, caso, bem se vê, de *forma solene*, e não de *forma probatória*, posto que a solução fosse por um favor: "Licet imperfecta videatur scriptura posterior, infirmato priore testamento secundam eius voluntatem non quasi testamentum, sed quasi voluntatem intestatio valere sancimus." No caso da dita L. 21, § 5º, fala-se em juramento de cinco testemunhas (em vez das sete instrumentais), de modo que se trata não de intervenção no ato, mas de juramento das disposições, conforme explicaram os glosadores e Marezoll. Cumpre ainda advertir que o Código Civil não conhece prescrição ou prazo preclusivo de testamento, nem, no capítulo da revogação, cogitou da invalidação dos testamentos pela falta de testemunhas instrumentárias. *Ex hypothesi*, nem se poderia cogitar disso: com as formalidades do art. 1.645 do Código Civil[270] ficou perfeito o ato; com a morte do testador, nenhuma idéia de revogação se poderia invocar. É preciso atentar na diferença que se operou entre Gaio e Justiniano: após esse, e com esse, a eficácia somen-

---

269 C. Civ. de 2002, art. 1.876.
270 Vd. a nota 269.

te cessa ante a não-persistência expressa da vontade do testador, ainda que da simples rotura dos fios, se feita por ele. Nesse caso, o imperador dirá *testamentum non valere*. Ao passo que, em circunstância idêntica, Gaio diria valer.

Posto que *negotia perfecta* os testamentos, no caso de um aviso tão direto ao testador, como é o do art. 1.648 do Código Civil,[271] não seria possível afastar a invalidação pela falta dos confirmantes instrumentais, *se dessa falta houve conhecimento o testador*. Mas muda inteiramente de figura a questão se fica provado que o testador não conheceu tais fatos, ou era de presumir que os não conhecesse. Decidir contra tal testamento, que não oferece dúvidas, ou, se as havia, foram plenamente afastadas pelos meios probatórios admitidos em direito, seria sacrificar aquilo mesmo que as formas solenes quiseram plenamente assegurar.

5) Testemunha que não confirma; testador que ignorava a morte da testemunha – Pode ocorrer que uma das testemunhas não confirme a assinatura ou as disposições ou alguma delas. É a velha questão, de que nos deu contra P. Müller, anotador de G. A. Struve, entendendo presumir-se válido, e não suspeito, o testamento. Ora, provado que a testemunha mente, que é sua, pelo exame pericial (Código Civil espanhol, art. 691), a assinatura que ela nega, e verdadeiros os fatos que procura inquinar de falsos, ¿como fazer-se dependente de criminoso proceder de outrem a validade de ato tão relevante, como o testamento? Se nega, e não há prova contrária, nem circunstâncias apreciáveis, então, sim, não pode ser confirmado o ato (Manuel de Almeida e Sousa, *Coleção de Dissertações*, 100). Em todo caso, deve o juiz mandar cumprir testamento se, no caso de igualdade de elementos probatórios, ou de inexistência deles, três testemunhas, das cinco, contra duas, o confirmarem, ou, ainda no caso do art. 1.648 do Código Civil,[272] se houver o depoimento rejeitável de uma e as duas outras forem convencidas de falso.

Valerá o mesmo se falecidos sem se poder averiguar quem morreu primeiro (Código Civil, art. 11).[273] Tal disponente estava seguro do seu testamento. Não era de presumir-se, nem provável, que falecessem ele e as

---

271 C. Civ. de 2002, art. 1.878, parágrafo único.
272 C. Civ. de 2002, art. 1.878, parágrafo único.
273 C. Civ. de 2002, art. 8º.

testemunhas na mesma vez. Infirmar o seu ato perfeito, com que ele contava em reverência ao texto escrito, obsoleto na sua técnica, fora sancionar a injustiça.

Processualmente, admitamos que o Código de 1973 apenas deu o dever ao juiz de confirmar o testamento particular se pelo menos três testemunhas reconheceram que é autêntico o testamento. As outras questões ficaram ao direito material e podem os interessados propor a ação declarativa, a fim de se dar como autêntico o testamento. Não podemos deixar margens a grandes injustiças. Pense-se na morte simultânea do testador e de três testemunhas. Por exemplo, no mesmo acidente de automóvel.

6) "Voluntas testatoris" – Nos casos especiais, que apontamos às notas 4) e 5), exemplificativos, se o juiz está convencido, deve mandar cumprir o testamento. Tudo deixa de aconselhar-lhe isso se o testador sabia da falta das testemunhas. Então, posto que devamos estar sempre vigilantes no respeito das vontades dos testadores, *omnimodo testatorum voluntatibus prospicientes*, tal zelo perde a razão de ser, porque a vontade negativa também é vontade e o mesmo merece que a positiva. São meios probatórios para a convicção do juiz todos os que a lei civil admite (Código Civil, art. 136),[274] inclusive o depoimento dos herdeiros legítimos não contemplados, a que não se pode, em sã consciência, negar forte valia. As distinções, a que se procedeu, são tanto mais necessárias quanto a dura aplicação, *contra* a vontade do testador, teria o gravíssimo efeito de deixar que operasse a disposição do art. 1.748 do Código Civil:[275] ¡ficar em vigor um testamento anterior, que o particular revogou! Pense-se nas conseqüências da interpretação gramatical dos dois artigos, e notem-se os males que dela adviriam. Outro inconveniente que não é de somenos importância: se o testador, ou alguém por ele, mandou reconhecer as assinaturas e há elementos probatórios, convincentes, do ato testamentário, *e. g.*, a referência escrita da testemunha ao testamento a que assistira, ¿como refugar tudo isso e os princípios de direito para se ater o juiz a texto de injustificável velharia, que exporia o Código Civil a flagrantes contradições com os seus próprios princípios?

---

274 C. Civ. de 2002, art. 212.
275 C. Civ. de 2002, art. 1.971.

7) Confirmação imediata – Não se diga que o artigo 1.133 veio reafirmar a dureza do art. 1.648 do Código Civil.[276] Leia-se com cuidado a lei. O art. 1.133 só se refere aos casos em que compareçam as testemunhas intimadas e não ofereçam impugnações para o efeito de ser confirmado, desde logo, o testamento. Trata-se de função integrativa da forma, e somente dessa função. Havendo impugnação, a discussão vai ser sobre a validade do testamento. O âmbito de apreciação do juiz é outro (art. 131). Não é mais o simples integrador da forma do testamento.

8) Comunicação e "vocatio in ius" – O Código considerou a *comunicação* dos arts. 1.130 e 1.131 "intimação" e não "citação", com que talvez tenha querido afastar classificar-se o processo dos arts. 1.130-1.133 como provocação *ad agendum*, tanto mais quanto o intimado manifesta-se, em vez de *embargar*. Já Antônio Joaquim Ribas (*Consolidação*, art. 941) falava de dar-se vista aos interessados, porém no comentário ao enunciado explicou que se trata de "citação". ¿Por que se referiu o Código à "intimação"? Que há chamamento dos interessados a juízo não há dúvida; e já aí entra o elemento da *vocatio in ius*. ¿Existe, na comunicação dos arts. 1.130-1.133, aviso para que se faça, ou se abstenha de alguma coisa? Tudo se passa à semelhança das outras ações constitutivas, com a particularidade de não haver, sequer, cominação. Ora, se se chamou citação, pela prevalência da *vocatio in ius*, à comunicação, por exemplo na ação de cominação, ¿por que não se há de chamar citação à dos artigos 1.130-1.133? De citação é que se trata. Nem sequer se pode argumentar com a alternativa "ou impugna ou se tem por testamento cumprível o de que se trata", pois, se não há impugnação, nem comparência, se ouvem as testemunhas.

9) Menos de três testemunhas – "... se pelo menos três...".[277] Todavia, se o testador faleceu conjuntamente com elas ou com alguma ou duas das três, ou se o testador lhes ignorava a morte, conforme os casos da nota 4), ou *a)* o órgão do Ministério Público pede a aprovação, ou *b)* o juiz, convicto, aprova o testamento, quer dizer, procede consoante o art. 131, ou *c)* recusa a confirmação e o cumpra-se. De tal sentença cabe o recurso de apelação.

---

276 C. Civ. de 2002, art. 1.878.
277 C. Civ. de 2002, art. 1.878, parágrafo único.

Diante de diferenças entre os textos do Código de Processo Civil de 1939, art. 533, a que correspondia o Código Civil, arts. 1.647 e 1.648,[278] o art. 1.133 do Código de 1973, temos de frisar que não se alude, hoje, a não serem presuntivos (mortos, ou ausentes, em lugar não sabido) duas testemunhas e as três restantes confirmarem. Mesmo se nenhuma está morta, ou ausente em lugar não sabido, e três confirmam, o art. 1.133 incide.

A regra jurídica do art. 1.133 do Código de 1973 não pode ser interpretada como se nela estivesse o que estava no Código de 1939, art. 533 ("Se pelo menos três das testemunhas, falecidas as restantes ou incerto o seu domicílio, forem contestes em confirmar-lhe a autenticidade"). O que pode acontecer é que o juiz dê maior valor ao que as duas testemunhas manifestaram, e não ao que disseram as outras três.

10) Manifestação e prazo – Para corroborar a interpretação que demos aos arts. 1.647 e 1.648 do Código Civil[279] confirmando a A. J. de Gouveia Pinto, contra Pascoal José de Melo Freire, que comprimia o processo da publicação dos testamentos particulares nos limites da jurisdição voluntária – o art. 1.132 mantém a tradição do direito luso-brasileiro em concebê-lo como integração da forma e como demanda eventual. Em melhor técnica o art. 1.132 considera manifestação (confirmação ou impugnação), e não embargos, a defesa dos interessados. Vantagem evidente em relação aos revogados códigos de processo civil estaduais. Observe-se, porém, que se dá à impugnação o rito ordinário, sem se dizer qual a matéria sobre que pode versar. Os arts. 292 e 245 têm de ser invocados. Donde duas questões.

(a) Se o testamento foi apresentado no foro da sucessão (art. 96), nenhuma questão de competência surge. Se foi apresentado noutro lugar, a contestação somente pode conter alegações que caibam na competência do juiz do cumpra-se. Não se há de pensar em prevenção, pois a hipótese é a de faltar a competência, ao juiz do cumpra-se (foro da apresentação) para a sucessão (*forum hereditatis*, art. 96). Também não se trata de reconvenção: trata-se de exclusão que vai além do pedido; como toda dedução do réu que tende a rejeitar a demanda do autor, demanda é; salvo o caso de haver a lei de organização judiciária concebido a competência para a apresentação como competência de juiz que não processa ações sobre a

---

278 C. Civ. de 2002, art. 1.878 e parágrafo único, respectivamente.
279 Vd. a nota 278.

sucessão, pode dar-se a prorrogação da competência, com fundamento no art. 114, uma vez que o *forum hereditatis* não seja *ratione materiae* ou da hierarquia (art. 111). Quanto à conexão, nunca se entendeu que as causas sobre a validade do testamento, em cognição completa, e sobre a validade das disposições testamentárias, fossem conexas à do exame superficial do testamento (cognição incompleta). Não ocorre a sugestão político-jurídica de que se deva fazer um só processo (*simultaneus processus*).

(b) Admitido que se tenha dado o aforamento no juízo da apresentação, conforme (*a*), então havemos de converter a impugnação em petição de ação de nulidade, segundo os princípios assentes no Código. Tal conversão é fácil, devido ao rito ser o ordinário (art. 245). Faltando a competência, segundo (*a*), a conversão é impossível.

11) Intimação e prazo – No Código de 1939, art. 534, contando-se da citação o prazo, a contestação era anterior, provavelmente, à inquirição das testemunhas (*aliter*, nos códigos de processo civil estaduais). Com isso, mais se acentuava a separação entre a função integradora da forma, que tem o juiz, e a demanda sobre a forma, ou sobre a validade intrínseca do testamento. Os contestantes não conheciam, talvez, o que iriam dizer as testemunhas.

O Código de 1973, art. 1.132, com todo acerto, na esteira dos extintos Códigos de Processo Civil estaduais, fez contar-se o prazo *depois* das inquirições (*verbis* "inquiridas as testemunhas", "no prazo comum de cinco dias"). A manifestação antes da inquirição levaria os interessados a terem de dizer o que pensavam antes de ouvir as testemunhas. Isso não obsta a que os interessados aleguem antes algo que não defende das testemunhas (*e.g.*, há outro testamento posterior).

12) Rito ordinário, se há impugnação – Se não há impugnação, a função do juiz fica limitada à integração da forma, com o cumpra-se. Se há, então a demanda eventual surge, dando razão a A. J. de Gouveia Pinto contra Pascoal José de Melo Freire. Daí em diante, o rito é ordinário. No caso da nota 8), *in fine*, tratam-se os impugnantes como autores, no tocante a alegações que excedam as que seriam, nos casos normais, apreciadas pelo juiz do cumpra-se. Ao ser-lhe apresentada a impugnação, ou durante o saneamento, ou entre aquele fato e esse momento em determinação de ofício ou provocada, deve o juiz ordenar que sejam citados os interessados que não apresentaram o testamento (art. 47), o órgão do Ministério Público e os litisconsortes necessários dos contestantes, que são simultaneamente autores e réus, daí em diante. O art. 47, parágrafo único, tem dupla aplicação. Quanto ao apresentante, ou apresentantes, dada a *conversão*, ¿têm direito a quinze dias (art. 297)? *De lege ferenda*, preferível seria a solução do art. 297, inclusive com a citação do apresentante, sempre que a impugnação do art. 1.132 trouxesse matéria nova. *De lege lata*, havemos de entender que, para os apresentantes e mesmo para as pessoas que tinham sido intimadas e não impugnaram, mas, como aquelas, têm alegações em matéria nova, há o prazo de cinco dias (art. 1.132), novo prazo. Assim, poderá o processo converter-se em ordinário, daí por diante. Para isso, é preciso que o juízo seja competente *ratione materiae* e hierarquicamente. Fora daí, ou se os interessados preferirem, cabe outra ação, com os dados do processo de confirmação do testamento particular.

13) Sentença de confirmação – Nem sempre a sentença é meramente integrativa da forma. Nos casos das notas 8), *in fine*, e 10), é sentença em demanda sobre a validade do testamento ou das suas disposições, com força, de sentença constitutiva negativa, se desfavorável a sentença.

14) Registro, arquivamento e cumprimento – Sobre registro, arquivamento e cumpra-se, notas ao art. 1.126.

15) Recurso – O recurso, conforme dissemos à nota 9) ao art. 1.126, é o de apelação. Houve quem discutisse se tinha ou não efeito suspensivo; mas isso denuncia em quem levantou a questão ausência de qualquer conhecimento do que seja sentença de repulsa em ação constitutiva, ainda integrativa de forma, e efeito da apelação. A sentença que nega confirmação deixa de conferir *perfeição* (e eficácia) ou eficácia, de modo que havia 0 e continuou 0; o efeito suspensivo da apelação não poderia suspender 0 e fazer aparecer o que antes não havia: porque antes havia 0. Se confirmado o testamento, a apelação é suspensiva. (No sentido do que escrevemos na 1ª edição dos *Comentários ao Código* de 1939, a 3ª Câmara Civil do Tribunal de Justiça de São Paulo, a 28 de junho de 1951, *R. dos T.*, 194, 230.)

Seção III

Do testamento militar, marítimo, nuncupativo e do codicilo¹)⁵)

1) Origens do testamento militar – Sobre a história e sociologia do *testamento militar*, nosso *Tratado dos Testamentos* (II, 343-361). Cf. *Tratado de Direito Privado*, LIX, §§ 5.923-5.930. Teve-o Portugal, para lá do direito visigótico. Procurou-se estender o testamento militar aos cavalheiros das Ordens militares, a clérigos e doutores, o que Pascoal José de Melo

Freire (*Institutiones*, III) exprobrou. Não disse quem cometia o erro. Mas, muito antes dele, Antônio Mendes Arouca (*Allegationes*, 219) informava que o Senado profligava a prática, tendo como írritos tais testamentos. É privilégio de serviço. Em todo caso, ao tempo das Ordenações Manuelinas ainda não se assentara a doutrina. Daí a longa explicação das Ordenações Filipinas (Livro IV, Título 83, § 9º).

Na sua própria pátria – com a emenda *minime sunt mutanda, quae interpretationem certam semper habuerunt*, Antônio Mendes Arouca (*Allegationes Iuris*, 219) apontou o erro crasso.

Tratava-se de privilégio em serviço. Eram testamentos *in expeditione constitutis*. Só então cabiam a todos, soldados ou não: soldados ou auditores militares, capelães, médicos, cirurgiões, quartéis-mestres, comissários e empregados de munições (Samuel Stryke, *De Cautelis testamentorum*, c. 9, § 17).

Ao tempo das Ordenações Manuelinas, podia discutir-se se o soldado, ainda em tempo de paz – isto é, sem guerra viva, ou cerco – podia testar na forma especial. A luta havia entre os doutores: contra Álvaro Valasco (*Decisionum Consultationum ac Rerum iudicatarum*, c. 104, nº 11) erguia-se Jorge de Cabedo (*Practicarum Observationum sive Decisionum Supremi Senatus Regni Lusitaniae*, I, dec. 129).

Pascoal José de Melo Freire dizia que a causa do privilégio era o *imminens periculum*, e não a *militum imperitia*. Porém Manuel Ribeiro Neto (*Commentaria in Ius Civile in quibus universo ultimarum voluntatum materiam, tam speculative quam practice explicatur*, L. 3, tít. 33), chamava a atenção, com o cuidado de sempre, para o acrescento que às Ordenações Manuelinas fizeram as Ordenações Filipinas (Livro IV, Título 83, § 9º): "E todos testamentos, que os soldados fizerem fora do exército, ou expedição ou conflito da guerra em suas casas, ou em outra parte, serão feitos com a solenidade, que o direito requer nos testamentos dos que não são soldados. E portanto os que temos postos em Presídios, ou Fortalezas, e os moradores e fronteiros dos lugares de África não gozarão do dito privilégio de testar sem as solenidades, que o direito requer, salvo se os soldados dos ditos Presídios e Fortalezas estiverem de cerco, ou em conflito de batalha; porque em tais casos poderão fazer seu testamento de maneira que acima dissemos, que o podem fazer os outros soldados."

2) Testamento marítimo – Do testamento marítimo não trataram as Ordenações. Se, a despeito disso, ele existia, ou não, no direito luso-brasileiro, discordavam os tratadistas: com o seu espírito novo e esclarecido, Teixeira de Freitas consignou-o (*Consolidação das Leis Civis*, art. 1.053, nota 1; *Tratado dos Testamentos*, §§ 97 e 98) como *testamento em estado de necessidade*: não usou desses termos, mas vale o mesmo o que escreveu, admitindo, como A. J. de Gouveia Pinto (*Tratado*, 82) e os outros, o testamento marítimo, mas discordando dos outros quanto a ser privilegiado. Disse A. J. de Gouveia Pinto: "Eu julgaria válida a disposição com semelhantes solenidades externas (do Código Civil francês), se, contudo, se provassem as internas, e pelos fundamentos seguintes: 1°, por não reputar isto privilégio, mas sim necessidade que carece da lei" – *carece* significa *não tem*; não se diga *precisa*, nem aqui houve omissão do *não*, por erro tipográfico; "2°, pela regra deduzida da L. 183, D., *de diversis regulis iuris antiqui*, 50, 17 (Ulpiano), e outras que lhe correspondem; 3°, pelo disposto no § 9° da Lei de 18 de agosto de 1769, como matéria marítima. Assim, aparecendo o testamento com as solenidades que a lei vizinha exige, não teria eu dúvida em julgá-lo válido". Com a noção de *privilégio* Silva Lisboa, Correia Teles, Coelho da Rocha e Ferreira Borges. No meio de tudo isso, duas opiniões esporádicas, singularmente retrógradas, para as quais não bastaram os formidáveis argumentos de A. J. de Gouveia Pinto e de Teixeira de Freitas – um crítico da 1ª edição de A. J. de Gouveia Pinto e Clóvis Beviláqua (*Direito das Sucessões*, 247), que não atendeu às razões citadas nem ao espírito assimilador que presidiu à Lei de 1769. Por influência desse, sem raciocinar, o inútil § 149 de J. A. Ferreira Alves (*Consolidação*, I, 172 s.).

É bem certo que, se se não explicitou, nos séculos passados, o princípio do *testamento em estado de necessidade*, estava nos fatos, como hoje está – podia o intérprete colhê-lo na vida, apanhá-lo, segurá-lo, trazê-lo à categoria de regra, como fórmula legal inspirada nas próprias realidades. Porém não se chegara a tal estado amadurecido de técnica. Pelo fato de ser fruto imediato das realidades, das circunstâncias excepcionais e prementes, há uma como usurpação dos princípios superiores de direito por parte dos Códigos que não provêem a tais situações de extrema dificuldade para a expressão das últimas vontades.

3) Quem pode testar por testamento marítimo – Do *testamento marítimo* (Código Civil de 1916, art. 1.656)[280] pode usar qualquer pessoa que esteja a bordo. Em viagem de alto-mar, não é preciso que já esteja,

---

[280] C. Civ. de 2002, art. 1.888, cuja norma, com algumas alterações, condensa as dos arts. 1.656 e 1.657 do C. Civ. 1916.

ou ainda esteja em alto-mar. A legislação brasileira considera aplicável a forma dos arts. 1.656-1.659[281] do Código Civil aos testamentos de navios brasileiros, ainda que em águas estrangeiras. Daí derivam delicadas questões de direito internacional privado. Se o testador quer, pode dispensar as formalidades do art. 1.656, testando segundo o art. 1.657.[282] Cessa a testamentificação especial se o navio está em porto em que o testador possa descer e testar em terra por forma ordinária.

4) Testamento em viagem de avião – Tivemos o ensejo de falar do testamento em viagem de avião. O que se acha a bordo da aeronave pode usar[283] a forma dos arts. 1.656 a 1.657 do Código Civil.[284] Tudo depende de haver pressupostos que correspondam à viagem em alto-mar. Está em viagem de alto-mar o que, na própria barca, em busca de navio que o levará, já prestes a partir, precisa testar – e pode fazê-lo na forma especial. A viagem começa com a partida para o navio. No domínio aéreo dá-se o mesmo. Não se pára a aeronave para que o passageiro ou tripulante teste. Se a morte é de esperar-se e não pode recorrer às formas ordinárias, devem entender-se aplicáveis os arts. 1.656-1.659[285] do Código Civil (nosso *Tratado dos Testamentos*, II, 365 s.); *Tratado de Direito Privado*, LIX.

5) Testamentos especiais e solenidades internas – O Código Civil somente tratou de dois testamentos especiais: o marítimo e o militar.

São *especiais*: neles, conservam-se caracteres dos testamentos em geral; dispensa-se-lhes o que os torna especiais. Vejamos o que se lhes conserva e o que se lhes escusa. São *ius commune*, aplicável aos *iura singularia* dos testamentos marítimos e militares: *a)* tudo que concerne à faculdade de testar (capacidade de direito); *b)* toda matéria de capacidade de testar (capacidade de exercício), art. 1.627;[286] *c)* a regra jurídica do art.

---

281 C. Civ. de 2002, art. 1.888-1.892.
282 C. Civ. de 2002, art. 1.888, cuja norma, com algumas alterações, condensa as dos arts. 1.656 e 1.657 do C. Civ. 1916.
283 O C. Civ. de 2002, em seu art. 1.889, passou expressamente a prever a hipótese de testamento "a bordo de aeronave militar ou comercial".
284 C. Civ. de 2002, art. 1.888, cuja norma, com algumas alterações, condensa as dos arts. 1.656 e 1.657 do C. Civ. 1916.
285 C. Civ. de 2002, arts. 1.888-1.892.
286 C. Civ. de 2002, art. 1.860.

1.628 do Código Civil;[287] *d)* as nulidades de disposições, de que cogitam os arts. 1.719, 1.720[288] e 1.650, IV e V, do Código Civil;[289] *e)* as incapacidades de testar passivas, a que se referem os arts. 1.717 e 1.718 do Código Civil[290] e as regras de direito sucessório; *f)* toda a matéria imperativa de sucessão legítima, como a quota necessária dos herdeiros legítimos, segundo a lei pessoal; *g)* as disposições captatórias, que são nulas (art. 1.667 do Código Civil),[291] e tudo mais que o Código estatui quanto a condições, causa, tempo, incerta pessoa, interpretação das cláusulas, erro etc. (em suma: todos os preceitos dos arts. 1.664-1.769 do Código Civil);[292] *h)* o que se estabelece na Parte Geral do Código Civil, quer quanto aos defeitos de vontade, quer quanto às nulidades; *i)* e à incapacidade das testemunhas, arts. 1.650, I-III,[293] 142, I-III,[294] do Código Civil; *j)* as regras de revogação e ruptura são inteiramente aplicáveis. Na mesma guerra, ou na mesma batalha, o posterior especial revoga o anterior, se o não completa ou modifica.

Quando ocorrem os pressupostos da forma militar, ¿deixam-se de aplicar as exigências de *solenidades internas*? Exemplo: cegueira, surdo-mudez, analfabetismo. Onde fica autorizada a simplificação de forma, exigências internas e externas são igualmente dispensadas (Hommel, *Dissertatio*, §§ 23 s.); mas só as solenidades internas que constituem *inaptidão* a formas testamentárias, e não as que derivam de *incapacidade* (de exercício, art. 1.627 do Código Civil,[295] e, *a fortiori* por absolutamente inderrogável, a de direito). Também não se derroga o que pertence à lei pessoal contrária. Hoje, o privilégio do testamento militar não possui aplicação quanto a efeitos, como o de permitir deixas a incapazes. É restrito à forma.

Art. 1.134. As disposições da seção precedente¹) aplicam-se⁶)⁷)⁸):

---

287 C. Civ. de 2002, art. 1.861.
288 C. Civ. de 2002, art. 1.801 e 1.802, respectivamente.
289 Sem correspondência no C. Civ. de 2002. Veja-se, todavia, a norma geral do art. 228 do C. Civ. de 2002, que arrola as pessoas impedidas de testemunhar.
290 C. Civ. de 2002, art. 1.799 *caput* e inc. I, respectivamente.
291 C. Civ. de 2002, art. 1.900.
292 C. Civ. de 2002, arts. 1.798-1.803, 1.845-1.850 e 1.897-1.990, respectivamente.
293 Sem correspondência no C. Civ. de 2002. Veja-se, todavia, a norma geral do art. 228 do C. Civ. de 2002, que arrola pessoas impedidas de testemunhar.
294 C. Civ. de 2002, art. 228, incs. I a III.
295 C. Civ. de 2002, art. 1.860.

I – *ao testamento marítimo²);*
II – *ao testamento militar³);*
III – *ao testamento nuncupativo⁴);*
IV – *ao codicilo⁵).*

1) Conteúdo das regras jurídicas – As regras jurídicas do art. 1.134 são alusivas ao testamento marítimo, ao militar, ao nuncupativo e ao codicilo. Remetem, implicitamente, ao direito material, que estabelece os pressupostos materiais e formais desses testamentos e do codicilo, e apenas diz que os arts. 1.130-1.133, relativos ao testamento particular, se aplicam às quatro espécies de negócios jurídicos unilaterais a causa de morte. Acontece que o testamento marítimo pode ser lavrado pelo comandante ou pelo escrivão de bordo, ou pelo próprio testador ou por outrem, caso em que o tem de entregar ao comandante ou ao escrivão, perante duas testemunhas (Código Civil, arts. 1.656 e parágrafo único, e 1.657 e §§ 1° e 2°).[296] Quanto ao testamento militar, os arts. 1.660 e 1.661[297] são minuciosos e neles se prevêem situações diferentes, inclusive nuncupativamente. Pode mesmo ser testamento cerrado (art. 1.661).[298] A despeito de todas as circunstâncias, o Código de 1973 fez aplicáveis as regras jurídicas processuais sobre testamento particular, afastando-a do Código de 1939, art. 536, no qual se dizia que se cumpriria do mesmo modo que o testamento cerrado, e abria exceção para o testamento nuncupativo, a que se estendiam as regras jurídicas do testamento particular (art. 537).

2) Testamento marítimo – Código Civil, arts. 1.656-1.659.[299] Traço e princípio comum dos testamentos especiais ou extraordinários é que, *feitos*, como são eles, *em circunstâncias particulares, perdem a eficácia quando se passa certo tempo após a cessação delas*. Não se confundem com as simplificações de outra natureza, que não dizem de perto com a acidentalidade do ambiente – como as guerras, as pestes, as inundações e comunicações interceptadas. A diferença é visível nos países que têm o testamento *ruri conditum* e o *in tempore pestis*. Aquele é simplificação, e

---

296 C. Civ. de 2002, art. 1.888, cuja norma, com algumas alterações, condensa as dos arts. 1.656 e 1.657 do C. Civ. 1916.
297 C. Civ. de 2002, arts. 1.893 e 1.894, respectivamente.
298 C. Civ. de 2002, art. 1.894.
299 C. Civ. de 2002, arts. 1.888-1.892.

esse, ligado à acidentalidade. Se o testador pode desembarcar, por se achar em porto o navio, cumpre atender ao seguinte: (*a*) Só se lhe permite a forma especial, se, a despeito de desembarcar, não pode, *pelo tempo, pela ignorância da língua, pela falta de quem o reconheça, ou por outro motivo de igual índole*, testar na forma ordinária. A lei não diz só: "Não valerá o testamento marítimo... se, ao tempo em que se fez, o navio estava em porto, onde o testador pudesse desembarcar", pois acrescentou "e testar na forma ordinária". (*b*) Permite-se-lhe a forma especial, se desembarcou, podia testar, mas, sentindo-se mal, voltou para bordo e só aí, já não havendo tempo, ou não podendo descer, resolveu testar. O poder *desembarcar e testar na forma ordinária* só se aprecia no momento em que *se vai testar*: é o princípio da atualidade das circunstâncias extraordinárias, justificativas dos testamentos especiais. (*c*) Descido à terra para função que suponha incógnito, não se compadece com o uso da forma ordinária. (*d*) As proibições de descer valem impossibilidades. Exemplos: por parte do comandante da polícia marítima, ou sanitária. (*e*) Valem impossibilidade de testar em terra, na forma ordinária, os estados extraordinários, como as pestes, os motins, os sítios e as revoluções.

O processo é o da Seção II (Da confirmação do testamento particular, arts. 1.130-1.133).

3) Testamento militar – Código Civil, arts. 1.660-1.662.[300] O art. 1.660[301] prevê os seguintes casos: (*a*) Militares e mais pessoas *ao serviço do exército em campanha*, dentro ou fora do país. (*b*) Militares ou mais pessoas em praça sitiada. Não se disse se em terra do Brasil, ou do estrangeiro. Mas há de entender-se num e noutro caso. (*c*) Militares ou mais pessoas em *praça* que esteja de comunicações cortadas. É evidente o intuito de aplicar o testamento ao caso bélico, quer se trate de campanha, quer de praças que estejam sitiadas ou sem comunicação. Aqui, põe-se à mostra que a adjetivação *militar*, constituindo instituto à parte, já destoa dos princípios: se o militar foi, com o seu corpo, salvar população cujas comunicações estão cortadas por acidente (não bélico) e fica na mesma posição – ¿pode usar do testamento militar? Se pode, também dele podem usar as outras pessoas: a lei diz "militares e mais pessoas". Tudo isso

---

300 C. Civ. de 2002, arts. 1.893-1.895.
301 C. Civ. de 2002, art. 1.893.

evidencia a inferioridade técnica em relação aos Códigos Civis alemão e suíço. A solução que os princípios superiores de direito nos aconselham é a seguinte: *a)* Se o militar recebe ordem de trabalho de salvação pública, é como se estivesse ao serviço do exército em campanha. *b)* Onde pode o militar usar da forma do art. 1.660 do Código Civil,[302] pode qualquer pessoa, *se o mesmo o perigo*.

As enfermeiras que receberam ordens para seguir as tropas são consideradas militares para os efeitos do art. 1.660 e seguintes.[303]

¿Pode testar pela forma militar a mulher do soldado que se acha nas tropas? Essa, evidentemente, partilha dos mesmos riscos. Se não se achava contra lei, residia legalmente, corria os mesmos riscos. Nada obsta a que ela entre na imensa classe dos "*omnes omnino, qui Iure militari testari non possunt*, mas que as circunstâncias sujeitaram aos mesmos riscos". Todos entram na classe; salvo os que proibidamente lá se acham, ou com fins ilícitos. A mulher de um soldado que mora em fortaleza, ou em farol militar, pode usar, havendo as referidas circunstâncias extraordinárias, o testamento militar.

Os militares ou demais pessoas feridas em manobras, ou que estiverem a falecer na ocasião delas, podem usar das formas especiais. Quanto aos arts. 1.656-1.659,[304] não há dúvida: estão a bordo as pessoas. Quanto aos arts. 1.660-1.663,[305] manobras são *serviços militares*, que podem provocar acidentes graves, e é da natureza de tais exercícios tratarem-se os casos como *em guerra*: as ambulâncias levarão o enfermo, unidade de um corpo – o que não deve ter o efeito de suspender as evoluções, os ataques, as defesas. Se o ferido (ou vítima de outro meio mortífero) entender de declarar as suas últimas vontade, o oficial de saúde, ou o diretor do estabelecimento, deve tomá-las por escrito (art. 1.660, § 2°).[306] Não podendo escrever, pela maneira que se admite no art. 1.663.[307] Não tendo sido conduzido por ambulância para posto de saúde e achando-se em corpo destacado, escrever-lhe-á o testamento o comandante respectivo, ainda que

---

302 C. Civ. de 2002, art. 1.893.
303 Vd. a nota 302.
304 C. Civ. de 2002, arts. 1.888-1.892.
305 C. Civ. de 2002, arts. 1.893-1.896.
306 C. Civ. de 2002, art. 1.893, § 2°.
307 C. Civ. de 2002, art. 1.896.

oficial inferior (art. 1.660, § 1°).³⁰⁸ Escreve o testamento do oficial mais graduado aquele militar que o substituir (art. 1.660, § 3°).³⁰⁹

O Código Civil não permite somente o testamento militar em serviço de campanha; reconhece-o aos militares e mais pessoas ao serviço do exército, se em praça sitiada, ou em praça não sitiada que esteja de comunicações cortadas.

A situação do aviador ou da pessoa a serviço do exército, ou das forças aéreas, que se ache em aeronave de onde não possa descer, como no caso de defeito mecânico que apenas retarde a queda, equipara-se à daqueles soldados ou pessoas a serviço do exército que se achem num forte, cujas comunicações foram cortadas. O estado de necessidade é o mesmo.

Toda organização militar constitui-se de unidades com chefes; grupos de unidades formam novos corpos, à frente dos quais há um comandante. O comandante, a que se refere o Código Civil, é o da unidade *imediata*: a primeira patente superior que comanda. Se a seção do corpo se acha separada – de guarda, de vigia, em reconhecimento, em exploração –, o chefe desse grupo sozinho é oficial público a que se refere a lei. O oficial que se recusa a isso comete infração das leis do país e responde civil e criminalmente. Cabe a própria ação de perdas e danos. Exemplo: se se negar, e o testador, recorrendo a outro meio, testar nulamente. No artigo 1.660,³¹⁰ o testamento militar constitui simplificação do testamento público – sendo oficial público o comandante do corpo ou seção de corpo destacado, o oficial de saúde ou o diretor do estabelecimento.

4) Testamento nuncupativo – É o que consiste em declaração de última vontade, verbal, ante duas testemunhas, feita por pessoa que pode fazer o testamento militar, se empenhado em combate ou ferida (Código Civil, art. 1.663).³¹¹ O art. 1.134 diz que se aplicam ao testamento nuncupativo as regras jurídicas da Seção II (arts. 1.130-1.133), sendo que o art. 1.133 também remete aos arts. 1.126 e 1.127, que não são da Seção II. Código Civil de 1916, art. 1.663.³¹² Para testamentificação nuncupativa é de mister tal situação extraordinária que exclua, *objetivamente*, a possibilidade

---

308 C. Civ. de 2002, art. 1.893, § 1°.
309 C. Civ. de 2002, art. 1.893, § 3°.
310 C. Civ. de 2002, art. 1.893.
311 C. Civ. de 2002, art. 1.896.
312 Vd. a nota 311.

de escrever (exemplos: refrega do combate, falta de material, ocultação das tropas em trincheiras, posição dos soldados em árvores, como guardas avançadas), ou *subjetivamente* (exemplos: ferimento, fraturas, cegueira, efeitos de gases). Em geral, basta a existência do combate. Não se vai exigir ao soldado, ou à própria enfermeira, que traga consigo papel e tinta, convoque testemunhas etc. O texto do art. 1.663[313] fala em pessoas feridas. Deve entender-se que também gozam da nuncupatividade excepcional, com só duas testemunhas, os militares e mais pessoas em serviço de guerra, que – por motivo de qualquer recurso bélico, como os gases asfixiantes, cáusticos ou lacrimogênicos, ou acidentes de batalha – se achem em perigo de vida. O perigo de vida, em conseqüência de serviço de guerra, ou a impossibilidade de usar formas ordinárias, devido a esse serviço – tal o que deve orientar-nos na aplicação do art. 1.663.[314] Em razão disso, o cego, que a guerra cegou (definitiva ou temporariamente) e ainda dela não saiu, pode testar, oralmente, de acordo com o referido artigo 1.663.[315]

5) Codicilo – Codicilo, diminutivo de *codex*, pequeno, rolo, caderninho, mantém-se, através dos tempos, com forma simplificada, inferior, do testamento. Poderes, extensão, exigências formais variaram, desde o seu aparecimento. Como os testamentos especiais, foi criação imposta pela vida e constitui vitória da *voluntas* contra a *forma*.

O Código Visigótico não cogitava de codicilos. Provavelmente, eles aparecem no século XIII. Na coleção da Torre do Tombo, há um (esp., caixa 86) a que a testadora chama *enadimento* e o tabelião *enadimento e declaramento*. É de Santarém, a 12 de maio da era 1320 (ano de 1282). Foi por esse tempo que surgiriam indícios do romanismo da instituição de herdeiro. Trata-se, pois, de influxo então recente do direito romano.

Nas Ordenações Afonsinas, os codicilos haviam de ter quatro testemunhas (já diferente do direito romano, que exigia cinco). Mas, nos lugares de pouca povoação, três, como se permitia nos próprios testamentos.

Muito nos auxiliará, no trato das questões relativas a codicilos, o exame sintético dos três critérios pelo quais, discordantes entre si, se orientaram os Códigos Civis hodiernos. Por bem dizer, um deles é o de

---

313 Vd. a nota 311.
314 Vd. a nota 311.
315 Vd. a nota 311.

quase todos; outro, o do Brasil. Bastaria isso para apontar a necessidade de aprofundar o estudo daquilo que o extrema dos demais países. Do sistema romano já não havemos de falar: pertence ao passado e nas linhas gerais já o conhecemos. Contemporâneos, três são os critérios que podemos apontar como as soluções vigentes do direito a propósito de codicilos:

a) A solução da inexistência dos codicilos. Nesta, se não é *testamento*, não é disposição *codicilar*, porque só existe testamento, ou, em alguns povos, testamento e contrato de herança. Ou é testamento, ou não é.

b) A solução da *existência* de codicilos, sem distinção quanto à *forma*. Nesta, que é a do Código Civil austríaco, eliminam-se várias questões – eliminações comuns a esta e à terceira solução, ou peculiares a esta. Exemplo de eliminação peculiar: impraticabilidade da cláusula codicilar (F. A. Von Zeiller, *Commentar über das allgemeine bürgerliche Gesetzbuch für die gesammten deutschen Erbländer der österreichischen Monarchie*, III, 489): se, por defeito de forma, como testamento não vale, não vale como codicilo (*identidade de formas*, que caracteriza o segundo sistema). Mas, se só nula ou caduca a instituição, vale o texto, sem ela (§ 726), e o herdeiro legítimo cumpre os legados como os cumprira o testamenteiro (*quasi substitutus*). Aqui, a transição realizada pelo Código Civil austríaco mostra-se ao vivo, nítida, como peça anatômica: em verdade, deixou de exigir a instituição de herdeiro, e por isso, excluída ela, vale o resto (*conservação*), mas – atribuindo-se ao instituto do codicilo a permissão – não se pode cogitar de *conversão*, pois que a forma é a mesma, nem da *cláusula codicilar*. Em todo o caso, quanto a esta, é discutível: desde que a lei conhece os dos institutos, e *caduca* ou é *nula* a instituição, ¿pode-se explicar o efeito sem a subinteligência da cláusula? Outra dificuldade surge com o § 778 do Código Civil austríaco, no caso de se preterir, erradamente, herdeiro necessário. A doutrina falaria de cláusula codicilar *propter defectus voluntatis*.

Com essa solução o Código Civil boliviano, arts. 659-661, de pasmosa inutilidade.

c) O da *existência* de codicilos – distintos, quanto à *forma*, dos testamentos. Tal é o caso do Brasil. Por isso mesmo que se conservam diferenças formais, exsurgem as velhas questões, que precisam ser tratadas com a mentalidade dos dias de hoje. Sobretudo, em relação aos fenômenos de conservação, conversão, cláusula codicilar, os recursos de hoje são maiores para lhes conhecermos, cientificamente, a natureza.

A diferença entre a solução austríaca e a brasileira, comparadas à romana, está na maior autonomia que elas dão aos codicilos, ainda testamentários; mas a solução *c)* não pode, de modo nenhum, excluir a cláusula codicilar, reputando-a velharia. Contraviria à letra da lei, pois que adotara esta, contra os outros sistemas, a diversidade formal. A discussão pode persistir quanto à *natureza* da cláusula; mas, quanto à sua *existência*, é questão líquida. Basta pensar-se na cédula hológrafa a que só se oponha faltarem as testemunhas (Código Civil de 1916, arts. 1.645, II, e 1.648),[316] porém no qual o testador tenha dito – "como posso, pelos arts. 1.651, 1.653 e 1.654,[317] revogar os codicilos anteriores, revogo-os por esse ato", ou "como pode ser que não nos salvemos, se esse meu ato puder ser confirmado na forma do art. 1.648,[318] quero que se observe, como codicilo, tudo que dispus, sobre o meu enterro e as minhas jóias".

Com a cláusula codicilar, pode ocorrer o seguinte: *a)* vedá-la a lei (*Preussisches Allgemeines Landercht*, II, 7, tít. 17); *b)* estatuir a lei, expressamente, que se subentenda a cláusula (Código da Sabóia, V, 1, § 20); *c)* deixar à ciência a questão; *d)* pelo fato de equiparar quanto aos requisitos formais e intrínsecos testamentos e codicilos, como se dá no Código Civil boliviano, ou pelo fato de proibir codicilos (o que é o mesmo), tornar *sem objeto*, ou *inútil*, a cláusula codicilar; *e)* ou, ainda, equiparar formalmente testamentos e codicilos, deixando dúvidas quanto ao intrínseco, como sucede ao Código Civil austríaco.

Ora, a tradição do direito brasileiro é a da letra *c)*. Todas as outras soluções seriam arbitrárias. O Código Civil nada mudou a esse respeito. Dizer que a cláusula codicilar desapareceu seria o mesmo que afirmar não haver, no direito brasileiro, ação de *in rem verso*, porque não há texto de lei. Compare-se tal atitude com a que têm os juristas nos próprios países em que se extinguiram os codicilos. No direito francês, disse Marcel Planiol (*Traité élémentaire de Droit Civil*, III, 673, nota 1): "*De là l'usage de la clause codicillaire, par laquelle le testateur, prévoyant le cas où son testament serait déclaré nul comme tel, déclarait qu'il devrait valoir au moins comine codicille. L'ordonnance de 1735 en avait conservé l'usage; elle est devenue inutile sous le Code Civil, qui ne distingue plus le testament proprement dit du codicille*". No direito alemão, não se perderam da rota científica três escritores. Por exemplo, P. Siméon (*Lehrbuch des*

---

316 C. Civ. de 2002, art. 1.876, § 1º e art. 1.878, parágrafo único, respectivamente.
317 C. Civ. de 2002, arts. 1.881, 1.883 e 1.884, respectivamente.
318 C. Civ. de 2002, art. 1.878, parágrafo único.

Bürgerlichen Rechts, I, 186, nota 6) escreveu que a cláusula codicilar, pela qual, em caso de necessidade, o testamento havia de valer como codicilo, é, hoje, sem objeto, porque o Código Civil alemão misturou, identificou, codicilo e testamento. Se futuro legislador brasileiro revogar a exigência de testemunhas no testamento particular do art. 1.645,[319] então ocorreria igual perda de objeto à cláusula codicilar, tornada inútil. Nas circunstâncias atuais, absolutamente não: não só não se proibiu, como também a vitoriosa doutrina anterior, quase unânime e só discordante em pormenores que nada têm com a *existência*, força o respeito à tradição nacional, o *voluntas testatoris,* e mais do que tudo isso: aos princípios de direito.

Aqui cogitamos da possibilidade da cláusula. Adiante trataremos da sua natureza no direito brasileiro, da sua extensão e dos seus efeitos.

Diz o art. 1.651 do Código Civil:[320] "Toda pessoa capaz de testar poderá, mediante escrito particular seu, datado e assinado, fazer disposições especiais sobre o seu enterro, sobre esmolas de pouca monta a certas e determinadas pessoas, ou, indeterminadamente, aos pobres de certo lugar, assim como legar móveis, roupas ou jóias, não mui valiosas, de seu uso pessoal" (art. 1.797).

A lei estatui que seja escrito pelo disponente, que tenha data (exigência que, *ainda aí*, só eventualmente será *essencial*, dado o sistema do direito brasileiro). Nada mais se lhe exige.

Exigindo o Código Civil a escrita particular aos codicilos, afastou questões do velho direito. É de notar-se que em tais instrumentos supôs data, contrariamente ao proceder em relação aos testamentos. *Não precisa de testemunhas*.

Se o cego pode escrever, respeitando o art. 1.651,[321] é-lhe facultado o codicilo, sem necessidade de leitura por outrem, pois que se não trata de nuncupatividade. Não há codicilos nuncupativos. O art. 1.637[322] só se refere aos testamentos. No caso do art. 1.663,[323] quem pode o mais pode o menos: se as pessoas designadas do art. 1.660,[324] achando-se nas circunstâncias do

---

319 C. Civ. de 2002, art. 1.876.
320 C. Civ. de 2002, art. 1.881.
321 Vd. a nota 320.
322 C. Civ. de 2002, art. 1.867.
323 C. Civ. de 2002, art. 1.896.
324 C. Civ. de 2002, art. 1.893.

art. 1.663,³²⁵ podem fazer testamento nuncupativo perante duas testemunhas, *a fortiori* podem dispor quanto à matéria dos arts. 1.651 e 1.653.³²⁶

Se ao codicilo falta a data, não vale como codicilo, por infração do art. 1.651 do Código Civil.³²⁷ Assim, se o testamento hológrafo não vale e lhe falta a data, não se pode dizer que vale como codicilo (cf. 2ª Turma do Supremo Tribunal Federal, 23 de janeiro de 1951, *R. F.*, 136, 114: "É o sistema da nossa lei civil, cuja singularidade realça Pontes de Miranda. Dá-se o mesmo se as disposições não são "sobre o seu enterro, sobre esmolas de pouca monta a certas e determinadas pessoas", ou "aos pobres de certo lugar", ou de "legado de móveis, roupas, ou jóias, não mui valiosas, de seu uso pessoal"; 5ª Câmara Cível do Tribunal de Justiça do Distrito Federal, 21 de maio de 1948, *R. F.*, 133, 447, e *R. dos T.*, 185, 417: "...os juristas, dentre outros sobrelevando Pontes de Miranda, têm entendido tratar-se de coisas não excedentes de um vigésimo do valor do monte, suprida, assim, pela doutrina, a deficiência da lei, que silenciou quanto à proporção aritmética interpretativa ou fixadora do conceito de pouca monta. No caso dos autos não se provou ter o *de cujus* deixado outros bens. Como um codicilo, o apelante só teria direito aos bens que pretende, se demonstrado que efetivamente representam eles um vigésimo do valor do monte-mor É paralelamente o mesmo critério para a doação manual, a que alude o parágrafo único do art. 1.168 do Código Civil, onde a noção de pequeno valor é condicionada ao que possuir o doador. Ao que tudo indica, entretanto, os bens constitutivos do codicilo representam tudo quanto o *de cujus* possuía, não sendo, assim, de pouca monta, em face do seu pequeno patrimônio"; 1ª Câmara Civil do Tribunal de Apelação de São Paulo, 22 de abril de 1946, *R. dos T.*, 164, 287, sobre falta de data).

No direito anterior, o codicilo podia fazer-se por escritura pública, isto é, *em notas* do oficial público. Diferia do testamento em se não poder, nele, instituir herdeiro, substituí-lo ou deserdá-lo, e em bastarem quatro testemunhas, ou, nos lugares de pequena povoação, três (Ordenações Filipinas, Livro IV, Título 86, §§ 1º e 2º). Hoje, o Código Civil, art. 1.651,³²⁸ só se refere ao codicilo "mediante escrito particular". Pergunta-se: ¿já se não permite por instrumento público, ou cerrado, com aprovação do tabe-

---

325 C. Civ. de 2002, art. 1.896.
326 C. Civ. de 2002, arts. 1.881 e 1.883, respectivamente.
327 C. Civ. de 2002, art. 1.881.
328 Vd. a nota 327.

lião? De qualquer modo, seria *abundans cautela*. Aliás, o próprio Código Civil, no art. 1.655,[329] admitindo que seja fechado, cita o art. 1.644.[330]

Resta saber se precisa ser hológrafo. Sim, ainda que cerrado, com aprovação. Se não for hológrafo, terá de ter todas as solenidades do testamento cerrado. Mas, se público, ¿terá de ter o mesmo número de testemunhas que os testamentos? Aqui, a holografia não é possível. O oficial público deve exigir as formalidades dos testamentos. Se for nulo, responde civil e criminalmente.

Diz o art. 1.655 do Código Civil:[331] "Se estiver fechado o codicilo, abrir-se-á do mesmo modo que o testamento cerrado" (art. 1.644).

No direito anterior, o codicilo seguia as três formas do testamento.

O art. 1.655 do Código Civil[332] constitui reminiscência e diz que, sendo cerrado o codicilo, o juiz o abra, fazendo-o registrar e arquivar no cartório a que tocar, ordenando que seja cumprido se lhe não achar vício externo que o torne suspeito de nulidade ou de falsidade (art. 1.644).[333]

O Código de 1973, no art. 1.134, IV, faz aplicáveis as regras jurídicas do testamento particular em se tratando de codicilo. Mas havemos de entender que, se o codicilo é cerrado, tem-se de atender ao que se dispõe nas regras jurídicas sobre testamento cerrado (arts. 1.125-1.129).

6) Procedimento de direito material – O testamento do art. 1.661 do Código Civil[334] é simplificação do testamento cerrado ordinário, ou particular, aberto, com a notação do auditor ou oficial. Se o testador, ao escrever o testamento e ao levar ao auditor, com as duas testemunhas, que o leram, ou, pelo menos, sabem a que iam, for ferido e morrer, ou, já antes ferido, morrer, deve o juiz inquiri-las e mandar cumpri-lo, uma vez que o art. 1.663[335] permite a *nuncupação*. Por isso mesmo, no art. 1.662,[336] está referido, como em contraposição ao testamento do art. 1.661,[337] o que se

---

329 C. Civ. de 2002, art. 1.885.
330 C. Civ. de 2002, art. 1.875.
331 C. Civ. de 2002, art. 1.885.
332 Vd. a nota 331.
333 C. Civ. de 2002, art. 1.875.
334 C. Civ. de 2002, art. 1.894.
335 C. Civ. de 2002, art. 1.896.
336 C. Civ. de 2002, art. 1.895.
337 C. Civ. de 2002, art. 1.896.

compõe de instrumento do art. 1.661 com as formalidades do parágrafo único.[338] Aquele, sujeito ao prazo do art. 1.662;[339] esse, não. Quanto ao art. 1.662,[340] como a respeito do art. 1.658,[341] a vitalidade do testamento é curta: o mesmo prazo de três meses. Salvo se for da espécie do art. 1.661,[342] acrescentado das formalidades do art. 1.661, parágrafo único.[343] Portanto, podemos dizer que o testamento do art. 1.661, parágrafo único,[344] constitui *forma ordinária*, no tocante à durabilidade. Apenas, para ser feito é que se lhe exige a legitimação do art. 1.660.[345] A caducidade concerne: *(a)* Ao testamento escrito pelo chefe militar (artigo 1.660, § 1°).[346] *(b)* Ao testamento escrito pelo oficial de saúde ou pelo diretor do estabelecimento (art. 1.660, § 2°).[347] *(c)* Ao testamento escrito, datado e assinado pelo testador, aberto ou cerrado, entregue ao superior (art. 1.661).[348] *(d)* Ao testamento nuncupativo do art. 1.663.[349] O prazo, nos casos das letras *(a), (b)* e *(c)*, é o de três meses, contados de quando o testador chegou a lugar onde podia testar na forma ordinária. Claro que, no caso de permanência em terra estranha, não se conta o prazo: o militar não testa pela *lex loci* do Estado adversário. No caso da letra *(d)*, o prazo é incerto: se o testador morrer na guerra, é eficaz; não o é, se convalesce o testador. A caducidade não concerne ao testamento do art. 1.661, com as formalidades do parágrafo único.[350]

7) Natureza da sentença – A sentença, em tais casos, é integrativa da forma, não da declaração de vontade do testador. Nem, sequer, o elemento declarativo da sentença chega, aí (ainda nos casos dos testamentos notariais), a fazer declarativa a sentença, que é meramente constitutiva (integrativa da forma). Também é contra os princípios dizer-se que a sentença

---

338 Vd. a nota 337.
339 C. Civ. de 2002, art. 1.895.
340 Vd. a nota 339.
341 C. Civ. de 2002, art. 1.891.
342 C. Civ. de 2002, art. 1.894.
343 C. Civ. de 2002, art. 1.894, parágrafo único.
344 Vd. a nota 343.
345 C. Civ. de 2002, art. 1.893.
346 C. Civ. de 2002, art. 1.893, § 1°.
347 C. Civ. de 2002, art. 1.893, § 2°.
348 C. Civ. de 2002, art. 1.894.
349 C. Civ. de 2002, art. 1.896.
350 C. Civ. de 2002, art. 1.894, parágrafo único.

é o "original do testamento" (J. M. de Carvalho Santos, *Código*, VI, 256; Odilon de Andrade, *Comentários*, VII, 90). Ninguém diz que a sentença que me manda pagar *x*, por ter havido contrato verbal, é o original do contrato. As sentenças constitutivas não são "originais", salvo quando a cooperação judicial não se limita à forma, isto é, traz consigo declaração de vontade da autoridade (*e. g.*, sentença de suplemento judicial de idade). Porque não é declarativa a sentença do juiz, no processo da Seção II (testamento particular), que é o do testamento militar, não tem força de coisa julgada material. Porque não é constitutiva com elemento de vontade da autoridade, a ação de nulidade de testamento pode atacá-la, em seu todo, para que só prevaleça o que o testador declarou. O que foi posto pelo juiz, como revestimento formal da parede testamentária, cai, quando cai a parede mesma. Todo elemento judicial integrativo cai, caindo o elemento negocial a que se juntou.

8) Impugnação e rito ordinário – Havendo impugnação, a função do juiz não é mais somente a de integração da forma – ele vai decidir sobre a demanda de nulidade do testamento ou das suas disposições. A sentença tem força constitutiva negativa, de cognição completa, se a sentença negar o cumpra-se.

Há a questão de poder, ou não, ser intentada ação de nulidade do testamento, ou das disposições, todas, algumas, ou uma delas, se há litispendência da ação do art. 1.184 ou eficácia da sentença nela proferida, impedindo rediscussão e julgamento noutro processo. A resposta é negativa, porque a impugnação somente concerne às afirmações de que o testamento obedeceu às formalidades legais e de que as suas disposições devem ser cumpridas por terem sido feitas e serem eficazes. Não há dúvida que alguma ou algumas disposições podem ser *negadas* (afirmação de que não foram feitas) ou ter de ser decidida a questão do perfeito juízo do testador, e se foi levantada, mas cabe a regra de que somente nos limites do pedido e do julgado se pode pensar em litispendência e força específica da sentença.

Seção IV

Da execução dos testamentos[1)][2)][3)]

1) Testamentaria – O Código Civil deixou à doutrina a construção da *testamentaria*. Não há teoria legal. O mesmo sucedeu com o Código Civil alemão (F. Ritgen, em G. Planck, *Bürgsrliches Gesetzbuch*, V, 381). Porém, aqui como lá, só a natureza de cargo especial, mais do que a incumbência do mandatário, mais do que a do legatário com encargo (*modus*) e menos do que a função do juiz arbitral, se pode atribuir à testamentaria. Ainda assim, vemos Konrad Cosack (*Lehrbuch*, II, § 395) e Ernst Jaeger (*Erbenhaftung*, 40, nota 14) considerarem o testamenteiro representante do herdeiro com relação à herança, Friedrich Enuemann (*Lehrbuch*, III, § 52) recorrer às relações jurídicas fiduciárias, Brettner (Der Testamentsvollstrecker, *Archiv für Bürgerliches Recht*, 17, 227) tê-lo por mero representante legal dos herdeiros, com particularidades de função, F. Seckt (*Beitrag*, 54 e 82), como órgão dos interesses juridicamente reconhecidos do testador, Adolf Weissler (*Das deutsche Nachlassverfahren*, 179-180), como órgão de justiça preventiva (conceito digno de atenção), A. Sturm (*Die Lehre zon den Testamentsvollstreckern*, 28, 59, 73) distinguir na sua teoria do instituto a representação da herança e a administração de bens alheios, processo a que não se pode negar o valor de certa análise das relações, K. Hellwig (*Lehrbuch*, I, 301) socorrer-se da representação do patrimônio autônomo, Emil Meischeider (*Die letztwildigen Verfügungen*, 464) voltar à teoria de Georg Beseler. Jakob Weismann (*Lehrbuch*, I, 74) seguiu Konrad Cosack. Seguro ao fio histórico, Alfred Schultze (Treuhänder, *Jherings Jahrbücher*, 43, 64 s.) considera o *Treuhünder* titular de limitado direito real, conforme os velhos negócios jurídicos longobardos, que eram caracteristicamente fiduciários.

No Código Civil suíço também não se adotou expressamente uma teoria (A. Escher, no *Kommentar*, de August Egger, III, 105). Vemos aceita a do testamenteiro com direito próprio, como assentavam alguns (Ernst Eck-R. Leonhard, *Vorträge*, III, 144), exercendo ele direito real sobre a herança (Alfred Schultze, *Die langobardische Treuhänd*, 73); portanto a teoria fiduciária (Peter Tuor, no *Kommentar* de Gmür, III, 363; August Escher, 106). No *Exposé des Motifs* escreveu-se: "*Si cela était nécessaire, nous n'hésiterions pas à le définir dans la loi, en disant que l'exécuteur testamentaire est le représentant ou l'homme de confiance (Treuhänder) du disposant.*"

No direito brasileiro, à semelhança do direito inglês, do alemão etc., a testamentaria é um *cargo*, privado, se quiserem, mas, irrecusavelmente, cargo. Adotam opinião demasiado simplista, e sem fundamento histórico ou científico, aqueles que (J. A. Ferreira Alves, *Manual*, 19, 413; F. de P. Lacerda de Almeida, *Sucessões*, 467), na esteira do velho Furgole e de Merlin, a consideram mandato. Se fosse mandatário do testador, não se explicaria o testamenteiro dativo. Dativo, seria absurdo considerar-se mandante ao juiz. É um *munus*, um cargo, e o testamenteiro, um funcionário privado. Por isso mesmo, não está adstrito à vontade de outrem, que lhe dê instruções. Nomeado pelo juiz, se dele discorda, pode agravar, apelar, representar. Tem função autônoma e arbítrio no cumprimento do seu dever. Obrigado ao que se julga e às leis, ele o é, como todo o mundo.

Em verdade, o testamenteiro exerce as suas funções *em seu próprio nome*, com fundamento no amparo e na execução das últimas vontades do testador, segundo a lei. Nem *representa* o testador: não se representam mortos. Nem os herdeiros: pois que pugna contra eles (Konrad Hellwig, *Anspruch und Klagrecht*, 74 e 236). Nem se poderia aludir à testamentaria como espécie de pessoa jurídica, de corporação, de que o testamenteiro fosse o representante: tal escapatória doutrinária de Konrad Hellwig (74) não consulta os antecedentes germânicos do instituto, como deles se afasta a representação da herança proposta por Heinrich Dernburg (*Lehrbuch* III, § 164; *Pandekten*, III, § 124). Nem os mais recentes Códigos europeus, nem o brasileiro, cogitam de outras pessoas jurídicas que as vulgarmente reconhecíveis, União, Estados-membros, Municípios, sociedades e associações, fundações.

Devido à natureza do seu cargo, chama-se, após o cônjuge e os herdeiros, à administração da herança, aquele que exerce a testamentaria. Se não lhe cabe a inventariança, pode ele intervir, com seus ofícios, petições, recursos, em tudo quanto, no inventário, possa interessar à execução testamentária. Exerce as suas funções *suo nomine* (Konrad Hellwig, *Lehrbuch*, I, 301), quiçá *contra todos os herdeiros e legatários*. Por isso mesmo, deve ser citado nas ações contra o espólio e pouco importa, na espécie, que tenham sido citados todos os herdeiros e o inventariante. *Não representa os herdeiros*. Se a causa foi proposta em vida do testador e, depois, se chamaram a juízo os outros interessados, também ele o deve ser: *não representa o morto*. Obra *suo nomine*, dissemos; com deveres, é certo, mas separadamente, autônomo, como quem quer que exerça cargo de que só se demite com provas de mau proceder. Afirmar-se que obra por si, que exerce as suas funções *suo nomine*, é o bastante.

Apurar a verdadeira origem do cargo de testamenteiro é mais valioso do que, no vulgar, se crê. Sabendo-se, evita-se falar em mandato, em representação dos herdeiros ou da herança e quejandas impropriedades, com que se não compadece a lição histórica. Quando o I Projeto alemão falou em representante legal do herdeiro (§ 1.903), todos sabemos quais as críticas que irromperam na II Comissão e no Congresso dos Juristas Alemães. Daí a compreensível irritação de Alfred Schultze (Treuhänder, *Jherings Jahrbücher*, 43, 65) contra Goldfeld (Vortrag, *Deutsche Juristen-Zeitung*,

I, 256), J. Petersen-E. Anger (*Die Civilprozessordnung*, §§ 50 s.), e os poucos que insistiram nas erronias de mandato e de representação. Diz-nos a história que a execução testamentária surgiu, cresceu, ganhou em precisão, exatamente *contra* a vontade e o interesse dos herdeiros. Primeira conseqüência: é absurdo falar-se de representação ou de mandato deles. Como bem frisou Gustav Hartmann, no 21º Congresso dos Juristas Alemães, a testamentaria contradiz a essência da representação (*Verhandl.*, I, 8 s.). Ainda hoje, constitui um dos fins precípuos do testamento tal vigilância, por vezes compressão dos interesses dos herdeiros, talvez necessários (Código Civil, art. 1.723),[351] pela vontade do testador. Mais ainda: cabem ao testamenteiro funções que o herdeiro não poderia exercer por si, menos ainda delegá-las, ou fazer-se nelas representar. Pode exercê-las quando cabeça de casal ou herdeiro, *além disso*, assumir o posto da testamentaria.

Sociologicamente, a concepção da testamentaria como espécie de tutela (Georg Beseler, *Die Lehre von den Erbverträgen*, 173; "*executores ultimarum voluntatum tutoribus aequiprarantur*") denuncia a impressão deixada aos antigos germanos pela autonomia do testamenteiro em relação aos herdeiros. Impressão, e nada mais. A outra, a do mandato, constituiu romanismo; portanto, noção estranha ao instituto. A idéia de representação, do direito canônico (c. 19, X, 3, 26), não satisfaz as exigências históricas. De todas, a mais extravagante é a do mandato. Nos documentos medievos e pós-medievos, em que se fala de *mandatum*, os textos de si sós provam que testamentaria não é mandato (Alfred Schultze, Treuhänder, *Jherings Jahrbücher*, 43, 60; R. Caillemer, *Origines*, 130 s.; M. Robert, *Le Origini dell'Esecutore testamentario*, 138 e 226). Ainda hoje, no Brasil, se adjudicam os bens ao testamenteiro, e ele, indicando, na nota de transcrição, a relação de sucessão entre o decujo e o beneficiado, procede à transmissão real. Hoje, como outrora, faz o registro dos bens do falecido, *vice sua*, mas em virtude de direito próprio (Alfred Schultze, 62; R. Caillemer, 145 S.). Exerce ações de posse contra o herdeiro legítimo e o testamentário; imite-se na posse, antes de os herdeiros receberem a herança, como se vê em Rolandinus de Passagerius (*Flos Testamentorum*, 257). Nas mais puras fontes, o testamenteiro tem direito real limitado, é um senhor *ad tempus*. (G. Messina, *Negozii fiduciarii*, 202 s., sustentou teoria, mais doutrinária que histórico-técnica, da propriedade resolutivamente condicionada.) O gênio

---

351 C. Civ. de 2002, art. 1.848, § 1º.

dos tempos modernos fundiu o elemento romano e o elemento germânico-medieval, que resultaram no testamenteiro, algo de oposto aos herdeiros legítimos, aos testamentários, a todos, como portador da fidúcia do defunto. Daí a separação integral que o direito romano não conheceu – esse direito romano, que tanto pensara, meditara, e aplicara os testamentos. A Igreja encheu, com o que era seu, o instituto bárbaro, deu-lhe um pouco da sua política econômica pertinaz e sutil. Resultou a *testamentaria* – função de cujo bom cumprimento se pode concluir sobre o caráter dos povos. Pense-se no povo inglês e nos outros nórdicos. Sem o estudo da filiação histórica, não se poderá compreender a situação do testamenteiro, em relação aos bens da herança. Limitado, exíguo – nem por isso perde o caráter de *erga omnes* o seu direito, embora se desvista da antiga *realidade*. Toda idéia de representação e de mandato constitui superfetação, sociologicamente inadmissível (C. F. Koch, *Das preussische Erbrecht*, 339, 360; Otto Fischer, *Recht und Rechtsschutz*, nota 2; Emil Strohal, *Das deutsche Erbrecht*, § 40, 164; G. Frommhold, *Erbrecht*, nota 1 ao § 2.212; R. Schott, *Armenrecht*, 64). Otto Fischer caracterizou-o: disponente de bens alheios, sem ser representante. Josef Kohler (*Gesammelte Beiträge*, 347) é igualmente expressivo: "O que obra em próprio nome, porém com poder jurídico sobre bens de terceiro". Não menos decisiva fora a jurisprudência (*Reichsger*, 26 de janeiro de 1894). No direito europeu (como no Brasil, herdeiro do instituto), cogita-se de cargo, e a idéia de representação só poderá intervir com o caráter especialíssimo dos funcionários, dos eleitos do povo, e outros que exercem cargos. Na espécie – particular, privado; mas isso longe está de transformá-lo em mandato, ou, sequer, de identificar o testamenteiro com as pessoas que assistem a incapazes. É um cargo que se rege pelo direito privado (Alfred Schultze, Treuhänder, *Jherings Jahrbücher*, 43, 83), porém mais próximo dos funcionários públicos, a serviço da justiça, do que dos mandatários (Gustav Hartmann, 21 *d. Juristentag*, I, 13; Adolf Weissler, *Das deutsche Nachlassverfahren*, 176; Ernst Jaeger, *Erbenhaftung*, 40 s.).

2) Tomada de contas – A regra é que se tomem as contas findo o prazo da execução testamentária. Mas, com a lição de outrora, deve o juiz deferir a intimação para as prestar: (*a*) se o testamenteiro quer deixar o cargo; (*b*) se quer ausentar-se; (*c*) se se tornou suspeito. Segundo alguns que interpretaram as Ordenações Filipinas, Livro I, Título 62, § 12, podia ser desde logo *interinamente removido* (J. A. Ferreira Alves, *Consolidação*, § 187), até que se lhe apurasse a culpa e fosse privado da testamentaria e do prêmio ou cômodo que lhe deixou o testador. Mas tal remoção interina não se justifica. Antes do tempo, tomam-se as contas dos testamenteiros, se eles próprios o requerem, ou nos casos acima, e toda remoção é definitiva.

3) Prazo para cumprir o testamento e perda do prêmio – Trata-se de um dos casos em que perde o prêmio o testamenteiro. Se, chamado a prestar contas, sob a cominação de tomada à revelia, apresentada pelo autor, não comparece a juízo, deve o juiz removê-lo e decretar a perda do prêmio, conseqüência da desatenção ao mandado. A cominação entende-se feita com a assinação de prazo. Se comparece e fica provada a negligência, a prevaricação, ou lhe são glosadas as despesas por ilegalidade, ou não-conformidade com o testamento, remove-se o testamenteiro, perdendo o prêmio. Se, ainda depois de prestadas as contas, e recebido o prêmio, o testamenteiro deixa de defender a validade do testamento, ou é negligente ou prevaricador no desempenho da sua função, deve ser condenado à restituição do que recebeu ou de parte. *Em todos esses casos, o prêmio reverte à herança*. Isso há de ser interpretado de acordo com as realidades: (1) se for nomeado outro testamenteiro, ou assumir o cargo o imediato designado pelo testador, terá direito à paga dos serviços que prestar (pode não ser o mesmo prêmio, se o testamento já está, em parte, cumprido; talvez todo, como se dá nos casos de perda total posterior à prestação de contas pelo testamenteiro anterior); (2) se havia mais de um, e o ato causador da perda resultou de culpa exclusiva do condenado à perda do prêmio, a apreciação de quanto deve ser diminuído importa apreciação prévia dos serviços do que continua nas funções. O prêmio tirado ao testamenteiro não exclui a paga de prêmio ao novo testamenteiro, ainda quando, perdido aquele, não possa a herança reavê-lo. Os serviços do novo executor nada têm com a situação de débito ou de culpa do removido.

Art. 1.135. O testamenteiro deverá cumprir[4]) as disposições testamentárias no prazo legal[1])[2]), se outro não tiver sido assinado pelo testador[3])[5]) e prestar contas, no juízo do inventário, do que recebeu e despendeu[6]).

Parágrafo único. Será ineficaz a disposição testamentária que eximir o testamenteiro da obrigação de prestar contas[7])[8])[9]).

1) Prazo legal para cumprir as disposições testamentárias – Ou o testador assinou o prazo para o testamenteiro cumprir o que, pela função, lhe incumbe, ou não o assinou. O prazo legal estava no Código Civil de

1916, art. 1.762:[352] "Não concedendo o testador prazo maior, cumprirá o testamenteiro o testamento e prestará contas no lapso de um ano, contado da aceitação da testamentaria". E no parágrafo único:[353] "Pode esse prazo prorrogar-se, porém, ocorrendo motivo cabal". O prazo ficou reduzido a seis meses pelo Código de Processo Civil de 1939, art. 544, § 2°. "Se o testador não houver marcado tempo para cumprir-se o testamento, será de seis meses o prazo contado da data da aceitação da testamentaria". Agora, o Código de 1973, art. 1.135, fala de "prazo legal", sem o fixar. A interpretação que temos de dar às ocorrências é que o legislador de 1973 considerou de direito civil a matéria e deixou volver ao sistema jurídico o texto do Código Civil. Tínhamos reprovado a derrogação do texto de direito material pelo Código de 1939. Daí escrevemos (*Comentários ao Código de 1939*, Tomo VII, 2ª ed., 271): "Sem explicação, muito menos justificativa, a lei processual derrogou o Código Civil (art. 1.762), que marcava um ano para o cumprimento. Esperamos que legisladores futuros, conhecedores da distinção entre direito material e direito formal, capazes de segui-lo e cônscios da sua utilidade prática, além de teórica, dêem ao Código Civil o que é do Código Civil".

A principal conseqüência do Código Civil, art. 1.762,[354] é a de não haver execução testamentária por tempo indefinido. Primeiro, procura-se saber se há prazo fixado ou subentendido pelo testador. Onde o há, deve respeitar-se. Os herdeiros necessários e o cônjuge meeiro, que o reputarem demasiado longo, não podem atacá-lo. Inventário e execução testamentária são coisas distintas; o inventário deve ultimar-se nos três meses do art. 1.770,[355] a testamentaria no prazo que lhe deu o testador ou no legal, de modo que não há nenhuma possibilidade de se ferirem, com os prazos amplos ao testamenteiro, os direitos dos herdeiros necessários ou do cônjuge (cp. arts. 1.579, 1.754, 1.770 e 1.754, parágrafo único).[356]

O testador é o máximo e único interessado na fixação do prazo para a execução testamentária: os herdeiros testamentários, por definição *ex testamento*, não têm direitos que não sejam os que o testador lhes deu, e o

---

352 C. Civ. de 2002, art. 1.983.
353 C. Civ. de 2002, parágrafo único do art. 1.983.
354 C. Civ. de 2002, art. 1.983.
355 C. Civ. de 2002, art. 1.796.
356 C. Civ. de 2002, art. 1.797 e parágrafo único, arts. 1.977 e 1.796, e art. 1.977, parágrafo único, respectivamente.

testador podia, livremente, excluí-los. Tão amplo era o seu poder, tão perfeita a sua livre disposição, que, em relação aos herdeiros legítimos, para os excluir, bastaria dispor de todo o patrimônio sem os contemplar (art. 1.725).[357] Quanto ao que o art. 1.726[358] chama "remanescente", também deriva do testamento a herança: "Entender-se-á", diz a lei, "que instituiu os herdeiros legítimos no remanescente". Se ocorre que o testador instituiu herdeiros aos descendentes e ascendentes, que o são necessários (arts. 1.603-1.619 e 1.721),[359] ou por mencioná-los, ou por não ter disposto da metade disponível, tais herdeiros necessários não podem opor-se aos prazos da testamentaria, nem às atribuições do testamenteiro. A metade indisponível, esta sim, transmite-se desde logo, e não pode sofrer as restrições do art. 1.754.[360] As únicas restrições que os bens de tais herdeiros podem sofrer são as do art. 1.723.[361]

Se o testador não fixou prazo para o cumprimento das suas últimas vontades, estatui a lei que seja, presumidamente, o de um ano. Mas não se lhe exigiu dilatação expressa do prazo: pode resultar, por interpretação, de verbas testamentárias. Exemplo disso é determinar ele que os impostos sejam pagos com as rendas, mas estas não darem para o cumprimento no limite legal. Aqui, cabe distinguir: dilatação propriamente dita, como se disse "paguem-se os impostos com as rendas dos três primeiros anos", o que faz presumir prazo de quatro; é dilatação não resultante de direito dizer do testador, mas de circunstâncias criadas pelas verbas – neste caso – apreciada pelo juízo em processo de prorrogação de prazo.

Dentro dos prazos hão de ser cumpridas as verbas e prestadas as contas.

No Código Civil, art. 1.754, parágrafo único,[362] diz-se que, tendo o testamenteiro a posse e a administração, qualquer herdeiro pode requerer partilha imediata ou devolução da herança, habilitando o testamenteiro com os meios necessários para o cumprimento dos legados, ou dando caução de prestá-los. Mas verdade é que o testamenteiro pode ter prazo fixado pelo testador para cumprimento do testamento, quer quanto a encargos, quer quanto a legados, quer quanto às próprias heranças. Claro que, nesses casos, a par-

---

357 C. Civ. de 2002, art. 1.850.
358 C. Civ. de 2002, art. 1.966.
359 C. Civ. de 2002, arts. 1.829-1.844 e 1.845-1.846, respectivamente.
360 C. Civ. de 2002, art. 1.977.
361 C. Civ. de 2002, art. 1.848, § 1º.
362 C. Civ. de 2002, art. 1.977, parágrafo único.

tilha imediata e a entrega infringiriam a vontade do testador. O herdeiro *ex testamento* não tem direitos *contra* o testamento. Nas espécies que imaginamos, o requerimento do art. 1.754, parágrafo único,[363] chocar-se-ia com os arts. 1.761 e 1.762,[364] e os princípios gerais de sucessão testamentária.

(Cumpre não ligar o art. 1.754, parágrafo único,[365] à *vexata quaestio* do art. 1.665:[366] uma coisa é o começar e cessar da existência de um direito, e, outra, o começar e cessar o seu exercício. Sobre quais as disposições que, em virtude do artigo 1.665,[367] se hão de reputar *não-escritas*, já dissertamos.)

O prazo de um ano ou mais para cumprir não inibe a aplicação do art. 1.690:[368] o art. 1.762[369] trata da prestação de contas, isto é, execução de todo o testamento; não cogita do direito dos legatários (Teixeira de Freitas, *Tratado de Testamentos e Sucessões* de A. J. Gouveia Pinto, notas 273, 244).

2) Contagem do prazo para se cumprir o testamento e se prestarem contas – Fixado pelo testador, ou pela lei, o prazo corre desde o dia em que o testamenteiro aceitou. Conforme veremos na nota 5), a solução, que se impunha à técnica legislativa, foi a que se acolheu no sistema jurídico brasileiro. Não se poderia deixar de atender às circunstâncias que aí se prevêem. As duas funções, a de inventariança e a de testamentaria, são diferentes; mas pode ocorrer, e isso muito acontece, que a mesma pessoa as tenha de exercer. As faltas podem ser do inventariante ou do testamenteiro, se são duas as pessoas que têm de funcionar, e tudo se há de resolver com a apuração da culpa. Se houve substituições, também é de levar-se em consideração que não se há de culpar quem culpado não foi, nem se há de menosprezar os critérios para a atividade e os prazos.

A nota 5) contém o que é necessário para se respeitar a eficácia da regra legal ou a da cláusula testamentária. O art. 1.127, parágrafo único, é de relevância; bem assim, o art. 1.135 e o art. 1.137, sobre deveres do testamenteiro.

---

363 *Idem.*
364 C. Civ. de 2002, arts. 1.982 e 1.983, respectivamente.
365 C. Civ. de 2002, art. 1.977, parágrafo único.
366 C. Civ. de 2002, art. 1.898.
367 Vd. a nota 366.
368 C. Civ. de 2002, art. 1.923.
369 C. Civ. de 2002, art. 1.983.

3) Previsão de dois prazos – Se o testador permitiu prazo maior de um ano, dizendo: "cumprirá no segundo, se não for passível no primeiro ano", ou "marco um ano e, se for preciso, dois", os testamenteiros só têm tal dilatação se mostrarem que, no primeiro, empregaram toda a diligência (Teixeira de Freitas, *Consolidação das Leis Civis*, art. 1.105; *Tratado dos Testamentos*, IV, 245). Se o contrário se der, devem ser removidos, por ser essa a vontade do testador.

4) Prorrogação do prazo para cumprimento – A regra é constituir causa suficiente para remoção dos testamenteiros o não terem cumprido o testamento, ou não terem prestado as contas dentro do prazo que o testador ou a lei fixou. A brevidade da execução dos testamentos interessa ao bem público (Alvará de 2 de outubro de 1811). Se o não cumpriram e não prestaram as contas, ou são removidos, ou, provado impedimento legítimo, se lhes há de prorrogar o prazo. São motivos cabais ou justas causas para a prorrogação: (a) Litígio sobre os bens da herança, salvo chicana ou outra culpa do testamenteiro. (b) Impossibilidade de cumprimento por dificuldade de liquidação ou de entrega, exceto se há culpa, mora ou negligência dos testamenteiros (cf. Ordenações Filipinas, Livro I, Título 62, §§ 2°, 17; Decreto n° 834, de 2 de outubro de 1851, art. 34, § 1°). Os juízes em correção podem revogar as prorrogações concebidas sem justa causa (cp. Decreto n° 834, art. 34, § 1°), se tal atribuição consta da lei de organização judiciária. A construção jurídica, em tal caso, seria a de não passar formalmente em julgado a resolução judicial que prorroga. No caso de falência da sucessão, não terminam as funções do testamenteiro – suspendem-se, de fato e de direito, para tudo quanto se refira à administração dos bens e pagamento dos credores. O testamenteiro pode pedir a abertura da falência. No que escapa à falência, a função continua.

5) Prazo marcado pelo testador – Fixado pelo testador, o prazo corre conforme o marcou o testamento. Se não foi indicado por ele o dia do início do prazo, ou se o prazo é o da lei, por tê-lo deixado de fixar o testador, corre desde que o nomeado aceitou, excluído esse dia. Portanto: *a)* no caso de só ter ciência tardiamente, ainda depois de seis meses da abertura, corre do dia em que compareceu a juízo para aceitar a testamentaria; *b)* tendo declarado aceitar, porém, por culpa sua, não tendo assinado o compromisso, ou não tendo exercido as funções, desde o dia em que aceitou: não devia cindir aceitação e funções; *c)* sucedendo a outro, o prazo corre de novo, exceto se o testador previu a espécie, ou se, ao aceitar a testamentaria, já em parte executada, lhe foi fixado pelo juiz prazo especial. Se o inventário compete a outrem e ainda não foram, sem culpa do testamenteiro, entregues os bens ou recursos para a função que lhe cabe, não pode ser increpado de mora. A esse respeito, a Corte de Apelação do Distrito Federal (30 de outubro de 1919) entendeu que a atribuição específica do testamenteiro não começa da abertura do inventário, e sim do julgamento da partilha, em virtude da qual recebe do inventariante os bens que bastem para cumprir o testamento. Não está certo. Confunde-se o curso do prazo com as razões de escusa, defluir de tempo com o correr sem culpa. O prazo corre desde a aceitação; por isso mesmo, esgotado, precisa prorrogar-se, alegado e provado o motivo cabal – e a "culpa de outrem" (na espécie, o inventariante) é um desses motivos.

6) Interpretação de disposições testamentárias – Da decisão que interpreta verba testamentária cabe o recurso de apelação. Trata-se de decisão declarativa, porque versa, necessariamente, sobre a afirmação ou negação da existência de relação jurídica. Quanto ao recurso de apelação, a jurisprudência é assente (6ª Câmara Cível do Tribunal de Justiça do Distrito Federal, 17 de outubro de 1947, *R. F.*, 120, 471; 2ª Câmara Cível do Tribunal de Justiça do Rio de Janeiro, 31 de janeiro de 1947).

7) Prestação de contas, "ius cogens" – Regra de direito material, pois que diz respeito à validade de disposição testamentária. Heterotópica, no Código de 1973, art. 1.135, parágrafo único, como no de 1939, art. 550, a regra jurídica. As Ordenações Filipinas, Livro I, Título 62, § 4º e pr., eram no mesmo sentido. A doutrina assim entendia o art. 1.757[370] do Código Civil (nosso *Tratado dos Testamentos*, V, 222, 233). É também nula e ineficaz a cláusula testamentária que exima o testamenteiro de inventariar (se tem a posse e administração), de administrar com os deveres legais de administrador, da responsabilidade pelo não-cumprimento de qualquer das verbas testamentárias, salvo se ineficazes essas, passada em julgado a decisão do juiz.

8) Indelegabilidade da testamentaria – Outrossim, são nulas e ineficazes as disposições que permitam a delegação da testamentaria, ou não-responsabilidade pela infração do art. 1.764, ou do art. 1.765 do Código Civil.[371]

---

370 C. Civ. de 2002, art. 1.980.
371 C. Civ. de 2002, arts. 1.985 e 1.986, respectivamente.

9) Sobras – Às vezes, no testamento, há mais bens do que os que são necessários para o cumprimento das últimas vontades. De tais sobras cogitou a lei (Código Civil, art. 1.726).[372] Mas se o testador disse: "Fica o testamenteiro sem qualquer responsabilidade pelo que sobrar da execução do testamento", vale a disposição. No Brasil, pelos princípios de direito que regem a testamentaria e o direito de testar. Igualmente, se o testador lhe permite quaisquer *contratos consigo mesmo*, vale a disposição. Salvo: se contra os princípios de moral ou se viola princípio de lei. Os poderes devem resultar dos termos do testamento, na parte que permite e na parte que institui herdeiros ou deixa legados, encargos etc. Nos países em que os notários têm missão de exercer testamentaria, o Estado não responde pelos atos que eles praticarem, nem pelas indevidas transferências do cargo. Mas o Estado responde sempre, subsidiariamente, pelos danos que resultarem da negligência, ou culpa grave do órgão do Ministério Público, que concordou com as contas.

> *Art. 1.136. Se dentro de três (3) meses, contados do registro do testamento, não estiver inscrita a hipoteca legal[1]) da mulher casada, do menor e do interdito instituídos herdeiros ou legatários, o testamenteiro requerer-lhe-á a inscrição, sem a qual não se haverão por cumpridas as disposições do testamento[2]).*

1) Inscrição de hipoteca legal – Fonte: Decreto nº 370, de 2 de maio de 1890, arts. 174, 187. O Código Civil somente cogitou da hipoteca legal dos incapazes (art. 340, II).[373] Só ao marido e ao pai atribuiu o dever (Código Civil, art. 839).[374] Está claro que nenhuma derrogação se operou: a inscrição da hipoteca legal da mulher casada, no que concerne ao art. 1.136, é só nos casos de execução de disposição testamentária que a suscita (não em geral), e dela não precisava falar o Código Civil como dever do testamenteiro. Os dois textos estão certos. Exemplo: se o testador deixa à filha bens inalienáveis, permitindo a administração pelo marido.

---

372 C. Civ. de 2002, art. 1.966.
373 Sem correspondência no C. Civ. de 2002.
374 Vd. a nota 373.

2) Tempo para a inscrição – O Código Civil, art. 840, II,[375] diz que o testamenteiro deve requerer a inscrição antes de entregar o legado, ou a herança. Tal a regra de direito material. Como o Código de 1939, art. 545, o de 1973, na estrada do Decreto n° 370, manda que o faça dentro de três meses após o registro do testamento. Não há a contradição que os comentadores apontavam: dentro dos três meses após o registro e antes de entregar o legado ou a herança. O primeiro prazo supõe que o marido ou o pai tenha requerido a inscrição, ou o próprio testamenteiro; se não ocorreu tal, o Código ordena que o requeira o testamenteiro. Enquanto o não faz, as disposições testamentárias não se reputam cumpridas, com todas as conseqüências que advêm ao testamenteiro de não as haver cumprido *dentro do prazo.*

O testamenteiro tem de requerer a inscrição da hipoteca legal antes da entrega dos bens herdados ou legados à mulher casada, a menor ou a interdito, se a hipoteca legal não fora inscrita nos três meses, contados do registro do testamento. A data posterior é para que ao testamenteiro incumba a missão. O marido, o pai ou tutor ou curador pode alegar que ainda não se sabe quais são os bens que correspondem à herança ou ao legado, ou qual o valor deles, razão para ainda não poder apontar os seus bens que legalmente se hipotequem. Não devemos interpretar o art. 1.136 como se contivesse a ressalva, que alguns comentadores do Código Civil e do Código de Processo Civil entendiam, de só haver a obrigação do testamenteiro se se apontarem e avaliarem os bens. A data para requerer é a imediata aos três meses, contados do registro do testamento, se não foi inscrita a hipoteca legal.

O dever do testamenteiro é de direito material (Código Civil, art. 840, II),[376] e não só de direito processual.

Art. 1.137. Incumbe ao testamenteiro¹):

I – cumprir as obrigações do testamento⁴);

II – propugnar a validade do testamento²)³)⁵);

III – defender a posse dos bens da herança¹¹);

IV – requerer ao juiz que lhe conceda os meio necessários⁶)⁷) para cumprir as disposições testamentárias⁸)¹⁰).

---

375 Sem correspondência no C. Civ. de 2002.
376 Sem correspondência no C. Civ. de 2002.

1) Função do testamenteiro e deveres – O testamenteiro exerce o seu *cargo* sem representar o decujo, ou a herança, ou os herdeiros, ou co-interessados: *de direito próprio* e por força da última vontade do testador e da lei, ou só da lei, para cumprimento das últimas vontades de alguém. É autorizado a todos os atos que sejam prática e juridicamente necessários para a execução do testamento. Para isso, pode receber um bem, em adjudicação judicial, e ele mesmo dar a nota ao oficial de registro para transferir, diretamente, no nome do herdeiro, ou legatário. A transcrição há de ser do cálculo julgado *mais* a verba testamentária que vai cumprir, com os esclarecimentos que ele, *proprio nomine*, pode prestar.

Há transferência a ele, fiduciária; não paga impostos; nem precisa ela de registro, porque a testamentaria é *cargo*. Nas discussões de direito, *dentro* da porção legítima, na qualidade de testamenteiro não precisa ser ouvido (Otto Warneyer, *Kommentar*, II, 1186); nem é legitimado a isso. *Aliter*, se a discussão envolve a de se saber se o testador excedeu, ou não, a parte disponível.

Os *deveres* do testamenteiro não começam *somente* da aceitação do cargo. Essa, em verdade, é a regra. Casos há em que, antes da aceitação, o testamenteiro teve conhecimento das disposições testamentárias, ou seja pela nomeação e no momento dela, ou pela publicação (F. Herzfelder, *J. v. Staudingers Kommentar*, V, 673; cf. Emil Meiscfeider, *Die letztwilligen Verfügungen*, 470), ou pela notificação oficial (leitura na ocasião de se abrir), ou, até, pela correspondência entre o testador e o testamenteiro, ou entre herdeiros e ele. Da ciência, e não da aceitação, começam os *deveres*: quem vai aceitar um cargo, desde o momento em que principiam as funções, deve velar por ele. Claro que isso não se dá se há nomeação com a condição suspensiva ou termo inicial.

2) Ações sobre existência, validade ou eficácia de testamento; missão do testamenteiro – Nas ações negativas sobre a existência, validade ou eficácia do testamento e das disposições testamentárias, o testamenteiro é réu *ex se*. O art. 12, V, que só se refere à representação da herança pelo inventariante, nada tem com essas ações. É direito e dever precípuo do testamenteiro pugnar pela *existência, validade* e *eficácia* do testamento. Quem não está disposto a fazê-lo não pode continuar no cargo de testamenteiro.

Quem tem de propugnar a existência, validade e eficácia do testamento não só é réu nas ações negativas, também o tem de ser autor ou litisconsorte nas ações declarativas de existência e de eficácia.

Qualquer que seja o conteúdo, econômico ou não-econômico, da disposição testamentária, tem o testamenteiro de cumprir o seu dever. Tudo que está no testamento (desde que não constitua simples conselhos ou recomendações aos herdeiros) e que lhe é pertinente, inclusive o que é matéria de testamento sobre as legítimas (*e.g.*, cláusula de inalienabilidade, partilha feita pelo testador). Certo, os meios para execução do testamento são os da herança, e não os próprios. Se ocorre, por exemplo, o caso do art. 1.679 do Código Civil,[377] duas qualidades tem ele: a de testamenteiro e a de legatário. Mas, se o legatário em tais situações é outrem, cabem-lhe as medidas para realizar o que o testador quis. De regra, a conseqüência do art. 1.679 do Código Civil[378] não importa perda da testamentaria. Porém isso pode resultar de vontade do testador (o que desloca para o terreno da *interpretação* o problema sugerido). Se o testador disse: "nomeio testamenteiro A, que tem de cumprir tudo que consta do meu testamento, inclusive ceder 100 ações da Companhia B para completar a legítima de meu filho C", claro que, nomeado, recusando-se a fazê-lo, não pode pretender a testamentaria. A aceitação não pode ser sob condição ou a termo, mas à nomeação não se proíbem condições e termos. O testamenteiro deve executar as vontades do testador, ainda contra o parecer unânime dos herdeiros. Se há divergência, recorre ele ao juiz. Se depende de tempo, enquanto não for decidido, não deve executar, podendo, para que a espera não se dilate em demasia, marcar prazo dos interessados (E. Curti-Forrer, *Commentaire*, 410), ou requerer ao juiz que o marque, cientes aqueles a que interessa o exame da existência ou da validade ou da eficácia ou da interpretação. Pode usar ações cominatórias.

3) Deveres do testamenteiro a respeito do testamento – O testamenteiro tem de pugnar pela existência, validada e eficácia do testamento. Em conseqüência disso, *é parte* na ação declaratória (positiva, ou negativa), na de nulidade ou de anulação e na declaratória de eficácia ou de ineficácia do testamento e de qualquer das disposições nele contidas. É o réu principal (Tribunal de Justiça de São Paulo, 2 de maio de 1892; errado, a 3 de junho de 1899). Têm de ser citados os herdeiros instituídos, litisconsortes necessários, e o inventariante, salvo se a ação declaratória (positiva

---

377 C. Civ. de 2002, art. 1.913.
378 Vd. a nota 377.

ou negativa) de existência, de invalidade ou de eficácia ou ineficácia de disposição testamentária ou mesmo do testamento não implica, nem é implicada, nem se cumulou com a ação de petição de herança.

Se o testamenteiro se persuade da inexistência, nulidade ou ineficácia do testamento, ¿*quid iuris*? No caso de nulidade, T. Huc (*Commentaire*, VI, 461) entendia que, nessas circunstâncias, podia deixar de intervir. Portanto, cessava o dever de defesa do testamento. Sem razão. Ou esse testamenteiro, convicto do que alegou o autor, requer a própria substituição, ou falta à defesa, e responde por todos os prejuízos que resultarem aos herdeiros, legatários e mais beneficiados. A contumácia já é, de si só, motivo alegável pelos interessados, ou pelo órgão do Ministério Público, ou pelos demais testamenteiros nomeados no testamento, para se remover o testamenteiro. No caso de ruptura, a responsabilidade do testamenteiro é inteira: *a)* se o testador previu a alegação e lhe deu, ainda que implicitamente, a incumbência de defender; *b)* se com ele estão as provas, ou estão a seu alcance, de que depende a aplicação do art. 1.750 ou 1.751 do Código Civil.[379] Responde por todos os danos se ficar provada a sua culpa na coisa julgada da ruptura ou na vitória dos que pugnavam por ela. O mesmo, se está em causa, em vez da ruptura, invocação de cláusula *rebus sic stantibus*, erro, infirmação (Código Civil, art. 1.747, parágrafo único),[380] revogação expressa em palavras (arts. 1.746 e 1.747),[381] ou por ato (art. 1.749).[382]

O que se disse acima há de entender-se quanto às ações declaratórias de existência, ou inexistência, de eficácia e de ineficácia.

4) Testamenteiro não representa herdeiros – Procedendo em juízo *ex se*, nada tem o testamenteiro com o inventariante, ou com os herdeiros. A sua missão é defender o testamento, porque o seu cargo assenta nessa suposição de existência, validade e de eficácia. A teoria da representação dos herdeiros instituídos é posta de lado pelo Código Civil, arts. 1.760 e 1.769;[383] e a doutrina do direito brasileiro leva a palma à de outros povos cultos (nosso *Tratado dos Testamentos*, V, 240). Se o testamenteiro re-

---

379 C. Civ. de 2002, arts. 1.973 e 1.974, respectivamente.
380 C. Civ. de 2002, art. 1.970, parágrafo único.
381 C. Civ. de 2002, arts. 1.969 e 1.970, respectivamente.
382 C. Civ. de 2002, art. 1.972.
383 C. Civ. de 2002, arts. 1.981 e 1.982, respectivamente.

presentasse os herdeiros, poderia aceitar por eles; e não pode. Demais, há testamentos sem herdeiros, e até sem herdeiros e legatários. A doutrina da representação dos herdeiros contém contradição imanente, que em ciência se há de repelir, e a do mandato, mera figura analógica (Biagio Brugi, *Istituzioni*, 882). Por isso mesmo podem todos os herdeiros confessar, transigir, desistir, renunciar etc., e o testamento há de prosseguir.

O dever de pugnar pela existência, validade ou eficácia não cessa enquanto alguém há que venha a juízo. O testamenteiro tem o dever de alegar prescrições. Houve quem pretendesse que, com a prestação de contas, passada em julgado, eximido do dever do art. 1.760 do Código Civil[384] ficasse o testamenteiro; mas o Supremo Tribunal Federal, a 14 de setembro de 1918, refugou tão falsa afirmação. A regra é a de que, passada em julgado a prestação de contas, continuam todos os direitos e deveres, exceto, apenas, quanto às contas, nos termos da sentença trânsita em julgado.

5) Ações de invalidade do testamento – O testamenteiro pode propor as ações concernentes a *erro, violência* e *dolo*, que viciaram disposições ou disposição de última vontade, principalmente *para bem cumprir o testamento*. Mas, se perder as ações, ¿as custas, quem as paga? Não se trata de nomeação nula de testamenteiro, como se daria no caso de nulidade do testamento; de modo que deve pagá-las a parte disponível, salvo má-fé do autor da ação. No caso de dúvida sobre a validade da disposição, deve o testamenteiro submeter ao juiz a espécie controvertida, e, ouvido o órgão do Ministério Público, aquele decidirá. Têm recurso o órgão do Ministério Público e o testamenteiro. Conforme a eventual atinência, os herdeiros e os legatários. Há um dever do testamenteiro quanto ao prévio exame das verbas que vai cumprir. Se executa legado ou encargos, que sejam nulos de pleno direito, responde pelo seu ato (F. Herzfelder, *J. v. Staudingers Kommentar*, V, 675). A decisão do juiz ou do tribunal, de que não recorreu, não o exime de responsabilidade. Só o exonera a sentença de prestação de contas, que passou em julgado, salvo, ainda assim, quando ocultou elementos que induziram à ineficácia ou não-validade da disposição ou do modo de executar. (A ação contra o testamenteiro não exclui a de enriquecimento injustificado exercível contra o que recebeu o legado ou a deixa modal, ou teve, pela execução indevida da verba, enriquecida, isto é, aumentada, a sua quota he-

---

384 C. Civ. de 2002, art. 1.981.

reditária. Exercida a ação contra o testamenteiro, tem ele a *condictio* contra quem indevidamente recebeu. Em qualquer caso, os princípios não são os dos *atos ilícitos*; só excepcionalmente. E, sim, os do enriquecimento injustificado e do inexato cumprimento do testamento e da lei de sucessão. Cumprir os legados, que excedem as forças da parte disponível, ou o que seria necessário para executar vontades que preferem àqueles, constitui execução indevida de verbas testamentárias e o testamenteiro responde.)

Na discussão sobre a existência, validade ou eficácia, ou extensão das disposições, devem ser ouvidos o testamenteiro e todos os interessados na disposição. Se os herdeiros legítimos nada têm com a parte disponível, a sua audiência não é necessária, nem se lhes deve permitir recurso.

6) Insuficiência dos bens para cumprimento dos legados – O testamenteiro não é obrigado a denunciar a provável insuficiência dos bens para o cumprimento dos legados antes de se verificar tal insuficiência. Mas, ouvido para dizer se cabe, tem de fazê-lo, ainda sumariamente, e responde pelo que disser. Se, ouvido o inventariante, o testamenteiro apuser: "De acordo com o inventariante", respondem solidariamente. (Ocorre o mesmo quanto ao "nada oponho" e ao "F. J." do órgão do Ministério Público.) Exime-se da responsabilidade quando diz: "De minha parte, em princípio, não me oponho; se é verdade a informação do inventariante, concordo." Porque a pessoa que administra é precipuamente obrigada a informar, inclusive quanto às circunstâncias ocasionais (baixa de títulos, falências de devedores do espólio, prescrições, ações perdidas etc.).

Se há alguma cláusula de inalienabilidade, ou outra semelhante, a propósito de alguma herança legítima, o testamenteiro há de ser ouvido, porque qualquer cláusula testamentária está sob sua verificação.

7) Sucessão legítima e testamentária – Sobre os direitos regidos pela lei de sucessão legítima não é ouvido o testamenteiro, porque a parte indisponível é metade dos bens compreendidos na herança, e nada importam os denominadores e numeradores das frações. Salvo: quanto ao artigo 1.723 do Código Civil;[385] quanto à existência, ou não, de herdeiros necessários; quanto aos arts. 1.726-1.728 do Código Civil.[386] Em verdade, tudo

---

385 C. Civ. de 2002, art. 1.848 e § 1º.
386 C. Civ. de 2002, arts. 1.966-1.968.

isso é de ordem testamentária. Se o testamento não cogita de um herdeiro e esse intenta ação de herança ou de filiação, só é indispensável que ele figure se está em causa a validade ou eficácia do testamento ou de algumas das deixas. Quando estiver em causa ou em via de satisfazer-se interesse personalíssimo do herdeiro, ainda que oriundo de disposição testamentária, atender-se-á ao que opina o interessado.

8) Despesas no interesse do testamento – As despesas podem ser feitas pelo testamenteiro e terem de ser pagas segundo o Código Civil, art. 1.758.[387] As despesas, de que se trata, são as custas e despesas do processo do testamento, ou de inventário, as que teve de fazer fora de juízo, ou em juízo, sempre que exerca dever de testamenteiro (*e.g.*, ação de nulidade de testamento, deserdação, sonegados). São havidas por ação própria. Aliás, as próprias despesas com a prestação de contas correm contra a herança, e não contra o testamenteiro, salvo nos casos de ser condenado a pagar custas (cf. Dias Ferreira, *Código Civil Português*, IV, 272). Não se trata de jurisdição meramente graciosa, de modo que a regra do art. 19 é inaplicável. O art. 547 e os §§ 1° e 2° do Código de 1939 foram eliminados.

Diz-se no Código Civil, art. 1.758: "Levar-se-ão em conta ao testamenteiro as despesas feitas com o desempenho de seu cargo e a execução do testamento." Tal regra jurídica, de direito material, existiria no sistema jurídico, mesmo se não constasse do art. 1.758 do Código Civil. O Código de Processo Civil de 1939, art. 547, acrescentava regras jurídicas, supérfluas, sobre dispensa de comprovantes até determinada quantia e sobre multa se se afirmava algo de falso perante o juízo. O Código de 1973 não cogitou de um assunto, nem de outro.

As despesas a que se refere o Código Civil são as custas e despesas do processo do testamento, do inventário, as que se tiveram de fazer fora do juízo, ou em juízo, sempre que se exerce dever de testamenteiro (*e. g.*, ação de nulidade de testamento, de deserdação, de sonegados). Não ficam sem qualidade para serem reembolsadas as despesas posteriores à prestação de contas, se advieram do exercício da sua função, ou se ignoradas por ele (feitas, por exemplo, noutro foro, por conta dele). São havidas por ação adequada.

---

387 Sem correspondência no C. Civ. de 2002.

9) Despesas ínfimas – As Ordenações Filipinas, Livro I, Título 62, § 21, a despeito do dever de prestar contas *in rebus minimis*, dispensavam o recibo nas despesas até duas onças de prata (então = Cr$ 0,65). Modernizando-a, J. H. Correia Teles fixou em Cr$ 15,00 o total, não excedendo cada parcela de Cr$ 1,87. O Código de 1939 dispensou documento até Cr$ 25,00, repetindo o Código de Processo Civil do Distrito Federal, art. 813, § 1°, que também condenava ao tresdobro, em sendo falsa a afirmação (§ 2°). O preceito nada tinha com o art. 141 do Código Civil,[388] que só se refere à relação entre o testamenteiro e os terceiros.

Pode ser falsa a afirmação. A afirmação, entenda-se, de que fora feita a despesa.

Mesmo se há meios suficientes para o exercício das suas funções, por ser o testamenteiro quem administra os bens, o emprego de tais meios não pode ser a líbito do testamenteiro. Daí ter sido acertado que o art. 1.137, IV, se refira, como o anterior, a requerer ao juiz que lhos conceda. Se os herdeiros ou legatários ou o inventariante lhos pôs à disposição, não precisa requerer ao juiz que lhos conceda, salvo se há dúvida quanto à legitimação do herdeiro ou do legatário a fazê-lo.

No caso de instruções reservadas do testador (*Tratado dos Testamentos*, V, 232, contra Aquino e Castro, *Prática das Correições*, 415 e 416), o testamenteiro é criado para pagamento de imposto, mas tem de provar o imposto pago.

10) Honorários de advogado – Quanto a honorários de advogado do testamenteiro, deve-se lembrar o que se escreveu sobre honorários do advogado do inventariante. Os interessados têm de ser ouvidos. Se concordam, não há questão. Se algum discorda, tem ação o testamenteiro para haver o que deveria ser prometido ao advogado e não foi. Só então é que se pode pensar em discutir se era preciso advogado, ou se o era e é, se deve subir a *x*, ou ser menos de *x* a remuneração. Não, no inventário.

Interessados são os beneficiados pelo testamento e aqueles a que se dirige alguma disposição testamentária.

Nem sempre precisa de constituir advogado o testamenteiro; de modo que não se pode falar de direito a honorários de advogado, como fez a 1ª Câmara Cível do Tribunal de Justiça de Minas Gerais, a 21 de junho

---

[388] C. Civ. de 2002, art. 227.

de 1951 (*J. M.*, V, 499), nem de direito a constituir advogado. As circunstâncias é que podem fazer nascer a necessidade.

11) Defesa dos bens da herança – O art. 1.137, III, fala de ter o testamenteiro de defender a posse dos bens da herança. Se o testamenteiro tem a posse imediata, claro é que lhe incumbe exercer as ações possessórias. Se não a tem, quem tem a posse imediata é que há de defendê-la, de modo que havemos de interpretar a regra jurídica como se o testamenteiro, que não tem posse, também pode intervir nas ações possessórias, ou mesmo suscitar ação possessória de bens da herança sempre que se trate de cumprimento das obrigações do testamento. Porém de modo nenhum se há de entender que o testamenteiro, para que se cumpram as obrigações do testamento, conforme se estatui no art. 1.137, I, esteja sempre com a *obrigação* de defender a posse de algum bem da herança, pois a posse pode estar, por exemplo, com o herdeiro testamentário ou com o legatário (*e. g.*, o testador deixou o bem a legatário que é a pessoa que o havia alugado). Se a ofensa é à posse mediata própria do legatário, mesmo futura, pois que não ocorreu a saisina, a missão do testamenteiro, com as ações petitórias ou possessórias, é elemento da sua função, que não só está no art. 1.137, III, mas no art. 1.137, I e IV.

> *Art. 1.138. O testamenteiro tem direito a um prêmio que, se o testador não o houver fixado, o juiz arbitrará, levando em conta o valor da herança e o trabalho de execução do testamento[1]).*
>
> *§ 1° O prêmio, que não excederá cinco por cento (5%), será calculado[3])[4]) sobre a herança líquida[5])[8]) e deduzido somente da metade disponível quando houver herdeiras necessários, e todo o acervo líquido nos demais casos[2]).*
>
> *§ 2° Sendo o testamenteiro casado, sob o regime de comunhão de bens[6]), com herdeiro ou legatário do testador, não terá direito ao prêmio; ser-lhe-á lícito, porém, preferir o prêmio à herança ou legado[7]).*

1) Prêmio do testamenteiro – O *prêmio do testamenteiro* ou *vintena* (vigésima parte = 5%) é a remuneração percentual da herança, paga aos testamenteiros, pelos seus serviços na execução do testamento e, eventualmente, no respectivo inventário. Trata-se, pois, de quantia estipulada *pro labore et administratione*, com as peculiaridades de poder ser predeterminada nos testamentos, ou de se ter de fixar até o limite percentual 5.

Em qualquer dos casos, o testamenteiro tem direito à vintena, como ao pagamento de serviços que prestou. Ainda que a tivesse fixado o testador, não constitui liberalidade. Ao testamenteiro toca a pretensão de direito material à percentagem (*Tratado dos Testamentos*, V, 272); *Tratado de Direito Privado*, LX, § 5.972, 4).

2) Pretensão à percentagem – Sobre a pretensão à percentagem, o assunto é de direito material, a despeito do art. 1.138, § 2°: ou o testador a fixa, considerando-se legado, para efeito do pagamento do imposto, o que exceder da vintena, ou tem de ser fixado pelo juiz. Antes, porém, está a questão da pretensão ao prêmio, que não têm todos os tetamenteiros. (*a*) Os herdeiros, a que se refere o art. 1.766 do Código Civil,[389] sem direito ao prêmio, são somente os instituídos, isto é, os imediatamente nomeados pelo testador (não, portanto, os legítimos e os do art. 1.726 do Código Civil).[390] Diz o art. 1.766 do Código Civil:[391] "Quando o testamenteiro não for herdeiro, nem legatário, terá direito a um prêmio, que, se o testador o não houver taxado, será de um a cinco por cento, arbitrado pelo juiz, sobre toda a herança líquida, conforme a importância dela, e a maior ou menor dificuldade na execução do testamento (arts. 1.759 e 1.768)." A letra da lei é ambígua; mas a interpretação que sempre sustentamos de ser remunerada a função do testamenteiro se só herdeiro legítimo, ou cônjuge sobrevivente, que não seja herdeiro testamentário ou legatário, foi a que prevaleceu (*e.g.*, 4ª Câmara Civil do Tribunal de Justiça de São Paulo, 20 de fevereiro de 1947, *R. dos T.*, 167, 184; Câmaras Cíveis Reunidas do Tribunal de Justiça do Distrito Federal, 12 de dezembro de 1946, *O. D.*, 47, 302; *A. J.*, 82, 195). (*b*) Mas pode dar-se que, *ex testamento*, caiba aos próprios instituídos direito à vintena: o art. 1.766 cria[392] presunção elidível por elementos da cédula ou pelas circunstâncias. (*c*) Outrossim, pelo testamento, ou pelas circunstâncias, pode ocorrer que os legítimos – ainda necessários, se herdeiros de mais do que a porção necessária – não tenham direito à vintena. (*d*) Os herdeiros ou legatários nomeados com causa expressa (serviços prestados, compensação), em geral, não cabem

---

389 C. Civ. de 2002, art. 1.987.
390 C. Civ. de 2002, art. 1.966.
391 C. Civ. de 2002, art. 1.987.
392 C. Civ. de 2002, art. 1.987.

na presunção do art. 1.766 do Código Civil.[393] Seriam duas causas. *Aliter*, se as duas causas se compadecem uma com a outra.

(*e*) O legatário pode optar (art. 1.767 do Código Civil);[394] há casos em que é desnecessário: tem direito às duas coisas, ao legado e à vintena. O art. 1.766 do Código Civil[395] é apenas *regra de interpretação* e, como tal, sujeita à sorte das regras legais de interpretação. O art. 1.767 do Código Civil[396] *supõe que tenha* prevalecido, na espécie, a interpretação do art. 1.766 do Código Civil:[397] se não prevaleceu, nenhuma pertinência tem a opção.

3) Dados históricos sobre a vintena – Na história do direito nacional, a vintena apresenta cinco períodos:

(1) O das Ordenações Filipinas, Livro I, Título 62, § 12, em que só se dava quando consignada no testamento.

(2) O do Alvará de 23 de janeiro de 1798, em que se consagrou a praxe de abonar-se ao testamenteiro, se nada dizia o testamento, a vigésima parte do que se apurasse da *herança líquida*. Calculava-se sobre a herança e, pela praxe, deduzia-se do monte. Compreende-se a grita, devido a ferir-se, com isso, o princípio da inviolabilidade das legítimas.

(3) O do Decreto nº 834, de 2 de outubro de 1851, art. 37: "O prêmio que ao testamenteiro compete, quando o testador não lhe deixar, ou ele não for herdeiro ou legatário, é de 5%, da importância da terça, depois de aprovadas e deduzidas as despesas do funeral e bem da alma, e será imputado na terça do mesmo testador." Note-se bem: calculava-se sobre a *parte disponível* e somente dela se deduzia. Havia, assim, atendimentos.

(4) O da *variabilidade* do prêmio que só em 1854 nos vem em direito escrito. O Decreto nº 1.405, de 3 de julho de 1854, tornou variável, a arbítrio do juiz, até 5%, o prêmio, mas atendidos os costumes do lugar, tamanho da herança e trabalho da liquidação. Se havia herdeiros necessários, da terça; no caso negativo, da herança líquida. Dentro desse período deu-se o aumento da parte disponível – metade, em vez da terça. Desde esse decreto, calculou-se sobre a herança, mas só se deduziu da parte testável.

---

393 Vd. a nota 392.
394 C. Civ. de 2002, art. 1.988.
395 C. Civ. de 2002, art. 1.987.
396 C. Civ. de 2002, art. 1.988.
397 C. Civ. de 2002, art. 1.987.

(5) O do Código Civil, no qual se manteve o direito anterior, exceto quanto à remissão aos costumes do lugar como um dos elementos no critério, para se arbitrarem os prêmios, e ao mínimo, que passou a ser 1%. Desde 1917, não se podia arbitrar 1/2%, nem 1/3%, nem qualquer outra fração inferior a 1; entre 1 e 5% é que se exercia o arbítrio do juiz: 1, 1 1/20, 1 1/30, 2 1/2 etc. Qualquer número inteiro ou fracionário, entre 1 e 5.

É preciso notar-se que tal evolução só foi a do *direito escrito*, tardo, assaz tardo, entre nós e em Portugal, em ver a vida, em trazer à forma legal a regra jurídica que, nos atos, já se observa. Continuamos a querer que os costumes não derrogassem as leis, e a cada passo vemos desmentido esse afã de tentar prender em malhas abstratas o surto irrefreável da existência. Já ao tempo das Ordenações discutiam os doutores; e a praxe teve em Agostinho Barbosa (*Vota Decisiva Canonina*, 126, nº 143) e em Miguel de Reincso (*Observationes Practicae*, 283) quem aprovasse o pedirem os testamenteiros a paga dos seus trabalhos. Aliás, decidiam questão anterior, assaz renhida. Com eles, ficou P. J. de Melo Freire, sempre propenso ao realismo jurídico e à atenuação da mal compreendida rijeza dos textos (*Institutiones*, III, 77): "*Possunt tamen a iudice salarium petere, qui ilud suo arbitrio dare, et aestimare debet pro modo facultatum defuncti, et ad loci consuetudinem*".

4) ¿Máximo e mínimo? – ¿Constitui o art. 1.138, § 1º, com as expressões "não excederá cinco por cento", permissão para se descer além do mínimo (um por cento)? Noutros termos: ¿o limite mínimo do Código Civil, art. 1.766,[398] desapareceu, derrogada a lei material, ou permanece? ¿Continuação do Código Civil, ou volta ao critério do período (4) ? A lei processual foi levada à omissão, quanto ao mínimo, por estar a trabalhar com livros e leis de processos anteriores ao Código Civil, isto é, feitas ao tempo do período (4) do direito material. Lapso. Não derrogou o Código Civil: o limite mínimo existe. Somente quando se não podem conciliar o direito material e o processual é que se tem como derrogada pela lei posterior a anterior; não basta terem versado o mesmo assunto. Aliás, o assunto é de direito material.

5) Como se calcula a percentagem – O prêmio ou se calcularia sobre a herança líquida (*a*), ou sobre a parte disponível (*b*), ou sobre a parte testada (*c*) – três critérios dentre os quais a lei tinha de escolher um.

---

398 C. Civ. de 2002, art. 1.987.

O direito anterior ao Código Civil (Decreto nº 1.405, de 3 de julho de 1854) adotava o critério (*b*), para os casos de haver herdeiro necessário, e o critério (*c*) para os outros casos. O Código Civil nada inovou (art. 1.766 e parágrafo único).[399] Mas distinguiu *calcular e deduzir*, aliás seguindo o Decreto nº 834, de 2 de outubro de 1851, art. 37, contra a praxe a que se referia o Alvará de 23 de janeiro de 1798, na qual a dedução também obedecia ao critério (*a*). Sobre a história do problema técnico, nosso *Tratado dos Testamentos* (V, 276-282). Clóvis Beviláqua (*R. de D.*, 73, 489) pretendeu que, ainda depois do Código Civil, o cálculo era sobre a parte testada ("herança líquida"): o critério (*c*); e a dedução sobre a metade disponível (*b*). Combatemos esse parecer (V, 278-280). Prevaleceu a interpretação que reputávamos certa: para o cálculo, (*a*); para a dedução, (*b*). Cf. Corte de Apelação do Distrito Federal, 11 de agosto de. 1937 (*R. F.*, 66, 522; *A. J.*, 45, 168); Tribunal de Apelação de São Paulo, 2 de março de 1938 (*A. J.*, 46, 378). Cf. 1ª Câmara Cível do Tribunal de Justiça de Minas Gerais, 24 de agosto de 1950 (*R. F.*, 147, 312).

O arbitramento não é pura vontade do juiz. Não há, salvo expressa regra de lei, arbítrio judicial absoluto. A fixação das vintenas é função de muitas variáveis. Deve o juiz, com a prática, atender, no máximo, a esses dados, que a fazem crescer ou decrescer. Um dos critérios, assaz fácil e justo, é o de se partir da metade do quanto arbitrável (2 1/2) e de se examinarem os elementos a que chamaremos *aumentativos* e *diminutivos*. São elementos *aumentativos*: (1) Exercer o testamenteiro a função de inventariante, que devia caber ao cabeça de casal, ou ao herdeiro, e só em falta deles lhe toca (Código Civil, art. 1.579, § 3°).[400] (2) Exercer ele a função de cabeça de casal; pois então toda a herança está distribuída em legados e lhe fica toda a responsabilidade hereditária (Código Civil, art. 1.769).[401] (3) Ter havido luta na defesa (vitoriosa) de disposições restritivas, apostas pelo testador à herança ou legado. (4) Não haver contrato de honorários pagos pela herança ou pelas quotas dos herdeiros, para auxiliar o exercício da testamentaria, ou dela e da inventariança. (5) Dificuldade, ou longa duração, com a conversão de juros em apólices, no cumprimento dos encargos, ou dos legados. (6) Correção, presteza, dedicada exatidão no

---

399 C. Civ. de 2002, art. 1.987, parágrafo único.
400 C. Civ. de 2002, art. 1.797, III.
401 C. Civ. de 2002, art. 1.990.

COMENTÁRIOS AO CÓDIGO DE PROCESSO CIVIL 213

exercício do cargo, elemento que, na boa ordem dos serviços forenses, não pode deixar de conferir certo valor qualitativo ao trabalho do profissional. São elementos *diminutivos*: (1) Haver contrato de honorários, pagos à parte. (2) Não ser inventariante o testamenteiro, nem exercer funções de cabeça de casal. (3) Não ter havido luta judicial nem trabalho de persuasão em interpretação de disposições testamentárias. (4) Ser simples, e não trabalhosa, a testamentaria.

Outro critério também é aconselhável: partir-se de 1, e subir-se em função dos serviços prestados. Só se atende, então, aos elementos *aumentativos*.

O testamenteiro não pode reclamar paga pelos serviços, que prestou, como advogado, ou como guarda-livros, contabilista etc. Está incluída na vintena. Os serviços funcionam como elemento aumentativo. Os serviços fora da função da testamentária, como a defesa em ações contra a herança, contam-se à parte da vintena.

Se todos os herdeiros maiores oferecem o quanto e o testamenteiro aceita, deve o juiz homologar o acordo, salvo se lesa algum outro beneficiado (legado, *modus*). Se não há concordância primeiro se atende à vontade do testador, depois à sugestão (Ludwig Kuhlenbech, *Handkommentar*, 2ª ed., III, 276) – que vale também como elemento informativo do juiz. Se há herdeiros menores, somente como elemento informativo. Não se homologa se não há concordância de todos, por faltar o ato coletivo, como acontece com todas as declarações de vontade, ainda se contêm comunicações de conhecimento. Se são apenas declarações de vontade, isto é, se os herdeiros afastam a intenção de arbitrar e só têm a de negócio jurídico de solução, a homologação é integrativa do negócio jurídico que se compuser.

6) Cônjuge do testador e prêmio – O cônjuge do testador, não sendo herdeiro testamentário, tem direito à vintena (nosso *Tratado dos Testamentos*, V, 287). Quanto ao cônjuge do herdeiro legítimo, o art. 1.138, § 2°, é inaplicável, porque esse herdeiro teria direito ao prêmio. A questão era sobre o cônjuge de herdeiro instituído. Teixeira de Freitas (*Tratado dos Testamentos*, 254) distinguia os regimes matrimoniais de bens, excluindo do prêmio o cônjuge do herdeiro instituído. O Código de Processo do Distrito Federal, art. 814, § 2°, o seguiu. Submetendo a estudo o problema, chegamos às seguintes conclusões (*Tratado das Testamentos*, V, 295-297): *a)* a regra jurídica do Código do Distrito Federal, que passou ao art. 548, § 2°, do Código de 1939, e ao art. 1.138, § 2°, do Código de 1973, é *dispositiva*; *b)* as circunstâncias criam tantos e diferentes casos que as regras jurídicas, quaisquer que sejam, podem falhar – trata-se de questão de vontade do testador, de modo que somente na falta de elemento *ex testamento* é que se recorre a textos de lei; *c)* o regime de bens do casamento é dado que serviu à técnica legislativa para se formular a regra dispositiva, mas, se esse foi esvaziado da sua significação pelo testador, há de entender-se que a regra jurídica do art. 1.138, § 2°, não se aplica.

O cônjuge meeiro, que foi nomeado testamenteiro, ou que o é dativo, ou por ser herdeiro legítimo, tem direito ao prêmio. Não é preciso que lhe haja dado tal direito o testador (sem razão, a 5ª Câmara Civil do Tribunal de Justiça de São Paulo, a 30 de maio de 1952, *R. dos T.*, 203, 333).

7) Preferência pelo prêmio, por parte do testamenteiro, herdeiro ou legatário – O testamenteiro pode preferir o prêmio à herança ou ao legado (Código Civil, artigo 1.767).[402] No direito anterior ao Código Civil, o legado ao testamenteiro não se presumia remuneratório dos serviços prestados na execução do testamento. Sobre a interpretação do art. 1.767 do Código Civil[403] que é regra de direito material, o *Tratado dos Testamentos* (V, 303-308) e o *Tratado de Direito Privado*, Tomo LX.

8) Herança líquida – Supõe-se ter sido liquidada a herança para se conhecer o líquido. É intempestiva, antes disso, qualquer fixação de percentagem. Nem se pode saber qual o trabalho que dará a execução testamentária.

Se não há herança líquida, isto é, se foi negativo o inventário, não há cogitar-se de prêmio ao testamenteiro (sem razão, a 5ª Câmara Civil do Tribunal de Justiça de São Paulo, a 20 de junho de 1952, *R. dos T.*, 203, 340). O artigo 1.138, § 1°, fala de cálculo sobre a herança líquida. Se não há herança, não pode haver herança líquida. Não poderia calcular x% sobre 0 ou – 1, ou – y.

Art. 1.139. Não se efetuará o pagamento do prêmio mediante adjudicação¹)³) de bens do espólio, salvo se o testamenteiro for meeiro²).

1) Adjudicação de bens e prêmio do testamenteiro – O art. 1.133, I, do Código Civil,[404] não se aplica aos testamenteiros, se os bens não estão

---

402 C. Civ. de 2002, art. 1.988.
403 Vd. a nota 402.
404 C. Civ. de 2002, art. 496, I.

confiados à sua guarda e administração. Nem sempre as têm. Se são inventariantes, ou por outro motivo os guardam ou administram, então sim. O art. 1.139 do Código de 1973, como o art. 549 de 1939, de modo nenhum veio excetuar a regra jurídica do art. 1.133, I, do Código Civil. É regra jurídica processual, de que não se podem tirar conseqüências de direito material.

2) Direito anterior e cônjuge meeiro – A alusão à vintena do cônjuge meeiro do testador de modo nenhum derroga o direito anterior, porque o cônjuge meeiro a tinha e a tem, uma vez que nenhum princípio do Código Civil se opunha a isso. Tal a nossa opinião, contra a de Perdigão Malheiro (*Manual*, 479) e de Clóvis Beviláqua (*Direito das Sucessões*, 373, nota 2; *de lege lata*, mudou, *Código Civil Comentado*, VI, 235) e de alguns comentadores e julgados. O fundamento demo-lo no *Tratado dos Testamentos* (V, 285).

Permite-se, implicitamente, que o cônjuge, testamenteiro do espólio, tenha remuneração, quer seja meeiro, quer não. Se era meeiro, compreende-se que se lhe ressalve o direito à adjudicação de bens do espólio, se o prefere. Trata-se de regra jurídica, que atende à situação patrimonial do cônjuge supérstite e dos sucessores do cônjuge falecido, se o regime é o da comunhão de bens.

3) Herdeiro e adjudicação – A restrição à adjudicação de bens é somente quanto ao pagamento do prêmio. Ainda quando inventariante, pode dar-se a adjudicação de que aí se fala. Quando herdeiro, a sua qualidade de herdeiro passa adiante de qualquer proibição ao testamenteiro, *porque então é condômino dos bens*. Sempre que pode licitar pode pedir adjudicação.

Art. 1.140. O testamenteiro será removido e perderá o prêmio se[1][4][5][6]):

I – lhe forem glosadas as despesas por ilegais ou em discordância com o testamento[2]);

II – não cumprir as disposições testamentárias[3]).

1) Remoção do testamenteiro – A remoção do testamenteiro é um acabar da testamentaria só em relação a ele. Há funções de execução testamentária (como a defesa em ação de nulidade de testamento), *ainda depois de prestadas e julgadas boas as contas*. De modo que a remoção é possível ainda depois disso.

Cumpre não se confundir com a *incapacidade* o fundamento para a remoção, quer se trate de remoção por destruição, quer por mudança de circunstâncias, que importem resolução das funções. Assim, longas ausências ou o não se saber do paradeiro, posto que não importem incapacidade por ausência, podem ser fundamento para se remover o testamenteiro. Deve remover-se o testamenteiro: *a)* quando fizer despesas ilegais ou não conformes ao testamento (Código Civil, art. 1.759);[405] *b)* quando não cumprir, no prazo devido, o testamento (Código Civil, arts. 1.757 e 1.762);[406] *c)* quando não prestar contas, sendo chamado a prestá-las (Código Civil, arts. 1.757, 1.762 e 1.768);[407] *d)* se for negligente ou prevaricador; *e)* se não promover a inscrição da hipoteca legal ou qualquer devida averbação, inscrição, cancelamento, clausulamento, gravação ou transcrição; *f)* se for destituído de inventariante, por motivo que o torne suspeito, ou incompatível para o exercício do cargo da testamentaria.

Não há remoção interina. Suspeito, tomam-se-lhe as contas desde logo; e, havendo prova de culpa, desde logo se destitui.

2) Despesas – Trata-se de casos especiais de culpa. Culpa entenda-se: a remoção pode fundar-se em culpa *in eligendo*, ou na ação ou na omissão.

A primeira causa apontada para a remoção é o não terem sido admitidas algumas despesas, ou alguma despesa, por serem ilegais, ou em discordância *com o testamento*. A expressão "ilegais" foi empregada em sentido amplo e pode ocorrer que alguma regra jurídica proíba que algo se dispenda ou que para algum fato se dispenda; o simples fato de serem desnecessárias ou evidentemente supérfluas as despesas justifica que se glosem; se o testamenteiro pagou x e recebeu comissão com a compra, ou com outro negócio jurídico, há ilegalidade, em sentido largo; outrossim, se não lhe cabia, no caso, a função de dispender. No que, por ser fora da atividade testamentária, não pode ser pago pelo testamenteiro, há causa para a remoção, posto que possa acontecer que, diante do atraso no pagamento dos impostos de bens que não cabem nas disposições testamentárias, resolva o testamenteiro pagá-los porque as multas e outras conseqüências poderiam atingir a parte de que o testador dispôs.

---

405 Sem correspondência no C. Civ. de 2002.
406 C. Civ. de 2002, arts. 1.980 e 1.983, respectivamente.
407 C. Civ. de 2002, arts. 1.980, 1.983 e 1.989, respectivamente.

Se foi decretada a nulidade do testamento, ou da disposição, que dera qualidade ao beneficiado para ser testamenteiro ou inventariante, cumpre-se a decisão, e remove-se o testamenteiro ou inventariante; porém não antes de passar em julgado (sem razão, a 5ª Câmara Cível do Tribunal de Apelação do Distrito Federal, a 12 de dezembro de 1944, *D. da. J.*, de 7 de fevereiro de 1945).

3) Descumprimento das disposições testamentárias – Quaisquer que sejam as cláusulas testamentárias, tem o testamenteiro de fazer com que sejam cumpridas. O que pode ocorrer é que alguma cláusula seja contra a lei, ou, até mesmo, contra princípios constitucionais. Então, convém que o testamenteiro, para tomar qualquer atitude que podia ser interpretada como descumprimento de disposição testamentária, requeira que sejam ouvidos os interessados e o Ministério Público, submetendo o caso ao juiz. Pense-se na deixa do testador a que se distribua algo aos pobres da margem do rio ou do lago, "exceto pretos", ou "exceto descendentes da raça *a*".

4) Reversão do prêmio à herança – Perdido o prêmio, reverte à herança, diz o Código Civil, art. 1.768,[408] que se há de entender em termos. Se for nomeado outro testamenteiro, ou assumir o cargo o imediato designado pelo testador, tem direito à paga dos seus serviços (pode não ser o mesmo prêmio, se não há meio de ser restituído), ou se for de um só a culpa, porque então o outro ou os outros se legitimam eventualmente, ao todo – não se dá reversão.

5) Perda do direito ao prêmio – Efeito *anexo* de direito material, a perda opera-se em relação a todo o prêmio, ainda que, no mais, tenha sido fielmente cumprido o testamento.

6) Conteúdo das regras jurídicas – O art. 1.140 enumera, com largueza, as espécies de causa de remoção. Os itens são de grande generalidade: se lhe foram glosadas as despesas por ilegais, ou em discordância com o testamento; se não cumpre as disposições testamentárias. Se as despesas não correspondem ao que era devido, ou se excederam aquilo que seria o limite das dívidas, ou se foram desnecessárias ou supérfluas, têm de ser

---

[408] C. Civ. de 2002, art. 1.989.

retiradas do cálculo as quantias que lhes correspondem. As disposições testamentárias somente podem ser descumpridas se são inválidas – isto é, nulas ou anuláveis – ou se não cabem no que era disponível pelo testador.

> *Art. 1.141. O testamenteiro, que quiser demitir-se do encargo, poderá requerer ao juiz a escusa, alegando causa legítima¹). Ouvidos os interessados e o órgão do Ministério Público, o juiz decidirá²).*

1) Testamenteiro que quer demitir-se – Para que o testamenteiro possa requerer demissão, é preciso que haja causa legítima, razão óbvia, para tal atitude. Têm de ser ouvidos os interessados, o órgão do Ministério Público. Interessados são todos os que têm interesse no cumprimento do testamento.

"Causa legítima" é qualquer razão que lhe assista para o afastamento voluntário. Se a razão, que ele tem, é de tal natureza, que não lhe convenha, ou não convenha a ele e a outras pessoas, ou não seja assunto para se publicar, cabe o requerimento de decisão em sigilo. O segredo pode ser de interesse dos herdeiros e legatários e até do Ministério Público. Demos um exemplo: o testamento, de que aceitara a incumbência de cumprir, parece-se-lhe nulo, ou anulável, ou contém ilegalidades que lhe vedam, moralmente, a função de defender o que nele se contém. O juiz é que decide.

Deferido o pedido de remoção, se ainda há alguma atividade de testamentaria a ser cumprida, tem o juiz de mandar que assuma o cargo o seguinte, se consta do testamento, ou de nomear outra pessoa (art. 1.127).

2) Decisão do juiz – Ouvidos os interessados e o órgão do Ministério Público, profere o juiz a decisão. Pode, todavia, o juiz não admitir a razão que foi apresentada, mesmo se concordarem todos os interessadas e o Ministério Público, como decidir favoravelmente ainda que todos os interessados e o Ministério Público se hajam manifestado contrariamente.

Capítulo V

DA HERANÇA JACENTE[1)][2)][3)][4)]

1) Herança jacente – O nome "herança jacente" é sobrevivência do tempo em que, entre a morte e a adição, a herança *jazia*. Não temos mais heranças que jazam; e temos, a respeito disso, em nossas bocas, cheias de detritos romanísticos – à semelhança das crenças mortas que nos atulham o espírito – "heranças jacentes". Os mortos não só nos acompanham; às vezes nos atropelam. Raros são os povos que seguem o conselho do Cristo: enterrá-los. Por medida de limpeza, usemos, nos comentários, em sentido preciso, a expressão "herança jacente". Assim, passa a jacência a ser falta de assunção da posse imediata, pois mesmo aos herdeiros que não se encontram, ou que não sabem quem sejam, a posse se transmitiu. Aí, então, algo jaza. Com isso, podemos empregar com diferente conceito do romano a expressão "herança jacente", que o Código de 1973 manteve. Aliás, os textos romanos falavam de herança que "tacet" e de "vacuum tempus", tendo-se (depois) chamado herança vacante (*hereditas vacares*) ao que os textos diziam vacante. Assim, distingamos; "herança vacante", a que está em processo de se verificar se é herdeiro o Estado. Porque não há mais nenhuma herança sem herdeiro e o próprio Estado tem a saisina. Os *bona vacantia* eram os bens que os romanos, no direito novo, devolviam ao fisco. Não os *qui iacent*. O Código Civil fala de "bens vacantes" e de "herança vacante". A resolução judicial final era *constitutiva*, de efeitos *ex nunc*; hoje, é mandamental. Processualmente, ainda mais do que em direito material, tudo isso é muito importante. O juiz das sucessões regidas pelo direito brasileiro, ignorando se há herdeiros parentais ou testamentários, diligencia por saber a quem há de entregar os bens. Todo o processo da arrematação dos bens dos falecidos, nos casos de herança jacente, somente tem por fito a execução; e a decisão judicial de habilitação do Estado é apenas mandamental. Não é declarativa: não tem força de coisa julgada material de exclusão de possíveis herdeiros. O elemento declarativo não prepondera. Lá está, é verdade, como em qualquer julgado, mas depois do outro, em dose relevante para a eficácia, porém não para a sua caracterização. (O ato de *entrega material*, executivo, é após as decisões devolventes.)

Em boa técnica legislativa, tendo acabado a *adição de herança* e, pois, transmitindo-se os bens, *ipso iure*, com a morte, aos herdeiros inclusive ao Estado – o Código Civil deveria ter *distinguido*: os casos *a)* de se saber se o decujo não tinha herdeiros parentais (legítimos, menos o Estado) e testamentários; e os casos *b)* de se não ter certeza, subjetiva. Somente os casos *b)* exigiriam a arrecadação dos bens do decujo com o procedimento edital. Nos casos *a)*, o Estado, como qualquer outro herdeiro, recolheria os bens. A lei civil não procedeu assim; nem o Código de Processo Civil. *Abstraiu-se da certeza sobre a pretensão do Estado*. Essa pretensão pode ser certa, certíssima, e a lei a trata, ainda nesses casos, como *duvidosa*.

2) Bens de ausentes – Bens de ausentes são os bens cujos donos se acham fora do lugar em que estão situados os bens. O direito positivo restringe o sentido. A chamada herança jacente pode ser de herdeiros não identificados, ou ausentes.

3) Bens vagos – Bens vagos são aqueles cujo dono, se existe, é ignorado. Nisso, distinguem-se dos bens vacantes, que são suspeitos de não haver para eles sucessores parentais ou testamentários e de terem de ser entregues (*ex tunc*) ao Estado.

4) Cumulação objetiva-sucessiva de ações – No processo de arrecadação de bens de defuntos, dá-se *cumulação objetiva-sucessiva*: *a)* a ação constitutiva da curadoria, com o elemento mandamental da arrecadação, de intuitos cautelares, seguida de procedimento edital, com *provocatio ad agendum*, e suscetível de terminação do processo pela habilitação de herdeiros (ação autônoma, de eficácia contra a eficácia da sentença constitutiva), ou pela absorção dos bens pelas dívidas, ou pelo concurso de credores; *b)* a ação de devolução à Fazenda Pública, em virtude da vacância, ação de cognição incompleta, cuja natureza explicaremos sob os artigos 1.151 e 1.157.

No processo de arrecadação de bens de ausentes, a *cumulação objetiva-sucessiva* é mais complicada: *a)* ação constitutiva da curadoria, seguida do procedimento edital de citação (*vocatio in ius*) do ausente e da *provocatio ad agendum* dos outros interessados; *b)* ação de abertura da sucessão provisória; *c)* ação de conversão da sucessão provisória em sucessão definitiva.

Art. 1.142. Nos casos em que a lei civil considere jacente a herança¹)²)³)⁴), o juiz, em cuja comarca tiver domicílio¹³) o falecido, procederá sem perda de tempo à arrecadação⁵)⁶)⁷) de todos os seus bens.
Art. 1.143. A herança jacente ficará sob a guarda, conservação e administração de um curador⁸) até a respectiva entrega ao sucessor legalmente habilitado¹¹)¹²), ou até a declaração de vacância⁹)¹⁰)¹⁴)¹⁵); caso em que será incorporada ao domínio da União, do Estado⁴⁰⁹ ou do Distrito Federal.

1) Remissão à lei civil – O Código de 1973 recebeu do direito material, do Código Civil de 1916, o conceito de herança jacente. O que nos incumbe, hoje, diante da referência é restringir, como fizemos, fugindo ao direito romano, que o direito luso-brasileiro e, mais precisamente, o brasileiro, o sentido de *jazer da herança*. A posse imediata é que jaz. Segundo os princípios da saisina, a que o direito brasileiro deu a extensão que devia dar (nossos trabalhos: "A Saisina do Direito brasileiro", *Ciência do Direito*, III, 115-145; *Tratado de Direito Privado*, LVI, §§ 5.648-5.650).

Rigorosamente, dois princípios disputam as preferências, e a História, aqui, os extrema, e, ali, os mescla, um ao outro: o princípio da *adição* da herança ou aquisição pelo ato jurídico do herdeiro; o princípio da situação criada pela acidentalidade da morte para os bens já comuns. A modernidade juntou-os, e fez sistemas novos, que são os vigentes, mais próximos ou mais distantes da noção romana, mais próximos ou mais distantes do *Sachsenspiegel*, I, 33 e III, 83, § 1°, e do *Preussisches Aligemeines Landrecht*, I, 9, § 67 s. Na sucessão dos tronos, *le roi est mort, vive le roi*!

No primeiro sistema, são em tempos diferentes *delação* e *aquisição*; no segundo, simultâneos. A *aditio* operava a transmissão. Havia efeito retroativo à morte do sucedendo. Com ela, adquiria-se o domínio; não, porém, a posse. Posse seria *questão de fato*. Havia princípio da compropriedade familiar, e só a sucessão legítima operava tal comunidade. Morto o chefe, a *administração* tinha, naturalmente, de passar a outrem. Não se podia cogitar de aceitação, de *aditio*; tampouco, de ingerência judicial, que

---

409 O art. 1° da Lei n° 8.049, de 20.06.90, derrogando a norma do art. 1.619 do C. Civ. de 1916, substituiu o Estado-membro pelo Município (ou pelo Distrito Federal, a depender de onde se localizam os bens) na sucessão da herança vacante. A norma derrogada corresponde ao art. 1.844 do C. Civ. de 2002.

fosse instrumento de passagem do chefe aos comproprietários. De *hereditas iacens* também não se podia falar. Não havia sucessores propriamente ditos. Havia a *comunhão* sob a chefia; passada a chefia, continuava o que antes era: a comunhão, já sem aquele que morreu. *Der Todte erbt den Lebendigen. Mortuus saisit vivum. Saisina defuncti descendit in vivum. Le mort saisit le vif, son plus prochain héritier habile à lui succéder.*

No direito romano, havia o princípio da transmissão *recta via* ao legatário (L. 80, D., *de legatis et fideicommissis*, 31), donde as duas ações, a *real* e a *pessoal* (L. 2, C., *communia de legatis et fideicommissis et de in rem missione tollenda*, 6, 43). Ao herdeiro o legatário havia de pedir a *posse*; se o legatário arbitrariamente se imitia, concedia-se ao herdeiro o *interdictum quod legatorum* (L. 1, § 1º, D., *quod legatorum*, 43, 3).

A diferença entre o direito romano e o hodierno, inclusive o brasileiro, resulta da posição de domínio e posse do herdeiro. Havia *problema técnico*, que os juristas romanos não resolveram, e parecia estarem a procurar, problema a que a modernidade, fundidos o sistema romano e o germânico, deu solução, de origem híbrida, porém, na teoria posterior e nos resultados, de toda a inteireza.

A *saisina iuris* estabeleceu a nova ordem. *Der Todte erbt den Lebendigen, le mort saisit le vif*, ou, na Itália, *transeat possessio in heredem defuncti ipso iure sine aliqua apprehensione* (Estatuto de Busseto, r. 54).

No direito romano, havia a *continuação* da posse no sucessor a título universal, e a *conjunção* das posses no sucessor a título *particular* (L. 40 e L. 31, § 5º, D., de *usurpartionibus et usucapicnibus*, 41, 3; L. 13, § 10, D., *de adquirenda vel amittenda possessione*, 41, 2), Todavia, entre a delação e a adição, se outrem possuía a coisa, não havia espoliação, porque não havia possuidor (L. 6, § 2º, D., *pro emptore*, 41, 4). O *lapso* constituía o *problema técnico*. Donde a lacuna na tutela possessória. A imaginação prática dos jurisconsultos romanos experimentou *expedientes*, como aquele de obrigar à pronta adição, o *interdictum quorum bonorum* e, devido a Marco Aurélio, o *crimen expilatae hereditatis*. Expedientes, tão-só.

A vida posterior deu a solução; mas a vida, a experiência, só o ousou depois de ver a fórmula que trazia a concepção germânica da *continuidade*, da *unidade patrimonial* e da *investidura imediata* (a *saisina iuris*).

No conjunto do direito, esse grito germânico dominou, mas como exceção, como direito singular, e por isso disse A. Faber, no *Codex Fabrianus*, L. VII, 6, IV: "*Beneficium possessionis consuetudinariae quod a defuncto in heredem rede continuatur singulare ius et privilegium est.*"

Da *saisina* excluía-se o legatário, porque era sucessor a título particular. A vida aproveitou os dois sistemas e deu-se, historicamente e evolutivamente, o seguinte: ao direito romano somou-se o elemento germânico; a tutela jurídica da posse fez-se possível, sem os incompletos expedientes romanos, de medo que a *aspiração* do direito romano se *realizou* com a fusão dos dois direitos; e teoria e prática consagraram a nova concepção da *investidura imediata*, que se coadunava com a necessidade social da sucessão, *in universum ius*.

Conforme o Código Civil, art. 1.591, I e II,[410] há a jacência se o falecido não deixou cônjuge, herdeiros, descendentes ou ascendentes, nem colateral sucessível, notoriamente conhecido, ou se os herdeiros, descendentes, renunciam à herança, e não há cônjuge, ou colateral sucessível, notoriamente conhecido. Se há testamento, o art. 1.592, I-IV,[411] a herança é jacente (I) se o falecido não deixou cônjuge, nem herdeiro, descendente ou ascendente, (II) se o herdeiro nomeado não existe, ou não aceita a herança, se, em qualquer desses casos acima referidos (art. 1.592, I e II), não há colateral sucessível, notoriamente conhecido (III), ou se, verificada alguma das hipóteses dos números anteriores, não há testamenteiro nomeado, ou não existe o que foi nomeado ou não aceita a testamentaria (IV).

O que mais acontece é que o juiz tenha recebido a comunicação do óbito, com os informes. Mas pode ocorrer que não se haja procedido ao registro, devido à ocorrência (incêndio, naufrágio, desastre de trem ou de outro veículo sem identificação do morto ou de mortos). Se o declarante do óbito ignora se o falecido deixou cônjuge ou herdeiro ou testamento, a herança jaz e tem o juiz de proceder à arrecadação. Se vem o juiz a ter notícia da morte e, ignorando se há cônjuge ou herdeiros, é de que alguém se está apossando dos bens, ou há perigo em que sejam furtados, ou deteriorados, cabe-lhe providenciar.

2) Posse na regra jurídica sobre sucessão hereditária – A posse de que fala o Código Civil, no art. 1.572,[412] a propósito da herança, independe de qualquer *efetividade*: ela se transfere, saiba ou não o herdeiro que se lhe transferiu; posse *nec animo nec corpore*. O elemento germânico reponta,

---

410 C. Civ. de 2002, arts. 1.819 e 1.823, respectivamente.
411 Sem correspondência no C. Civ. de 2002.
412 C. Civ. de 2002, art. 1.784.

vê-se-lhe bem o traço de *espiritualidade*, que atravessa, firme, a *materialidade* das concepções romanas. Posse, que não precisa de ato ou gesto ou reconhecimento do possuidor. Um é, categórico, que a tradição germânica disse, e as leis escritas, após os costumes da França e de alhures, repetiram. No tempo em que a posse *bonorum* (Código Civil, arts. 485-523)[413] era de configuração romana, ao jeito de F. C. Von Savigny, isso criava embaraços teóricos; hoje, com a concepção nova, refletida no Código Civil brasileiro, esmaeceu. A lacuna romana foi preenchida, com a conseqüência de se transmitir ao herdeiro a *posse* dos bens de que o testador era proprietário e a dos pertencentes a outrem, desde que lhe coubesse a *posse*. Porém, como a *posse* do testador vai toda ao herdeiro, o título testamentário atribui a *propriedade* ao legatário e a *posse* vai do testador ao herdeiro, em virtude da *saisina iuris*. Daí a cisão; e ter o legatário de pedir a posse.

Em francês, *saisine* é palavra de origem germânica, que significa *posse* – mais direito de possuir, ou posse que o direito *dá*, do que posse no sentido de exercício efetivo. Tão portuguesa, como de outra língua, porque está nos textos do latim cosmopolita: *saisina, in saisina*. No brocardo francês, *le mort saisit le vif*, a psique germânico-latina da França bem se retrata: *saisir* do germânico traduz a passagem por força de direito, da pose do defunto aos herdeiros, isto é, palavra germânica para exprimir conceito germânico.

A posse vai aos herdeiros que *receberem* a herança, quer dizer – potencialmente deslocável de grau, incluído o efeito da *representação*: se um dos chamados não aceita a herança, ela toca aos co-herdeiros, ou, se é o único, ou se todos renunciarem, aos sucessíveis do grau imediato. No Brasil, ao próprio cônjuge sobrevivo e ao Fisco (art. 1.603;[414] cf. Código Civil francês, art. 724, que não se estende a esses). Mas repugna aos nossos dias concepção da saisina coletiva aos *parentes*; só se refere a *herdeiros*.

Em vez de seguirem os dados históricos e os veios do princípio, através dos tempos e em luta com o direito romano, que *partia* a posse, pontuando-a com a morte do decujo, e deixando lapso entre esse momento e a tomada de posse pelos herdeiros – os juristas deixam-se levar pela ambição de explicar o fato, que o art. 1.572[415] apodicticamente cria, mas segundo os propósitos dos seus raciocínios.

---

413 C. Civ. de 2002, arts. 1.196-1.224.
414 C. Civ. de 2002, art. 1.829.
415 C. Civ. de 2002, art. 1.784.

É a exigência de explicação dogmática, que, por vezes, conduz a edificações só *a priori*. Aliás, para o bom êxito dos métodos científicos, esse desejo de explicar tem de precipuamente buscar os dados históricos e os informes de sociologia. Todo caminho, que não seja esse, pode ser desvirtuador das realidades e dos próprios preceitos que se quer explicados.

3) Tentativas de explicações – a) Julius Binder (*Die Rechtsstellung des Erben*, 47) entendeu que a posse do Código Civil alemão, § 857, é *posição jurídica* ligada ao poder efetivo, mas que se desprende, ao passar, do seu suporte fundamental, da sua base material.

b) Em tal ato vêem W. Turnau – K. Förster (*Das Sachenrecht*, 3ª ed., § 857) e Martin Wolff (Das Sachenrecht, *Lehrbuch*, III, 36), apenas *ficção* da posse. Assim, também, Rotering ("Aus der Lehre vom Besitz", *Archiv für Bürgerliches Recht*, 27, 95 s.).

c) Ferdinand Kniep (*Der Besitz des BGB*, 168) esforçou-se por mostrar que só se transmite a pretensão para que continue a posse.

d) Entendia Hugo Kress (*Besitz und Recht*, 168 s. e 186) que os herdeiros adquirem a posse imediata (*Verkersbesitz*) sem apreensão, desde que saibam da morte e queiram ser herdeiros. É estranho aludir a esse elemento intruso da vontade do herdeiro.

e) Para Carl Crome (*System des deutschen bürgerlichen Rechts*, II, 16 s.), trata-se de *relação de posse*, e nessa sucedem os herdeiros, sem dificuldades conceptuais e práticas.

f) M. Greiff (G. Planck, *Kommentar* III, 39) achava que o *poder efetivo* do decujo acabou com a morte: não poderia transmitir-se aos herdeiros; de modo que esses precisam de tomar posse efetiva, para serem possuidores no sentido do art. 485 (Código Civil alemão, § 854), e os arts. 496 e 1.572 (§ 857) não bastariam. (Na 4ª ed. de G. Planck, E. Brodmann rediscutiu o assunto, e continuou a sustentar que a posse não é algo de *separável* da personalidade – é relação de pessoa com a coisa; não pode ser tratada como se trata, por exemplo, o domínio. Mas acabou por explicar como *ficção*, "pelo menos".)

g) A verdadeira teoria é a que busca o fundamento e a evolução do princípio, que é estranho ao direito romano; e dele há de tirar, como fazemos, todas as conseqüências doutrinárias e práticas. Sem esse elemento histórico-cultural, nada se consegue de sólido e de certo.

4) Posse no sentido próprio e posse dos herdeiros – A respeito de posse dos herdeiros e legatários, encontram-se dados no Código Civil, arts. 495, 496, 1.572, 1.580, 1.754, 1.755 e 1.579.[416] Mas, a despeito de usar-se a mesma palavra posse, cumpre distinguir-se da posse dos arts. 495 e 496, referida no capítulo sobre posse (Direito das Coisas, *rei possessio, Besitz ou Sachenbesitz*, e posse dois demais artigos, que é a *hereditatis possessio* do direito romano, *Erbschaftsbesitz*. São institutos distintos, outrora e hoje, que concernem a fato idênticos.

Como havemos de ver, a *hereditatis passessio* apresenta, no direito romano, no comum e no vigente entre povos cultos, estrutura particular que a olhos cuidadosos teria lembrado, na feitura dos Códigos Civis, nome que evitasse qualquer confusão. Se no Código Civil alemão se empregou o romanismo *Erbschaftsbesitzer*, para que se não misturasse com *Besitzer* da doutrina da posse, nenhum cuidado tiveram os legisladores de outros Estados, desatentos a linhas mestras das instituições. Na prática, a diferença é de importância. Basta pensar-se em que a ação do possuidor, no caso do art. 495,[417] combinado com os arts. 485, 499, 501, 502 e 504,[418] esbarra, em se tratando de bens móveis, diante do art. 618[419] (usucapião, no caso de boa-fé e posse ininterrupta de três anos), ou do art. 619[420] (ainda com má-fé e sem título, durante cinco anos), ao passo que não prescrevem em tais tempos as ações oriundas da *hereditatis possessio*. Quando já é nenhum o meio de reaver-se a posse, *possessio rei*, ainda, perdura a ação contra o possuidor da herança. Em se tratando de imóveis, as ações possessórias têm de parar, diante de quem alega posse, com justo título e boa-fé, de dez anos entre presentes, ou quinze entre ausentes (art. 551),[421] e no entanto persistem os meios legais fundados no direito hereditário (*e. g.*, petição de herança, querela de doação oficiosa). Cp. Código Civil, arts. 177, 179 e 1.772, § 2º.[422]

É evidente a relevância da distinção. No instituto da *posse da herança*, dois elementos alteiam-se como indestrutíveis colunas, e é impossível,

---

416 C. Civ. de 2002, arts. 1.206, 1.207, 1.784, 1.791, 1.977, 1.978 e 1.797, respectivamente.
417 C. Civ. de 2002, art. 1.206.
418 Excetuando-se o art. 501, que não encontra correspondência no C. Civ. de 2002, arts. 1.196, 1.210, 1.210, § 1º e 1.212, do C. Civil de 2002 respectivamente.
419 C. Civ. de 2002, art. 1.260.
420 C. Civ. de 2002, art. 1.261.
421 C. Civ. de 2002, art. 1.242, *caput*.
422 As normas do art. 179 e do § 2º do art. 1.772 não encontram correspondência no C. Civ. de 2002; a do art. 177 tem correspondência no art. 205 desse Código.

sem graves erros, tomar-se uma por outra das duas construções heterogêneas, a *posse* do direito das coisas, que só ela rigorosamente merece chamar-se posse, e a outra, a do herdeiro, que se funda em título, e não no ter-se, *de fato*, o *exercício*, pleno, ou não, de algum dos poderes inerentes ao domínio, ou outro direito real (art. 485).[423] Aquelas duas colunas, a que nos referimos, dão caráter próprio ao instituto: uma é o pensamento de universalidade, que dilata a significação mesma da palavra posse; outra, o de título lucrativo, mas ineficaz, pelo qual alguém, em vez de herdeiro, possui (A. A. Von Buchholtz, *Juristische Abhandlungen*, 10; Rudolf Leonhard, *Der Erbschaftsbesitz*, 76, s.; Josef Schaefer, *Vergleich zwischen Sachbesitz und Erbschaftsbesitz*, 71). No fundo (bem significativo é o fato do excesso dos prazos da usucapião), privilégio para restaurar a ordem intrínseca, dentro do tempo (cf. Julius Binder, *Die Rechtsstellung des Erben*, 421 s.). Os dois elementos dão a posse do herdeiro às ações que decorrem de particularidades de direito material e de direito processual, tão firmes, que Rudolf Leonhard não acreditava em que, no futuro, se apaguem (127). Foram baldados os propósitos assimiladores do *Preussisches Allgemeines Landrecht* e do Código Civil francês: teve a prática, fruto da vida, de trazer as águas a leito próprio; bem assim, o exemplo do Código Civil alemão (§ § 2.018-2.031). No Brasil, deixou-se à doutrina, mas, em verdade, subentendem-se as regras jurídicas materiais precisadoras do instituto e constitutivas do velho e tradicional direito das ações.

Na posse, *rei possessio*, cogita-se de relação entre a pessoa e a totalidade dos sujeitos, a respeito de coisa sobre a qual se exerce poder fáctico, estado social, que independe do direito à coisa. Nas ações fundadas no Código Civil, arts. 1.572, 1.580, 1.754, 1.755 e 1.769,[424] alega-se *direito*. A ação de petição de herança compete ao herdeiro, legítimo ou testamentário, contra aquele que, com fundamento em direito sucessório que em verdade não tem, só *possui* os bens da herança (Código Civil alemão, § 2.018: "*der auf Grund eines ihm in Wirklichkeit nicht zustehenden Erbrechts etwas aus der Erbschaft erlangt hat (Erbschaftsbesitzer)*"; Código Civil brasileiro, art. 1.580, parágrafo único:[425] "ao terceiro, que indevidamente a possua"). Ação universal, que nada tem a ver com os efeitos da posse,

---

423 C. Civ. de 2002, art. 1.196.
424 C. Civ. de 2002, arts. 1.784, 1.791, 1.977, 1.978 e 1.990, respectivamente.
425 *Aliter*, C. Civ. de 2002, art. 1.791, parágrafo único.

nem com os da usucapião, pois, semelhante à reivindicação, constitui luta entre direitos, porém luta de títulos, independente das regras jurídicas de aquisição por outro título que não seja hereditário. Por isso mesmo, o réu pode opor-lhe, não só a prescrição de vinte anos, que é a das ações do direito hereditário, como também o não se tratar de possuidor a título de herança, caso em que só seria possível a ação do art. 524,[426] ineficaz além dos prazos usucapitivos. Aproveitemos o ensejo para meditar no *punctum dolens*: é o fato de o réu possuir com pretendido direito hereditário, isto é, crer-se ou ter-se por herdeiro, que lhe escancara as portas às investidas dos autores contra a sua posse, ainda depois de cumpridos os prazos que lhe dariam, *se outro fosse o título*, a propriedade dos bens móveis (arts. 618 e 619),[427] ou imóveis (arts. 550-552).[428]

5) Objeto da posse – Quanto ao próprio objeto, há diferença entre o que pode ser objeto de proteção possessória (Código Civil, arts. 485, 486 e 493, I, II)[429] e o que pode ser compreendido sob o conceito de posse do herdeiro (arts. 1.572 e 1.580),[430] ou de posse e administração (arts. 1.754 e 1.755).[431] Se um título nominativo pode ser reclamado com fundamento na posse da herança, não o seria pelas ações dos arts. 499-519.[432] Tudo que é patrimonial constitui objeto de *hereditatis possessio*. Não se compreendem na *posse*, em sentido próprio, os direitos, isto é, o que se pode ter sem ser objeto de direito das coisas. Pela mesma razão, não se poderia reclamar por ação possessória *universitas iuris*, ao passo que os herdeiros, com as ações do art. 1.580,[433] pedem, precisamente, a herança, a universalidade, na qual se incluem dívidas ativas nominais, quiçá simples ações a serem propostas contra outros. Bastaria ler-se a L. 18, § 2º, D., de *hereditatis petitione*, 5, 3. Agora vejamos, disse Ulpiano, que coisas se compreendem na petição da herança, *et placuit universitas res hereditarias in hoc iudicium venire, sive iura sive corpora sint*. Ora, sabemos quais os direitos,

---

426 C. Civ. de 2002, art. 1.228.
427 C. Civ. de 2002, arts. 1.260 e 1.261, respectivamente.
428 C. Civ. de 2002, arts. 1.238, 1.242 e 1.243.
429 C. Civ. de 2002, arts. 1.196, 1.197 e 1.204, respectivamente.
430 C. Civ. de 2002, arts. 1.784 e 1.791, respectivamente.
431 C. Civ. de 2002, arts. 1.977 e 1.978, respectivamente.
432 C. Civ. de 2002, arts. 1.210-1.222.
433 C. Civ. de 2002, art. 1.791.

pretensões e ações que, em razão de recaírem em coisas, se protegem, mas, no direito romano, "*possideri autem possunt quae sunt corporalia*" (L. 3, pr., D., *de adquirenda vel amittenda possessione*, 41, 2), nem se cogitaria de admitir posse sobre universalidade de coisas (Heinrich Dernburg, *Pandekten*, I, § 176, nota 3, 407). Enquanto pende a ação dos herdeiros, o réu continua a ser protegido pelas regras jurídicas sobre posse, *na sua posse*. Na justa dos títulos, entre sujeitos determinados (autores e réus) não se apaga situação pessoal em relação à totalidade dos sujeitos, protegida em virtude de considerações de ordem social entre os cidadãos.

Tão radical é o efeito da petição de herança, que ela busca ações nascidas contra o próprio possuidor, dívidas que, noutros casos, desapareceriam pela confusão dos sujeitos. Seria difícil conceber "posse" em tais espécies (Rudolf Leonhard, *Der Erbschaftsbesitz*, 11; Arnold Leinweber, *Die hereditatis petitio*, 7). Pede-se um patrimônio (Ludwig Arndts Von Arnesberg, *Gesammelte civilistische Schriften*, II, 280).

Também no Código Civil alemão não se poderia pensar em "posse" que não fosse poder fáctico sobre coisas. Escapa ao conceito a chamada posse de direitos. O objeto da *hereditatis possessio* ultrapassa as raias do que a teoria e a lei traçaram à posse.

Na *ação de reivindicação*, o réu é possuidor. Na de petição de herança, é de mister que o réu tenha adquirido algo da herança, ponto em que se percebe a má redação do art. 1.580, parágrafo único,[434] que insiste na expressão "possua", afastando-se da precisa frase do Código Civil alemão, § 2.018 ("do que, em virtude de um direito hereditário, que, na realidade, não lhe pertence, *adquiriu* algo da herança"). Aqui, basta que faça a prova de ter adquirido, a título hereditário, ao passo que, ali, a posse no momento constitui um dos pressupostos de legitimação passiva (Paul Langheineken, *Anspruch und Einrede*, 157; Rudolf Leonhard, *Der Erbschaftsbesitz*, 24; Emil Strohal, *Das deutsche Erbrecht*, 2ª ed., 554). Em todo caso, há caracteres comuns quanto ao sujeito. No direito romano, o que tinha a posse jurídica, com *animus domini*, ou era *a)* em relação de fato com o objeto da posse, *b) qui liti se obtulit*, ou *c) qui dolo desiit possidere*, ou *qui fecit quonimus possideret* (G. W. Wetzell, *Der römischen Vindicationsprozess*, 214 s.); Wilhelm Francke (*Exegetisch-dogmatische Kommentar über den Pandektentitel* de hereditatis petitio, 175 s.). Na *rei vindicatio*, também o

---

434 C. Civ. de 2002, art. 1.791, parágrafo único.

detentor e o que não possuía para si, pois que eles tinham a *facultas restituendi*, pouco importando a boa-fé ou a má-fé (Walter Nagelschmidt, *Der Eigentumsanspruch wegen Besitzensziehung*, 24); e na *hereditatis petitio*, como na *possessoria hereditatis petitio*, seria impossível a ação contra o detentor, porque esse, se está em situação de restituir, só possui *alieno nomine*, ou, como disse Ulpiano (L. 13, § 12, D., *de hereditatis petitione*, 5, 3), *contemplatione alterius*, ao contrário das ações possessórias que se exercem contra os detentores, parecendo que o exerce contra aquele *qui pro possessore possidet*, se sem qualquer *iusta causa possessionis* ou nulo o *titulus*.

No Código Civil alemão, a *rei vindicatio* dirige-se ao possuidor imediato, isto é, ao *qui habet et tenet* e ao mediato do § 868, aquele em primeiro lugar (Otto Wendt, "Der mittelbare Besitz der BGB", *Archiv für die civilistische Praxis*, 87, 68 s.), porém não ao servidor da posse (§ 855); nem aos *ficti possessores*, ao contrário, aqui, do direito romano (Josef Schaefer, *Vergleich swischen Sachbesitz und Erbschaftsbssitz*, 32). Quanto a *hereditatis possessio*, trata-se de posse como pretendido herdeiro, espécie de *animus*, como diz Carl Crome (*System*, V, 531), e essa subjetividade é que lhe dá a abertura para invasão além dos prazos usucapitórios. É preciso crer-se herdeiro sem se ser.

No direito anterior e, com a mesma razão no vigente, claro está que, se ninguém impugna ao autor a qualidade de herdeiro, é inútil a ação. Se possui por título singular mas nulo, compete a *rei vindicatio*, e não a petição de herança. Se a questão é de posse, pede o herdeiro intentar as ações possessórias, que forem mais hábeis.

O terceiro pode ter adquirido apenas a posse da herança. Então, a sua posição jurídica é a que teria o possuidor da herança, se não a tivesse alienado. Tem ele de entregar os frutos e outros proventos, inclusive aqueles de que adquiriu a propriedade. Se algum herdeiro tem direito relativo a algum bem da herança, inclusive, por exemplo, se obteve penhora, tem o possuidor de respeitá-lo e atender às suas conseqüências (cf. Alfred Nave, *Einzelklage und Erbschaftsanspruch*, 25 s.).

6) Transmissão da posse – A posse passa aos herdeiros legítimos e testamentários. Se só os há legítimos, fácil é saber-se quais são. Se pende algum processo de habilitação, ou de investigação de paternidade ou de maternidade, de que aquela dependa, só a sentença fará certo o direito e com ela é que se pede a imissão de posse, se bem que o herdeiro assim reconhecido *tenha* sido proprietário e possuidor desde a abertura da sucessão. Se existem herdeiros testamentários, foi a posse a todos os que herdaram do decujo por força do testamento que se mandou cumprir. Daí a importância do cumpra-se. O que é, segundo o testamento, herdeiro, ou legatário com posse, tem direito à imissão enquanto não passa em julgado a sentença que decreta a nulidade ou anula o testamento. Após esse trânsito, os que são herdeiros legítimos, ou testamentários segundo outro testamento, ou outra cláusula, é que podem propor a ação de *imissão*. Se há herdeiros legítimos e testamentários, cada um tem o direito à imissão segundo o seu título.

Uma vez que o testamento dá a posse, desde logo, a algum legatário, cabe-lhe a ação de imissão.

O herdeiro que é imitido na posse, que lhe faltava, quase sempre posse imediata, já estava na posse, em virtude da saisina. A sentença favorável na ação de imissão *declara* a posse em virtude da saisina e põe na posse que faltava o sucessor a causa de morte.

A posse pelo legatário pode ocasionar a usucapião; não basta o decurso do prazo, porque a posse, que se transmitirá, em virtude do princípio da saisina, ao herdeiro ou ao legatário, pode ser retirada por outrem, mesmo se já houve a transcrição. O registro concerne à propriedade e não à posse. Cp. o que diz Luigi Ferri (*La Trascrizione degli acquisti* mortis causa e *problemi connessi*, 147 e 152).

Tem o juiz de proceder, "sem perda de tempo", à arrecadação de todos os bens do falecido. Alude-se ao conceito de herança jacente conforme o direito civil.

Bens jacentes são bens de quem morreu sem alguém *aparecer* como sucessor. A falta da aparição é restrita aos herdeiros parentais e testamentários, ou legatários, uma vez que se não pode pensar em não-aparição do Estado. A definição é, pois, a de bens a que se ignoram herdeiros, ou não existem herdeiros – parentais ou testamentários. Um é certo, se não existem outros: o Estado.

7) Arrecadação e provocação da arrecadação – De ofício; portanto, se alguém pede a arrecadação, sem ter qualidade, a comunicação de vontade é eficaz como elemento informativo.

O Código de 1939, art. 555, dava ao juiz o prazo de vinte e quatro horas para a arrecadação dos bens do falecido, cientificados o órgão do Ministério Público e o representante da Fazenda Pública. O Código de 1973, acertadamente, empregou outros dizeres: "sem perda de tempo". Nem sempre o juiz pode, no prazo de vinte dias, proceder à arrecadação. Quanto a serem ouvidos os órgãos do Ministério Público e da Fazenda

Pública, não se precisava da explicitude: há necessidade de terem conhecimento do que vai ocorrer ou já ocorreu.

O *pedido* do órgão do Ministério Público é ato de autor, na ação de arrecadação de bens do falecido, de modo que ele é parte no processo. Não fiscaliza apenas. Parte é, também, a Fazenda Pública, a que o seu representante serve, postulacionalmente. Na função de ofício, o juiz inicia e procede em segunda função, que não é a de juiz, segundo a explicação, já conhecida, da iniciativa processual do próprio juiz. Duas funções estatais numa só pessoa. Intervindo o representante da Fazenda Pública no processo de arrecadação, se por ele não foi promovido, a sua função é a de parte, e não só a de fiscal. Porque, arrecadando-se os bens, se supõe que o interesse do Estado seja precípuo, uma vez que lhe vão os bens. A presença do representante da Fazenda Municipal,[435] que aí se explica como de outra natureza, é, de ordinário, como interessada no imposto, ou como *opoente* dentro do processo (*e.g.*, se alega que os bens são do seu domínio), ou fora dele (embargos de terceiro).

A ação de arrecadação de bens, na sua primeira fase, começa como constituição da *curadoria* dos bens arrecadados; é, portanto, ação com adiantamento da constituição. A verificação de existirem, ou não, herdeiros e sucessores é *questão prejudicial*, sobre a qual não se profere, desde logo, decisão de cognição completa. Depois de passar em julgado a sentença de devolução (arts. 1.157 e 1.158), é somente por meio de ação "direta" que se pleiteia a entrega dos bens ou o pagamento. Sobre a natureza de tal ação, veja-se nota ao art. 1.158. A segunda fase do processo é a que, entregues os bens ao curador, para o que bastou a cognição superficial a que se referem os arts. 1.142, 1.150, 1.151 e 1.153, se inicia com a publicação dos editais e vai até à entrega dos bens aos herdeiros e sucessores, ou donos (terceiros), ou ao Estado. Tal entrega é feita em virtude de sentença, que pode ser de cognição completa (*e. g.*, aos terceiros), ou não (devolução à Fazenda). A sentença do art. 1.157 tem força de coisa julgada formal, porém não de coisa julgada material. Nem se pode considerar, sequer, incluída na classe das sentenças a que se refere o art. 471.

8) Curadoria de bens jacentes – O art. 1.143 alude à guarda e administração de curador. Refere-se à *curadoria de bens vacantes* (cf. Código

---

435 Vd. a nota 409.

Civil, arts. 1.591 e 1.592),[436] durante o ano depois de concluído o inventário (art. 1.593)[437] e antes da declaração de vacância. O curador é o curador oficial (dito judicial), se o há; ou de nomeação do juiz. Esse tem de prestar compromisso, como o tutor e o curador de incapazes. Cf. Ordenações Filipinas, Livro I, Título 90. Oficial, ou não, é o *representante da herança em juízo ou fora dele* (Decreto nº 160, de 9 de maio de 1842, art. 24, § 1º: "Aos curadores ou administradores dados às heranças jacentes e bens de ausentes compete: 1º A arrecadação e administração das heranças e bens dos ausentes de que forem encarregados, *representando* pelas mesmas heranças e bens em juízo, e fora dele, demandando e sendo demandado pelo que lhes disser respeito"). Antes, art. 12.

9) Até quando vai a função cautelar – O art. 1.143 fez bem em dar o destino provável dos bens ditos jacentes; mas eles jazem, não só até que se entreguem ao sucessor, ou aos sucessores habilitados: podem ser declarados vacantes, isto é, sem aqueles herdeiros que se esperavam, sem serem a entidade estatal. Dir-se-á que podem aparecer terceiros que aleguem e provem que são proprietários ou possuidores. Todavia, aí, a decisão apaga, *ex tunc*, a pretendida jacência: os bens, que se criam jacentes, não jaziam.

10) Recurso – O recurso cabível da decisão que indefere o pedido de declaração de vacância da herança é o de apelação (*e.g.*, já antes, a 2ª Turma do Tribunal Federal de Recursos, 29 de agosto de 1951, *D. da J.*, de 8 de julho de 1954). ¿Por que se pretendeu que tal não fosse o recurso? Exatamente se disse que faltam os pressupostos para se declarar vacante a herança, isto é, afirma a decisão que não morreu a pessoa, ou que deixou herdeiros notoriamente conhecidos, ou cônjuge, ou que há testamenteiro e está presente o testamenteiro. Qualquer dessas proposições é sobre mérito. O recurso é o de apelação. *Idem*, quanto à decisão que julgue a devolução à Fazenda Pública, ou que julgue não vacante a herança que antes se entendera ser vacante.

11) Falta, pelo menos só aparente, de herdeiros – Se algum defunto não deixou herdeiros legítimos, nem testamento, ou, pelo menos, se se ignora quais sejam os herdeiros, ou se deixou testamento, ou se morreu

---

436 C. Civ. de 2002, art. 1.819 e sem correspondência, respectivamente.
437 C. Civ. de 2002, art. 1.220.

com testamento, porém o testamenteiro está ausente e se lhe desconhecem os herdeiros – o dever do oficial do registro é comunicar o fato, imediatamente, ao juiz. Esse dever lhe nasce no momento mesmo em que se lhe comunica o óbito. Além das penas disciplinares, o oficial responde aos sucessores do morto, inclusive o Estado, por perdas e danos, que advierem da sua omissão de participar ao juiz.

12) *Decujo* que não deixou cônjuge nem herdeiro – No Código de 1939, art. 554, dizia-se que, cientificado do óbito, o oficial tinha de comunicar a possível falta de sucessores ao juiz, se o decujo "não tenha deixado cônjuge". Fez bem em retirá-lo o Código de 1973. A referência ao cônjuge era obsoleta. O cônjuge sobrevivente é, hoje, herdeiro (Código Civil, art. 1.603, III);[438] se estavam desquitados o que morreu e o que sobrevive, a sua existência de modo nenhum obsta à arrecadação. Adiante, nota ao art. 1.153.

13) Competência para a arrecadação e citações – Os arts. 1.142 e 1.143 contêm duas regras: uma, a de determinação da competência para a arrecadação (não para o inventário normal, que eventualmente pode sobrevir); outra, a de instrução, a em que se dá ao juiz o dever de proceder "sem perda de tempo" à arrecadação dos bens, com ciência ("intimação", art. 1.145, § 2°) do órgão do Ministério Público e do representante da Fazenda Pública.

No Código de 1973, art. 1.142, faz-se competente para a arrecadação dos bens da herança jacente o juiz em cuja comarca tinha domicílio o falecido. No Código de 1939, artigo 555, falava-se do juiz em cuja circunscrição se verificara o óbito. A favor da solução do direito anterior havia argumentos de que a ligação ao óbito era a melhor, porque tal arrecadação nada tem com o inventário e a partilha. O artigo 555 do Código de 1939 teve sua fonte no art. 819 do antigo Código de Processo Civil do Distrito Federal, que atendeu a sugestões da experiência contra a ligação ao domicílio do defunto e a prevenção em caso de dois ou mais domicílios, segundo o Decreto n° 2.433, de 15 de junho de 1859, art. 29. A arrecadação, dizia-se, é medida urgente, que deve ser tomada o mais rápido possível, coincidir com o lugar da abertura da sucessão e onde têm de ser encontrados os objetos de uso pessoal do morto.

A solução do foro do domicílio encontra alguns problemas. Por exemplo: o lugar do domicílio não é onde o falecido deixou bens e o juiz

---

438 C. Civ. de 2002, art. 1.829, I, II e III.

da comarca da situação dos bens tem ciência do que ocorreu e se convence de que é necessária a medida cautelar. Por outro lado, pode a morte ter sido alhures. O art. 126 exige o pronunciamento afirmativo, ou a abstenção.

Se a pessoa tinha dois ou mais domicílios, qualquer deles tem a competência (cf. art. 94, § 1°). Se não tinha domicílio certo, a competência é do foro da situação dos bens (art. 96, parágrafo único, I). Se não tinha domicílio certo e os bens são situados em lugares diferentes, a ação é no foro em que ocorreu o óbito (art. 96, parágrafo único, II).

14) Ausência e falta do testamenteiro – Não basta a presença do procurador do testamenteiro para que não se arrecade a herança, porque o cargo é personalíssimo (Decreto nº 2.433, de 15 de junho de 1859, art. 3°, interpretado, *ex professo*, por A. M. Perdigão Malheiro, *Manual do Procurador dos Feitos*, 2ª ed., I, 136, nota 594).

15) Dever de comunicação do oficial do registro civil – A comunicação do oficial do registro civil é comunicação de conhecimento e do seu ato de inscrição. Responde pelos danos provenientes da omissão, erro ou dolo, segundo os princípios comuns. Os cônsules brasileiros têm o mesmo dever de comunicar, se falece onde eles se localizam pessoa de que se tenha de fazer inventário no Brasil. Porque aos bens dela são aplicáveis os arts. 1.143-1.158 (Aviso nº 112, de 11 de outubro de 1845).

> *Art. 1.144. Incumbe ao curador[1]):*
> *I – representar a herança em juízo ou fora dele, com assistência do órgão do Ministério Público[2]);*
> *II – ter em boa guarda e conservação os bens arrecadados e promover a arrecadação de outros porventura existentes[3]);*
> *III – executar as medidas conservatórias dos direitos da herança[4]);*
> *IV – apresentar mensalmente ao juiz um balancete da receita e da despesa[5]);*
> *V – prestar contas a final de sua gestão[6]).*
> *Parágrafo único. Aplica-se ao curador o disposto nos arts. 148 a 150[7]).*

1) Função do curador – Já o art. 12, IV, disse que a herança jacente e a herança vacante são representadas por seu curador. No art. 1.144, I, acrescenta-se que tem ele a assistência do órgão do Ministério Público.

O primeiro dos deveres é o de guarda e conservação dos bens arrecadados. Depois, vêm os de exercer os direitos, pretensões e ações que tem a herança e não só executar as medidas cominatórias dos direitos da herança. Mensalmente, cumpre-lhe apresentar ao juiz balancete de receita e despesa. No final da gestão, prestar contas. É de importância a remissão aos arts. 148-150.

Uma das atividades do curador da herança jacente, que o art. 1.144 não menciona, é a do art. 1.152, onde se fala da expedição de edital, para que venham habilitar-se os sucessores do falecido; e não precisava referir-se a isto, porque se trata de função do juiz que tem de mandar expedi-lo.

2) Representação da herança – Em tudo que concerne à herança jacente, quer no campo dos negócios jurídicos ou outros assuntos de direito material, quer no do direito processual, o curador da herança jacente, qualquer que seja, mesmo oficial, é quem a representa. Isso não afasta que, no tocante a interesses do Estado, não possa o órgão do Ministério Público ou da Fazenda Pública não defendê-la e até mesmo manifestar-se contra a atividade exercida pelo curador, que tem a herança jacente sob sua guarda e administração. Já o art. 12, IV, referiu-se à legitimação ativa e passiva do curador da herança jacente. Sempre que em juízo ou fora dele o curador atua, ativa ou passivamente, tem de ser chamado a assisti-lo o órgão do Ministério Público, o que não afasta a esse a legitimação não-assistencial. Sempre o órgão do Ministério Público é citado, sob pena de nulidade, razão por que não é simples assistente (arts. 82, III, 84 e 1.105). Ele é citado e a sua assistência é algo semelhante à do assistente equiparado a litisconsorte (art. 54). No que toca à representação extrajudicial, a função do curador da herança jacente é a de gestor de negócios, por força de lei, e há de administrar os bens "segundo o interesse e a vontade presumível de seu dono" (aí os possíveis sucessores do falecido) e fica responsável perante os interessados na gestão de negócios e as pessoas com quem contratar (Código Civil, art. 1.331).[439]

3) Guarda, conservação dos bens arrecadados e promoção de novas arrecadações – Tem o curador de proceder com "toda a sua diligência habitual na administração do negócio" (Código Civil, art. 1.336),[440] mas

---

[439] C. Civ. de 2002, art. 861.
[440] C. Civ. de 2002, art. 866.

a sua escolha pelo juízo já supõe que a sua diligência é a de quem deve exercer, com exatidão, a administração. Quem administra bens alheios tem de tomar as providências necessárias à conservação deles (adiante nota 4). Se pode advir a prescrição ou a preclusão de algum direito, que se insere nos bens da herança jacente, cumpre ao curador a prática de qualquer ato que evite o dano à herança jacente. Pode ter, por exemplo, uma vez que há interesse da herança jacente, a prorrogação ou renovação de um negócio jurídico, como o de locação. Mais: se há dinheiro depositado e convém que se exerça o direito de subscrição de ações, ou algum direito de preferência.

No Código de 1939, o art. 945, a respeito dos bens penhorados, cogitava do depósito no Banco do Brasil, na Caixa Econômica, ou em Banco de que os Estados-membros da União possuíssem mais de metade do capital social integrado. Sobrevieram leis que o modificaram. A Lei nº 4.595, de 31 de dezembro de 1964, art. 19, disse: "Ao Banco do Brasil S. A. competirá precipuamente, sob a supervisão do Conselho Monetário Nacional e como instrumento de execução da política creditícia e financeira do Governo Federal: II – como principal executor dos serviços bancários de interesse do Governo Federal, inclusive suas autarquias, receber em depósito, com exclusividade, as disponibilidades de quaisquer entidades federais, compreendendo as repartições de todos os ministérios civis e militares, instituições de previdência e outras autarquias, comissões, departamentos, entidades em regime especial de administração e quaisquer pessoas físicas ou jurídicas responsáveis por adiantamentos, ressalvados o disposto no § 5° deste artigo, as exceções previstas em lei ou casos especiais expressamente autorizadas pelo Conselho monetário Nacional, por proposta do Banco Central do Brasil". Hoje, Código de 1973, art. 666.

4) Medidas conservatórias dos direitos da herança – Algumas dessas medidas de conservação são suscitadas pelo curador como representante (art. 1.144, I); outras são apenas atos que têm por fito conservar direitos. Em parte já cogitamos disso na nota 2). Pense-se em consertos de máquinas e aparelhos, substituição de telhas e comida para animais.

5) Balancetes mensais – Compete ao curador apresentar ao juiz, mensalmente, um balancete com indicação da receita e da despesa. Trata-se de nova regra jurídica inserta no Código de 1973. Tanto o curador nomeado pelo juiz como o curador oficial têm esse dever como os outros deveres do art. 1.144.

6) Prestação de contas – Já o curador da herança jacente, qualquer que seja, tem a obrigação de apresentar os balancetes mensais. No final da sua gestão, tem de prestar contas, o que é mais do que a simples apresentação de contas (receita e despesas), porque são apresentadas em forma mercantil, especificando-se os recibos e a aplicação das despesas, bem como o respectivo saldo, devidamente instruídas com os documentos justificativos (art. 917). Tal prestação de contas é em apenso aos autos do processo da herança jacente (cf. art. 919).

7) Bens arrecadados – Os bens arrecadados são confiados ao curador, que não é só administrador, é depositário. Tem direito à remuneração, que é fixada pelo juiz, "atendendo à situação dos bens, ao tempo do serviço e às dificuldades de sua execução" (arts. 148 e 149). São permitidos os prepostos, nomeados pelo juiz (art. 149, parágrafo único). O art. 150 estatui que responde pelos prejuízos que, por dolo ou apor culpa, causar à parte (aliás, a uma, a algumas, ou a todas as partes). Perde, com isso, a remuneração que lhe foi arbitrada, mas tem direito a haver o que legitimamente despendeu no exercício do encargo (art. 150).

Art. 1.145. Comparecendo à residência do morto, acompanhado do escrivão e do curador, o juiz[1]) mandará arrolar os bens e descrevê-los em auto circunstanciado.

§ 1° Não estando ainda nomeado o curador, o juiz designará um depositário e lhe entregará os bens, mediante simples termo nos autos, depois de compromissado [2]).

§ 2° O órgão do Ministério Público e o representante da Fazenda Pública serão intimados a assistir à arrecadação, que se realizará, porém, estejam presentes ou não [3]).

1) Presença do juiz e auto de arrecadação – A presença do juiz é indispensável, salvo no caso do art. 1.147; o ato, sem ele, não existiria. Os arts. 243-250 são inaplicáveis. Também são pressupostos necessários: a presença do escrivão; o arrolamento e a descrição dos bens *ad instar* do art. 993 e parágrafo único, e art. 994; o auto de arrecadação; a entrega dos bens ao depositário, não constituindo depósito, ainda que de pequeno valor, a guarda por qualquer dos figurantes dos arts. 1.145 e 1.146, ou do oficial de justiça.

Se não há curador estatal de bens de defunto, dito *oficial*, isto é, órgão do Ministério Público com tal função, o juiz nomeia o curador da herança, *antes de arrecadar*. Pode dar-se, porém, que o curador ainda não tenha sido nomeado, razão por que se há de designar depositário.

2) Depositário – O depositário a que se refere o artigo 1.145, § 1°, é de nomeação do juiz, até que seja nomeado curador. A relação jurídica entre ele e o Estado é de direito público, ainda que se não trate de funcionário público. Não há relação entre ele e os herdeiros, respondendo por perdas e danos ao Estado e como pessoa que guarda bens que pertencem a terceiro (arg. ao Código Civil, art. 1.098, parágrafo único).[441]

O depositário presta o compromisso e depois lhe são entregues os bens, mediante termo nos autos.

3) Ministério Público e Fazenda Pública – É intimado o órgão do Ministério Público, como também o representante da Fazenda Pública, a assistir à arrecadação. A presença deles não é pressuposto de validade, nem de eficácia; mas, se presentes, as suas declarações são de interesse público.

> *Art. 1.146. Quando a arrecadação não terminar no mesmo dia¹), o juiz procederá à aposição de selos²), que serão levantados à medida que se efetuar o arrolamento, mencionando-se o estado em que foram encontrados os bens³).*
>
> *Art. 1.147. O juiz examinará⁵) reservadamente os papéis, cartas missivas e os livros domésticos; verificando⁴) que não apresentam interesse, mandará empacotá-los e lacrá-los para serem assim entregues aos sucessores do falecido, ou queimados quando os bens forem declarados vacantes).*

1) Tempo da arrecadação – Pode acontecer que no mesmo dia se ultime a arrecadação, ou que não se ultime. Se não terminou no mesmo dia, a lei tomou as providências que pareceram necessárias.

2) Selos apostos pelo juiz – Os selos, a que se refere o art. 1.146, são tiras de papel, ou de pano, em que possam ficar a assinatura do juiz e os lacres, ou, se as circunstâncias o recomendarem, fios de metal que circundem os invólucros e cujas pontas se prendam entre si, com o selo de chumbo ou

---

441 C. Civ. de 2002, art. 436, parágrafo único.

de lacre sobre elas e a assinatura do juiz no selo, ou em papel sob o selo. A única exigência formal é a da verificabilidade da abertura, no intervalo do outro dia, ou nas subseqüentes, se não tiver concluído a arrecadação.

3) Violações e suspeitas de violação – Sempre que se encontrem violações, ou se suspeite disso, têm de ser abertos os selos; e é de exigir-se que se mencione no auto o estado dos selos ao serem abertos os invólucros, achados incólumes.

4) Inquisitividade do processo – O processo da arrecadação, que começa pela permissão (e pelo dever) de ser determinado de ofício, é o tipo do processo inquisitivo. O juiz tem toda a liberdade em inquirir, procurar provas, inclusive lendo os papéis do morto, para lhes descobrir os herdeiros e os bens, ou o testamento, o codicilo ou simples instruções da classe das velhas *cartas de consciência*. Sempre que as pesquisas ou respostas das pessoas inquiridas forem úteis ou utilizáveis, têm de constar do auto, porque a diligência do art. 1.150 é parte integrante da diligência da arrecadação.

5) Exame pelo juiz – Cabe ao juiz examinar, em sigilo, os papéis, a correspondência (pode não ser apenas em cartas missivas, *e.g.*, informes, ou ordens, ou avisos gravados), os livros domésticos. Podem ter interesse em que fiquem com o juízo, ou com o curador, que foi nomeado, ou que ainda o vai ser. Se tal não acontece, são empacotados, lacrados os pacotes, para serem entregues, como se acham, aos sucessores do falecido.

O exame peso juiz é em sigilo, sempre que ocorra privatividade dos papéis, da correspondência e dos livros pessoais, ditos "domésticos", posto que possam ser, por exemplo, papéis, cartas e livros do escritório do advogado, ou do gabinete do médico. Aí, mesmo que seja no mesmo edifício, ou num ou mais salões da casa ou do apartamento residencial, há a separação entre o que é doméstico e o que é profissional.

6) Bens declarados vacantes – O art. 1.147, *in fine*, determina que sejam queimados os pacotes e os seus conteúdos "quando os bens forem declarados vacantes". Ora, a entidade estatal, que pode vir a ser o sucessor, apenas aguarda que se lhe devolva a herança (Código Civil, art. 1.619;[442]

---

442 C. Civ. de 2002, art. 1.844.

Código de 1973, arts. 1.143, 1.157 e parágrafo único, e 1.158). O órgão do Ministério Público e o representante da Fazenda Pública foram intimados a assistir à arrecadação. Se estavam presentes, ou um só estava, o juiz não podia levar o sigilo a ponto de não deixar que vissem os documentos e livros domésticos antes do empacotamento. Algum papel ou outro objeto de comunicação pode ser de interesse do Estado, ou do povo. Não se queimam, por exemplo, cartas de conteúdo científico, nem livros domésticos que serviriam às homenagens à memória do falecido ou à cultura, à moral, à atividade artística, ou à religião da população, ou do país, ou do mundo.

> *Art. 1.148. Não podendo comparecer imediatamente por motivo justo ou por estarem os bens em lugar muito distante o juiz requisitará à autoridade policial que proceda à arrecadação e ao arrolamento dos bens¹)³).*
> *Parágrafo único. Duas testemunhas assistirão às diligências²) e, havendo necessidade de apor selos, estes só poderão ser abertos pelo juiz.*

1) Dispensa da presença do juiz – Dispensa-se, no art. 1.148, a presença do juiz; não a de escrivão. O auto é lavrado por esse e assinado pelo delegado, por ele e pelas duas testemunhas. O delegado tem os mesmos deveres que o juiz (*e.g.*, art. 1.150). Trata-se de juiz instrucional, delegado, que tem de proceder à arrecadação sem perda de tempo, a partir da ciência do óbito ou do dia em que se lhe requisitou a diligência judicialmente.

A função do delegado de natureza *judicial* restringe-se à *medida cautelar* da arrecadação e arrolamento, com a designação delegada; a sua resolução é puramente *mandamental* e não vai adiante do simples arrolamento e da aposição de selos. O ato do delegado fica entre o mandamento da requisição judicial e o cumprimento pelo escrivão da polícia ou pelo escrivão do juízo, com ou sem oficiais de justiça, permanentes ou *ad hoc*.

Não pode atender a quem se diga herdeiro. Essa função só a tem o juiz e é indelegável, pois que é ele, como o escrivão, responsável pelo atendimento de falso herdeiro (cf. C. Chrinsky, *Das Notariat und die Verlassenschaftsaebhandlung in Oesterreich*, 27 s.).

2) Testemunha e possível necessidade de aposição de selos – As testemunhas são duas. Há aposição de selos, se necessário no caso. Só o juiz pode abri-los. A autoridade policial tem o dever do art. 1.147.

3) Multas – Pode haver multa aplicável ao delegado, em caso de afluência de serviço, ou de distância, porque as leis de polícia prevêem sempre a substituição ocasional dos delegados. A legislação local interessada pode adotar outras multas. A lei local não pode limitar a responsabilidade do delegado, porque a entidade estatal é sujeita ao art. 107 e parágrafo único da Constituição de 1967, com a Emenda n° 1.[443]

Art. 1.149. Se constar ao juiz a existência de bens em outra comarca¹), mandará expedir carta precatória²) a fim de serem arrecadados.

1) Bens noutra comarca – Se existem bens noutra comarca, tem o juiz, que veio a saber disso, de mandar que se expeça a carta precatória, a fim de que se proceda à arrecadação. O juiz da outra comarca tem as mesmas funções e deveres. Os papéis, a correspondência e os livros domésticos, a que se refere o art. 1.147, que não apresentam interesse para o inventário e a partilha, têm de ser empacotados e lacrados. O juiz da outra comarca, se é o juízo do inventário e partilha, retém tais elementos a fim de serem entregues aos herdeiros. Se não o é, tem de remetê-los ao juízo da arrecadação, que deprecara, ou, se esse lhe informa, ao juízo onde se há de processar o inventário e a partilha. O juiz da herança jacente quase sempre, por ser o juiz do domicílio, é o juiz do inventário e da partilha; mas pode acontecer que o falecido não tinha domicílio certo, caso em que o juízo é da situação dos bens (art. 96, parágrafo único, I), ou não tinha domicílio certo e possuía bens em lugares diferentes, sendo competente o do lugar que ocorreu o óbito (art. 96, parágrafo único, II). O juiz deprecado, que foi o competente, tem de comunicar a circunstância ao deprecante. Pode dar-se conflito de competência (arts. 112-124).

2) Carta precatória ou carta rogatória – O art. 1.149 tem de ser interpretado como permissivo da carta rogatória, observadas as regras jurídicas dos arts. 88-90.

Art. 1.150. Durante a arrecadação o juiz inquirirá¹) os moradores da casa e da vizinhança sobre a qualificação do falecido,

---

443 Const. de 88, art. 37, § 6°.

o paradeiro de seus sucessores e a existência de outros bens³,⁴), lavrando-se de tudo um auto de inquirição e informação²).

1) Inquirição e busca de informes – Durante a arredação e, provavelmente, antes de começar, o juiz busca fazer perguntas aos moradores, inquiri-los a respeito de que interesse ao procedimento futuro do inventário e da partilha. O que mais importa é saber-se quanto ao falecido, sua nacionalidade, seu estado civil, sua profissão, seus descendentes e ascendentes ou outros parentes e onde são encontráveis, e quanto aos bens que ele deixou na comarca, fora da comarca e mesmo no estrangeiro. Da inquirição lavrará auto o escrivão, que com o juiz assinará. Se já nomeado o curador, tem de assinar.

2) Informações – Se as informações são de relevância, delas também há de ser lavrado auto. Nada obsta a que a inquirição e as informações constem de um só auto.

3) Bens alhures – Se, com as inquirições do art. 1.150, ou por outros meios, vier o juiz a descobrir a existência de bens noutra comarca, tem de deprecar o outro juiz para que se proceda à arrecadação. Aliás, esse juiz, que, *ex hypothesi*, não é o do lugar do domicílio, tem o dever de arrecadar, se é o do óbito do morto, ou se apenas é o do lugar da situação dos bens. Chegando a precatória, dá-se início, aí, à arrecadação de herança. Nomeado o curador, cabe-lhe requerer as medidas arrecadatórias, como se fosse inventariante.

4) *Decujo* comerciante – Se o decujo era comerciante de firma coletiva, procede-se ao balanço, e só depois, embora se nomeie curador, se arrecada o líquido (cf. Código Comercial, arts. 309 e 310);[444] se há órgão do Ministério Público, com funções de curador, é, como esse o seria, *parte*, desde a decisão de arrecadar (art. 1.142). Também funciona o representante da Fazenda Pública. Adiante, notas aos arts. 1.159 e 1.160.

Art. 1.151. Não se fará a arrecadação¹) ou suspender-se-á esta quando iniciada, se se apresentar para reclamar os bens o cônjuge, herdeiro ou testamenteiro notoriamente conhecido

---

444 O art. 2.045 do C. Civ. de 2002 ab-rogou toda a parte primeira do Código Comercial.

e não houver oposição motivada do curador, de qualquer interessado, do órgão do Ministério Público²) ou do representante da Fazenda Pública.

1) Causas de pré-exclusão ou suspensão da arrecadação – Não se procede à arrecadação: 1) se algum herdeiro está habilitado, inclusive o cônjuge; 2) se o decujo faleceu testado e o testamenteiro reclama os bens. Se, a despeito disso, se fez, e algum dos herdeiros, ou o testamenteiro, reclama, a arrecadação cessa, considerando-se *(a) nula* se havia, à sua data, habilitação de herdeiros ou abertura regular de inventário, com o termo dos herdeiros pelo inventariante (arts. 991, III, 1.031 e 1.036), ou *(b) prejudicada em seu seguimento* (atuação de circunstâncias novas), se a abertura regular do inventário ou a habilitação se deu depois. Não aludimos ao cônjuge sobrevivente, porque, se não estava desquitado e não há outros herdeiros anteriores, herdeiro é. No caso de ter sido excluído, ou de estar desquitado, o seu interesse em bens comuns que existam não impede a arrecadação.

A *conversão* pode operar-se por simples ratificação do inventariante, ou do inventariante e de herdeiros, julgada pelo juiz, ou a ele requerida e feita, em virtude do seu despacho, por termo lavrado nos autos.

Procede-se à arrecadação se há cônjuge sobrevivente, ou testamentário, porque, na *arrecadação de bens jacentes*, se supõe que o cônjuge queira ser o curador (cf. Código Civil, art. 466)[445] e não há, ainda, herdeiros, o testamento só se abre no momento previsto no art. 471 do Código Civil[446] (Código de Processo Civil, art. 1.165). Não há pensar-se em saisina (1ª Câmara Civil do Tribunal de Justiça de São Paulo, 22 de junho de 1948, *R. dos T.*, 175, 716), salvo se vem a ser certa a morte do ausente (art. 1.168), porque então à data da morte incidiu o art. 1.572 do Código Civil.[447] Antes, a posse, que tem o cônjuge ou o herdeiro, é *recebida* do juízo, e não em virtude do art. 1.572.[448] Se decorreu o prazo do art. 1.167, II (Código Civil, art. 481),[449] entende-se que incidiu o art. 1.572.[450] *Idem*, na espécie do art. 1.167, III.

---

445 C. Civ. de 2002, art. 25.
446 C. Civ. de 2002, art. 28.
447 C. Civ. de 2002, art. 1.784.
448 Vd. a nota 447.
449 C. Civ. de 2002, art. 37.
450 C. Civ. de 2002, art. 1.784.

2) Existência de procurador – Se ocorre que não se habilitaram herdeiros, nem foi aberto, regularmente, o inventário, nem o testamenteiro se apresentou e o falecido *tinha* procurador e esse sabe existir herdeiro, ou testamento, *com razão para ser crido*, ¿não se procede à arrecadação, ou, se começada, *suspende-se*? No Código de 1939, art. 563, não se fazia a arrecadação, ou se suspendia, se o falecido havia deixado procurador, que declarasse haver cônjuge supérstite, ou algum herdeiro legítimo ou testamentário. Hoje, não há tal regra jurídica. Diante do informe, o que o juiz há de fazer é procurar, imediatamente, o cônjuge ou o herdeiro, de modo que não retarde a arrecadação. Não há qualquer pretensão de direito material, ou de direito processual, por parte do procurador, que fora, a ser depositário judicial. Pesa-se apenas o interesse da herança, aceitando-se que se confie na pessoa em que o falecido confiava. O que faz suspender-se ou não se efetuar a arrecadação é a *comunicação de conhecimento*, que se contém na afirmação de existir herdeiro ou testamenteiro; não o ter havido procuração do falecido. Por isso mesmo, inverossímil a comunicação, nada se há de confiar no procurador.

> *Art. 1.152. Ultimada a arrecadação, o juiz mandará expedir edital, que será estampado três (3) vezes, com intervalo de trinta (30) dias para cada um, no órgão oficial e na imprensa da comarca, para que venham a habilitar-se[1]) os sucessores do finado no prazo de seis (6) meses contado da primeira publicação.*
>
> *§ 1° Verificada a existência de sucessor ou testamenteiro em lugar certo, far-se-á a sua citação, sem prejuízo do edital[2]).*
>
> *§ 2° Quando o finado for estrangeiro[3]) será também comunicado o fato à autoridade consular.*

1) Procedimento edital e habilitação de herdeiros – Trata-se de procedimento edital, uma vez que a Fazenda Pública apenas aguarda que a herança lhe seja entregue, após a presunção de não existirem herdeiros. O que se tem por fito, com os editais, é a preparação dessa presunção legal. Exemplo frisante de presunção legal constituída. Os editais têm de ser publicados três vezes (*e.g.*, a primeira, no primeiro dia dos seis meses, a segunda, no trigésimo segundo dia, e, a terceira, no sexagésimo terceiro). Para ser útil a última publicação, a lei deixou mais quatro meses após o último edital.

A *citação edital* do art. 1.152 é *provocatio ad agendum*; portanto, não se pense em integração da relação jurídica processual que a promoção da arrecadação e do arrolamento conforme arts. 1.142-1.150 suscitou. Não se chama à relação jurídica processual, chama-se a propor a ação de habilitação. O assunto será melhor explanado à nota ao art. 1.157.

No art. 1.152 fala de "imprensa da comarca", ao passo que, no art. 232, III, a respeito das citações por edital, a alusão é em "jornal local, onde houver", e, no art. 687, relativo à arrematação, a "jornal local diário, se houver".[451] No Código de 1939, art. 561, apenas se dizia que o juiz mandaria publicar editais, para que viessem habilitar-se os herdeiros. Pergunta-se: hoje, se na comarca há dois ou mais jornais, ¿a publicação há de ser em todos eles, ou só num dos jornais locais?

A referência é a "imprensa da comarca". Devido a serem muitas as circunstâncias possíveis, a solução, por se tratar de procedimento especial de jurisdição voluntária, é a de deixar-se o assunto à apreciação do juiz, conforme o art. 1.109 ("a solução que reputar mais conveniente ou oportuna").

2) Existência de sucessor ou testamenteiro – Se se vem a saber que há sucessor – herdeiro ou legatário, não importa – ou testamenteiro, e está em lugar certo, faz-se a citação, sem prejuízo do edital. Há um *plus*, àcitação pessoal, que aí tinha de ser feita.

Se o juiz examinou, reservadamente, os papéis, cartas missivas e livros domésticos, ou livros de escrita do falecido (pode ser que não sejam domésticos, mas sejam secretos), tem informes concernentes a prováveis sucessores e testamenteiro, têm de ser citadas as pessoas, ou tem de ser citada a pessoa. Não se exclui a publicação edital, porque pode ser que existam outros interessados.

A citação é algo, aí, de *individualização*, porque já houve o edital. Embora *unos ex publico*, quem foi citado por edital é citado de novo, com o nome; aliás, pode ser caso, aí, a despeito de se saber quem é, de citação edital (art. 231). Há o prazo do art. 1.152, *in fine*, que é de seis meses para que os sucessores do finado se habilitem. Da citação do art. 1.152, § 2° (de que não se cogitava no direito anterior). É feita quando já está correndo o prazo oriundo do edital. Se ainda não se extinguiu, não há problema, uma vez que o citado o foi em sua pessoa. Se a citação foi no último dia dos seis meses (art. 1.152), temos de invocar, por analogia, o art. 999 e § 1°. O art. 1.153 incide.

---

451 O art. 1° da Lei n° 8.953, de 13.12.94, alterou a redação do *caput* do art. 687 do CPC: "O edital será afixado no local do costume e publicado, em resumo, com antecedência mínima de cinco (5) dias, pelo menos uma vez em jornal de ampla circulação local".

3) Falecido estrangeiro – Se o falecido era estrangeiro, além do edital, tem-se de enviar comunicação oficial à autoridade consular. O mesmo dever tem o juiz a que se enviara a carta precatória do art. 1.149.

No Código de 1539, art. 578, dizia-se que, não havendo convenção ou tratado internacional, a arrecadação, o inventário e a partilha de espólio de estrangeiro se fariam na forma que se estabelecia em geral: "Notifica- o agente consular da nação do falecido para assistir, quando possível, à arrecadação da herança". Se não havia, no lugar, agente consular, a arrecadação seria na "presença de duas testemunhas, de preferência da nacionalidade do finado". Se o falecido era agente consular, a arrecadação seria "na forma estabelecida para a de herança dos membros do corpo diplomático", salvo se exercera "atividade comercial ou industrial no Brasil, caso em que se procederá segundo a regra geral". No parágrafo único do art. 578 estatuía-se: "Não se admitirá a interferência de agente consular, quando qualquer herdeiro, mesmo ausente, foi cidadão brasileiro". Interpretava-se que o legatário brasileiro e o beneficiado pelo *modus* não se incluíam na expressão "herdeiro" do art. 578, parágrafo único. A fonte do art. 578 fora, em parte, o Decreto nº 855, de 8 de novembro de 1851, art. 2º.

No art. 1.152, § 2º, do Código de 1973, apenas se diz que o fato será comunicado à autoridade consular. Não há mais a intimação a assistir. Se no lugar não há agente consular, a comunicação é ao agente consular a que corresponda a região, ou, se não o há para ela, o agente consular em Brasília. O agente consular não pode pedir inclusão de testemunhas que sejam da nacionalidade do falecido, nem o juiz há de determiná-lo.

Quanto ao agente consular falecido, nada disse o Código de 1973. O art. 578, III, do Código de 1939, relativo a agente consular que faleceu, regra jurídica que não era de direito administrativo internacional, mas sim de direito interno, proveio do Decreto nº 855, de 8 de novembro de 1851, art. 11: "Quando falecer um agente consular estrangeiro, a sua herança será arrecadada pelo mesmo modo pelo qual o são as dos membros do corpo diplomático", "exceto se o agente consular tiver exercido alguma indústria no país", porque nesse caso se procede "segundo a regra geral"; quer dizer, como a respeito dos bens de qualquer outro defunto. A despeito de não mais se dizer isso no Código de 1973, é a que havemos de entender, pois agente consular é membro do corpo diplomático.

Se algum herdeiro estrangeiro falece, antes de ser ultimada a partilha, tem o juiz de comunicar a morte e a herança ao agente consular, pois, mesmo se o estrangeiro não tinha outros bens, tem de ser feito o inventário, na forma da lei. Pode ser que não seja jacente a herança, então aos herdeiros do herdeiro falecido cabem as providências do inventário e partilha.

Qualquer manifestação do agente consular no processo de herança jacente só se há de considerar *comunicação de conhecimento*, e nunca *declaração de vontade*. Portanto, não tem ele outro papel que o de titular de pretensão a fazer comunicações de conhecimento. Se há algum herdeiro ou legatário ou qualquer beneficiado estrangeiro, cabe a qualquer deles habilitar-se, ou propor alguma ação. Dá-se o mesmo com os credores do decujo estrangeiro.

Art. 1.153. Julgada a habilitação do herdeiro[1]), reconhecida a qualidade do testamenteiro[2]) ou provada a identidade do cônjuge[3]), a arrecadação converter-se-á em inventário.

1) Fase posterior ao julgamento da habilitação de herdeiro – Logo após a habilitação de um herdeiro, há a conversão legal da arrecadação em inventário, de modo que se inicia a ação de inventário e partilha. Cumpre, porém, atender-se a que o juiz que fez a arrecadação, assunto de que já tratamos, não seja o competente para isso. Os autos têm de ir ao juízo competente e não é possível que acorra conflito de competência.

A habilitação de herdeiros é conforme se estabelece nos arts. 1.055-1.062. Procura-se nos autos da causa principal. Pergunta-se: uma vez que o art. 1.060, IV, diz que, "determinada a arrecadação da herança jacente" se procede à habilitação nos autos da ação principal, "independentemente de sentença", ¿como se há de interpretar o art. 1.153, onde se lê que, "julgada a habilitação do herdeiro, reconhecida a qualidade do testamenteiro ou provada a identidade do cônjuge", a arrecadação se converte em inventário? O art. 1.060, IV, há de ser entendido, como referente à sentença de habilitação do herdeiro na ação de inventário e partilha, o que é o normal: uma vez que houve a arrecadação da herança jacente e foi julgada, aí, a habilitação, não mais se precisa de sentença de habilitação na ação de inventário e partilha, pois a ação de arrecadação se converteu em ação de inventário.

2) Testamenteiro que aparece – Se aparecer testamenteiro, tem de ser provada a sua qualidade, o que só se dá se há testamento público, ou testamento cerrado, que já foi aberto de acordo com a lei, ou particular, que já teve o cumpra-se, ou codicilo.

3) Cônjuge que se identifica – O cônjuge, que se apresenta com a prova da sua identidade, há de ser o cônjuge ainda em sociedade conjugal. Não precisa ser herdeiro, nem legatário, porque lhe basta ser o cônjuge supérstite para requerer a abertura do inventário (art. 988, I) e ser nomeado inventariante (art. 990, I). No art. 990, I, atribui-se qualidade para ser inventariante ao "cônjuge sobrevivente casado sob regime de comunhão, desde que estivesse convivendo com o outro ao tempo da morte deste". No art. 1.153, não se aludiu à comunhão, nem ao fato da vida em comum. Todavia, o art. 1.153 combina com o art. 988, I, onde se reconhece ao "cônjuge supérstite", em geral, legitimação concorrente ao requerimento da abertura do inventário.

Art. 1.154. Os credores¹) da herança poderão habilitar-se como nos inventários ou propor a ação de cobrança²)³).

1) Regra de competência para a habilitação dos credores – Há a habilitabilidade dos credores, enquanto jaz a herança, tal como ocorre quando já aberto o inventário. Também podem ser propostas as ações de cobrança, isto é, ações condenatórias e ações executivas de títulos judiciais e de títulos extrajudiciais. *A fortiori*, as ações declarativas, as constitutivas e as mandamentais. A herança jacente é representada por seu curador (art. 12, IV).

A herança jacente jaz, mas é herança, patrimônio que foi do falecido, com o ativo e o passivo. O tratamento dos credores tem de ser como seria no processo de inventário e partilha. Os arts. 1.017-1.021 incidem.

2) Habilitação e outras ações – A regra jurídica de competência, que se contém no art. 1.154, é cumulativa com a do foro em geral, e não exclusiva; de modo que tanto uma quanto outra podem prevenir a competência. Apenas se estabelece a desnecessariedade do processo ordinário ou especial. De certo modo se trouxe ao juízo da herança jacente a competência do juízo de inventário para as habilitações.

Seria absurdo que, durante a jacência da herança, os credores não pudessem executar, nem pedir medidas cautelares. O que se há de entender é que o juiz da herança jacente não pode obstar pedidos de execução feitos a outros juízes, conforme as regras jurídicas sobre competência, nem se abster da cognição, por exemplo, da ação executiva de título cambiário ou cambiariforme.

3) Verificação de créditos – As verificações de créditos processam-se em apartado. Às verificações de crédito não se aplicava o violento art. 2°, §§ 1° e 2°, do Decreto-Lei n° 1.907, de 26 de dezembro de 1939, já revogado.

As verificações de crédito são *incidentais*; não atacam a procedência da ação de arrecadação, nem os pressupostos dessa. Podem coexistir, uma vez que os seus conteúdos são diferentes, e não opostos. Tais verificações são ações *declarativas incidentais*; portanto, sem o efeito executivo, mediato, das sentenças condenatórias. Podem tomar a natureza das ações de separação (arts. 1.017 e 1.018), ou a da *ação (mandamental) de reserva* (art. 1.018, parágrafo único), ou a da ação declarativa incidental.

4) Embargos de terceiro – Tem-se de cogitar dos embargos de terceiro. ¿Da *oposição de terceiro*, intervenção principal, ou dos embargos de terceiro? Para sistema jurídico, como o brasileiro, em que não houve, ainda, investigação científica para a grande maioria dos institutos de direito processual, o problema é *novo* e assaz *difícil*.

A ação de arrecadação e julgamento de vacância *tende* a essa cognição suficiente mas incompleta, de modo que *ocorre* a *sentença com reserva* (não se confunda com a sentença de cognição completa quando cabe a ação de modificação, de que falamos sob o art. 471, I). ¿É a vacância que a "oposição" nega, é a futura sentença que ela impugna? Não. Aí, o que o terceiro combate é a arrecadação mesma, o *ato judicial de constrição*; não lhe importa qualquer discussão de haver, ou não, herdeiros parentais e testamentários – o terceiro *afirma* que não se "podia" proceder à arrecadação. Impugna a ação em seus pressupostos, nega a pretensão e a ação de direito hereditário. Não se pode, no julgamento dos embargos de terceiro, aludir à *improcedência* da ação de arrecadação e julgamento da vacância, como seria o caso da sentença de repulsa nas ações de habilitação de herdeiros; e sim à improcedência da ação de arrecadação, na sua fase inicial, que é a determinadora do ato judicial constritivo. Os embargos de terceiro atacam a ação pela raiz, porque vão, mandamentalmente, contra o mandado de arrecadar e contra a constituição da curadoria. E são ação, com toda a eficácia da sentença favorável.

Art. 1.155. O juiz poderá autorizar a alienação[1]):

I – de bens móveis, se forem de conservação difícil ou dispendiosa[2]);

II – de semoventes[3]), quando não empregados na exploração de alguma indústria;

III – de títulos e papéis de crédito[4]), havendo fundado receio de depreciação;

IV – de ações de sociedade quando, reclamada a integralização, não dispuser a herança de dinheiro para pagamento[5]);

V – de bens imóveis[6]):

a) se ameaçarem ruína, não convindo a reparação;
b) se estiverem hipotecados e vencer-se a dívida, não havendo dinheiro para o pagamento.
Parágrafo único. Não se procederá, entretanto, à venda se a Fazenda Pública ou o habilitando adiantar a importância para as despesas[7]*).*

1) Alienação de bens da herança jacente – A alienação pelo curador da herança jacente tem de ser autorizada pelo juiz. No Código de 1939, art. 567, § 1°, falava-se de "venda por iniciativa particular ou em praça". No Código de 1973, fala-se de alienação, sem a permissão excepcional da renda particular, que acusamos de chocar-se "com todos os princípios de direito administrativo (bens de Fazenda Pública, que *talvez* sejam), de administração de patrimônio de *incerta persona*, de bens judicialmente depositados. A sábia legislação administrativa do tempo do Império, que anuiu na venda em praça a prazo, se não houvesse outro jeito (Decreto n° 510, de 13 de março de 1847; Decreto n° 2.433, de 15 de junho de 1859, art. 63), sempre repeliu a venda particular, sem exceção (Ofício do Ministro da Fazenda, de 10 de março de 1858; A. M. Perdigão Malheiro, *Manual do Procurador dos Feitos*, I, 143, nota 620)". O Código de 1973 fez bem em retirar o erro de 1939.

2) Pressupostos para a venda de bens móveis – O sentido de bens móveis, no art. 1.155, I, é muito limitado: estão fora os semoventes, os títulos de crédito e os papéis de crédito e as ações de sociedade. São dois os pressupostos: tratar-se de bem móvel, senso estrito; ser de difícil conservação, ou de conservação dispendiosa.

3) Pressupostos para a venda de semoventes – Se há semoventes, que não são empregados em exploração de terras ou de alguma indústria, pode ser dada a autorização; portanto, se há conveniência na venda.

Se os semoventes são empregados na exploração de alguma indústria, são bens que pertencem à indústria, razão por que só seriam alienáveis com ela. Se for de conservação difícil ou dispendiosa, e a indústria é bem móvel, pode essa, com os semoventes (art. 1.155, II) ser vendida (art. 1.155, I). Se é bem imóvel a indústria (art. 1.155, V) e há ameaça de ruína não convindo a reparação (art. 1.155, V, a) ou se estiver hipotecado e se vence a dívida sem haver dinheiro para o pagamento (art. 1.155, V, b), há alienabilidade. Todos esses assuntos têm de ser objeto da apreciação cuidadosa do juiz. Aliás, muito se há de exigir do curador (arts. 1.144, III, e 150). Ao juiz assiste o art. 1.109.

4) Pressupostos para a venda de títulos de crédito e papéis de crédito – Para que seja acertada a autorização, é preciso que o juiz esteja suficientemente informado de que vai ou pode ocorrer depreciação ("fundado receio"). Se falta tal pressuposto, não se justifica a venda de títulos de crédito ou de papéis de crédito, sem que o juízo da herança jacente não aguarde, pelo menos, a declaração de vacância.

5) Pressupostos para a venda de ações de sociedade – As ações de sociedade têm tratamento diferente daquele que a lei deu aos títulos de crédito e aos papéis de crédito: têm de ser ações de sociedade ainda não integralizadas; mais ainda: não haver no ativo da herança dinheiro suficiente para o pagamento.

6) Venda de bens imóveis – Se os bens imóveis estão ameaçados de ruína, não convém a reparação (assunto para detidos exames), pode ser autorizada a venda. Se o bem imóvel está hipotecado e venceu-se a dívida ou vai vencer-se, sem que haja no ativo da herança jacente dinheiro que baste para o pagamento, pode ser autorizada a venda.

7) Fazenda Pública e habilitando – Se, diante da situação, a Fazenda Pública se presta a adiantar a quantia para qualquer das despesas do art. 1.155, I-V, ou se alguma pessoa está em ação de habilitação na herança jacente e requer que adiante o dinheiro, a autorização da venda perde a eficácia. Se o pedido foi anterior à propositura da ação de habilitação, não se dá a autorização. A lei reconhece o interesse dos herdeiros (ou legatários quanto ao objeto legado) durante a fase de cognição da situação jurídica deles. A 4ª Câmara Cível do Tribunal de Justiça do Distrito Federal, a 30 de dezembro de 1947 (*A. J.*, 87, 283), deixou de aplicar o art. 567, § 3°, do Código de 1939, em caso de livros cuja guarda e conservação exigiam despesas (art. 567, § 1°), porque o art. 567, § 3°, só se referia, disse, a bens de raiz. Posto que o art. 567 falasse de bens de raiz, os §§ 1°, 2° e 3° concerniam aos hereditários em geral. O erro da 4ª Câmara Civil ressaltou. No Código de 1973, art. 1.155, é claro. Em qualquer das espécies do art. 1.155, a Fazenda Pública ou o habilitando pode adiantar a importância, evitando a venda. Passa a ser credor da herança jacente.

Art. 1.156. Os bens com valor de afeição¹), como retratos, objetos de uso pessoal, livros e obras de arte, só serão alienados depois de declarada a vacância da herança²).

1) Bens com valor de afeição – O Código de 1973, art. 1.156, não afastou o que se estabelecia no art. 566, parágrafo único, do Código de 1939. O texto anterior dizia que não serão vendidos antes da devolução à Fazenda Pública os bens móveis com valor de afeição, "como retratos de família, coleções de medalhas e livros raros". O de hoje diz que só serão alienados depois de declarada a vacância da herança (cf. art. 1.158). Daí em diante, os herdeiros e os credores somente podem reclamar qualquer direito por ação direta. É possível que o juízo em que tal ação seja proposta defira o requerimento de diligência para que não se proceda à venda antes de se julgar a ação.

Os bens móveis, com valor de afeição, são aqueles que não têm preço, fixo ou aproximado, de mercado. Supõe-se não ser corrente o valor. Somente hão de ser vendidos quando não mais estiver em curso o prazo de um ano para que herdeiros, descendentes ou ascendentes, ou testamentários, se habilitassem. Nada obsta a que no dia da expiração se faça a venda, se a Fazenda Pública o requerer.

2) Vacância da herança – Declarada a vacância, os bens "com valor de afeição", de que fala o art. 1.156, que não foram alienados, terão de ser entregues à Fazenda Pública: cessada a função do curador, é a ela que cabe requerer a alienação. O produto é depositado, cabendo a aplicação do art. 1.116 e parágrafo único ("do produto da alienação ou do depósito, em obrigações ou títulos da dívida pública da União ou dos Estados").

Aqui, são de relevância os textos do Código Civil, art. 1.594 e parágrafo único,[452] com a redação que lhes deu o Decreto-Lei nº 8.207, de 22 de novembro de 1945. Lê-se no art. 1.594: "A declaração de vacância da herança não prejudicará os herdeiros que legalmente se habilitarem; mas, decorridos cinco anos da abertura, da sucessão, os bens arrecadados passarão ao domínio do Estado, ou ao do Distrito Federal, se o "de cuius" tiver sido domiciliado nas respectivas circunscrições, ou se incorporarão ao domínio da União, se o domicílio tiver sido em território ainda não

---

452 C. Civ. de 2002, art. 1.822 e parágrafo único.

constituído em Estado". No parágrafo único: "Se não forem notoriamente conhecidos, os colaterais ficarão excluídos da sucessão legítima após a declaração de vacância". Tal regra jurídica de modo nenhum apanha os herdeiros testamentários ou os legatários, a despeito de serem, na hipótese, parentes colaterais.

> *Art. 1.157. Passado um ano da primeira publicação do edital (art. 1.152) e não havendo herdeiro habilitado nem habilitação pendente¹), será declarada vacante²).*
>
> *Parágrafo único. Pendendo habilitação³), a vacância será declarada pela mesma sentença que a julgar improcedente. Sendo diversas as habilitações, aguardar-se-á o julgamento da última.*
>
> *Art. 1.158. Transitada em julgado a sentença que declarou a vacância, o cônjuge, os herdeiros e os credores só poderão reclamar o seu direito por ação direta⁴)⁵)⁶)⁷)⁸)⁹).*

1) Prazo e falta de qualquer habilitação – Passado um ano da primeira publicação edital de que fala o art. 1.152, para que se habilitasse quem entendesse ser sucessor do falecido, e nenhuma pessoa se tenha habilitado, nem esteja pendente qualquer requerimento de habilitação, tem de ser declarada a vacância. Vacante, aí, no sentido de hoje, é a herança, a respeito da qual, extinto o prazo, ninguém se habilitou. A *vacância* somente concerne a herdeiros, legítimos ou testamentários, e a legatários, porque a Fazenda Pública é herdeira, a respeito da qual não há eficácia da vacância. A função do juiz da herança jacente acaba com o trânsito em julgado da sentença.

2) Sentença que proclama a vacância dos bens – A sentença que proclama a vacância é *sentença mandamental*, em ação não *ainda* executiva, com a particularidade de conter reserva de se apresentarem no prazo legal os sucessores do morto. A cognição é incompleta e mantém-se incompleta até cair, com a preclusão, a reserva.

O processo de arrecadação e entrega dos bens arrecadados de defuntos é extremamente complexo em suas três fases: *a)* a da arrecadação, medida cautelar, portanto, aí, mandamental, já fortemente dosada de executividade e baseada em cognição incompleta, mas tida por suficiente para a arrecadação e as providências posteriores; *b)* a do procedimento edital, com que se reforça esse elemento de cognição, sem se vir a considerá-la completa; *c)* a da sentença de vacância (arts. 1.157 e 1.158). Na linguagem vulgar, fala-se da declaração de vacância, o que, de si só, levou os menos cautos a, desde logo, terem tal ação como *declarativa*. A fácil confusão dos dois sentidos de "declarar", a que por vezes aludimos.

Ora, a classificação da ação dos arts. 1.143-1.158 envolve, além de outras dificuldades, a da cumulação sucessiva das resoluções judiciais que a desenvolvem através do processo.

É inegável a existência de elemento declarativo, porém esse elemento declarativo é o elemento *comum* às ações de cognição, e não pequeno nas ações executivas de títulos extrajudiciais e na própria ação executiva de sentença. Se ele preponderasse, a sentença dos arts. 1.157 e 1.158 (julgamento da vacância) teria força material de coisa julgada em toda a extensão, com a conseqüência necessária da cognição completa e secundariedade dos outros elementos, em vez de permitir a ação do art. 1.158, que mostra tratar-se de julgamento *com reserva*.

O elemento constitutivo, que vai até o julgamento da vacância, não enche, predominantemente, a eficácia desse julgamento. O que se julga é estarem sem herdeiros parentais e testamentários os bens, baseando-se o juiz no procedimento edital, e da sentença de vacância resulta a entrega dos bens à Fazenda Pública. Já vimos que o elemento declarativo, que serve de fundamento à sentença, é *evidente*, porém não *preponderante*. Se nos cingirmos à pesquisa da composição da eficácia da sentença, como cumpre que se proceda sempre que se quer classificação científica das ações segundo a sua eficácia, vemos que a eficácia preponderante da sentença dos arts. 1.157 e 1.158 é *mais* do que a eficácia preponderante das sentenças declarativas. As sentenças somente sobre a *existência* da vacância, se, por um lado, teriam por base cognição completa (*plus*), que a sentença dos arts. 1.157 e 1.153 não tem, por outro lado não teriam eficácia mandamental, isto é, estariam limitadas à força e à eficácia de preceitação.

No fundo, o que resta, historicamente, da sentença proferida a respeito das heranças sem dono (antes, pois, do instituto da saisina, cf. Código Civil, art. 1.572;[453] veja-se nosso "A Saisina no direito brasileiro", *Ciência do Direito*, III, 115-147), ao tempo da *lacuna* de propriedade e de posse *entre* a morte e a atribuição ao Fisco, é apenas estrutura vazia, o fóssil, o julgamento *com reserva* da vacância. Nada que mais engane a olhos desatentos que essas reminiscências de antigas "ações" a que correspondiam

---

453 C. Civ. de 2002, art. 1.784.

direitos subjetivos e pretensões que profundamente se transformaram. No choque entre a concepção romana da *jacência* e a concepção germânica da *saisina*, arrebentaram-se partes dos institutos, donde se acharem detritos como a sentença sobre a vacância ainda não suficientemente reconcebida para caber na síntese. A sentença de hoje, embora fundada em cognição (incompleta) que provém do procedimento edital, é sentença mandamental, que se profere em processo tipicamente executivo: medida constritiva, apoiada em cognição superficial, à semelhança de algumas ações executivas que se iniciam com a penhora; procedimento de cognição (edital); liquidação e venda de bens, segundo regras jurídicas especiais; embargos de terceiros, à feição dos embargos de terceiro nas ações mandamentais e executivas.

3) Processos incidentais e habilitação de herdeiros – Os processos de habilitação de herdeiro, quando tenha havido arrecadação, devem ser em *apartado*, para que se não perturbe o rito da arrecadação; mas são *impugnações-habilitações*, e não *habilitações incidentes*. O adjetivo "incidentes" estaria, aí, no sentido da linguagem vulgar. Não se confundem tais habilitações com as *habilitações incidentes* dos arts. 1.455-1.062.

A habilitação de herdeiros de que aqui se fala, se, quanto ao processo, é como as habilitações dos arts. 1.055-1.062, contém, no que é *ação*, impugnativa do processo dos arts. 1.142-1.157. Não há, propriamente, *incidentalidade*. Trata-se de meio de impugnativa, no preciso sentido, com o fim de excluir a *procedência* da ação de arrecadação e julgamento da vacância, e em verdade a *citação* do art. 1.152 continha *provocatio ad agendum*.

De iure condendo, a habilitação de herdeiros, no processo de herança jacente, poderia ser concebida: *a*) como *defesa*, se a ação de arrecadação tendesse à descoberta dos herdeiros, em vez de à sentença de vacância; *b*) como *incidente*, se a ação de arrecadação tivesse o fito de acautelar o interesse dos herdeiros desconhecidos, em vez de ser o processo preliminar para a entrega dos bens ao herdeiro certo, a Fazenda Pública; *c*) como *impugnativa* ("oposição") à ação mesma, em sua procedência, uma vez que tal ação é acauteladora dos interesses da Fazenda Pública, se e enquanto não é *afastada* pela aparição dos herdeiros. O Código preferiu a última concepção; de modo que a citação edital da art. 1.152 se entende como *provocatio ad agendum*. *De iure condito*, é assim que temos de raciocinar.

4) Ação de petição de herança e ação dos credores – Ao comentar-se o art. 1.158, observe-se que o Decreto-Lei nº 1.907, de 26 de dezembro de 1939, art. 2°, § 1°, estabelecera a prescrição de qualquer pretensão quanto à herança, depois dos seis meses a que se referiu o art. 2°. O próprio testamento sofrera a mais violenta e antijurídica amortização. Mas a regra jurídica não derrogara todo o conteúdo do art. 576 do Código de 1939. Se o testador era casado, ou se deixara testamento e foi apresentado antes de ser arrecadada a herança, o Decreto-Lei n° 1.907 não se aplicava. Se, feita, a arrecadação, fora apresentado antes do prazo de seis meses, ou se algum dos herdeiros se habilitara, a arrecadação cessava (Código de 1939, art. 562). O Decreto-Lei n° 1.907 foi revogado. Veja-se, hoje, o Código Civil, art. 1.594 e parágrafo único[454] (Decreto-Lei n° 8.207, de 22 de novembro de 1945, art. 1°).

A competência para a ação, depois de transitar em julgado a sentença de vacância, cabe ao juízo dos feitos da Fazenda Pública, e não ao juízo da arrecadação, nem, ainda, ao do inventário. Essa princípio foi desde cedo firmado, tendo sido incluído no Decreto n° 2.433, de 15 de junho de 1859, *verbis* "depois de julgados vacantes e, devolutos para o Estado, as habilitações dos herdeiros e as reclamações de dívidas ativas e passivas relativas às mesmas heranças, *bem como quaisquer outros processos que com elas entendam*, terão lugar pelo juízo dos feitos". Mas pode haver regra jurídica especial sobre a competência *ratione materiae*.

5) Natureza da ação de arrecadação – Nos casos em que o decujo, que era solteiro ou viúvo, deixara testamento, mas fora feita a arrecadação, por não serem conhecidos os herdeiros, nem ter sido apresentado o testamento, esperavam-se durante seis meses o testamento e os herdeiros, a partir do óbito. Se não fosse apresentado, com o cumpra-se, nem os herdeiros se habilitassem, dava-se a devolução definitiva de que o cogitavam os arts. 1° e 2°, pr., e §§ 1° e 2° do Decreto-Lei n° 1.907, de 26 de dezembro de 1939. Se fosse apresentado, cessava a arrecadação (Código de 1939, art. 562). Se o decujo, que era solteiro ou viúvo, não deixara testamento, nem se lhe conheciam os herdeiros, tudo se passava como nas espécies anteriores. Havendo devolução definitiva, em que importava a prescrição da pretensão segundo o art. 2°, §§ 1° e 2°, do Decreto-Lei n° 1.907, o art. 576 do Código de 1939 era sem qualquer aplicação. Portanto, o art. 576 do Código de 1939 somente se aplicava quando o falecido não era solteiro

---

454 C. Civ. de 2002, art. 1.822 e parágrafo único.

ou viúvo. Observe-se, além disso, que o atrabiliário decreto não vacilara em invadir o domínio das competências legislativas dos outros Estados, territorializando, aí, a sucessão dos estrangeiros e subordinando-as à própria amortização do testamento. O Decreto-Lei nº 1.907 foi revogado pelo Decreto-Lei nº 8.207.

Competente para *prosseguir* no processo, após a devolução dos bens, é, em princípio, o juiz que arrecadou (Supremo Tribunal Federal, 15 de outubro de 1947, *R. F.*, 118, 393). Mas a lei de organização judiciária é que diz qual o juiz competente *ratione materiae* para conhecer da ação de petição de herança.

6) Ação de cognição incompleta e ação de petição de herança – A ação de que tratamos é a de *petição de herança*, embora exercida após o julgamento da vacância (cf. a decisão 81 de Jorge de Cabedo). Se a sentença dos arts. 1.157 e 1.158 (julgamento da vacância) fosse de cognição completa, a ação direta do art. 1.158, 2ª parte, seria *ação rescisória de sentença*, caso que se teria de juntar aos dos arts. 485 e 488; mas a sentença dos arts. 1.157 e 1.158 (*verbis* "Transitada em julgado a sentença...") é de cognição incompleta, sentença com reserva, sentença anexa com a condição resolutória típica, hoje rara (as do art. 471, I, não o são, e ao confundi-las erram juristas do mais alto valor). A restituição, a que a Fazenda Pública é obrigada, deriva de ser o Estado[455] o *ultimus legitimae successionis ordo*. Possuindo na qualidade de herdeiro os bens da herança e tendo-os pela entrega do art. 1.157, o Estado[456] é réu de ação de petição de herança (J. H. Correia Teles, *Doutrina das Ações*, § 122, nota 2) e o ônus de restituí-la aos herdeiros de ordem anterior é um dos ônus que tem o possuidor dos bens ditos vacantes (Pascoal José de Melo Freire, *Institutiones*, III, 98).

7) Credores e titulares de direitos reais – Os credores têm a ação condenatória e a executiva, ou qualquer outra que derive de pretensão pessoal ou real, ainda após a devolução à Fazenda Pública (cf. 1ª Turma do Supremo Tribunal Federal, 14 de outubro de 1946, *D. da J.*, de 14 de junho

---

455 O art. 1º da Lei nº 8.049, de 20.06.90, que alterou o art. 1.619 do C. Civ. de 1916, excluiu o Estado-membro da sucessão da herança e incluiu o município. Atualmente, C. Civ. de 2002, art. 1.844.
456 Vd. a nota 455.

de 1948). Dá-se o mesmo com os títulos de ações reais. Cf. Supremo Tribunal Federal, 14 de março de 1963 (*D. da J.*, de 16 de maio): "...a opinião de Pontes de Miranda abrange todos os títulos".

8) Vacância e herdeiros – Temos de pensar nos casos em que, antes do trânsito em julgado, algum herdeiro se habilitou, ou alguns herdeiros se habilitaram. Não houve ainda devolução definitiva. Havia a regra jurídica do Decreto nº 2.433, de 15 de junho de 1859, art. 58 (Teixeira de Freitas, *Consolidação das Leis Civis*, art. 1.257; Antônio Joaquim Ribas, *Consolidação*, art. 978); depois, o art. 577 do Código de 1939, onde se dizia: "Os bens da herança jacente serão entregues aos legítimos herdeiros, pagos os impostos e à vista de deprecada do juiz competente, instruída com as habilitações originais julgadas por sentença."

Hoje, temos de dar solução mais clara, mais científica. Se o juízo da herança jacente é o juízo competente para o inventário e a partilha, tem de ocorrer a entrega aos herdeiros habilitados conforme os princípios que regem o inventário e a partilha. Entrega, aí, é mais *declaração* de que houve a saisina a favor do habilitado, ou dos habilitados, quiçá *mais* a posse imediata, se já se sabe de quem são os bens. Se juízo da herança jacente não é o competente para o inventário e a partilha, no momento de se saber incompetente tem de remeter os autos ao juízo competente. Isso não afasta que possa surgir conflito de competência.

9) Entrega de bens aos herdeiros habilitados – Se houve habilitação de herdeiros, os bens são entregues aos habilitados. Tal habilitação de herdeiro é ação em que a sentença de acolhimento tem efeito material de coisa julgada, para a *ação de arrecadação da herança e de julgamento de vacância*, com a força mandamental, negativa, que se caracteriza na entrega ao herdeiro (em vez da arrecadação para a finalidade do julgamento de vacância). Essa habilitação não tem eficácia *erga omnes*, de modo que herdeiros que venham antes, na ordem hereditária, podem reclamar os bens, se não prescrita a sua pretensão, pela ação de petição de herança, e os terceiros, pela ação de reivindicação, embora pudessem, antes, pendente a ação de herança jacente, ter usado dos embargos de terceiro e não usaram.

Nas ações de petição de herança, bem como de reivindicação, é possível a oposição dos arts. 56-61.

Capítulo VI

DOS BENS DOS AUSENTES¹)²)

1) Conceito de ausência – O conceito de *ausência*, nos arts. 1.159-1.169, de ordinário se refere ao domicílio da pessoa – é a negativa da presença, no lugar em que é ela domiciliada, *mais* a falta de notícias. (Excepcionalmente, pode dar-se que faltem notícias, posto que a pessoa se ache no lugar, *e.g.*, falta de notícias *mais* falta de identificação.) O conceito de ausência, no art. 9°, parágrafo único, é mais largo: dispensa a falta de notícias; é negativa de presença, somente. O ausente, que se cita por precatória, não é ausente no sentido dos arts. 1.159-1.169. No sentido dos arts. 1.159-1.169 há, porém, casas em que o domicílio não é o ponto de referência. Daí termos dito que, *de ordinário*, o conceito de ausência alude a ele. Então, para que se fixe o conceito e se mantenha o de domicílio, ou se corrige aquele ou esse. Pela palavra "domicílio" (Código Civil, art. 463),[457] dizíamos em 1917 (*Direito de Família*, 1ª ed., 454), deve entender-se, nesse caso, o lugar onde a pessoa possui bens; porque a curatela do ausente é *cura rei*, e não *cura personae*; mas o Código de 1939 e o de 1973 mantiveram a expressão "domicílio". Cf. M. A. Coelho da Rocha (*Instituições*, I, 269) e nosso *Tratado de Direito de Família* (3ª ed., III, 330 s.). Cf. *Tratado de Direito Privado*, IX, §§ 1.050-1.058.

2) Ações relativas à ausência, natureza – A ação dita por muitos declarativa de ausência é *constitutiva*, e não *declarativa*; tal como a ação de interdição. Os juristas costumam pô-la entre as ações declarativas, porque a eficácia da sentença cessa com o comparecimento do ausente (art. 1.162, I), ou com a certeza da morte do que estava ausente (artigo 1.162, II). Cf. art. 471, I. Isso não basta para classificá-la, com rigor de ciência. Que a sentença que nela se profere não é *como* as sentenças do art. 471, I, não

---

457 C. Civ. de 2002, art. 22.

há dúvida; nem há dúvida em que se trate de sentença com reserva (condição resolutiva); tanto que a chamada "declaração de morte" do direito alemão, não o sendo, fica de pé, *enquanto* não passa em julgado a sentença na ação de nulidade. A sentença, na ação do direito alemão, é declarativa; a sentença, na ação brasileira, não o é. O que levou ao erro os juristas foi exatamente o falar-se, no direito material, de "declaração de ausência". A palavra influiu no ato de classificação, que desprezou (ou negligenciou) o exame do *conteúdo* dela. O Código Civil, art. 12, IV,[458] refere-se mesmo à "sentença declaratória da ausência"; mas claro é que não empregou o adjetivo no sentido técnico da classificação quinária das sentenças.

Se compararmos a ação dos arts. 1.159-1.169 com a de arrecadação de bens de defunto e julgamento de vacância (arts. 1.142-1.158), temos: (A) a ação de arrecadação e julgamento de vacância tem algo de comum com a ação de bens de ausente (arts. 1.159-1.169), *a)* o terem ambas, na primeira fase, a medida cautelar da arrecadação, *b)* haver, em ambas, quanto à entrega dos bens, sentença com reserva, *c)* a *resolução* da cognição provocaria pela aparição dois donos dos bens; (B) a ação de arrecadação e julgamento de ausência possui, *a mais, a)* o elemento lógico e sentencial sobre o *estado de pessoa* (a ausência), em vez de se restringir a julgamentos sobre os bens e a sua pertinência, a alguém, *b)* duas, em vez de uma sentença de cognição incompleta, isto é, com reserva (arts. 1.163, sucessão provisória; 1.167, II e III, sucessão definitiva, aliás também "provisória"; cf. art. 1.168).

A sentença, na ação de arrecadação e julgamento de vacância, é mandamental. A sentença na ação de bens de ausentes contém duas sentenças – uma, sobre *status* (a ausência), e é constitutiva, outra, sobre os bens, que é a de entrega provisória, ou, melhor, em virtude de sentença com reserva. A última é mandamental. Cessando a ausência, cessa a presunção de morte; cessando a presunção de morte, cessa a sucessão que nela se fundou.

A ação do art. 1.159 do Código de Processo Civil é ação arrecadativa. A decisão sobre *status* é inclusa, como questão prévia, na decisão mandamental. Tal ação é inseparável da questão prévia, mas a questão prévia pode ser concebida como questão separada, correspondendo-lhe a ação de decretação de ausência, como ação constitutiva. Funda-se no art.

---

458 C. Civ. de 2002, art. 9°, IV.

5°, IV, do Código Civil.[459] O rito tem de ser não o dos arts. 1.187-1.193 do Código de Processo Civil, mas o ordinário, nomeado, *ad instar* do que se fez nas interdições, defensor.

O ausente pode não ter deixado bens e ter-se-lhe de declarar a ausência e nomear curador (ação constitutiva-declarativa), ou só declarar-lhe a ausência (ação declarativa, que aparece inclusa em todas as questões em que se declare ausência sem se nomear curador, *e. g.*, na espécie do art. 251, I, e na dos arts. 242 e 245 do Código Civil).[460]

A ação constitutiva-declarativa tem de ser proposta no foro do domicílio do ausente, ou, na falta de domicílio, no da última residência (Tribunal de Justiça de São Paulo, 3 de fevereiro de 1948, *R. dos T.*, 173, 423).

Sob o Código de 1973, temos de precisar as regras jurídicas sobre competência, em se tratando de bens de ausentes. O foro do último domicílio é o competente para a arrecadação (arts. 1.159 e 97). Se o ausente não tinha domicílio certo, competente é o da situação dos bens (art. 96, parágrafo único, I).

Mas a ação arrecadativa também pode ser proposta no lugar da situação dos bens arrecadáveis.

Art. 1.159. Desaparecendo alguém¹) do seu domicílio sem deixar representante a quem caiba administrar-lhe os bens, ou deixando mandatário que não queira ou não possa continuar a exercer o mandato ⁴), declarar-se-á a sua ausência ⁵)⁷).

Art. 1.160. O juiz mandará arrecadar ²) os bens do ausente e nomear-lhe-á curador ⁶) na forma estabelecida no capítulo antecedente ³)⁸).

1) Desaparecimento de alguém – Lugar em que se acham os bens – tal seria o conceito de domicílio, nos artigos 1.159-1.169. Antes, nota 1) ao Capítulo VI. O Código continuou com o erro que apontáramos no Código Civil, art. 463[461] (*Direito de Família*, 1ª ed., 454; cf. *Tratado de Direito Privado*, Tomo IX, § 1.051, 2).

---

459 Sem correspondência no C. Civ. de 2002.
460 C. Civ. de 2002, art. 1.570, art. 1.647 e art. 1.647, parágrafo único, respectivamente.
461 C. Civ. de 2002, art. 22.

O quinhão hereditário do herdeiro ausente ou o legado (ou benefício) do legatário (ou beneficiado modal) ausente arrecada-se como *bem de ausente*, e não como *bem de defunto*. A nomeação de curador é no próprio inventário, até que se dê a arrecadação. Rege-se pelo art. 9°, parágrafo único. Feita a arrecadação, pelos arts. 1.159-1.169. Sendo estrangeiro, a comunicação ao agente consular não se dá, salvo se sobrevém morte (art. 1.152, § 2°).

A ausência da pessoa pode ser danosa para ela e para outras pessoas, inclusive para o Estado. Daí a regra jurídica do Código Civil, art. 5°, IV,[462] onde se diz que são absolutamente incapazes, ao lado dos menores de dezesseis anos, dos loucos de todo o gênero e dos surdos-mudos que não puderem exprimir a sua vontade, "os ausentes, declarados tais por ato do juiz". O elemento declarativo, apesar de referir-se ao tempo em que se iniciou a ausência, nada mais poderia produzir que a declaração; daí só o elemento constitutivo, que é a força sentencial, criar a incapacidade. Diante de tal situação, tinha o Estado de estabelecer a tutela jurídica. No Código Civil, art. 463,[463] apenas se fala do requerimento de qualquer interessado ou do Ministério Público. Sob o Código de 1973, o art. 1.159, depois de referir-se ao desaparecimento, sem deixar representante a quem caiba administrar-lhe os bens, ou, se o deixa, não quer ele exercer o mandato ou continuar no exercício, "declarar-se-á a sua ausência". Além disso, há o art. 1.160, que remete ao Capítulo antecedente, onde o artigo 1.142 estabelece dever do juiz ("O juiz procederá sem perda de tempo à arrecadação de todos os seus bens").

2) Pressupostos da arrecadação – Os pressupostos são os seguintes: *a)* haver bens na jurisdição do juiz; *b)* não se ter notícia do proprietário ou possuidor; *c)* não ter deixado procurador, ou não o ter constituído, estando ausente, para administrar esses bens, ou, se o deixou, não querer ou não poder (art. 1.159) exercer a procuração (evitamos falar de mandato, porque a procura abrange outros negócios jurídicos). Quanto à letra *b)*, observe-se que, se o ausente partira em navio, ou avião, de que não se tem notícia, a arrecadação é regida pelos arts. 1.159-1.169, e não pelos arts. 1.142-1.158 (herança jacente). Mas o Decreto n° 2.433, de 15 de junho de 1859, depois de aludir às Ordenações Filipinas, Livro I, Título 62, § 38, acrescentara,

---

462 Sem correspondência no C. Civ. de 2002.
463 C. Civ. de 2002, art. 22.

na alínea 2ª do art. 47, inciso I: "Os Juízes de Órfãos, quando tiverem de julgar as habilitações dos herdeiros do ausente, atenderão sempre aos motivos da ausência e às causas que obstam a falta de notícias, embora tenha decorrido qualquer dos referidos prazos". Daí ter-se insinuado, na prática, que, no caso do navio desaparecido, se havia de admitir que os herdeiros presuntivos recebessem os bens sob fiança. Não se deve acolher essa exceção. Ou se faz prova da morte, segundo os princípios de prova quando não há a comunicação normal, ou não se faz, e o caso é de arrecadação de *bens de ausente*, e não de arrecadação de *bens de defunto*. Ocorrendo que se saiba que o navio naufragou, ou o avião caiu, e tudo indique que nenhum se salvou, ou que não se salvou a pessoa cujos bens estão na situação do art. 1.159, então tem o juiz de proceder à arrecadação.

Os bens podem ser de pessoa que se ausentou, ou bens cuja propriedade se passou à pessoa já ausente.

3) Procedimento arrecadativo – O processo é semelhante ao da herança jacente. O que se disse quanto a créditos e embargos de terceiro é aplicável à arrecadação de bens de ausente. Também se há de atender a que a arrecadação, mandamental como é, exige, para se desfazer, a força, ou, pelo menos, o efeito mandamental de outra sentença. Isso serve para estabelecer a natureza mandamental contrária das habilitações de herdeiros e dos embargos de terceiro.

4) Procurador que não quer ou não pode exercer a procura – *E. g.*, se o procurador cai em incapacidade; se, por mudança de Estado, o procurador não pode mais exercer a procuração; em caso de renúncia; se não há notícia do procurador.

5) Provocação – O juiz procede de ofício, ou por provocação de interessado ou de interessados, incluído o órgão do Ministério Público. São interessados, por exemplo, os presumidos herdeiros, os credores, os sócios, os condôminos, os réus proprietários dos bens de que é usufrutuário o ausente, o fideicomissário dos bens, o enfiteuta dos bens, o proprietário dos bens vendidos com reserva de domínio e o titular do direito expectativo a esses bens etc. O devedor que se quer liberar da obrigação deve pedir a consignação em pagamento, e não a arrecadação do crédito.

6) Curador do ausente – A nomeação, aí, é para que o incapaz, que o é em virtude da decisão, tenha representante, durante a ausência. Não se trata de declaração de morte, nem de se ter como morto o ausente. Os bens arrecadáveis podem ser mesmo bens que o ausente recebera pela morte de alguém; e até ocorrer que se trate de quinhão do herdeiro ausente ou do legado (ou benefício) do legatário ausente (ou do beneficiado modal), por estar ausente e tendo sido declarado tal o decujo, de que se abriu sucessão provisória.

A nomeação do curador é logo que se dê a arrecadação. O curador pode ter de ser oficial (art. 9°, parágrafo único). Sendo estrangeiro o ausente, não se tem de comunicar a ocorrência ao agente consular, como acontece em caso de herança jacente (art. 1.152, § 2°). Tal providência somente é de exigir-se se aberta a sucessão provisória (arts. 1.163 e 1.160).

Quanto à competência já dissemos o bastante na nota 2) antes do art. 1.159. Se não há domicílio, ou se não é certo, o juízo é o do lugar da situação dos bens (art. 96, parágrafo único, I). Se os bens são situados em lugares diferentes, o juiz de qualquer deles (art. 96, parágrafo único, II, por analogia, pois falta o pressuposto do óbito). O que pode acontecer é que tenha havido duas ou mais arrecadações dos bens do ausente, hipótese em que vigem as regras jurídicas dos arts. 103 (conexão), 106 (prevenção da competência) e 107.

Se a ação de declaração de ausência e nomeação de curador (ação constitutiva com forte carga de declaratividade) foi proposta sem ser preciso arrecadação de bens, não há preponderância do elemento mandamental, típico das ações arrecadativas. Pode não haver bens, ou havê-los e não se precisar de arrecadar, por estarem na administração do procurador: então, não há pensar-se em arrecadação. Os artigos 1.159-1.169 somente cogitaram da ação arrecadativa. A competência é, em princípio, a do foro do domicílio. Se a ação foi proposta no foro do domicílio, têm de ir precatórias ao foro dos bens sitos alhures, *onde a mandamentalidade prepondera*; em verdade, aí é que se aplicam os arts. 1.159-1.169. Se a ação foi proposta no foro da situação dos bens, que não era o do domicílio do ausente, a eficácia da sentença é especialmente limitada à circunscrição do juiz, mas pode dar-se prevenção. Esse fato se parece, porém não se identifica, com o da presença em certo lugar, fora do domicílio, do que se ausentara do domicílio e foi julgado ausente pelo juiz do domicílio: então, a *presença* espacialmente caracterizada limita a eficácia da sentença constitutiva e da sentença mandamental-constitutiva.

A propósito da nomeação do curador, aqui em circunstâncias que não são as da nomeação do curador da herança jacente, tem-se de atender ao que, acertadamente, estatui o Código Civil: o cônjuge do ausente, sempre que não esteja judicialmente separado, é que há de exercer o cargo de curador do ausente (art. 466);[464] na falta dele, a curadoria dos bens do ausente incumbe ao pai, à mãe, aos descendentes, se não há impedimento que os iniba de exercer o cargo (art. 467).[465] Lê-se no art. 467, parágrafo único:[466] "Entre os descendentes, os mais vizinhos precedem aos mais remotos, e, entre os do mesmo grau, os varões precedem às mulheres". O curador oficial, se existe, vem após as pessoas acima indicadas. Na falta de todos, é que o curador é dativo. Isso não impede que o juiz invoque o art. 1.109 do Código de 1973 para afastar-se dos arts. 466 e 467, parágrafo único do Código Civil,[467] no tocante à ordem legal, se reputa mais conveniente e oportuna a solução que escolhe.

Se não há alguém que caiba nos arts. 466 e 467 do Código Civil,[468] nem curador oficial, na escolha o juiz aprecia a competência, o interesse (*e. g.*, condômino dos bens do ausente, proprietário do bem ou dos bens de que ausente tem uso ou usufruto) e outros requisitos para o cargo.

7) Autoridades policiais e dever de comunicação ao juiz – A função policial já estava clara no Decreto nº 160, de 9 de maio de 1842. O Código de 1973 deixou de referir-se a tal dever, mas ele existe. Se se permite na legislação policial a multa, supõe-se que a autoridade policial conheça os fatos do desaparecimento e da existência de bens. Não há comunicações de conhecimento onde não há conhecimento. A penalidade depende de constar dos regulamentos policiais, inclusive de se ter continuado a aplicar regra jurídica a respeito. A regra jurídica de direito judiciário material, determinadora de multa, é apoiada no dever de *comunicação de conhecimento* que têm as autoridades policiais. A polícia tem notícia fácil do desamparo dos bens imóveis, semoventes e outros móveis; de modo que basta, para a incidência da regra jurídica penal *lato sensu*, a forte presunção de ter conhecimento da ausência a autoridade policial. Uma das conseqüências é o tocar às autoridades policiais, a que incumba a função de comunicar, o dever de dar instruções, no sentido de informes, a todos os seus subordinados, que possam estar a par de tais ausências e de oficiar às autoridades municipais, sanitárias ou outras, a fim de bem conhece-

---

464 C. Civ. de 2002, art. 22, *caput*.
465 C. Civ. de 2002, art. 25, § 1º.
466 C. Civ. de 2002, art. 25, § 2º.
467 C. Civ. de 2002, art. 425, §§ 1º e 2º.
468 Vd. a nota 467.

rem as suas circunscrições. O mesmo havemos de entender a respeito do art. 1.148. Previa as instruções aos inspetores de quarteirão o Decreto nº 2.433, de 15 de junho de 1859, art. 23.

8) Alienação de bens arrecadados – Durante o ano, que começa com a primeira publicação dos editais, os bens estão sob a administração do curador. O ausente, incapaz, nada podia fazer, porque tal incapacidade absoluta proveio da declaração de ausência (Código Civil, art. 5º, IV).[469] O artigo 1.155 permite que se alienem bens da herança jacente e tal texto do Código é aplicável no tocante a bens arrecadados pela ausência do proprietário ou possuidor, porque o art. 1.160, que é sobre bens de ausentes, remete ao que se estabelecia quanto à herança jacente. A Fazenda Pública ou algum habilitando pode adiantar a importância para as despesas, a fim de que se não proceda à alienação. O juiz tem de levar em consideração a diferença das duas situações (bens da herança jacente e bens do ausente), mas os seus poderes são iguais.

Passado o ano da publicação do primeiro edital, mesmo se está pendente alguma habilitação, bens do ausente podem ser alienados, como o podiam ser os da herança jacente (artigos 1.160 e 1.155).

Art. 1.161. Feita a arrecadação, o juiz mandará publicar editais durante um ano, reproduzidos de dois em dois meses, anunciando a arrecadação¹) e chamando o ausente a entrar na posse de seus bens²).

1) Procedimento – O procedimento é edital com sete publicações: no primeiro dia do prazo (que é de um ano), dois, quatro, seis, oito, dez, doze meses depois. Aplicável o art. 241, III.[470]

2) Citação – A citação do art. 1.161, 2ª parte, é *vocatio in ius*, não *provocatio ad agendum*. Os interessados são chamados *a)* a *comparecer*, se é o ausente, ou seu procurador, ou quem o represente, *b)* a *comunicar ao juízo o fato da morte* de quem se crê esteja ausente, não a deduzir em juízo

---

469 Sem correspondência no C. Civ. de 2002.
470 O art. 1º da Lei nº 8.710, de 24.09.93, deslocou a norma do inc. III do art. 241 para o inc. V desse mesmo artigo.

a sua pretensão à sucessão provisória. Esse procedimento edital, no processo da arrecadação de bens de ausentes, nada tem com o procedimento edital do art. 1.164, que pertence ao processo da provocação à habilitação, que se iniciou com a *pravocatio* do art. 1.161, 1ª parte.

Uma vez que, no art. 1.160, se remete aos artigos concernentes à arrecadação da herança jacente, o art. 1.152 tem de ser observado: ultimada a arrecadação, manda o juiz expedir edital, que será estampado no órgão oficial e na imprensa da comarca. Tal publicação tem de ser feita, durante um ano, com reprodução do edital de dois em dois meses.

Pergunta-se: se o ausente se achava em outra comarca, ¿faz-se necessário que também nela se publiquem os editais? O juiz tem de examinar a relevância da medida, porque a estadia alhures pode ter sido sem importância. A lei não exige que se convoquem herdeiros e legatários, porque ainda se está na fase da ação de declaração de ausência e só após o pedido da abertura da sucessão provisória (art. 1.164) é que há a habilitação dos herdeiros (arts. 1.164, parágrafo único, e 1.057) e a abertura da sucessão provisória, que alguém pediu, e tal sentença, só tem eficácia após seis meses da publicação pela imprensa.

Art. 1.162. Cessa a curadoria[1])[5]):
I – pelo comparecimento do ausente, do seu procurador ou de quem o represente[2]);
II – pela certeza da morte do ausente[3]);
III – pela sucessão provisória[4]).

1) Cessação da curadoria – O art. 1.162 fala da cessação da curadoria, acertadamente, porque o que foi arrecadado continua arrecadado, porque o procedimento da arrecadação cessa com a entrega dos bens ao ausente que comparece, ou de quem o represente. Ele ou o seu representante comparece e os bens têm de ser-lhe entregues. Com a entrega cessam as funções do curador e o procedimento arrecadatório. Com a certeza da morte do ausente, há a transformação do processo de arrecadação e administração pela conversão em processo de inventário e partilha, com abertura de sucessão. Nada mais há que seja concernente à ausência.

2) Comparência do ausente – Se comparece o ausente, durante a curadoria, que começa com a arrecadação e termina, normalmente, com a sucessão provisória, cessa a curadoria. Dá-se o mesmo se comparece o procurador, ou quem representa o ausente (*e.g.*, o curador do ausente interdito). Tal entrega independe de habilitação, conforme a praxe, interpretando o direito reinícola, e João Maurício Vanderlei, Presidente do Tribunal do Tesouro Nacional, na Ordem nº 76, de 25 de fevereiro de 1857, pôs claro, distinguindo entrega ao ausente que se apresenta e entrega aos herdeiros presumíveis. O que é preciso é que o juiz exija a prova de *identidade* (A. M. Perdigão Malheiro, *Manual do Procurador dos Feitos*, I, 163).

No Código Civil, art. 169, I,[471] diz-se que não corre o prazo de prescrição contra os incapazes. O ausente declarado tal é incapaz (art. 5º, IV).[472] Pergunta-se: ¿deixa de correr prescrição contra o ausente declarado tal numa região, mas que se acha, conhecido, noutra? O que pode acontecer é que a pessoa interessada no exercício de direito contra quem não é tido por ausente noutra região alegue a presença e o prove. Com os dados e as provas suficientes, pode comparecer ou representar-se na região em que se declarou a ausência, a fim de que cesse a arrecadação ou a própria sucessão provisória (art. 1.167). O declarado ausente pode ser citado pessoalmente, onde quer que esteja, porque a sua presença ou a confirmação basta para a invocação do art. 1.162, I, ou do art. 1.167. O juízo da região em que corre ação contra a pessoa presente, que alhures foi tida por ausente, pode enviar precatórias para constrição de bens do declarado ausente, com as provas da sua presença.

3) Morte do ausente – Se há certeza da morte do ausente, cessa a curadoria, e a sucessão tem de ser tratada *sem presunção*: abriu-se, para todas as conseqüências, no dia da morte. O recurso é o de apelação. A arrecadação converte-se em processo de inventário (1ª Turma do Supremo Tribunal Federal, 26 de julho de 1943, *D. da J.*, de 15 de fevereiro de 1944), se os interessados não preferirem iniciar outro processo.

Inversamente, se, aberto o inventário, há dúvida sobre a morte, cessa aquele, e procede-se à arrecadação como de bens de ausente.

4) Sucessão provisória – A sucessão provisória (Código Civil, art. 469)[473] abria-se passados dois anos da publicação do edital, se o ausente não deixara procurador, ou três (derrogado, aí, já em 1939, o Código Civil,

---

471 C. Civ. de 2002, art. 198, I.
472 Sem correspondência no C. Civ. de 2002.
473 C. Civ. de 2002, art. 26.

que marcava dois e quatro, se o deixara, contados das últimas notícias que se tiveram do ausente). Hoje basta que tenha passado um ano da publicação do edital.[474] Trata-se de *successio praematura*, sucessão antecipada, com o fim de entregar aos herdeiros ou interessados nos bens a herança prematura e criar ao ausente, até que apareça ou morra, curatela circunscrita aos bens.

O fundamento é presunção *iuris tantum* da morte do ausente, sem a força da sentença que se profere nos países cujo sistema jurídico possui a *declaração de morte*. (No direito derrogado, já em 1939, o violento Decreto-Lei nº 1.907, de 26 de dezembro de 1939, arts. 1º e 2º, não teve a conseqüência, nos casos de decujos solteiros ou viúvos, de encurtar esse prazo, porque a presunção de morte não foi regulada por ele; mas teve-se de atender à modificação, que ele fez, na sucessibilidade, ascendentes, descendentes, irmãos, sem direito de representação por parte dos sobrinhos, *verbis* "e sobreviventes".)

A sucessão provisória faz presumir-se a morte no dia em que se completou o prazo da lei (um ano), e não no dia do desaparecimento. É a *data ficta*. Os herdeiros são os desse dia, e não os daquele em que se não soube mais do decujo.

5) Recurso – Da decisão que manda retificar-se assentamento do registro civil, suprir-se ou restaurar-se, cabe recurso de apelação (2ª Câmara Cível do Tribunal de Justiça de Minas Gerais, 24 de novembro de 1847, *M. F.*, I, 43, *R. F.*, 123, 182).

> *Art. 1.163 Passado um ano³)*[475] *da publicação do primeiro edital⁴)⁵) sem que se saiba do ausente e não tendo comparecido seu procurador ou representante, poderão os interessados requerer²) que se abra provisoriamente a sucessão¹)⁶).*
>
> *§ 1º Consideram-se para este efeito interessados⁷):*
> *I – o cônjuge não separado judicialmente;*

---

474 O art. 26 do C. Civ. de 2002 ab-rogou a norma do *caput* do art. 1.163 do CPC. Assim, a sucessão provisória pode ser requerida pelos interessados, "decorrido 1 (um) ano da arrecadação dos bens do ausente, ou, se ele deixou representante ou procurador, em se passando 3 (três) anos", e não mais "da publicação do edital", prevista no art. 1.161 do CPC.

475 Vd. a nota 474.

II – os herdeiros presumidos legítimos e os testamentários;
III – os que tiverem sobre os bens do ausente direito subordinado à condição de morte;
IV – os credores de obrigações vencidas e não pagas.
§ 2º Findo o prazo deste artigo e não havendo absolutamente interessados na sucessão provisória, cumpre ao órgão do Ministério Público requerê-la⁸).

1) Sucessão provisória – A sentença que nomeou o curador dos bens do ausente *também* o considerou e julgou ausente, porque a ausência é questão prejudicial para a nomeação. Não há curador do ausente, no sentido do artigo 1.160, sem *ausência julgada* (Código Civil, arts. 5º, IV,[476] 12, IV, e 463).[477] Sentença, *constitutiva*, quanto ao *status* (ausência), e *mandamental*, quanto à arrecadação dos bens (medida constritiva-cautelar). Sentença com reserva, porque *a)* pode aparecer o ausente, e, deixando de haver ausência, cessa a eficácia da sentença, *b)* pode a Justiça vir a ter certeza da morte do ausente ou tido como tal, caso em que se abre o processo de inventário e partilha, aproveitando-se tudo o que foi processado e que é compatível com os arts. 982[478]-1.045. A cessação da curadoria não traz *nulidade* dos atos praticados; os atos praticados somente são nulos e precisam das regras jurídicas dos arts. 243-250, se houve recurso que decretou a nulidade ou o juiz mesmo as decretou.

O pedido de sucessão provisória supõe deferido o pedido de habilitação, exceto se a requer o próprio curador, pois há o herdeiro certíssimo, que é a Fazenda Pública.

2) Requerimento da sucessão provisória – A sucessão provisória pode ser pedida pelos herdeiros e pelas pessoas enumeradas no art. 470 do Código Civil,[479] que sofre, hoje, a explicitação do art. 988 do Código de 1973.

3) Contagem do prazo – Copiando sem atenção o Código de Processo do Distrito Federal, art. 469, que nunca aplicávamos, pois tínhamos o lapso como inoperante, o Código de 1939 falou do prazo contado "da pu-

---

476 Sem correspondência no C. Civ. de 2002.
477 C. Civ. de 2002, art. 9º, IV, e art. 22, respectivamente.
478 O art. 1º da Lei nº 11.441, de 04.01.07, alterou a redação do art. 982 do CPC.
479 C. Civ. de 2002, art. 27.

blicação do último edital". Talvez com isso tenha o legislador pensado em adaptar-se ao Código Civil, art. 469, encurtando de um ano o prazo de quatro, mas a balbúrdia foi ainda maior. A solução, de *lege lata*, era a seguinte: arrecadam-se os bens e nomeia-se curador; publicam-se os editais; quando se concluísse o prazo de dois ou três anos, a partir dos editais, abria-se a sucessão, *derrogado o Código Civil*, art. 469.[480] Com razão, na crítica ao Código de Processo Civil de 1939, mas, sem razão na construção, Odilon de Andrade (*Comentários*, VII, 183). Também não era de admitir-se a construção de Zótico Batista (*Código de Processo Civil*, II, 81).

A nossa crítica foi atendida. O Código de 1973, em vez de se falar de "passados dois anos da publicação do último edital", como estava no Código de 1939, art. 583, acertadamente disse: "Passado um ano da publicação do primeiro edital sem que se saiba do ausente e não tendo comparecido seu procurador ou representante, poderão os interessados requerer que se abra provisoriamente a sucessão". Não mais se falou de último edital.

4) Citação edital – O art. 583 do Código de 1939 derrogara o Código Civil, art. 469,[481] quanto ao prazo de quatro anos, que passara a ser de três. O Código de 1973, art. 1.163, diminuiu o prazo para um ano, sem precisar remeter ao art. 1.157, sobre herança jacente. Na herança jacente, o prazo de um ano, contado da primeira publicação do edital, é para a declaração da vacância. Na arrecadação de bens de ausente, o mesmo é o prazo, com o mesmo início (publicação do primeiro edital), para se abrir a sucessão provisória. Maior simplicidade, melhores fundamentos. A sucessão prematura, como *praeoccupatio successionis*, obedece às regras jurídicas do inventário e partilha da sucessão regular (Código Civil, art. 471).[482] O art. 1.165 rege a espécie. Os interessados no pedido de abertura são: *a)* o cônjuge não separado judicialmente ou na qualidade de herdeiro; *b)* os herdeiros presumidos legítimos, ou testamentários (ou os legatários); *c)* os que tiverem sobre os bens do ausente direito subordinado à condição ou termo de morte; *d)* os credores de obrigações vencidas e não pagas (Código Civil, art. 470).[483] O art. 1.163 § 1°, do Código de Processo Civil, é, hoje, mais explícito; mas temos de comentá-lo.

---

480 C. Civ. de 2002, art. 26.
481 C. Civ. de 2002, art. 26.
482 C. Civ. de 2002, art. 28.
483 C. Civ. de 2002, art. 27.

5) Procedimento edital – A sucessão prematura também constitui procedimento edital, ainda que se citem diretamente os herdeiros presentes, segundo os princípios. O artigo 999 é aplicável, bem assim o art. 1.041. A citação dos interessados deve conter as indicações que se tenham, porém é indispensável citar todos os interessados, indistintamente.

6) Deferimento e indeferimento de pedido – Se o que pede a abertura da sucessão não é o que está legitimado a suceder, a sentença somente defere ou indefere o pedido e dela cabe a apelação.

7) Interessados na abertura da sucessão provisória – São interessados: I) o cônjuge não separado judicialmente, de modo que não é preciso o estar vivendo em comum, elemento fáctico, nem que o regime matrimonial de bens tenha algo em comum; II) os herdeiros presumidos legítimos ou testamentários, isto é, quem, se o ausente *morresse*, herdaria conforme as regras jurídicas sobre sucessão legítima, ou conforme cláusula testamentária (a despeito do art. 1.163, § 1°, II, somente aludir a "herdeiros presumidos legítimos e os testamentários", devemos incluir as pessoas que do testamento constam como legatários); III) os que tiverem sobre os bens do ausente direito subordinado à condição de morte (*e.g.*, doação à causa de morte); IV) os credores de obrigações vencidas e não pagas.

O art. 1.163, § 1°, I, não se referiu a desquite, *a fortiori* a qualquer desconstituição do vínculo conjugal (decretação de invalidade, divórcio). Supõe-se que o vínculo exista e que não tenha havido, sequer, separação de corpos judicialmente estabelecida. Surge o problema do desquitado. Se estava pendente a lide de desquite contencioso, suscitada pelo cônjuge ausente, porém ainda não tenha sido deferida a separação, tem o juiz de analisar a situação existente entre os cônjuges, para se certificar da acolhida da nomeação (cf. art. 1.109). No caso de desquite amigável, também o que importa é saber-se se houve a separação judicial. O cônjuge, que é parte em ação de desquite, pode prosseguir na ação e no juízo do desquite é que pode ele pedir que, após a arrecadação, seja dividido o patrimônio, se o há. Com a separação judicial, não pode pedir a sucessão provisória, mas nada obsta a que se proceda à partilha dos bens comuns. Isso é noutro juízo.

Tem-se lido o art. 1.163, § 1°, II, onde se fala de "herdeiros presumidos legítimos", como se a expressão "legítimos" aí não estivesse como está em "herdeiros legítimos", mas no sentido "filhos legítimos". Se tal interpretação vingasse, o herdeiro legítimo que não fosse filho legítimo não poderia ser tido como interessado na sucessão provisória. O herdeiro por lei é herdeiro legítimo; o que o não é por lei há de ser herdeiro testamentário.

8) Órgão do Ministério Público – Findo o prazo de um ano da publicação do primeiro edital,[484] sem que qualquer interessado houvesse requerido a abertura da sucessão provisória (art. 1.163), a legitimação a requerê-la cabe ao órgão do Ministério Público (art. 1.163, § 2°). Segundo o Código de 1973, art. 1.165, a sentença que determina a abertura da sucessão provisória só tem eficácia seis meses[485] depois de publicada pela imprensa, mesmo que requerente haja sido o órgão do Ministério Público. Mas, antes disso, isto é, trinta dias após a decretação da abertura da sucessão provisória, a herança fica jacente, mesmo se requerente foi o órgão do Ministério Público. Publicada a sentença de abertura da sucessão provisória, que o órgão do Ministério Público requereu, há o prazo de seis meses, para que se abra o testamento, se o há, e se proceda ao inventário e partilha, dependente de requisição (cf. art. 1.165, parágrafo único); se nenhum dos interessados ou herdeiro não comparecer, dentro dos trinta dias, há a jacência da herança. Ainda não se entregam os bens à entidade estatal. Bens somente vão à Fazenda Pública advindo a vacância.

Se foi aberta a *successio praematura* e não se habilitam herdeiros, tem-se de cuidar da jacência e da vacância.

> *Art. 1.164. O interessado, ao requerer a abertura da sucessão provisória¹)⁴), pedirá a citação pessoal dos herdeiros presentes e do curador e, por editais, a dos ausentes para oferecerem artigos de habilitação²).*
>
> *Parágrafo único. A habilitação dos herdeiros obedecerá ao processo do art. 1.057³).*

1) Requerimento da abertura da sucessão provisória – O interessado em que se abra a sucessão provisória, que pode ser simples credor de obrigação vencida, e não paga, ao requerer que se abra, pede a citação pessoal dos herdeiros presentes e do curador, bem como, por editais, a dos ausentes, para que se habilitem. Os bens ainda não são jacentes; são bens de ausente, que não se sabe onde se acha, nem deixou poderes a alguém

---

484 Vd. a nota 474.
485 De acordo com a norma do *caput* do art. 28 do C. Civ. de 2002, o prazo, agora, é de 180 (cento e oitenta) dias.

para administrar os bens, ou deixou outorga, mas o outorgado não quis exercer, ou não quis continuar de exercer tais poderes.

2) Habilitação dos herdeiros e demais sucessores – Não se trata de legitimação à abertura de sucessão, mas sim de legitimação à sucessão. Quem é legitimado pede que seja julgada a sua ação de habilitação: recebida a petição inicial, defere o juiz o pedido de citações para que, no prazo de cinco dias, contestem a ação de habilitação (art. 1.057).

3) Habilitação de herdeiros – Nos artigos de habilitação, a lei exige comunicações de conhecimento, que são essenciais à caracterização da pretensão à herança. Observa-se que já se previu a sucessão legítima ou testamentária, pois pode existir testamento aberto, público ou particular, independente, pois, de abertura. Aliás, se, abrindo-se, for notado que se alterou a sucessão legítima, não há grande inconveniente, porque o Código deu o prazo de seis meses[486] para a eficácia da sentença de devolução provisória (art. 1.185). Após os seis meses[487] é que se procede ao inventário e partilha, que, aliás, têm o prazo do art. 983,[488] prorrogável se há motivo justo (art. 983, parágrafo único).[489] Os herdeiros que se habilitam são só os legítimos. Os testamentários não se habilitam, desde logo, porque habilitar-se é pedir sentença com prejudicial da qualidade de herdeiro, embora mandamental; e o herdeiro testamentário, como o legatário, terá a sentença constitutiva integrativa do cumpra-se, com o seu elemento de mandamento (cf. art. 1.165).

4) Legitimação processual e legitimação para suceder – Não se confunda legitimação para provocar a abertura da sucessão (Código Civil, art. 470)[490] com a legitimação para suceder (habilitação ou vocação *ex testamento*). Os herdeiros testamentários têm aquela, se o testamento é público, ou particular, ainda envolvido materialmente; igualmente, o legatário.

---

[486] Vd. a nota 485.
[487] Vd. a nota 485.
[488] O art. 1º da Lei nº 11.441, de 04.01.07, alterou os prazos previstos na norma do *caput* do art. 983 do CPC.
[489] O art. 5º da Lei nº 11.441, de 04.01.07, ab-rogou a norma do parágrafo único do art. 983 do CPC.
[490] C. Civ. de 2002, art. 27.

Quanto à legitimação para suceder, terão processo peculiar ou à sucessão legítima, ou à sucessão testamentária. O testamento cerrado é assunto do art. 1.165, *in fine*.

> *Art. 1.165. A sentença que determinar a abertura da sucessão provisória¹) só produzirá efeito seis (6) meses*[491] *depois de publicada pela imprensa; mas, logo que passe em julgado²), se procederá à abertura do testamento, se houver, e ao inventário e partilha dos bens, como se o ausente fosse falecido.*
>
> *Parágrafo único. Se dentro de trinta (30) dias não comparecer interessado ou herdeiro, que requeira o inventário, a herança será considerada jacente³).*

1) Natureza da sentença que abre a sucessão provisória – A sentença que determina a abertura da sucessão provisória é mandamental, com reserva. Passa formalmente em julgado, sendo de apelação o recurso. A sua eficácia depende do prazo de seis meses, para que haja tempo de se proceder ao inventário e partilha. A sentença da partilha, que então se profira, é parte integrante do seu efeito constitutivo, como sentença *lato sensu* que é.

Com a sentença que determinou a abertura da sucessão provisória, aberta está a sucessão provisória. Os efeitos são após os seis meses; porém, há efeitos excepcionais, porque, por exemplo, se há testamento fechado, desde logo se tem de abrir e já se procede ao inventário e partilha, se isso foi requerido.

Não se confunda a eficácia de coisa, julgada com o efeito, a que se refere o art. 1.165, que é um só, o da *sucessão provisória*. Um só, dissemos, e acertadamente o legislador de 1973 riscou "efeito", o que estava no Código de 1939, art. 587. Por outro lado, o que veio depois do "mas" na parte final do art. 1.165 é algo que escapa ao prazo de seis meses: abertura do testamento cerrado, se há, e processo de inventário e partilha, posto que a sucessão provisória só se inicie seis meses depois da publicação da sentença. Os trinta dias do art. 1.165, parágrafo único, são após a sentença. A 2ª parte do art. 1.165 e o parágrafo único do art. 1.165 nada têm com

---

[491] De acordo com a norma do *caput* do art. 28 do C. Civ. de 2002, o prazo, agora, é de 180 (cento e oitenta) dias.

o prazo para o efeito da sucessão provisória. Temos de interpretar as leis com cuidado. Logo que finda o prazo de um ano, que é o do art. 1.163, os interessados já podem pedir a abertura da sucessão provisória. Já ao pedir-se tal abertura são citados pessoalmente os herdeiros presentes e o curador e, por editais, os ausentes para oferecerem artigos de habilitação (1.164). Provavelmente já se sabe quais são os sucessores, herdeiros legítimos e testamentários, e há logo o trânsito em julgado da sentença, a abertura do testamento cerrado, o que dá ensejo a saber-se quais os herdeiros. Então, se nenhum interessado ou herdeiro, dentro de trinta dias, não requer o inventário, a herança é considerada jacente. A imissão na posse dos bens do ausente pelos herdeiros é *efeito* da sucessão provisória, o que somente ocorre após os seis meses da publicação na imprensa. Entenda-se que, entre o proferimento da sentença e a extinção do prazo para o recurso (que é o de apelação), há um lapso: o prazo para a eficácia sucessorial da sentença de abertura da sucessão provisória é o dos seis meses contado da publicação da sentença; a *res iudicata* resulta da ação em que houve a citação de todos os interessados na sucessão provisória, presentes ou ausentes (por editais), conforme o art. 1.164, já para se habilitarem, e de ter de ser publicada pela imprensa a sentença favorável e não ter havido recurso, ou, se houve, após o julgamento na superior instância. Não se confunda a eficácia de coisa julgada com o "efeito" a que alude o art. 1.165, 1ª parte, que é o de transmissão da propriedade e posse, provisoriamente.

2) Trânsito em julgado, formalmente – A sentença passa em julgado, formalmente. É mandamental, sujeita às limitações do art. 1.162 (sentença dita com reserva). Mas há força material de coisa julgada por parte de tal sentença, com reserva (cf. Borges Carneiro, *Direito Civil*, III, 222). Provada a morte, a data da abertura da sucessão é a data *verdadeira*, e não a *ficta* (nossos *Direito de Família*, 1ª ed., 459; *Tratado de Direito de Família*, 3ª ed., III, *Tratado de Direito Privado*, IX, § 1.053, 3); aparecendo o ausente, a sentença não mais tem eficácia. Cessa a provisoriedade, nas espécie do art. 1.167, I-III.

Outra, particularidade dessa sentença é a de só ser eficaz seis meses depois. Para os efeitos do recurso, que é o de apelação, esse prazo é inoperante. Não se confunda a eficácia de força formal de coisa julgada com as outras eficácias.

3) Herança que se fez jacente – O art. 1.165, parágrafo único, estabelece que, se, dentro de trinta dias, não comparece interessado ou herdeiro, que requeira o inventário, a herança é considerada jacente. Trata-se de inovação, que merece elucidação suficiente. No art. 1.165, ao cogitar-se da eficácia da sentença, que determinou a abertura da sucessão provisória, fixou-se o prazo de seis meses: até então, nenhuma eficácia da sucessão, porque ainda se esperam interessados e sucessores. A despeito da eficácia só se irradiar após os seis meses, abre-se o testamento, se há, e se procede ao inventário e partilha, como se o ausente fosse falecido. Se algum herdeiro ou interessado comparecer, *tollitur quaestio*, faz-se o inventário, que o comparecente requer, e a partilha tem de ser conforme as regras jurídicas típicas. Se ninguém comparece, tem-se como jacente a herança (arts. 1.142-1.158). Os trinta dias, a que se refere o art. 1.165, parágrafo único, são os trinta dias após a *res iudicata*: o testamento, se havia, já foi aberto, e já se iniciou o inventário.

Art. 1.166. Cumpre aos herdeiros¹), imitidos na posse dos bens do ausente, prestar caução²) de os restituir.

1) Entrega dos bens sob caução – Os bens são entregues sob caução, em sentido amplo, aos que se habilitarem. Os direitos dos herdeiros prematuros pendem de condição resolutiva. Para se evitarem os danos provenientes da dissipação dos quinhões recebidos, exige-se à imissão na posse dos bens a observância do art. 1.166. Os efeitos não são equiparados aos da saisina (Código Civil, art. 1.572),⁴⁹² devido ao art. 473 do Código Civil⁴⁹³ e ao art. 1.166 do Código de Processo Civil. Em todo caso, entregues os bens, tudo se passa, por força da ficção da sucessão provisória, *como se tivesse havido a saisina ao tempo da terminação do prazo*. O que tem pretensão à herança, ou ao legado, mas não pode prestar caução não sucede provisoriamente. Os bens, que lhe caberiam, ficam sob a administração de um curador, ou de herdeiro que o juiz designe e preste a caução (Código Civil, art. 473, parágrafo único).⁴⁹⁴ Ao excluído é dado requerer que lhe seja entregue metade dos rendimentos do quinhão que lhe tocava, no caso do Código Civil, art. 478.⁴⁹⁵ Sobre o conceito de caução, veja-se o art. 827 do Código de 1973.

---

492 C. Civ. de 2002, art. 1.784.
493 C. Civ. de 2002, art. 30.
494 C. Civ. de 2002, art. 30, § 1º.
495 C. Civ. de 2002, art. 34.

Ação mandamental, e não declarativa, o indeferimento do pedido não declara a inexistência da qualidade de herdeiro.

2) Caução – A caução é a do art. 473 do Código Civil[496] (penhor ou hipoteca), mas o art. 827 permite o "depósito" ou a "fiança.". É a forma contemporânea da fiança das Ordenações Filipinas, Livro I, Título 62, § 38 ("fiador abonado, que possua bens de raiz..., com outorga de sua mulher, se for casado, o qual fiador se obrigue por escritura pública, como depositário e principal pagador").

O art. 1.166, a respeito da caução, remete, implicitamente (não mais explicitamente, como o Código anterior, art. 585). O herdeiro pode garantir a possível restituição com hipoteca, ou penhor de algum ou de alguns dos seus bens (Código Civil, art. 473),[497] ou os depósitos de que se fala no Código de Processo Civil, art. 826.[498] Se o herdeiro não pode prestar a garantia, não é imitido na posse, e os bens que lhe caberiam continuam sob a administração do curador, ou de outro herdeiro, que preste a garantia (art. 473, parágrafo único).[499] Advirta-se que, com tal posse dos bens, os sucessores provisórios representam, ativa e passivamente, o ausente, de jeito que correm contra eles as ações pendentes e as que de futuro sejam movidas (art. 476).[500]

Se, antes da sentença da abertura da sucessão provisória, se apresentar algum testamento público ou particular, nada obsta a que o juiz o leve em consideração, porque já se cogitara de herdeiros testamentários como legitimados ao pedido de abertura da sucessão provisória (art. 1.163, § 1°, II).

Pergunta-se: ¿podem ser dados em garantia os bens inconsumíveis, em vez de serem gravados os bens do herdeiro? De modo nenhum. O que se exige é caução e o conceito consta do art. 827 que, após se haver falado de caução real ou fidejussória (art. 826), diz: "Quando a lei não determinar a espécie de caução, esta poderá ser prestada mediante depósito em dinheiro, papéis de crédito, títulos da União ou dos Estados, pedras e metais preciosos, hipoteca, penhor e fiança." Nunca tais bens podem ser os do ausente, mesmo porque a posse só é atribuída após a prestação da garantia. O que pode acontecer é que terceiro preste a favor do sucessor provisório.

---

496 C. Civ. de 2002, art. 30.
497 Vd. a nota 496.
498 A referência correta é a do art. 827.
499 C. Civ. de 2002, art. 30, § 1°.
500 C. Civ. de 2002, art. 32.

O art. 827 do Código de 1973 de modo nenhum afasta que se preste a garantia com penhor ou hipoteca, a despeito do conteúdo do art. 827. Ao juiz cabe acolher a solução que lhe pareça mais conveniente ou oportuna (art. 1.109).

Art. 1.167. A sucessão provisória cessará pelo comparecimento do ausente e converter-se-á em definitiva¹)⁶):
I – quando houver certeza³) da morte do ausente²);
II – dez (10) anos depois de passada em julgado a sentença de abertura da sucessão provisória⁴);
III – quando o ausente contar oitenta (80) anos de idade e houverem decorrido cinco (5) anos das últimas notícias suas⁵).

1) Conversão da sucessão provisória – A sucessão provisória, isto é, a *relação jurídica*, subordinada à condição resolutiva, em que se acham aqueles a quem fora dada a posse dos bens da herança, ou cessa pela comparência do ausente; ou se *converte em sucessão definitiva*, isto é, pela *transformação em sucessão definitiva*, apagando-se todos os efeitos da presunção, *a)* pela certeza objetiva (verdade) da morte do decujo, ou *b)* pela certeza subjetiva e legal da morte, após os dez anos do art. 1.157, II, isto é, dez anos após o trânsito em julgado da sentença de abertura de sucessão provisória; ou *c)* por se dar o caso do art. 1.167, III. A cessação é *pela resolução da sucessão provisória*, em virtude da aparição do decujo.

A aparição do decujo não torna responsáveis pela arrecadação os que providenciaram para o acautelamento dos seus bens; tanto mais quanto o fato da aparição dele, ou de sucessor seu, nem sempre elide a oportunidade com que se pediu e se obteve o procedimento cautelar, de que os demais atos são conseqüências. Naturalmente, pode ser argüida a responsabilidade por ato ilícito.

2) Morte do ausente – Código Civil, art. 483.⁵⁰¹ No fundo, o Código Civil, sem chegar à solução técnica da *declaração de morte*, criou dois graus de presunção da morte (presunções, ambas *iuris tantum*, com grande dose de efeitos de ficção). O processo para a sucessão definitiva (Código Civil,

---

501 C. Civ. de 2002, art. 39.

arts. 481 e 482)⁵⁰² é de simples requerimento, dentro dos autos da sucessão provisória, com recurso (Código Civil, art. 481,⁵⁰³ *verbis* "levantamento das cauções prestadas"). Isso não impede que se prefira outro processo.

3) Certeza da morte do ausente – O conceito de certeza da morte, aí, é de grave relevância. Mas, na história dos séculos passados e deste, ¡quantos casos ocorreram de se ter como morta pessoa que, depois, se suspeita que está viva, com outro nome, disfarçada no corpo e nas vestes!

4) Decêndio após a coisa julgada – A função do artigo 1.167, II, é a de afastar a provisoriedade da sucessão sempre que haja incerteza quanto à morte do ausente. Pode acontecer que o juiz ache considerado morto, pelos dados, o ausente, e haja errado. Há a ação rescisória de tal sentença. Mas o tempo dos dez anos apaga quaisquer conseqüências do erro se não ocorreu o julgamento favorável da ação rescisória. A *ratio legis* é de grande relevo, porque, com a regra jurídica do art. 1.167, II, se cobre qualquer circunstância que tenha levado a apontar-se o erro do juiz.

5) Ausente com a idade de oitenta anos ou mais – O fundamento do art. 1.167, III, coincide com o do art. 1.167, II. Apenas se levou em consideração, para a fixação do tempo (cinco, em vez de dez anos), a idade do ausente. A eficácia, de que falamos na nota 3), é a mesma.

6) Ação de petição de herança e ação do ausente que aparece – A reclamação dos bens, depois de se haver deferido a sucessão definitiva, quer a herdeiros parentais ou testamentários, quer à Fazenda Pública, faz-se por *ação de petição de herança*.

Se é o ausente que aparece, a sua petição pode ser juntada aos autos, porque se trata de ação dentro do mesmo processo, para a prova da sua *identidade*. Ação, nesse caso, *mandamental-negativa*, para que o juiz ordene a entrega dos bens, cessando a eficácia da sentença de sucessão definitiva. O elemento declarativo somente concerne à relação entre o ausente que aparece e os bens, e o elemento constitutivo negativo restringe-se à eficácia; prepondera o elemento mandamental que abrange todos os atos

---

502 C. Civ. de 2002, arts. 37 e 38, respectivamente.
503 C. Civ. de 2002, art. 37.

de entrega e constrição desde a sucessão definitiva até, remontando-se ao passado, a arrecadação dos bens e julgamento da ausência. Por isso mesmo, a sentença *manda* que se dê baixa no registro da sentença declaratória da ausência, de que cogita o art. 12, IV, do Código Civil.[504]

> *Art. 1.168. Regressando o ausente²) nos dez (10) anos seguintes à abertura da sucessão definitiva ou algum dos seus descendentes ou ascendentes, aqueles³) ou estes⁴) só poderão requerer ao juiz a entrega dos bens existentes no estado em que se acharem, os sub-rogados em seu lugar ou o preço que os herdeiros e demais interessados houverem recebido pelos alienados depois daquele tempo¹).*
> *Art. 1.169. Serão citados para lhe contestarem o pedido os sucessores provisórios ou definitivos, o órgão do Ministério Público e o representante da Fazenda Pública⁵).*
> *Parágrafo único. Havendo contestação, seguir-se-á o procedimento ordinário⁶).*

1) Diferença entre a cessação da sucessão provisória, com a aparição do ausente, e a aparição do ausente depois de se ter transformado em definitiva a sucessão – A cessação pela aparição do ausente enquanto pendente a sucessão provisória funda-se na inverdade da certeza (admissão judicial da certeza, que pode ser errada, como por exemplo se resultou de documentos falsas ou de falsa execução de pena de morte). Mas o ausente, nas espécies de tempo posterior ao trânsito em julgado da transformação da sucessão provisória em definitiva, também pode aparecer, e seria absurdo terem-se como absolutos os enunciados de que decorre a transformação do provisório em definitivo. A técnica jurídica teve de atender a que o ausente – tido como morto, ou como incluso nas presunções do art. 1.167, II e III – pode aparecer e apresentar-se.

2) Ausente que aparece depois de julgado morto ou tido como morto – Na espécie do art. 1.167, I, o juiz julgou morto o ausente. Nas espécies do art. 1.167, II e III, presumiu que estivesse morto (presunção legal). Tinha-se de regular o tratamento após tais circunstâncias. Temos

---

504 C. Civ. de 2002, art. 9º, IV.

de ver, nas notas 3) e 4), qual o tratamento da aparição do ausente, qual a ação que há de propor, e qual o tratamento dos herdeiros que, apesar de tanto tempo ter passado, surjam perante o juízo em que tudo se processou, provavelmente após o próprio trânsito em julgado da partilha ou da entrega definitiva dos bens.

Os frutos e rendimentos que os sucessores provisórios perceberam até o dia da chegada do ausente (aliás, pode ser que apareça, e esteja longe, mas pelos meios legais comunique ao juiz), não têm de ser entregues ao que reclama os seus bens. Não importa a qualidade de sucessor provisório.

3) Pedido do ausente que tardiamente aparece – Se o ausente aparece nos dez anos seguintes à abertura da sucessão definitiva, não importa o trânsito em julgado da sentença de partilha ou de adjudicação, porque a lei lhe permitiu pedir ao juiz a entrega dos bens existentes no estado em que se acharem, os sub-rogados a eles, ou o preço que os herdeiros e demais interessados houverem recebido pelos alienados depois daquele tempo. De algum modo, com isso se cria situação difícil se os herdeiros e interessados, que receberam os bens, dispuseram deles e das quantias e não estão em possibilidade de prestar.

No art. 1.168 estabelece-se que, regressando o ausente nos dez anos seguintes à abertura da sucessão definitiva, pode ele requerer ao juiz que lhe sejam entregues os "bens existentes no estado em que se acharem", os sub-rogados no lugar deles, ou o preço dos bens alienados. Trata-se aí, com tal terminologia, de algo em suspenso, em que sucessão definitiva está em vez de sucessão pré-definitiva, isto é, entre a sucessão provisória e a sucessão definitiva, diante da qual não mais há qualquer direito do ausente que apareça (depois dos dez anos seguintes à abertura da sucessão dita, no artigo 1.168, definitiva).

4) Pedido dos ascendentes ou descendentes – O que se teve por fito no art. 1.168, a respeito de herdeiros, foi a garantia futura dos quinhões legítimos necessários. A legitimação é conforme a ordem se dois ou mais pedem a entrega. O que dissemos à nota 3) tem cabimento, *a fortiori*, a respeito dos herdeiros necessários que fazem o pedido.

5) Citações e contestações – No pedido, que faça o ausente, ou que faça ascendente ou descendente, há de estar o de citação dos sucessores provisórios, se antes da definitividade, ou dos recursos definitivos, se dentro do prazo de dez anos seguintes à abertura, da sucessão definitiva, para que contestem, o órgão do Ministério Público e o representante da Fazenda Pública. A contestação pode consistir, por exemplo, em não se ter identificado o ausente, ou qualquer das pessoas que se dizem herdeiros necessários (ascendentes ou descendentes), ter expirado o prazo dos dez anos seguintes à abertura da sucessão definitiva, ter havido no testamento deserdação de alguma delas, ou de algumas ou de todas elas.

O que herdeiro pede é o que como tal lhe teria cabido, sem atingimento da metade disponível.

6) Rito processual – Feito o pedido ao juiz, ele o examinará e intimará os sucessores definitivos à entrega dos bens. Podem eles apresentar contestação, pois que o art. 1.169 cogitou da citação dos sucessores, provisórios ou definitivos, e do órgão do Ministério Público e do representante da Fazenda Pública. Se não há qualquer contestação, procede-se à entrega dos bens ou dos valores, conforme o art. 1.168. Se alguma contestação advém, o rito é ordinário.

Não houve erro do legislador em dar às controvérsias entre os sucessores provisórios ou definitivos ou órgão do Ministério Público ou representante da Fazenda Pública e o ausente, que se apresenta, o rito ordinário. Algo de grave se pode discutir e não se pode estabelecer o princípio de que o rito da jurisdição voluntária não possa ser impróprio ou desaconselhável se surge algo que leva à contenciosidade.

Capítulo VII

DAS COISAS VAGAS¹)

1) Coisas ditas vagas – O Código regula, nos artigos 1.170-1.176, o processo das coisas achadas – "coisas vagas", diz ele, elevando à categoria de adespotia o bem que tem dono e se lhe ignora quem seja. Uns e outros bens, os sem dono e os de dono ignorado, se alguém os encontrou, são achádigos (Ordenações Filipinas, Livro V, Título 62, § 2º; Joaquim da Santa Rosa de Viterbo, *Elucidário*, 1, 30) e deve o achador (assim traduziu Bento Pereira, *Tesouro da Língua Portuguesa*, ed. 1647, 4, verso, o "inventor" dos textos latinos) entregá-los à autoridade policial. *Vagos* são os bens sem dono ou de que se não sabe quem é o dono; mas o sentido das Ordenações Filipinas e do Decreto nº 2.433, de 15 de junho de 1859, ia além. Esse decreto definia "bens vagos" (art. 11): "1º Os móveis de raiz a que não é achado senhorio certo. 2º Os bens das intestadas que não deixam parentes ou cônjuges herdeiros nos termos de direito, ou dos falecidos com testamento ou sem ele, cujos herdeiros, mesmo abintestados, repudiaram a herança".

Se se sabia que o decujo tinha herdeiros, então eram chamados os bens, escapos ao art. 11, inciso 2º, do Decreto nº 2.433, "bens de defuntos" (art. 1º, inciso 1º). O Código Civil, abstraindo da distinção sobre o saber-se, ou não, da inexistência de herdeiro, submeteu a inútil processo de editais os bens de defuntos, ditos vagos, pela incerteza de existirem herdeiros. De modo que os dois conceitos, o reinícola e imperial e o do Código Civil, não se superpõem.

No Código, coisas vagas são as que não cabem na classe dos bens de defunto, na herança jacente (arts. 1.142-1.158), nem na classe dos bens de ausentes (arts. 1.159-1.169). Porque, nas duas classes, ou se sabe *de quem foram*, ou se sabe *de quem são*, ao passo que, por definição, as *coisas vagas* são bens cujo dono, se tiveram e têm, se ignora. A ignorância de quem seja o titular do direito aos bens ou à posse dos bens é que constitui o elemento diferenciador.

Art. 1.170. Aquele que achar coisa alheia perdida, não lhe conhecendo o dono ou legítimo possuidor⁴), a entregará à autoridade judiciária ou policial²), que a arrecadará¹), mandando lavrar o respectivo auto, dele constando a sua descrição e as declarações do inventor³).

Parágrafo único. A coisa, com o auto, será logo remetida ao juiz competente, quando a entrega tiver sido feita à autoridade policial ou a outro juiz⁵).

1) Bens arrecadáveis – Os bens que se acharem – quer tenha havido derrelicção, quer não, uma vez que ignora o dono –, sejam jóias, ou dinheiro, ou quaisquer coisas móveis (Ordenações Filipinas, Livro II, Título 26, § 17; Aviso n° 197, de 20 de julho de 1855), são coisas vagas, no sentido do texto. Nos móveis também se incluem os semoventes, que se encontram vagando (bens do vento, do *evento*), posto que não perdidos: sendo de notar-se que a existência de sinais ou marcas, quer nos semoventes, quer nos outros, exclui pensar-se em coisas vagas, uma vez que esses sinais ou marcas dêem notícias suficientes de quem seja o dono.

2) Dever de entrega à autoridade judiciária ou policial – O *dever* de entregar à autoridade judiciária ou policial já aparecia nas Ordenações Manuelinas, Livro V, Título 41 ("souber cuja he, lha entregue loguo, posto que requerido nom seja"), e foi reproduzido nas Ordenações Filipinas, Livro V, Título 62, § 3°. Havia o prazo de trinta dias, que o Código Civil omitiu, mas há de entender-se ser o prazo que consta da lei penal. Se essa nada estatui o tempo em que o achador razoavelmente deveria fazê-lo.

3) Decisões do achador – Tudo que então diz o achador é *comunicação de conhecimento*. Como tal, suscetível de ser tratado, no processo judicial, penal ou civil, como afirmações (*e.g.*, art. 332). Se for descoberto pela polícia, desde logo (isto é, antes da remessa dos autos ao juiz), que os bens têm dono, o processo das coisas vagas é sem razão de ser, e as coisas são entregues àquele a quem pertencem. O procedimento dos arts. 1.170-1.176 é edital e somente se justifica quando se não sabe quem seja o dono, ou mesmo se o tem.

4) Pessoa a que pertencem as coisas – Nas ações de arrecadação de bens de defunto, não se sabe a quem *passaram* os bens, hereditariamente. Nas ações de arrecadação de bens de ausente, sabe-se *a quem* pertencem e ignora-se onde se acha o dono deles ou possuidor. Nas ações de arrecadação de coisas vagas, ignora-se *a quem* pertencem. Nas primeiras, há a *provocatio ad agendum*, dirigida aos sucessores; nas segundas, a *vocatio in ius* e a *provocado ad agendum*, dirigida, aquela, ao ausente, e, essa, como a das primeiras, aos presumidos sucessores; nas últimas, há *vocatio in ius*, mera citação dos que se crêem donos ou possuidores, para que estabeleçam o contraditório. A diferença, processualmente, é da mais alta relevância. O procedimento edital é para a contrariedade (art. 1.171, *verbis* "para que o dono ou legítimo possuidor a reclame"). Houve o *mandado* do juiz, com o qual se efetuou a medida constritiva. Comparecendo algum interessado, dono ou possuidor, há de provar o seu direito e, ouvido o representante da Fazenda Pública, decidirá o juiz. Se ninguém comparece que reclame esses bens, dentro do prazo, procede-se de acordo com a lei civil, quer dizer – serão devolvidos à pessoa de direito público (Código Civil, art. 606).[505] O art. 1.173 exige a avaliação e a alienação, sendo o preço destinado a pagamentos e à entrega à União, ao Estado-membro ou ao Distrito Federal.

A lei poderia ter concebido a comparência como *pedido* em ação mandamental-negativa; não o fez. As defesas do art. 1.172 são defesas não puramente declarativas, mas defesas de dupla natureza (eventual): *declarativas* do direito dos donos ou possuidores que aparecerem e conseguirem sentenças de acolhimento e confirmativas, ou não, do direito do inventor (recompensa, diz o art. 1.173, prêmio, segundo o Código Civil, arts. 604 e 606),[506] *e declarativas*, quanto à Fazenda Pública. Cumpre, porém, advertir em que, no caso do Código Civil, art. 605,[507] há elemento *condenatório*, que aparece em virtude de conterem *artigo reconvencional* (reconvenção metida na "reclamação" ou contrariedade) as alegações do interessado comparecente.

Nos casos do art. 1.176, a autoridade policial ou *instaura* o processo inquisitivo, sem exorbitar das regras de direito processual penal, ou *converte* a apreensão em inquérito. A entrega ao dono ou possuidor, em tais circunstâncias, põe em relevo o elemento condenatório da resolução da autoridade policial, ou, pelo menos, o elemento de cognição incompleta (condenatória), para que o processo penal a *complete*. A dúvida sobre a procedência da alegação do reclamante permite a bifurcação – processo

---

505 C. Civ. de 2002, art. 1.237.
506 C. Civ. de 2002, arts. 1.234 e 1.237, respectivamente.
507 C. Civ. de 2002, art. 1.235.

criminal do pretenso achador e processo civil de arrecadação dos bens achados. A falta de qualquer base para se desconfiar do alegado exclui o processo penal.

5) Autoridade judiciária competente – É assaz relevante saber-se qual a autoridade judiciária competente, porque a coisa pode ser entregue, diretamente, desde logo, a ela, ou, se a arrecadação foi feita pela autoridade policial, tem ela imediatamente ("logo") de remetê-la ao juiz competente. Se a entrega foi a algum juízo não-competente, tem ele de remetê-la ao juiz competente. A remessa é sempre com o auto de arrecadação.

Art. 1.171.[508] Depositada a coisa, o juiz mandará publicar edital, por duas vezes, no órgão oficial, com intervalo de dez (10) dias, para que o dono ou legítimo possuidor a reclame[1]).

§ 1° O edital conterá[2]) a descrição da coisa e as circunstâncias em que foi encontrada.

§ 2° Tratando-se de coisa de pequeno valor, o edital será apenas afixado no átrio do edifício do fórum[3]).

Art. 1.172. Comparecendo o dono ou o legítimo possuidor[4])[5]) dentro do prazo do edital e provando o seu direito, o juiz, ouvido o órgão do Ministério Público e o representante da Fazenda Pública, mandará entregar-lhe a coisa.

Art. 1.173. Se não for reclamada[6]), será a coisa avaliada e alienada em hasta pública e, deduzidas do preço as despesas e a recompensa do inventor, o saldo pertencerá, na forma da lei, à União, ao Estado ou ao Distrito Federal.[509]

1) Lei processual e lei de direito material – Não há pensar-se, em ter sido derrogado, no Código Civil, o art. 606;[510] portanto, não foi derrogado, nesse ponto, quanto ao prazo: os arts. 1.171 e 1.172 concernem ao procedimento edital e ao prazo de comparência, assunto puramente pro-

---

508 Com a norma do art. 1.236 do C. Civ. de 2002, que ab-rogou a do *caput* do art. 1.771 do CPC, "a autoridade competente dará conhecimento da descoberta através da imprensa e outros meios de informação, somente expedindo editais se o seu valor os comportar".
509 Vd. a norma do art. 1.237 do C. Civ. de 2002.
510 C. Civ. de 2002, art. 1.237.

cessual; o art. 606 do Código Civil,⁵¹¹ ao prazo para a venda dos bens vagos em hasta pública. Durante esse tempo e até depois, o dono pode reclamá-lo por ação de reivindicação ou outra. A Fazenda Pública (da União, do Estado-membro ou do Distrito Federal) somente os *adquire* com a sentença que lhe atribua o remanescente: é sentença constitutiva, com reserva, e não declarativa. Aliás assim era a tradição do nosso direito (Ordenações Filipinas, Livro III, Título 94, § 3º, que apenas mandava vender depois da sentença – o que foi invertido pelo conselheiro Torres Homem, com o Decreto nº 2.433, art. 94, para que até a *remessa* pudesse o dono comparecer). Depois da sentença do art. 606 do Código Civil,⁵¹² ainda cabe a reclamação do dono, em ação de reivindicação da posse (Código Civil, art. 521, que remete ao art. 603 do mesmo Código).⁵¹³ Sobre isso, nosso *Títulos ao Portador* (1ª ed., 443; 2ª ed., II, 187). Também, aí, o direito anterior ao Código Civil influiu sobre a concepção posterior (Decreto nº 2.433, de 15 de junho de 1859, art. 95, *verbis* "se depois de concluída a arrematação e recolhido o produto"). Na história do direito processual, o artigo 1º do Código de Processo Civil de Pernambuco estava certo; e não há erro em manter-se a diferença entre o prazo dos arts. 1.171 e 1.172 do Código de Processo Civil e o prazo do art. 606 do Código Civil.⁵¹⁴

2) Conteúdo dos editais – Os editais têm de descrever os bens achados, de modo que se lhes possa conhecer a "identidade" (expressão do Decreto nº 2.433, art. 90), mencionar as circunstâncias de lugar e tempo em que foram achados os bens, mais a data (circunstância de tempo), e chamar o dono ou donos ou possuidores para darem as razões do seu pretendido direito. No edital há de estar o prazo para a comparência.

A não-comparência é permissiva da aplicação do art. 603 do Código Civil,⁵¹⁵ que é a liquidação anterior à sentença de devolução, devolução definitiva se prescreveu a pretensão do dono ou do possuidor (Código Civil, art. 521),⁵¹⁶ mas, fora daí, concebida a sentença como de reserva.

---

511 Vd. a nota 510.
512 Vd. a nota 510.
513 A norma do art. 521 do C. Civ. de 1916 não encontra correspondência no C. Civ de 2002; a do art. 603 está no art. 1.233 desse novo Código.
514 C. Civ. de 2002, art. 1.237.
515 C. Civ. de 2002, art. 1.233.
516 Sem correspondência no C. Civ. de 2002.

3) Coisa de pequeno valor – A regra jurídica do artigo 1.171, § 2°, foi novidade do Código de 1973. Quis-se, com toda, razão, afastar despendimentos com editais e outras providências. O juiz, com o art. 1.109, é que há de ver se convém ou se não convém a publicação do edital. Pode acontecer, por exemplo, que o valor em pecúnia seja pequeno, mas a natureza do objeto leve a ter-se como objeto de estima. Aliás, se, depois da simples afixação no átrio do edital, se verifica que o valor não é de pequeno valor, tem o juiz de publicar o edital, por duas vezes, no órgão oficial, com intervalo de dez dias (art. 1.171).

4) Comparência do dono ou possuidor – Se o dono ou possuidor comparece, e prova a sua posse, os bens são-lhe entregues, ouvidos o órgão do Ministério Público e o representante da Fazenda Pública.

5) Não-comparência do dono ou possuidor – Se não comparece o dono ou possuidor, o juiz procede na forma do art. 606 do Código Civil,[517] que manda vender os bens em hasta pública, *exceto se outra for a comunicação de vontade da pessoa jurídica de direito público a quem vão ser devolvidos os bens*. Esse princípio, de direito administrativo, já estava claro no Decreto n° 2.433, de 15 de junho de 1859, art. 12, alíneas 1ª e 2ª: "Todos estes bens se devem arrecadar, inventariar, avaliar e arrematar, recolhendo-se o produto aos cofres públicos, na conformidade deste Regulamento. Todavia, se algum ou alguns destes bens forem próprios para o serviço do Estado, o Governo, pelo Ministério da Fazenda, poderá ordenar que não sejam arrematados, para destiná-los ao referido serviço." Sobre a devolução, o art. 606 do Código Civil.[518]

6) Comunicação de derrelicção – Se o dono comparece e comunica que *abandonara* o bem, deu-se a derrelicção, o que se ignorava; e o achador tem a ocupação da coisa no sentido dos arts. 593 e 592, com o parágrafo único[519] do Código Civil. É a ele que o juiz tem de entregar.

---

517 C. Civ. de 2002, art. 1.237.
518 Vd. a nota 517.
519 A enumeração do art. 593 do C. Civ. de 1916 não foi repetida no C. Civ. de 2002; o art. 592 e parágrafo único do C. Civ. de 1916 correspondem à norma do art. 1.263 do C. Civ. de 2002.

Art. 1.174. Se o dono preferir abandonar a coisa¹), poderá o inventor requerer que lhe seja adjudicada²).

1) Dono que prefere abandonar a coisa – O art. 1.174 fez bem em referir-se à hipótese de o dono, que comparece, preferir "abandonar a coisa". Está ele diante de despesas, que teria de pagar, e da recompensa devida ao achador. É ao achador que cabe requerer, diante disso, que lhe seja adjudicada a coisa. Claro que o dono exerce tal direito de derrelicção antes da hasta pública. Se só após o exercer, o que pode acontecer é que, pela má-fé no abandono, haja de responder pelas despesas que o preço da hasta pública não cobriu e pelo que é devido ao achador.

No art. 1.174 diz-se "se o dono preferir abandonar a coisa, poderá o inventor requerer que lhe seja adjudicada". Em vez de manifestar que *prefere* abandonar a coisa, o que seria manifestação de vontade posterior ao comparecimento do dono ou possuidor, pode a pessoa declarar que a havia abandonado, e não que a havia perdido, ou dela se esquecido.

2) Seguro – Nada se disse quanto à coisa achada, sem se saber quem é o dono ou o possuidor, se estava segurada pela perda ou pelo furto ou roubo. Aí, se houve o edital e o dono ou possuidor não compareceu, ou compareceu para dizer que quis abandonar ou que a quer abandonar, não lhe é devido o seguro. Aliás, a empresa de seguros pode comparecer para retirar a coisa, pagar as despesas e pagar a recompensa do achador, a fim de entregá-la ao dono ou possuidor que fez o seguro.

Art. 1.175. O procedimento estabelecido neste Capítulo aplica-se aos objetos deixados nos hotéis, oficinas e outros estabelecimentos¹), não sendo reclamados dentro de um mês²).

1) Hotéis, oficinas e outros estabelecimentos – O Código de 1973 fez explícita a regra jurídica segundo a qual o dever do achador se estende a quem encontra as coisas deixadas em hotel, oficina, ou outro estabelecimento. Se o achador foi hóspede de hotel, ou ele leva a coisa ao juízo, ou à polícia, comunicando-o previamente ao hoteleiro, ou a entrega ao hoteleiro, podendo exigir declaração escrita do recebimento. Aí, o dever de levá-la ao juízo, ou à autoridade policial, passou à empresa do hotel. Dá-se o mesmo com quem encontra coisa vaga em oficina, loja, mercado, gabinete de médico ou de outro profissional, ou no elevador do edifício, ou em qualquer parte indivisa ou divisa do prédio. O dever persiste enquanto não se leva ao síndico, ao habitante do apartamento, ou mesmo ao porteiro, sendo aconselhável exigir-se sempre a declaração escrita do recebimento.

2) Reclamação dentro de um mês – Nos hotéis e noutros estabelecimentos de comércio ou de indústria, os objetos de que o hóspede ou freguês ou cliente, ou mesmo visitante, deixar em algum lugar, quase sempre se sabe de quem são. Se não se tem qualquer dado ou informe a respeito, costuma-se indagar. Onde há vigilância e rigor nas verificações, possivelmente se chega a saber quem é dono ou possuidor da coisa perdida ou esquecida. Por vezes, não se pode pensar em serem bens vagos os que, por exemplo, o hóspede deixar de levar com a bagagem, ou o relógio que o cliente deixou no gabinete do médico, ou a jóia que o freguês comprou na joalheria e deixou de receber de quem a estava pondo numa caixa. Mas, sempre que se não saiba quem é dono, o bem tem de ser considerado como coisa vaga. Embora raramente isso aconteça, tem o comerciante ou o industrial de proceder como qualquer achador (art. 1.170).

> *Art. 1.176. Havendo fundada suspeita[1]) de que a coisa foi criminosamente subtraída, a autoridade policial converterá a arrecadação em inquérito; caso em que competirá ao juiz criminal mandar entregar a coisa a quem provar que é o dono ou legítimo possuidor[2]).*

1) "Fundada suspeita" e conversão do processo – No art. 1.176 fala-se em "fundada suspeita". É a suspeita para a qual há razões de suspeitar-se. Diz-se que a autoridade policial "converterá a arrecadação em inquérito". Leia-se: converterá em inquérito policial o processo de recebimento da coisa achada, com o envio da coisa achada ao juiz criminal.

No art. 1.176 diz que compete ao juízo criminal mandar entregar a coisa a quem provar que é dono ou legítimo possuidor. Aí, a autoridade policial converteu a arrecadação em inquérito. Ainda não ocorreu a remessa da coisa ao juízo competente, de modo que o caso vai diretamente da autoridade policial para o juízo penal competente. No intervalo há a conversão da arrecadação em inquérito, após a qual o juiz penal é quem decide quanto a todos os assuntos. Pode acontecer que o próprio juízo civil submeta a inquérito policial e decisão do juízo criminal a fundada suspeita. Se é certo que o juiz da jurisdição civil não pode aplicar penas criminais, não se diga que o juiz criminal não pode apreciar propriedade e posse para proferir a sua sentença. Daí dizer o Código de 1973, no art.

1.176, que compete ao juiz criminal "mandar entregar a coisa a quem provar que é dono ou legítimo possuidor". Não é de afastar-se a hipótese de o próprio juiz do cível, com a remessa, achar que vai ao juízo criminal a simples apreciação do débito, e não a da entrega da coisa. A matéria penal pode ser apenas de ato do que se diz achador, ou de algum empregado do hotel ou outro estabelecimento.

2) Dúvida sobre a propriedade ou a posse – Se há qualquer dúvida sobre a propriedade ou a posse (não sobre o fato do crime), é prejudicial que compete ao juiz do cível, mesmo se o processo é penal. No cível, com os editais, pode aparecer o dono, e alegar o crime. Decidida a questão da propriedade, o juiz do cível dá a sua sentença, sem prejuízo da ação penal.

Capítulo VIII

DA CURATELA DOS INTERDITOS[1])[2])[3])

1) Processo de interdição e sentença – O Código tratou do processo da interdição do incapaz (ação com efeito eventual no passado, *ex tunc*, mas ação e sentença de sua natureza constitutiva, e não declarativa, como erradamente se usa construir). Todas as incapacidades, exceto a resultante da idade (porque *nasce* com o homem e se extingue com o advento do dia certo, ou em virtude de ato de outrem, suplementando a *idade*), exigem decisão judicial. O louco, para ser louco, prescinde de ato judicial; e o surdo-mudo. Mas a *interdição só existe se houve a decisão do juiz*.

Quanto à ação de interdição, surge o problema de se tratar de ação constitutiva-negativa, ou de ação constitutiva-positiva, ou de ação declarativa. O elemento declarativo é alto, porém não preponderante. O estado da pessoa é declarado e o que se constitui é a incapacitação. O argumento de que pode haver eficácia retroativa, o que imporia a classificação da ação como declarativa, não bastaria. Nulidades decretam-se, com efeitos *ex tunc*, sem que se haja de considerar declarativa a ação. A ação de interdição desconstitui; se há retroeficácia da sentença, a razão está em que se teve de acolher *enunciado de fato*, relativo ao início da causa. Dá-se o mesmo se se propõe ação de nulidade por ser absolutamente incapaz, mas ainda não interditado, quem figurou em ato jurídico.

O assunto tem sido descurado. A natureza das ações de interdição de modo nenhum se confunde com a natureza das ações de paternidade ou de filiação, inclusive quando se discute a maioridade ou a existência do pátrio poder. Algumas delas são declarativas; as de interdição, não. As decisões, naquelas, têm força de coisa julgada material; nessas, constitutiva. O que fez a confusão foi a eficácia *ex tunc*, aliás, eficácia restrita às sentenças nas ações de interdição por loucura e surdo-mudez. Sobre as interdições, Código Civil, artigos 446-458 (loucos),[520] 459-461 (pródigos),[521] 462 (nas-

---

520 C. Civ. de 2002, arts. 1.767-1.778.
521 C. Civ. de 2002, art. 1.782.

cituros).[522] Uma das conseqüências de tal pensamento é que se não permite a ação declaratória típica (art. 4°), porém cabe, em ação ou em defesa, a alegação da loucura ou da surdo-mudez, própria ou de outrem, com efeito declarativo da sentença que julga essa questão prejudicial (*e.g.*, exceção de direito material de incapacidade do contraente). Existe elemento declarativo na sentença, porém não é preponderante; o constitutivo, sim. A ação e a sentença de interdição têm por fito *organizar* a defesa do incapaz e *assegurar* a eficácia *erga omnes*. Quando o juiz deixa preciso, na sentença, o tempo em que começou a incapacidade, o efeito declarativo de modo nenhum é inerente à sentença de interdição (pode omiti-lo, como é freqüente); é o efeito declarativo *da parte* da sentença que a essa data se refere, tanto assim que pode esbarrar com a coisa julgada material de alguma sentença anterior em ação diferente, ou sobre alegação, ou defesa, com elemento declarativo. A sentença de interdição, essa, é constitutiva, quer se trate de interdição por incapacidade absoluta, quer se trate de interdição por incapacidade relativa. Prática judiciária de dezesseis anos e investigação de mais de um quartel de século, posteriores à 1ª ed. do nosso *Direito de Família* (435 e 436), levaram-nos a essa distinção, de conseqüências, teóricas e práticas, relevantes. O efeito declarativo *ex tunc* não seria *erga omnes*. A sentença de interdição adquire essa eficácia. (Sobre tratar-se de sentença constitutiva – Konrad Hellwig, *Lehrbuch*, I, 52.)

A sentença de interdição exclui qualquer outra demanda de interdição *ex eadem causa*, não porque tenha força de coisa julgada material, e sim porque, sendo constitutiva, importaria reconstituir o constituído (*bis in idem*). O levantamento da interdição não importa, como se tem pretendido, quebra da coisa julgada material, e sim em ação de modificação, à semelhança (não identidade!) das ações do art. 471, I. A ação de levantamento é *constitutiva-negativa*, não *declarativa* (não confundir com os efeitos *ex tunc* de direito material, quando os há).

2) Inquisitividade do processo – Note-se que o processo inquisitivo predomina, menos radicalmente, é certo, do que no velho direito português e no luso-brasileiro até o século XIX. Uma das conseqüências mais importantes é a de ser irrevogável e intransmissível o pedido de interdição ou de levantamento da interdição, pelo interesse do interditando ou do

---

522 C. Civ. de 2002, art. 1.779.

interditado em que, qualquer que seja o conteúdo da sentença, o juiz a profira. Afasta-se, pois, a desistência. O princípio não vale quanto à interdição por prodigalidade.

A competência é, precipuamente, do juiz do domicílio do interditando (não do que pede a interdição; sem razão, a 4ª Câmara Civil do Tribunal de Apelação de São Paulo, a 3 de fevereiro de 1944, *R. dos T.*, 150, 132).

3) Contenciosidade e voluntariedade da jurisdição – (a) O processo de interdição é tido por Leo Rosenberg (*Lehrbuch*, 511) como contencioso, porque assim entendem os legisladores; mas, disse ele, seria mais próprio incluí-lo na jurisdição voluntária. Ora, há variedade na determinação dos limites entre as duas, devido à época. Porém a variedade não depende somente da forma. O elemento histórico muda *alguma coisa mais* do que o procedimento. Adiante, nota ao art. 1.177. A sentença estrangeira de interdição precisa de homologação (Supremo Tribunal Federal, 16 de maio de 1944, *J. do S. T. F.*, 22, 7).

(b) O interditando, na ação de interdição, é *parte*, e tem *capacidade processual*, embora se nomeie curador à lide. Pode recorrer, inclusive apelar, ainda que o não faça o curador à lide (art. 1.184). A curadoria não lhe tira a autonomia processual. Tem capacidade processual para pedir o levantamento (art. 1.186, § 1°). Também pode ele querelar a nulidade da sentença, se não foi ouvido, ou se foi nula a audiência (*e. g.*, sem a presença do juiz) ou a citação. A ação rescisória também lhe é permitida, porque ele foi *parte*. As regras jurídicas dos arts. 1.182, § 2°, e 1.186, § 1°, levam a essa conclusão.

(c) Ainda que não tenha sido proposta pelo órgão do Ministério Público a ação de interdição, à *função consultiva* dele está junta, potencialmente, a *função de parte* (art. 499, § 2°), sempre que ele seria legitimado a propô-la. Daí a sua legitimação para recorrer e para prosseguir no pleito, ainda que o promovente da interdição tenha desistido da causa, ou se tenha dado absolvição da instância. A sua situação, desde o início da demanda, é, *in potentia*, a de litisconsorte necessário. Não nos serve a figura do litisconsórcio necessário *in actu*, porque nada obsta a que o órgão do Ministério Público também se desinteresse do processo e promova processo seu, em que parte, desde o começo e *in actu*, seja ele. O direito processual apresenta-nos vários casos como esse, em que o legitimado como parte se satisfaz com a posição de interveniente assistente, equiparado ao litisconsorte, ou de assistente vulgar, ou, mesmo, de consultor, ajudando o juiz. Isso leva-nos a entender que, nos casos de interdição promovível pelo órgão do Ministério Público, se outrem suscitou o processo, somente a conduta expressa ou tácita do Ministério Público o investe da situação de parte. Dele depende, e só dele, litisconsorciar-se ao promovente.

Se, na ação pendente, o órgão do Ministério Público se mantém na sua função só consultiva, porque a postulação e a diagnose não permitiam que fosse parte, pode ele inserir-se como parte e, no mesmo processo (atendendo-se ao artigo 250), pedir a interdição pelo novo fundamento que as condições psíquicas ou nêuricas do interditando configuraram. Não importa distinguirem-se condições anteriores à propositura da ação de interdição e condições novas. A inquisitividade do processo de interdição permite esse aproveitamento, para o qual, concorre, do seu lado, o assente princípio de economia processual.

(d) A função inquisitiva do juiz dá ensejo a alguns problemas técnicos de processo, que se parecem com os expostos e resolvidas acima. O juiz não tem a promoção; a sua função inquisitiva restringe-se à investigação da verdade sobre o que se articulou e a sua possível revelação *a mais*; portanto, exclui-se, no estado atual do direito brasileiro, a iniciativa pelo juiz, que se construiria, nos casos especiais, como cumulação de duas funções estatais (a de órgão de promoção e a de julgador), como em todas as iniciativas de ofício. Resta saber-se se, abandonando as partes o processo (inclusive o órgão do Ministério Público, se o promoveu, ou se se litisconsorciou, ou se recusa a inserir-se na relação jurídica processual como parte), pode o juiz prosseguir na instrução. A resposta, pois que, *ex hypothesi*, lhe falta a iniciativa (o poder de prosseguir não supõe o de iniciar), é positiva. As desistências somente não operam se terminada a instrução. No mesmo sentido, na Itália, a opinião de Saverio Castellett ("Effetti della perenzione del giudizio di interdizsone", *in Rivista*, VI, Parte II, 5, nota 2).

(e) Uma das conseqüências da transformação da função consultiva em função de parte, em virtude da conduta do órgão do Ministério Público, conforme se disse sob (c), é a de *cessar* a função de *defensor do incapaz*, que ele tinha (Código Civil, art. 449, 2ª parte).[523] Desde o momento em que o órgão do Ministério Público se insere, como parte, no processo – o juiz, nomeando o curador especial, aí defensor, tem de substituí-lo nas funções de defensor do incapaz. Do mesmo modo, se, por falta superveniente do defensor nomeado, o juiz tem de nomear outro, e o órgão do Ministério Público, que fora parte promovente, ou que fora litisconsorte, se retira da relação jurídica processual (*e.g.*, se convenceu de que o interditando

---

523 C. Civ. de 2002, art. 1.770.

sarou), pode ficar a seu cargo – e é bom que fique – a função de defensor do incapaz. Dissemos "pode", porque, em tais casos, não nos parece que a lei civil faça *completa* a regra jurídica: o Código Civil, art. 449,[524] se, por um lado, põe a alternação (*ou* o nomeado, na falta do órgão do Ministério Público, *ou* esse), dá relevo especial, por um lado, na 1ª parte, à promoção pelo órgão do Ministério Público. A falta superveniente contém o elemento *excludente* (Código Civil, art. 449, *verbis* "nos casos em que a interdição for promovida pelo Ministério Público")[525] e o elemento *includente* (art. 449, 2ª parte, *verbis* "nos demais casos").[526]

> Art. 1.177. *Os assentos lançados nos livros ou fichas do preponente, por qualquer dos prepostos encarregados de sua escrituração, produzem, salvo se houver procedido de má-fé, os mesmos efeitos como se o fossem por aquele.*
>
> *Parágrafo único. No exercício de suas funções, os prepostos são pessoalmente responsáveis, perante os preponentes, pelos atos culposos; e, perante terceiros, solidariamente com o preponente, pelos atos dolosos.*[527-528]

---

524 Vd. a nota 523.
525 Vd. a nota 523.
526 Vd. a nota 523.
527 O art. 1.768, do novo Código Civil, instituído pela Lei nº 10.406, de 10.01.02 ab-rogou o art. 1.177 do Código de Processo Civil, pois regulou inteiramente a matéria nele tratada (Lei de Introdução ao Código Civil, art. 2º, § 1º). O *caput* do artigo, diferentemente do *caput* do artigo ab-rogado, dispõe que a interdição "deve ser" pro-movida, e não que "pode ser" promovida. Não se pense, todavia, que a nova redação cria para os legitimados o dever de interditar. Ela apenas define os legitimados, de modo excludente de outros. O inciso I fala em pais ou tutores, em vez de pai, mãe ou tutor, tratando-se de mero aperfeiçoamento de redação. O inciso II mudou a legitimi-dade do parente próximo (segundo o falecido comentarista, ascendente, descendente, irmão ou tio) para qualquer parente. Não se trata, contudo, de permitir o requerimento por qualquer pessoa que tenha com o interditando um ascendente comum, ainda que remoto, mas de pessoa que satisfazendo o conceito de parente tenha algum relaciona-mento com a pessoa cuja interdição se pede. No inciso III, foi meramente aperfeiço-adora a referência ao Ministério Público, e não a órgão dessa instituição.
528 Com o propósito, tantas vezes declarado ao longo destas notas de atualização, de manter a incolumidade destes comentários, transcrevo, nesta nota de rodapé, o texto do revogado art. 1.177 com as chamadas do comentarista e os respectivos comentá-rios, sempre cheios de observações úteis.

1) Pedido de interdição e processo de interdição – O pedido deve satisfazer o duplo caráter da interdição, o constitutivo e o inquisitivo. Tratando-se de processo inquisitivo, a liberdade do juiz é maior do que aquela mesma que em geral se lhe dá; mas o Código de 1939 não se afastou, aí, discrepando da tradição do velho direito luso-brasileiro e do brasileiro anterior ao Código Civil, do princípio *ne iudex procedat ex officio*. O art. 1.109 do Código de 1973 estabeleceu o que tinha de estabelecer para a jurisdição voluntária.

A ação de interdição possui na sua estrutura, própria, grande dose de inquisitividade, mas é ação como as outras. Perguntava-se, sob o Código de 1939: ¿tem de ser citado o interditando? No caso de insanidade por uso de tóxicos, ou de prodigalidade, exigia-se, na lei especial, a citação. De citação não se falava a respeito da interdição por loucura ou surdo-mudez. Daí ter-se concluído que se dispensava a citação (3ª Câmara Civil do Tribunal de Justiça de São Paulo, 14 de fevereiro de 1952, *R. dos T.*, 200, 298; 2º Grupo de Câmaras Civis, 2 de agosto de 1952, 204, 164). Previa-se que o curatelado tivesse advogado, pois que se lhe permitia recorrer. Quem podia constituir advogado depois de decretada a interdição com mais forte razão havia de poder fazê-lo para evitar a incursão do Estado na sua esfera jurídica e, principalmente, no que toca à sua pessoa. O Código de 1973, no art. 1.182, § 2º, foi explícito: "Poderá o interditando constituir advogado para defender-se." Por isso, se o juiz não tem provas de que a citação seria inútil, convinha sob o Código de 1939 mandar citar o interditando para comparecer ao exame médico-legal. Se o não fazia, a audiência do interditando, antes da perícia, continha a *vocatio in ius*, e havia de existir e ser válida como as citações em geral. Se faltou à audiência o interditando, era e é como se houvesse faltado a citação. Nem sempre é possível trazer-se à força o interditando. Tudo aconselhava que se citasse, primeiro, se tal acontece, ou o juiz se transporte à casa ou lugar de trabalho, ou hospital, em que se achasse o interditando. Sem razão, a 2ª Turma do Supremo Tribunal Federal, a 23 de junho de 1944, *D. da J.*, de 12 de setembro, achou que era sempre dispensável a citação do interditando. Nos *Comentários ao Código de 1939* (VIII, 2ª ed., 22 s.) sustentamos a necessidade da citação, o que na jurisprudência fomos atendidos. Agora, o Código de 1973, no art. 1.181, foi claro, tal como queríamos: o interditando tem de ser citado.

A competência para o procedimento da curatela de interditos é do foro do domicílio, porque, segundo princípio geral, o foro do domicílio é o em que se propõem as ações fundadas em direito pessoal (art. 94). Se tem mais de um domicílio, em qualquer deles (art. 94, § 1º). Se incerto e desconhecido o domicílio, onde for encontrado (§ 2°). Se não tem domicílio nem residência no Brasil, observe-se o § 3°, e não o § 2°.

2) Promoção da interdição, legitimação ativa – A interdição dos insanos e dos surdos-mudos *pode e deve* ser promovida: *a)* Pelo pai, natural ou adotivo, ou pela mãe, natural ou adotiva; ou pelo tutor. Se o suspeito de loucura já estava interdito por outro motivo (*e. g.*, prodigalidade), ou a ele se estendia a autoridade do curador que se dera ao pai ou à mãe, o curador pode promover a interdição (*Direito de Família*, 429). *b)* Pelo cônjuge ou algum parente próximo, isto é, ascendente, descendente, irmão ou tio (*Direito de Família*, 429, nota 37). A linha reta de parentesco assegura a todos a legitimação ativa (*e.g.*, netos, 5ª Câmara Civil do Tribunal de Justiça de São Paulo, 6 de agosto de 1948, *R. dos T.*, 116, 281, e 179, 693, bisnetos, avô, avó, bisavôs). Excluem-se os afins (*Direito de Família*, 1ª ed., 420, nota 37; conosco, Estevão de Almeida, *Manual*, VI, 514; e J. M. de Carvalho Santos, *Código Civil brasileiro interpretado*, VI, 385; sem razão, o Tribunal de São Paulo, a 24 de setembro de 1929, *R. dos T.*, 72, 397). O insano, em estado rápido de lucidez, não pode pedir. Baudry-Lacantinerie (*Précis*, I, 650) entendia ser sem valor prático o problema; mas tivemos de resolvê-lo duas vezes, em cinco anos. O cônjuge desquitado[529] não pode promover a interdição do outro (4ª Câmara Civil, 19 de agosto de 1948, 176, 743). *c)* Pelo órgão do Ministério Público, de acordo com o art. 1.178.

A 3ª Câmara Civil do Tribunal da Justiça de São Paulo, a 22 de setembro de 1947 (*R. dos T.*, 170, 622), disse que, tendo sido decretada, sem que alguém pedisse, a interdição, é nulo o processo, e pode ser levantada, sem que se tenha de observar o processo de levantamento. Ou não foi nula a sentença, e precisa-se de levantamento (eficácia sentencial contrária a outra eficácia sentencial); ou foi nula, e bastaria decretar-se a nulidade. Não se levanta interdição nula; nem se dispensa o procedimento para o levantamento, se de levantamento se precisa. Alguém suscitou a interdição, por exemplo, o juiz, se não lhe cabia, *ex hypothesi*, fazê-lo. Houve, pois, ilegitimidade de parte. Sentença trânsita em julgado em ação em que a parte foi ilegítima é sentença rescindível; não nula. Se não cabia o procedimento de ofício, tem-se de rescindir a sentença. Ou à rescisão da sentença

---

[529] Vd. a nota 1.

ou ao levantamento da interdição tinha de ir o interessado, que foi parte e não alegou, no devido tempo, a ilegitimidade de parte.

3) Procedimento para interdição – Os procedimentos de interdição correspondem a ações que têm por conteúdo ato estatal, pelo qual se transforma a atividade de alguém em atividade do incapaz. Referem-se a *status*, e não a relação jurídica, e nem sempre o elemento eficacial é *ex tunc*. A expressão "declarar a interdição" é de linguagem vulgar e presta-se a enganos. A interdição é constitutiva, posto que às vezes tenha efeito *ex tunc*; o efeito declarativo é de alguma relação jurídica, ínfimo. E de tal natureza que, marcado pelo juiz o início em 1977, outro juiz pode, em ação constitutiva, ou em exceção, julgar ter começado em 1972. Mas há ofensa à *res iudicata*.

O interditando pode ter advogado, tanto assim que pode recorrer. Mesmo se é advogado, pode agir no próprio nome. O art. 1.182, § 2°, foi explícito ("para defender-se"). Se o tem, nem por isso se há de dispensar o defensor do incapaz (3ª Câmara Civil do Tribunal de Justiça de São Paulo, 14 de fevereiro de 1952, *R. dos T.*, 200, 298; 2° Grupo de Câmaras Civis, 21 de agosto da 1952, 204, 164; 1ª Câmara Cível do Tribunal de Justiça de Minas Gerais, 22 de abril de 1950).

Pouco se estudaram a ação e a sentença, por se ter posto à frente o ter-se concebido a ação como de jurisdição voluntária, até que se lhes revelaram o elemento contencioso e a constituição com intuito de publicidade (para efeito *erga omnes*). O procedimento especial é de certo modo um elemento contencioso, evidentemente. Não se considera a pessoa interditanda como *objetivo de exame*, e sim como parte. Assim, a melhor opinião é no sentido de ser objeto da demanda a capacidade do réu, o seu direito de própria atuação na vida jurídica (Konrad Hellwig, *Lehrbuch*, I, 52). Os suscitadores do processo exercem pretensões ligadas ao interesse da família ou do público (ou estatal). Tal atitude, *quanto à pessoa*, deve ter o próprio policial, para não tratar como coisa o bêbedo, o louco, ou o preso. Por isso, entre as duas conseqüências, os bens do curatelado pagam as custas (inaplicável a regra jurídica sobre o não-pagamento das custas se não há defesa no processo); o que não foi interditado tem ação de abuso do direito contra o que promoveu a interdição; e até o interdito contra o promovente abusivo; com maioria de razão contra o promovente doloso. A despeito da nomeação de curador à lide, pode tomar parte ativa no processo e é direito seu (James Goldschmidt, *Zivilprozessrecht*, § 75, 1), ainda que se trate de interdição por enfermidade grave da psique. Portanto, pode usar de qualquer recurso.

4) Interditando e curador à lide – Interditando é pessoa que *ainda* não está interditada, mas cuja interdição foi pedida: com ela passa-se a particularidade de defender-se por si de ter curador à lide, que é o órgão do Ministério Público, ou, se foi esse o promovente, o curador nomeado pelo juiz. A razão da nomeação é a de que o órgão do Ministério Público, no segundo caso, é parte, tem os direitos e deveres da parte; ao passo que, no primeiro caso, a sua função não é a de parte, mas a de defensor, e a de assistência ao interditando (integrativa da capacidade). O curador à lide, no caso de ação de interdição, não tem a função de legitimado a propositura de ações, porque se supõe que a defesa possa ser frágil e precise de ajuda, tal como ocorre ao órgão do Ministério Público, oficiando como curador à lide. Esse acumula duas funções; o curador à lide, não. Não deve o órgão do Ministério Público, quando a interdição não poderia ser promovida por ele, assumir o papel de parte.

> *Art. 1.178. Os preponentes são responsáveis pelos atos de quaisquer prepostos, praticados nos seus estabelecimentos e relativos à atividade da empresa, ainda que não autorizados por escrito.*
>
> *Parágrafo único. Quando tais atos forem praticados fora do estabelecimento, somente obrigarão o preponente nos limites dos poderes conferidos por escrito, cujo instrumento pode ser suprido pela certidão ou cópia autêntica do seu teor.*[530-531]

---

530 Tal qual o art. 1.177, o art. 1.178 foi totalmente revogado pelo novo Código Civil, no art. 1.769. O *caput* deste artigo aperfeiçoou a redação do texto revogado, ao falar no Ministério Público, não em órgão da instituição. Quanto à substituição de "requererá" por "promoverá", o legislador esteve perto de trocar seis por meia dúzia, já que irrelevante a mudança. O inciso I afeiçoa a lei ao desenvolvimento científico, quando fala em "doença mental grave", em vez de "anomalia psíquica". No inciso II, apenas se faz referência a "incisos I e II", em vez do anterior "nºs I e II". Não é de conteúdo a alteração do texto do inciso III do art. 1.769. Suprimiu a alusão a menores, mencionando só incapazes porque aqueles são espécie deste gênero. Falando nas "pessoas mencionadas no inciso antecedente", o inciso III remete, na verdade, aos incisos I e II do art. 1.768.

531 Constante no empenho de manter integrais estes comentários, transcrevo agora o texto revogado com os comentários de Pontes de Miranda.

1) Promoção pelo órgão do Ministério Público – Para que o órgão do Ministério Público possa pedir a interdição de alguém, é preciso que ocorra um dos pressupostos do art. 1.178: *a)* anomalia psíquica, e não, como antes se exigia, loucura furiosa; *b)* não existir pai, mãe ou tutor do interditando, nem cônjuge, nem algum parente próximo, ou se, existindo, não a promove; se, existindo algum parente próximo, for menor, ou, existindo pai, mãe, tutor, cônjuge ou parente próximo, for incapaz.

2) Ausência e falta de promoção – Se pai, mãe, ou tutor, ou cônjuge, ou parente próximo, está ausente, não importa: existe, porém não promoveu a interdição.

Art. 1.179. Quando a interdição for requerida pelo órgão do Ministério Público, o juiz nomeará¹) ao interditando curador à lide²) (art. 9°).

1) Nomeação de curador à lide – Se foi o órgão do Ministério Público que pediu a interdição, mudou de função processual e tem de ser nomeado curador à lide. Assim, o interditando fica com a proteção da curador à lide, em vez de exercer tal atividade o órgão do Ministério Público.

No art. 1.179, depois de se falar da interdição pedida pelo órgão do Ministério Público, em que se há de nomear curador à lide, há remissão ao art. 9°. No art. 9°, diz-se que se dá curador especial ao incapaz, se não tem representante legal. Posto que ainda não se trate de incapaz (a incapacidade vai ser eficácia da sentença de interdição), a referência foi oportuna, porque, mesmo se não foi órgão do Ministério Público que propôs a ação de interdição, pode acontecer que haja interesses colidentes do interditando e do autor da ação (art. 9°, I). Aliás, a regra jurídica do art. 1.179 supõe que seja autor o órgão do Ministério Público, o que lhe afasta ter a função de defesa do interditando.

2) Curador à lide e função – Curador à lide é curador especial, que aí somente atua dentro do processo, mesmo se alguém já era titular do pátrio poder, ou parente legitimado a promover a interdição, porque, *ex hypothesi*, quem a pediu foi o órgão do Ministério Público.

Art. 1.180. Na petição inicial¹), o interessado provará a sua legitimidade, especificará os fatos que revelam a anomalia psíquica e assinalará a incapacidade do interditando para reger a sua pessoa e administrar os seus bens.

COMENTÁRIOS AO CÓDIGO DE PROCESSO CIVIL 307

Art. 1.181. O interditando será citado²) para, em dia designado, comparecer perante o juiz, que o examinará, interrogando-o minuciosamente acerca de sua vida, negócios, bens e do mais que lhe parecer necessário para ajuizar do seu estado mental, reduzidas a auto as perguntas e respostas.

Art. 1.182. Dentro do prazo de cinco (5) dias contados da audiência de interrogatório, poderá o interditando impugnar o pedido³).

§ 1° Representará o interditando nos autos do procedimento o órgão do Ministério Público ou, quando for este o requerente, o curador à lide⁴).

§ 2° Poderá o interditando constituir advogado para defender-se⁵).

§ 3° Qualquer parente sucessível poderá constituir-lhe advogado com os poderes judiciais que teria se nomeado pelo interditando, respondendo pelos honorários⁶).

1) Petição inicial – A pessoa que pede a interdição de alguém, antes de qualquer outro elemento da petição, tem de alegar e provar a sua legitimação ativa (cf. art. 1.177).

Depois, tem de revelar a anomalia psíquica do interditando, caracterizando a razão para a interdição que pede. Além disso, tem de frisar que o interditando é incapaz para cuidar de si e dos bens ("reger a sua pessoa e administrar os seus bens"). Alguns fatos podem bastar para tais provas.

Advirta-se que os arts. 1.180, 1.181 e 1.182, com os §§ 1°, 2° e 3°, não constavam do Código de 1939 e andou bem o legislador em inseri-los. Em alguns pontos afastaram-se atos abusivos e até criminosos com que se tentava obter interdição de alguém para fins econômicos e até imorais (e. g., no antigo Distrito Federal, antes mesmo do Código de 1939, alguém ia conseguir a sentença de interdição de uma tia, muito rica; felizmente, o juiz que havia de proferir a sentença, resolveu ir ver a interditanda e, não conseguindo entrar no apartamento, telefonou para a polícia, que logo apareceu; ao entrar, após diligência rigorosa, lá encontrou algemada, deitada numa cama, com uma touca, que lhe fechava a boca, a pessoa apontada como louca; ela acordou, chorou com a abertura da porta e, retirada a algema e o pano do rosto, falou com o juiz, com emoção mas lucidamente, e ele a levou para um hotel perto, e não para um hospital, acompanhada da empregada da vizinha que contara ao juiz tudo que ouvia há muito tempo e disse que a empregada da casa tinha sido despedida havia mais de um mês).

2) Citação do interditando – Corrigindo as dúvidas que se levantavam no Código de 1939, sob o qual já sustentávamos que o interditando havia de ser citado, o art. 1.181 pôs claro que "o interditando será citado para, em dia designado, comparecer perante o juiz". Tem de haver o exame, o interrogatório minucioso acerca da vida do interditando, de negócios, de bens e do que ao juiz parecer necessário para conhecer o estado mental do interrogado. Tem de ser feito o auto das perguntas e das respostas.

É possível, e não raro acontece, que a anomalia psíquica seja tal que não se possa citar pessoalmente o interditando, o que o oficial certificará. Também pode suceder que o interditando tenha de ser conduzido a juízo, ou que o juiz tenha de ir ao hospital, ou hospício, ou casa de saúde, em que o interditando se acha internado. O oficial lá já esteve e certificou o que se passou, ou vai com o juiz e o escrivão, além do perito.

À duplicidade de audiências tem-se feito crítica, porque atrasa o processo; e até se sugere que se invoque o art. 1.109 para poder o juiz eliminar o exame prévio, o interrogatório e, pois, a exigência do prazo de cinco dias para impugnação (o prazo seria contado da citação). Sem razão; o legislador foi acertado e de modo nenhum se pode recorrer ao art. 1.109 para se dispensarem as providências dos artigos 1.181 e 1.182, que foram inovações de 1973. No art. 1.181 fala-se ser examinado pelo juiz o interditando. Também se lamenta isso (aliás já estava no Código Civil, art. 450),[532] que o Código de 1939 afastara. O juiz tem meios para o exame, sem ser de simples interrogatório. Não é ele que tem de fazer a perícia para se conhecer o estado mental, mas há razões para que ele, antes de nomear perito, indefira a petição inicial (art. 267, I). Por exemplo: convenceu-se o juiz de que se trata de chantagem, na qual, aliás, pode estar intervindo o próprio interditando, como se a decisão lhe serviria para se argüir nulidade de algum negócio jurídico. O que o juiz não pode, sem a perícia médica, é decretar a interdição.

O exame, que faz o juiz, quase sempre se limita a interrogatório e observação dos atos e reações do interditando. O art. 1.181 dá poderes amplos ao juiz, mas há, ainda, o artigo 1.109, que lhe abre maiores possibilidades. Ao examiná-lo, não fica o juiz adstrito a interrogar acerca da vida, negócios e bens, porque pode investigar o "que lhe parece necessário para ajuizar do seu estado mental". A despeito do exame a que procedeu,

---

532 C. Civ. de 2002, art. 1.771.

tem o juiz de nomear perito e só após o laudo é que designa audiência de instrução e julgamento. Tal perícia não é dispensável porque pode ter ocorrido que a perturbação do interditando tenha sido causada por algum interessado na interdição, ou por acidente, por exemplo, de ter errado na medida do remédio que lhe deram para tomar, ou mesmo na própria tomada de outro remédio.

3) Impugnação do pedido de interdição – O interditando, que foi citado, tem cinco dias para impugnar o pedido, contados da audiência de interrogatório, ou simplesmente da audiência, se, dado o estado do interditando, não foi possível ser interrogado. Convém que o juízo interrogue pessoas que compareceram, ou com as quais convive o interditando. Mesmo se houve a certidão do oficial de que não podia efetivar a citação, dado o estado psíquico do interditando, pode ele impugnar o pedido de interdição (*e.g.*, achava-se em estado de sono profundo, causado por outrem; o estado em que se achava proviera do acidente e já passara).

No Código de 1939 não havia prazo para o interditando defender-se. Hoje, há explicitude no art. 1.182. Surgem alguns problemas: se o interditando não compareceu, com ou sem motivo óbvio para isso, e corre o prazo, que se conta da audiência do interrogatório (que não houve), para que o interditando se defenda, ¿como há de proceder o juiz? Ou havia curador à lide, por ter sido o órgão do Ministério Público que pediu a interdição, ou o órgão do Ministério Público funcionou como defensor.

4) Representação do interditando – O interditando, mesmo se impugnou, é representado pelo órgão do Ministério Público, ou, se foi o órgão do Ministério Público que promoveu a ação de interdição, o curador à lide. Os fatos que o interditando podia alegar em impugnação, ou que alegou, podem ser assunto dos atos processuais do órgão do Ministério Público, ou do curador à lide.

5) Advogado do interditando – O interditando, a despeito de haver a função protetiva do órgão do Ministério Público, ou do curador à lide, pode constituir advogado, para quaisquer atos do processo, e os poderes outorgados para impugnação entendem-se para qualquer manifestação em defesa do interditando, mesmo quanto a recursos. Se ele é advogado, de modo nenhum se há de impedir que como tal funcione em defesa própria.

Se há curador à lide, como se o defensor é o órgão do Ministério Público, tal circunstância não impede que o próprio interditando nomeie advogado, ou que o faça algum parente (analogia com o art. 1.177). Mais ainda: pode nomear alguém que o represente na ação de interdição. O fato de haver curador à lide pertence ao processo, sem que, antes da interdição, se possa vedar a alguém que se faça representar. Não há contradição entre o art. 1.182, § 1°, e o Código Civil, art. 5°.[533] Nem se há de invocar, para se afastar o art. 1.182, § 1°, *in fine*, o art. 9°, parágrafo único.

6) Parente e advogado – Se há algum parente que podia pedir a interdição, pode constituir advogado para o interditando, e os poderes judiciais são os mesmos que teria se o advogado tivesse sido nomeado pelo interditando. Quanto aos honorários, responde o nomeante.

Art. 1.183. Decorrido o prazo a que se refere o artigo antecedente, o juiz nomeará perito¹)²) para proceder ao exame do interditando. Apresentado o laudo⁴), o juiz designará audiência de instrução e julgamento³)⁶)⁷).

Parágrafo único. Decretando a interdição, o juiz nomeará curador ao interdito⁵).

1) Perícia médico-legal – O juiz nomeia perito. Terão de ser ouvidos o interditando, o curador à lide, o advogado e as testemunhas, se as há. Defensor compreende, aí, o curador à lide e o advogado, salvo se o advogado mesmo foi nomeado curador à lide. Nas causas não promovidas pelo órgão do Ministério Público, esse e o advogado. A existência do curador à lide não dispensa o advogado. Se é o próprio interditando, conforme se permite ao demandado que é profissional, nenhuma nulidade advém disso, se for decretada a interdição.

A nomeação do perito só se dá depois que decorre o prazo para as impugnações. O perito vai dizer sim ou não: há ou não há anomalia psíquica.

Hoje, só há um perito. Antes, o Código de 1939, art. 607, mal era autuada a petição (pois não havia a audiência prévia do Código de 1973, art. 1.181), o juiz nomeava dois peritos. Se entre eles advinha discordância, o juiz nomeava desempatador (art. 607, § 2°). O juiz escolhe, com o esperado cuidado, o perito. No art. 421, § 1°, I, diz-se que incumbe às partes, dentro de cinco dias, contados da intimação do despacho de nomeação

---

533 C. Civ. de 2002, art. 3°.

do perito, indicar o assistente técnico. No caso da interdição, o perito é a pessoa competente para o exame e as conclusões. Se, excepcionalmente, ele tem assistente técnico, nada obsta a que dele se utilize. O que pode acontecer é que o juiz, a despeito de ter escolhido o perito, entenda invocar o art. 1.109, para obter melhores informes. O laudo é submetido a exame dos interessados na audiência de instrução e julgamento, e o juiz não está sujeito a tê-lo como completo e verídico.

Se é certo que para todos os homens se presumem o senso e a razão, todos sabemos que é por sinais extrínsecos, inclusive as palavras, que se prova a loucura, e não repugna a prova testemunhal (Andréa Alciato, *Tractatus de Praesumptianibus*, 149). Quanto às cartas, além da letra e do prenome exarado numa delas, concorre a verossimilhança, que é elemento assaz importante na *virtus probandi* dos escritos (Joh. Wilh. von Tevenar, *Theorie des Beweises im Civilprocess*, nova ed., 242).

2) Morte do interditando – A morte do interditando põe termo ao processo, pela eliminação da pretensão. No entanto, a ação constitutiva-negativa de alguma relação jurídica continua, se o interesse persiste. A ação constitutiva de interdição tem de parar; e aí está uma das conseqüências práticas da distinção. Se falece o autor, à pessoa que poderia ter proposto a ação de interdição é facultado continuar no procedimento, dando-se *superposição subjetiva processual*, não *sucessão subjetiva*.

Aí, os autos da ação de interdição, se já houve o auto do art. 1.181, ou, *a fortiori*, a perícia (art. 1.183, 2ª parte), podem ser remetidos para o juízo em que fora proposta alguma ação na qual a afirmação do autor ou do réu é a de que estava com anomalia psíquica o interditando falecido. Os elementos probatórios não têm eficácia de coisa julgada; apenas servem para apreciação pelo juízo da outra causa.

3) Juízo, instrução do processo e julgamento – A despeito da aparência de simples homologação de laudo, o juiz não está adstrito a ele, porque (*a*) se trata de processo em que o interditando se manifesta e pode recorrer, (*b*) terminada a instrução e conclusos os autos, o juiz decreta, ou não, a interdição, (*c*) o processo é inquisitivo. A instrução é a de audiência, previamente designada, aplicáveis as regras jurídicas comuns.

Nada obsta a que, na audiência de instrução e julgamento, como na primeira, se possa inquirir o interditando. No direito anterior não havia aquele interrogatório em primeira audiência, mas o fato de ser exigido, em tese, pelo Código de 1973, seria absurdo que, na audiência de instrução e julgamento, não se pudesse ouvir o interditando. Também tal interrogatório é, de regra, indispensável na perícia. O interrogatório tanto pode ser a requerimento do autor da ação de interdição como do próprio interditando, do órgão do Ministério Público, ou do curador à lide. O que não se pode invocar, sempre, quanto ao depoimento do interditando, é o art. 343, § 1°, que, sendo intimada a parte a depor, do mandado há de constar que se presumirão confessados os fatos contra ela alegados, se não comparece ou se recusa a depor. Temos de distinguir da alegação de que está em estado de anomalia psíquica a alegação, por exemplo, de que o interditando em estado de desespero pusera fogo nas roupas dele e da mulher.

O art. 1.183 fala da designação da audiência de instrução e julgamento e, logo após, o parágrafo único cogita da decretação da interdição e da nomeação do curador ao incapaz. Pode parecer que a sentença há de ser proferida, na audiência. Não: ou o juiz a profere desde logo, ou tem o prazo de dez dias para fazê-lo (art. 456).

4) Juiz e laudo – O juiz não fica adstrito ao laudo. As regras jurídicas sobre ordem de diligências e livre convencimento são aplicáveis, e ainda maior liberdade tem o juiz, porque é inquisitivo, por sua natureza, o processo. Por estar no rol das ações de jurisdição voluntária, o art. 1.109 é invocável. No mérito, a sentença, sem base em laudo que opine pela incapacidade, seria sem prova suficiente (2ª Câmara Cível do Tribunal de Apelação do Paraná, 11 de abril de 1944, *Paraná J.*, 39, 438), não, porém, nula. No sentido que expusemos na 1ª edição dos *Comentários ao Código de Processo Civil de 1939*, o Tribunal de Justiça de Alagoas, a 16 de fevereiro de 1951 (desembargador Mário Guimarães, *R. F.*, 140, 341), e a Turma Julgadora, a 13 de outubro de 1950 (134, 209). A 2ª Turma do Supremo Tribunal Federal, a 12 de maio de 1953 e a 6 de novembro de 1945 (*A. J.*, 79, 110), salientou que o valor do laudo pericial não vai a ponto de em todo e qualquer caso determinar a interdição, se positivo, pois, se assim fosse, outras provas seriam inúteis, como a audiência do interditando, do defensor e das testemunhas, determinada na lei.

É de perguntar-se se a nova perícia tem de ser requerida e acolhida antes da audiência de instrução e julgamento, ou se somente por ocasião da instrução. A resposta é no sentido de se acolher tanto a primeira solução como a segunda, porque ao juiz é que cabe designar a data da audiência, e, deferido o requerimento feito antes disso, não há obstáculo. Se depois da designação, pode ele mudar a data.

É de praxe, antiga e também hoje recomendável, dar-se vista às partes do laudo pericial. Aliás, as partes podem desejar esclarecimento do perito, tendo de requerer ao juiz que manda intimá-lo a comparecer à audiência, formulando, desde logo, as perguntas, sob forma de quesitos (art. 435); e o perito só está obrigado a prestar os esclarecimentos, quando intimado cinco dias antes da audiência (art. 435, parágrafo único).

O juiz, dissemos acima, não está adstrito ao laudo pericial: pode *formar* a sua convicção com outros elementos ou fatos apurados nos autos (art. 428). Além disso, por se tratar de ação posta no processo de jurisdição voluntária, há o art. 1.109. Precisa daqueles elementos ou fatos apurados nos autos. Por isso, pode o juiz, de ofício ou a requerimento da parte (na espécie, também a requerimento do órgão do Ministério Público, ou do curador à lide), a realização de nova perícia (art. 437). Tal perícia tem por objeto os mesmos fatos sobre que recaiu a primeira, e destina-se a corrigir-lhe eventual omissão ou inexatidão dos resultados a que a primeira conduziu (art. 438). No Código de 1939, art. 607, § 1°, cerceava-se, erradamente, a função do juiz, a ponto de dizer que, "se os laudos declararem a insanidade mental do suplicado, o juiz decretará a interdição".

Decretada a interdição, há apelação, com efeito apenas devolutivo (1ª Câmara Civil do Tribunal de Justiça de São Paulo, 21 de março de 1950, *R. das T.*, 186, 276), porque mesmo se a espécie não está prevista na lei, como acontece com o Código de 1973, art. 520, é de permitir-se que se lhe negue efeito suspensivo (art. 1.184: "embora sujeita à apelação").

5) Decretação de interdição e nomeação do curador – A decretação da interdição e a nomeação do curador são um todo incindível, como acontece à sentença de remoção e nomeação de certa pessoa como curador. Se não pode ser nomeado, desde já, o curador definitivo, nomeia-se o curador interino.

Na jurisprudência, tem-se dito, com acerto, que se não deve atribuir a curatela à pessoa que, ao tempo da sanidade mental do curatelado, não merecia a confiança dele (*e.g.*, 1ª Câmara Civil do Tribunal de Justiça de São Paulo, 9 de outubro de 1951 (*R. dos T.*, 197, 279). Mesmo se a lei (Código Civil, art. 413, III)[534] fala de inimigo, sem acrescentar "capital", é de invocar-se o princípio geral (cf. art. 453).[535]

---

534 C. Civ. de 2002, art. 1.735, III.
535 C. Civ. de 2002, art. 1.774.

O juiz nomeia o curador, devendo observar o que consta do Código Civil, art. 454:[536] "O cônjuge, não separado judicialmente, é de direito curador do outro, quando interdito"; § 1°: "Na falta do cônjuge, é curador legítimo o pai; na falta deste, a mãe; e, na falta desta, o descendente maior"; § 2°: "Entre os descendentes, os mais próximos precedem aos mais remotos e, dentre os do mesmo grau, os varões às mulheres."

A ordem estabelecida pelo Código Civil não é incólume à invocação do art. 1.109.

Se a decretação da interdição foi feita no julgamento do recurso, a nomeação do curador é feita pelo juiz da primeira instância, a que voltaram os autos. Mas isso não afasta a possibilidade de o próprio juízo coletivo entender nomeá-lo desde logo, por lhe parecer necessária e urgente.

6) Exame pessoal pelo juiz – Antes de se pronunciar acerca da interdição, tem o juiz de examinar pessoalmente o argüido de incapacidade, ouvindo profissional. O profissional é o perito. As críticas que se fizeram ao art. 450 do Código Civil[537] revelaram ignorância de função do juiz. Trata-se de demanda, com autor e réu, e não de simples cooperação do juiz (nunca o foi, mesmo ao tempo em que se reputava pura jurisdição voluntária). Nem precisaria estar em texto da lei, material ou formal, porque se entende ter o juiz a inspeção direta, sempre que essa possa ser ato de instrução útil. As partes postularam, referiram as provas e produziram-nas. O perito trouxe máximas de experiência, enunciados de fato, que se destinam a informar o juiz, sem a pressuposição de que esse tenha conhecimento igual, ou melhor; e nunca se lhe tira a pressuposição de ter cultura geral apta a apreciar, e rejeitar, ou aceitar, o que o laudo lhes ofereceu. A inspeção direta é um dos meios para lhe facultar a crítica e a própria medida da atendibilidade.

7) Competência judicial – O foro da interdição é o geral, conforme as regras jurídicas da organização judiciária. Onde há juiz especial ou só alguns juízes podem conhecer dos pedidos de interdição, nenhum outro juiz interdita. Se ao juiz do processo do inventário, em que é interessado o incapaz, ainda não interditado, não é dado interditar, de modo nenhum

---

536 C. Civ. de 2002, art. 1.775, §§ 1° e 2°.
537 C. Civ. de 2002, art. 1.771.

se lhe faculta, a pretexto de ter de ser rápido o andamento do processo, nomear curador à lide ao louco, ou ao surdo-mudo, ou ao intoxicado. A 4ª Câmara Cível do Tribunal de Apelação do Distrito Federal entendeu que a lei processual lho permitia (29 de outubro de 1940, *D.*, VIII, 348; *A. J.*, 57, 190); mas, em vez disso, a lei vedava-lho, de modo insofismável: exigia-se e exige-se pedido, constante de petição fundamentada, feito pela pessoa que a lei considera legitimada para isso; se é o órgão do Ministério quem promove, ainda se exige a nomeação do curador à lide. Não só o processo é contra alguém, o interditando, compondo-se a figura da relação jurídica processual em ângulo. Há autuação, nomeação de peritos, ouve-se o interditando, ouvem-se o defensor e as testemunhas do autor e do réu. A nomeação heterotópica de curador, porque o inventário tem de ir depressa, põe acima da pessoa humana os interesses de herdeiros e do Fisco. Quem nomeia curador à incapaz não interditado ilegalmente interdita. Não se interdita sem a forma processual inserta na lei. No caso de faltar representante ao incapaz, em processo em que seja interessado, sim, nomeia-se curador à lide; ou no de incapacidade que não depende de interdição, qual a do menor.

Art. 1.184. A sentença de interdição[1]) produz efeito[2]) desde logo, embora sujeita à apelação[3])[4]). Será inscrita no Registro de Pessoas Naturais e publicada pela imprensa local e pelo órgão oficial por três (3) vezes, com intervalo de dez (10) dias, constando do edital os nomes do interdito e do curador, a causa da interdição e os limites da curatela[5]).

1) Correção à impropriedade de linguagem – Quando se empregava no Código de 1939, art. 609, a expressão "sentença declaratória da interdição", estava assim no sentido vulgar, e não no técnico. Com isso, a lei mostrava que não conhecia a classificação das sentenças em declarativas, constitutivas, de condenação, de mandamento, e executivas. É assunto de ciência. Usar do adjetivo "declaratória" ou "declarativa", como também o de "declarar", ora no sentido de declaração de relação ou de *status*, ora de comunicação de conhecimento ou de vontade, ora de constituição, é erro grave. A sentença que interdita é a que decreta a interdição. Isso é o que se há de entender.

Felizmente, com a crítica que fizemos ao art. 609 do Código de 1939 (*Comentários*, VIII, 2ª ed., 30), o Código de 1973 riscou o adjetivo "declaratória": somente fala de "sentença de interdição".

2) Eficácia da sentença de interdição – As regras jurídicas de ordinário tratam da eficácia da sentença de interdição, na sua força específica, e em seus efeitos. Faz-se a intimação conseqüência imediata da sentença, que não precisa de requerimento para se produzir. Serão intimadas as partes, isto é, o juiz deve ordenar que se façam as intimações, tanto que se intima aquele mesmo que promoveu o processo. Não se diz, porém, que o curador *assume* imediatamente; mas é o que resulta da regra jurídica que estatui que o curador, intimado, há de prestar o compromisso. Essa intimação também se faz de ofício. Se há registro especial, a eficácia *erga omnes* começa com a inscrição; onde não há, com a inscrição no Registro das Pessoas Naturais, o que é exigido, e a publicação. O edital não supre, aí, o registro. A eficácia da sentença regia-se pelo art. 452 do Código Civil,[538] que estatuía: "A sentença que declara a interdição produz efeitos desde logo, embora sujeita a recurso." A força constitutiva, que é intrínseca à sentença (porque ela é constitutiva e a inscrição, parte integrante), depende da inscrição e, na falta de registro especial, da inscrição no Registro das Pessoas Naturais da publicação em edital. É a sentença que se publica pelo registro ou pelo edital.

Note-se que o Código de Processo Civil de 1939 alterou, de certo modo, o direito anterior, posto que não se pudesse dizer revogado, ou derrogado, pelo art. 609, o Código Civil, art. 452.[539] Enquanto a regra da lei civil dizia que a sentença de interdição "produz efeitos desde logo, embora sujeita a recurso", a da lei processual de 1939 impôs que se registrasse imediatamente ou se publicasse três vezes, com intervalo de dez dias, onde não houvesse registro especial. Mas, aí, registro e publicação são integrativos da sentença; por conseguinte, os dois artigos não eram inconciliáveis. O art. 452 do Código Civil[540] passou a *aludir* ao art. 609 do Código de Processo Civil de 1939, como, antes, *aludia* a outras regras jurídicas de publicidade do direito anterior, plurilegislativo.

O Código de 1973 diz que a sentença de interdição produz efeito desde logo, embora sujeita à apelação (art. 1.184). É inscrita no Registro de Pessoas Naturais e publicada pela imprensa local e pelo órgão oficial três vezes, com intervalo de dez dias. Do edital têm de constar o nome do interdito, o nome do curador, a causa da interdição e os limites da curatela.

---

538 C. Civ. de 2002, art. 1.773.
539 C. Civ. de 2002, art. 1.773.
540 Vd. a nota 540.

Assim, hoje, a inscrição no Registro de Pessoas Naturais e a publicação na imprensa local e no órgão oficial por três vezes, no intervalo de dez dias, é indispensável para a eficácia *erga omnes*. Mas, com a sentença, mesmo que advenha apelação, produz o efeito típico, desde logo, de modo que só se apaga tal efeito se acontece o provimento da apelação, que o retira.

Surge um problema: se não se inscreveu a sentença de interdição, nem se procedeu à publicação, mas, subindo o recurso de apelação, foi confirmada a sentença e publicado o acórdão, ¿ainda não há a eficácia *erga omnes*? Não, porque faltou a publicação na imprensa local e por três vezes no órgão oficial. O que pode ocorrer é que se alegue e se prove que o interessado tinha ciência da sentença ou do acórdão (*e.g.*, o banco, que teve conhecimento da sentença ou do acórdão, emprega dinheiro levantando com cheque do interdito). Outro problema: houve a inscrição e só uma publicação, ¿há efeitos *erga omnes*? Não, salvo se provado que a parte, de interesse contrário, conhecia a inscrição e a única ou primeira publicação.

Os cuidados e atos do curador, no intervalo das publicações, são de eficácia constitutiva só *inter partes*, pois a interdição possui esse elemento constitutivo em dose suficiente (interdição dos psiconeuróticos e dos surdos-mudos).

"Desde logo", significa: *a)* na interdição dos insanos, se o interditado se acha sob a tutela, ou outra curatela, a partir da intimação ao tutor, ou ao curador; se não era incapaz, desde a sentença mesma, pois que se nomeia curador; *b)* na interdição por surdo-mudez, *idem*; *c)* na interdição por prodigalidade, desde a intimação ao pródigo.

O registro tem de ser feito desde logo, porque é efeito mandamental da sentença.

Pode haver interesse do interdito em que a eficácia da sentença atinja alguma pessoa ou algumas pessoas que somente receberiam a eficácia da sentença após as providências registrárias e editais. Então, o curador nomeado, ou o próprio advogado do interditando que figurou até o fim do processo, ou outro legítimo interessado, pode requerer a intimação pessoal ou as intimações pessoais. O que dependia da eficácia *erga omnes* passou a produzir-se, individualmente.

Quanto ao passado (o momento em que começou a anomalia psíquica), não tem eficácia a sentença de interdição, a despeito do elemento declarativo junto à força constitutiva. Isso não impede que em ação que não é a de interdição se alegue, por exemplo, que a pessoa estava louca quando assinou um cheque ou uma escritura particular ou mesmo pública. Aí há ação declaratória ou ação incidental de declaração, podendo mesmo ocorrer que, em alguma ação, se alegue e se junte a prova de que no momento já havia a anomalia psíquica e a incapacidade absoluta era evidente. Tais atos são nulos e o elemento declaratório é para a decisão constitutiva-negativa. Com a sentença, o registro e a publicidade, apenas se há de falar de prova documental.

3) Recurso que se interpõe da sentença de interdição – O recurso é o de apelação, e já assim era no direito anterior (1ª Câmara Cível do Tribunal de Justiça de Minas Gerais, 15 de abril de 1948, *R. F.*, 124, 508). Quanto a terceiros, o prazo de recurso conta-se da publicação do edital (3ª Câmara Civil do Tribunal de Justiça de São Paulo, 10 de junho de 1948, *R. dos T.*, 175, 307). Não tem efeito suspensivo, quanto à interdição, a despeito da omissão da lei no art. 520. O efeito imediato resulta do direito material. Nem, ainda, a apelação é suspensiva quanto à força constitutiva: inscreve-se a interdição; e fazem-se as publicações. Pode ser alegado, no recurso, qualquer fato que altere a conclusão; não, porém, a melhora posterior do interditando.

A melhora posterior do interditando tem de ser alegada em *ação de modificação*, a cuja propositura não é obstáculo a pendência da ação de interdição, inclusive em grau de recurso.

4) Ministério Público e legitimação recursal – O órgão do Ministério Público pode recorrer da sentença de interdição: se se concede; se se nega, quando foi ele o promovente, ou ocorreu a superposição subjetiva, pela morte do autor. Se o autor não apela, o órgão do Ministério Público não pode apelar; mas, dando-se o caso de não existir, ou ter deixado de promover a interdição algum dos legitimados ativos, nada obsta a que promova, de novo, a interdição.

O órgão do Ministério Público pode recorrer se por ele foi promovido o processo. Está certo, mesmo de *iure condendo*; tendo-se, porém, de esclarecer que, em certos casos, exatamente aqueles em que o órgão do Ministério Público poderia ter promovido o processo, ele fica em situação potencial de parte, dependendo da sua própria conduta a sua inserção na relação jurídica processual. Assim, se aceitou defesa do interditando, nem por isso está privado de intervir como litisconsorte, ou para tomar a si a causa, se o promovente desiste ou se incorre em pena de extinção do processo sem julgamento do mérito (absolvição da instância). Claro que, então, há de ser nomeado pelo juiz o defensor do interditando, a tempo de funcionar. Nenhum ato vale entre a nova função do órgão do Ministério Público e a nomeação, se causa prejuízo ao interditando, não defendido.

Também há outros casos em que o órgão do Ministério Público, sem ter promovido o processo de interdição, pode recorrer. É quando exerce a função de defensor. Então, é como defensor que recorre. Tal defensor é parte, como o *defensor matrimonii*, nas ações relativas ao casamento.

5) Registro e publicação da sentença, exigências contenutísticas – O pressuposto para a eficácia da sentença, desde logo, é apenas o seu proferimento, mas, para os efeitos *erga omnes*, há o de ser inscrita no Registro de Pessoas Naturais e o da publicação na imprensa local e no órgão oficial. A apelação só tem efeito devolutivo, de modo que somente a decisão favorável ao recurso retira a eficácia sentencial, porque deixou de haver a sentença. Com o julgamento da medida recursal contra a sentença é que se cancela a inscrição no Registro de Pessoas Naturais. Precisa-se, porém, da publicação, na imprensa local e no órgão oficial, para que o público saiba do que se desfez. Assim, qualquer pessoa que se pôs em relação jurídica de direito material ou de direito processual somente pode tratar o interditando como capaz após as providências, pois, se conhece fora do registro e da publicação, o julgamento da apelação, expõe-se a que algo ocorra contra o julgado.

> *Art. 1.185. Obedecerá às disposições dos artigos antecedentes³)⁹), no que for aplicável, a interdição do pródigo¹,²), a do surdo-mudo¹⁰)¹⁵) sem educação que o habilite a enunciar precisamente a sua vontade e a dos viciados¹⁶) pelo uso de substâncias entorpecentes, quando acometidos de perturbações mentais.*

1) Interdição de pródigo – Pródigo é pessoa física que faz despesas ou gastos imoderados, superiores às suas rendas, e de cuja atividade está resultando perda ou dissipação do que tem: "Desordenadamente gasta e destrói a sua fazenda", diziam as Ordenações Filipinas, Livro IV, Título 103, § 6º. Sobre isso, veja-se nossos *Tratado de Direito de Família* (1ª ed., 420-424; *Tratado de Direito Privado*, IX). Não importa a causa de dissipar; mas o fim útil e normal, ou útil e ligado a convicções filosóficas não patológicas, exclui a pecha de prodigalidade curatelável. No Código Civil, sobrevive o resguardo da esperança dos herdeiros presumíveis, à romana; e é pena que o Código de Processo Civil de 1939, que tantas vezes rompeu textos de direito material, aqui não houvesse realizado, de todo, a retardada evolução. O Código de 1973 deixou o assunto ao direito material.

Quanto à interdição do pródigo, ela só o priva de "sem curador, emprestar, transigir, dar quitação, alienar, hipotecar, demandar ou ser demandado e praticar, em geral, atos que não sejam de mera administração" (Código Civil, artigo 459).[541] Quanto aos atos jurídicos que não cabem no art. 459, há capacidade do pródigo. Pode, por exemplo, testar (Código Civil, art. 1.627).[542]

2) Pródigo, parte na ação – No direito anterior aos Códigos estaduais, a despeito da falta de texto, sustentamos que o pródigo é parte; argumentamos então com a opinião de Manuel de Almeida Sousa (*Notas de Uso Prático*, II, 613), que reputava nula a sentença, se o pródigo não tinha sido citado. A relação jurídica processual não se formou. A legislação posterior confirmou a construção. Aliás, com a boa doutrina européia não seria possível pensar-se de outro modo. No Código de 1973, na esteira do que sustentáramos, o artigo 1.181 foi explícito: "O interditando será citado...".

3) Regras jurídicas comuns sobre a interdição – Os "artigos antecedentes", a que se refere o art. 1.185, são todos os aplicáveis, isto é, nos arts. 1.177-1.184, lidos, porém, cautelosamente, como relativos à incapacidade do pródigo. Salvo decretação por outro motivo. As provas têm outra extensão que a dos arts. 1.177-1.184, porque tendem a mostrar fatos patrimoniais – fatos de dissipação. O exame de sanidade é necessário.

No art. 1.177, posto no início do Capítulo VIII, diz-se que a interdição pode ser promovida pelo pai, mãe ou tutor, pelo cônjuge ou algum parente próximo e pelo órgão do Ministério Público. No Código Civil, o art. 460[543] estabelece que o pródigo só incorre em interdição, "havendo cônjuge, ou tendo ascendentes ou descendentes legítimos, que a promovam". Não mais existindo tais parentes, levanta-se a interdição (art. 461).[544] E só tais pessoas podem argüir a nulidade de atos do interdito, praticados durante a interdição (art. 461, parágrafo único).[545] É de perguntar-se se *a)* continuam a reger a espécie os arts. 460 e 461, com o parágrafo único, ou *b)* a despeito de se tratar, aí, de assunto de direito material, é ao art. 1.177 da lei processual que se há de atender. A solução certa é a solução *a)*.

---

541 C. Civ. de 2002, art. 1.782.
542 C. Civ. de 2002, art. 1.860.
543 Sem correspondência no C. Civ. de 2002.
544 Vd. a nota 543.
545 Vd. a nota 543.

4) Curatela – A curatela começa desde que da sentença é intimado o curador nomeado. Daí parte a eficácia; não a eficácia *erga omnes*, que a sentença constitutiva somente possui desde a inscrição no registro, e a publicação dos editais. A curatela dos incapazes dos arts. 1.177-1.184 começa desde a intimação ao curador à lide, mas a interdição parte da sentença.

5) Levantamento da interdição do pródigo – Podem *pedir o levantamento da interdição por prodigalidade*: *a)* os mesmos que poderiam pedir a interdição; *b)* o interditado; *c)* o curador. A interdição por prodigalidade, na sua retrógrada feição romanística, é no interesse dos herdeiros, de modo que, não existindo mais as pessoas designadas no Código Civil, arts. 460 e 461,[546] não seria promovível, e tem de ser levantada.

6) Audiência do curador e do Ministério Público – A audiência do curador e a do órgão do Ministério Público têm por fito não a obtenção de comunicações de conhecimento sobre não caber o levantamento, e sim de comunicações de conhecimento sobre o estado do curatelado. Se o curador não é uma das pessoas do art. 460 do Código Civil,[547] nada tem com o cessar a interdição. Ele e o órgão do Ministério Público somente podem ser interessados em conhecerem o estado do interditado e sua capacidade, fora do obsoleto instituto do Código Civil, arts. 459-461,[548] para eventual pedido de interdição dos arts. 1.177-1.184. Desgraçadamente, o art. 618 do Código de 1939 reafirmou as normas dos arts. 460 e 461 do Código Civil. O Código de 1973 absteve-se: deixou o assunto ao direito material.

7) Sentença de levantamento da interdição – A sentença de levantamento tem efeito quanto ao interditado quando está proferida (art. 1.184). Quanto a todos, segundo as explicações da nota ao art. 1.184.

8) Exame médico-legal do pródigo – A prodigalidade resulta de distúrbios de ordem vária, que somente o exame médico-legal pode diagnosticar. A regra é ser preciso esse exame. Para se conciliarem esse princípio e o do art. 1.185, havemos de entender que deve ser feito, de ordinário,

---

546 Sem correspondência no C. Civ. de 2002.
547 Vd. a nota 547.
548 A norma do art. 459 do C. Civ. de 1916 corresponde ao art. 1.782 do C. Civ. de 2002.

o exame de sanidade; excepcionalmente, deve dispensar-se, se se requer a dispensa, ou se o juiz aplica o art. 130 ou o art. 1.109.

9) Eficácia da sentença de levantamento da interdição – O levantamento da interdição por prodigalidade somente pode ter eficácia *ex nunc*: à eficácia quase somente constitutiva-positiva da sentença de interdição do pródigo opõe-se a eficácia quase somente constitutiva-negativa da sentença de levantamento, de modo que, em relação ao interditado, cessa, desde o momento em que se profere a sentença, sem qualquer volta ao tempo vivido, para extensão temporal da sua eficácia. A desconstituição é *desde esse momento*, só *ex nunc*.

Nas interdições em que haja causa psíquica de maior gravidade (loucura, uso de tóxicos), ou causa de surdo-mudez, a sentença de levantamento da interdição pode levar à apreciação de atos anteriores ao levantamento, apreciação em que entra elemento inquisitivo e elemento de exame do estado pretérito, quando se *constituiu*, nulamente, algum negócio jurídico cuja nulidade se pode desfazer com a eficácia *ex tunc* da sentença de levantamento, se o juiz, em processo ordinário, lhe atribui essa eficácia temporal no passado. Está claro que tal eficácia somente se exerce quanto aos atos sobre os quais os interessados foram ouvidos e se ainda não há sentença passada em julgado. Trânsita em julgado alguma sentença sobre a validade de algum negócio jurídico do interditado, somente em ação rescisória se pode fazer valer a eficácia *ex tunc* que se atribuía à sentença de levantamento. Se já se esgotou o prazo para a propositura da ação rescisória, não mais pode atingir a eficácia da sentença que decidiu sobre a validade qualquer eficácia da sentença de levantamento.

A respeito de terceiros, a eficácia da sentença de levantamento somente pode ser *ex nunc*, isto é, a partir do registro e da publicação. Daí, observados os princípios de direito processual, ter-se de fazer parte do feito, o que, sendo atribuída à sentença eficácia *ex tunc*, não ficaria, com isso, incólume.

10) Surdos-mudos, interdição – Aplica-se aos surdos-mudos o direito material (cf. Código Civil, arts. 451 e 456),[549] pois admite que o juiz assine, segundo o desenvolvimento mental do interdito, a favor dele, os limites da curatela.

---

549 *Aliter*, C. Civ. de 2002, arts. 1.772 e 1.776, respectivamente.

Quanto aos surdos-mudos, na sentença tem o juiz de assinar os limites da curatela, "segundo o desenvolvimento mental do interdito" (Código Civil, art. 451).[550] Não há incapacidade relativa por surdo-mudo (*Tratado de Direito Privado*, Tomo IX, § 1.030, 9): ou a pessoa é absolutamente incapaz (art. 5°, III),[551] ou é capaz. Os limites de que acima se fala (art. 451)[552] nada têm com a incapacidade, apesar de serem limites da curatela. Se, na sentença de interdição, se deixa ao surdo-mudo a faculdade de casar-se, o que é possível, atenta a sua sanidade mental e em vista do grau de desenvolvimento intelectual, ¿é necessário o assentimento do curador? O surdo-mudo só não pode casar-se se não manifestar, de modo inequívoco, o consentimento (Código Civil, art. 183, IX).[553]

11) Levantamento da interdição do surdo-mudo – A cessação da surdo-mudez e a aquisição de educação especial são causa de *levantamento de interdição*; à semelhança da sanidade mental, tratando-se de psicóticos. A ação de levantamento é um dos casos de *ação de modificação* (constitutiva-negativa, quanto à eficácia), salvo se nega o fundamento da interdição.

Se o surdo-mudo adquiriu a cultura, a educação que o habilite a manifestar, com suficiência, a sua vontade, há causa para o levantamento da interdição.

12) Entorpecentes e viciados – A legislação brasileira atenuando a linha separativa, demasiado rígida, entre a sanidade e a insanidade, não criou interdição para espécies intermédias, de definição científica global. Importa menos o nome, necessariamente restrito, que a coisa, assaz complexa e ondulante. Continua a deficiência que desde 1917 exprobramos (*Direito de Família*, 409-411, 433, 437), com todos os males da "teoria dos dois blocos", absolutamente incapazes e capazes. Apenas a Lei n° 4.294, de 8 de julho de 1921 (regulamentada pelo Decreto n° 11.969, de 3 de setembro de 1921, e completada pelo Decreto n° 20.930, de 11 de janeiro de 1932), abriu brecha quanto "às perturbações mentais, resultantes do abuso de tóxicos". Cf. Decreto-Lei n° 291, de 25 de novembro de 1938, arts. 29 e 30.

---

550 *Aliter*, C. Civ. de 2002, art. 1.772.
551 *Aliter*, C. Civ. de 2002, art. 3°, III.
552 Vd. a nota 551.
553 Sem correspondência no C. Civ. de 2002.

13) Legitimação ativa para a interdição – A legitimação ativa é a do Código Civil, art. 447.[554] O interditando é parte. Se foi o órgão do Ministério Público que pediu a interdição, nomeia-se curador à lide.

14) Atenuação ao princípio inquisitivo – A exigência da indicação (ou, melhor, "proposição") das provas revela que se atenua o princípio inquisitivo, a favor do princípio dispositivo.

15) Interrogação e informações – Observe-se, desde logo, que a referência ao interrogatório e a quaisquer outros elementos de informação não significa que fez inquisitivo o processo e menos inquisitivo o dos arts. 1.177-1.186. Na ação de interdição por loucura, ou surdo-mudez, a lei veio da corrente histórica, luso-brasileira, da inquisitividade completa, e preocupou-se com as limitações a ela; aqui inspirada em fontes européias, de índole dispositiva, redigiu regras jurídicas que excetuava a dispositividade. Verdade é que, hoje, o artigo 1.185 fez incidentes a respeito dos viciados pelo uso de entorpecentes, quando acometidos de perturbações mentais, os arts. 1.177-1.184.

16) Incapacidade dos viciados – A incapacidade pode ser, no caso, absoluta, *ad instar* dos loucos (se o juiz não decreta a interdição por loucura diante das provas), ou a relativa a certos atos, ou dependente de assistência para determinados atos, com caráter temporário. As delicadas questões que surgem são de direito material.

Quanto aos toxicômanos, o art. 30 do Decreto-Lei nº 891, de 25 de novembro de 1938, é de toda a relevância. Lê-se no art. 30: "A simples internação para tratamento bem como interdição plena ou limitada serão decretadas por decisão judicial, pelo tempo que os peritos julgarem conveniente, segundo o estado mental do internado." O art. 1.185 nada tem com a simples internação para tratamento. "A interdição limitada não acarretará a perda de cargo público, mas, obrigatoriamente, o licenciamento temporário, para tratamento de saúde, de acordo com as leis em vigor" (art. 31). Quanto à pluralidade de peritos, a que alude o art. 30, não mais vigora isso, devido a ser, hoje, um só perito que procede ao exame do interditando.

---

554 C. Civ. de 2002, art. 1.768.

Art. 1.186. Levantar-se-á a interdição¹), cessando a causa que a determinou.

§ 1° O pedido de levantamento⁴) poderá ser feito pelo interditado²) e será apensado aos autos da interdição³). O juiz nomeará perito para proceder ao exame de sanidade no interditado e após a apresentação do laudo designará audiência de instrução e julgamento⁶).

§ 2° Acolhido o pedido⁷)⁸), o juiz decretará o levantamento da interdição) e mandará publicar a sentença, após o trânsito em julgado, pela imprensa local e órgão oficial por três (3) vezes, com intervalo de dez (10) dias, seguindo-se a averbação no Registro de Pessoas Naturais.

1) Levantamento da interdição – O levantamento da interdição por ter desaparecido (ou não ter existido) a causa que a motivou é ação *contrária* àquela que constituiu a interdição. Uma vez que é parte, na ação de interdição, o interditando, segundo os princípios, tanto lhe há de caber a pretensão ao levantamento da interdição quanto a de rescindir a sentença que o interditou. As razões para se considerar parte, na ação de interdição, o interditando vigoram para que se tenha como legitimado ativo, principal interessado, no levantamento, o interditado. Assim decidimos em muitos casos, contra a corrente vencedora então. Na doutrina, posteriormente, e com boas razões, J. M. de Carvalho Santos defendeu a promoção pelo próprio interditado (*Código Civil Interpretado*, VI, 404-413). A regra jurídica há de ser terminante. Constrói-se como tendo ela capacidade processual (Andreas von Tuhr, *Der Allgemeine Teil*, I, 417, nota 24) e pode constituir advogado.

2) Legitimação ativa do interditando e do Ministério Público – Há a legitimação ativa do interditado. Não é o único legitimado. O órgão do Ministério Público – cuja admissão como parte, na ação de interdição, é delimitada – tem mais ampla missão que é a de proteger a pessoa contra a injusta interdição, ou pela injusta continuação da interdição. Por conseguinte, é legitimado, *em qualquer caso*. O velho direito português e o luso-brasileiro eram omissos, devido à plena adoção do princípio do procedimento de *ofício e inquisitivo*, quer quanto à interdição, quer quanto ao levantamento. Só a interdição do pródigo escapava a esse regramento de inquisição. A única dificuldade construtiva é quanto a também poder o órgão do Ministério Público recorrer da sentença que levanta; mas a dificuldade é só aparente. Uma vez pedido por ele o levantamento, tem de assumir o papel de parte, e não mais lhe é dado exercer a função típica de ajuda ao juiz, ou ao tribunal, como agente do Estado, do mesmo modo que, promovendo a interdição, não poderia assumir, simultaneamente, a de curador à lide oficial.

3) Regra geral sobre legitimação ativa – As mesmas pessoas que pediram a interdição podem pedir o levantamento; e aquelas mesmas que, podendo fazê-lo, não fizeram. Além delas, o curador do interdito, como seu representante. Explica-se isso por ser a legitimação de tais pessoas independentes de pretensão a conseguir a interdição: trata-se de pretensão ao processo inquisitivo (Konrad Hellwig, *Lehrbuch*, I, 52, nota 5).

4) Particularidade da ação de levantamento – Particularidade da ação de levantamento de interdição é que pode ser promovida com fundamento em nunca ter existido motivo para a interdição. É ponto firme na doutrina. A eficácia da sentença não é, porém, *ex tunc*, quanto à constitutividade negativa *erga omnes*. A ação rescisória é outra coisa. Observe-se também que o órgão do Ministério Público, quando promovente do levantamento da interdição, não pode desistir da ação. Entra na classe dos pedidos irrevogáveis (James Goldschmidt, *Zivilprozessrecht*, § 75, 1), devido ao interesse do interditado em obter a decisão, quer se confirme, quer não, o seu *status*.

Promovido o levantamento por alguém que não o interdito, esse é parte (litisconsorte).

No procedimento para se levantar a interdição há o pedido, o despacho do juiz que nomeia o perito para o exame da sanidade mental, a apresentação do laudo e a designação da audiência de instrução e julgamento. São intimados o curador e o órgão do Ministério Público. É na audiência que pode haver impugnação. À sentença que decrete o levantamento segue-se a publicação. Mas tal publicação só se faz após o trânsito em julgado, de modo que o interditado deixou de sê-lo no momento da *res iudicata*. A publicação e averbação no Registro apenas servem à eficácia *erga omnes*. Não há a eficácia anterior ao trânsito em julgado, ao contrário do que acontece com a sentença de interdição, que produz efeito desde logo, a despeito de ainda estar sujeita à apelação.

5) Eficácia de coisa julgada formal – O que contratou com o incapaz, antes da interdição, pode alegar a capacidade, prová-la, e obter, em processo diferente, que se *julgue*; porém, depois da interdição pela força da sentença constitutiva, a sentença de validade seria contra a sentença de constituição da incapacidade, isto é, contra o que se "publicou". Pela mesma razão, a título de se acoimar de injusta a interdição, terceiros não podem, indiretamente, infirmá-la. A sentença constitutiva, formalmente transitada em julgado, somente se impugna pelos meios da ação de levantamento de interdição ou da ação rescisória. Salvo se houve nulidade (invalidade *ipso iure*).

A sentença de levantamento é sentença *constitutiva-negativa*. Só em certos casos, raríssimos, tem efeito *ex tunc*. Por vezes diz "a partir de...", e não "só a partir de...". Daí poder-se ir com ação que marque antes os efeitos.

No tocante a levantamento da interdição, ainda que o laudo conclua pelo restabelecimento progressivo da sanidade, ou pelo restabelecimento do curatelado, pode o juiz achar que ainda não se caracterizou a cura, ou desprezar o laudo diante de outras provas.

6) Regra jurídica de competência por conexão – De ordinário, os sistemas jurídicos falam de requerimento ou de pedido junto ao processo. Temos, assim, regra de *competência por conexão*. Afasta-se qualquer ligação ao domicílio presente do curatelado, ou a qualquer outra mudança de circunstância determinante da competência. A regra jurídica que estabelece a junção do pedido ao processo de interdição livra-se da opinião corrente (que, *de lege ferenda*, por vezes criticamos) quanto à ligação ao foro geral, considerando subsidiária a competência do juiz que decretou a interdição. Também diverge da norma da Convenção de Haia (sobre interdição), de 17 de junho de 1905.

7) Recaída após o levantamento da interdição – No Código de 1939, art. 611, § 3°, dizia-se que, "ainda que se verifique a possibilidade de repetição da moléstia, será levantada a interdição, mas, em caso de recaída, o curador assumirá o cargo, publicando-se novos editais, na forma do art. 609, ou restabelecendo-se o registro". O fito era o de simplificar-se a nova interdição, inclusive com dispensa do laudo e bastando a convicção do juiz, sem haver audiência. O Código de 1973 acertadamente retirou tais regras jurídicas. É preciso, se voltar a anomalia psíquica, que se processe a nova ação de interdição.

8) Coisa julgada formal e sentença de levantamento – A sentença de levantamento de interdição passa formalmente em julgado. É constitutiva *erga omnes*. A força formal começa com o não ter havido recurso ou com o ter sido confirmada em superior instância a sentença sem caber recurso, ou, na mesma ou noutra instância, se expirou para ele. A eficácia *erga omnes* começa da inscrição negativa (demos-lhe esse nome técnico), ou da publicação dos editais de que fala o art. 1.184 (referente à interdição).

Capítulo IX

DAS DISPOSIÇÕES COMUNS À TUTELA E À CURATELA

Seção I

Da nomeação do tutor ou curador¹)²)³)⁴)

1) Tutoria e espécies – Os tutores exercem poder conferido pela lei para proteger a pessoa e reger os bens dos incapazes por idade, que estão fora do pátrio poder. São ditos *testamentários*, quando nomeados em testamento, *legítimos* quando forem apontados pela lei, e dativos, quando de escolha do juiz.

2) Curadorias e espécies – Os curadores exercem poder conferido pela lei para proteger a pessoa e reger os bens, ou somente reger os bens, ou algum interesse, de quem não tenha capacidade para fazê-lo, sem ser pela razão da menoridade, ou não possa, no momento, reger os bens ou o interesse. Há a curatela do insano (louco), a do surdo-mudo, a do pródigo, a dos viciados pelo uso de entorpecentes, a dos ausentes, a do nascituro; e a dos curadores especiais – a da herança vacante, as processuais (nosso *Direito de Família*, 3ª ed., III, 273 s.), como do incapaz que não tem representante legal, ou os interesses desse colidem com os daquele (Código Civil, art. 387),[555] do réu preso, ou revel citado por edital ou com hora certa (art. 9°, I e II), o *defensor matrimonii* (Código Civil, art. 222),[556] que, aliás, é parte per se. Sempre tivemos a essas curadorias como de direito processual e argüimos a falta de sistema do Código Civil (*Direito de Família*, 1ª ed., 408, nota 5).

Também quanto aos curadores, há a distinção entre *testamentárias*, *legítimos e dativos*.

---

555 C. Civ. de 2002, art. 1.692.
556 Sem correspondência no C. Civ. de 2002.

No processo de que estamos a tratar, não se pode enxertar ação do Código Civil, arts. 394 ou 395,⁵⁵⁷ relativa ao pátrio poder.

3) Natureza da nomeação do tutor ou do curador – A nomeação de tutor ou do curador é ato constitutivo. A resolução judicial, pela qual se investem das funções, posto que de conteúdo diferente conforme se trate de tutor legítimo, ou de tutor testamentário, ou de tutor dativo, é sempre *constitutiva*, de força *erga omnes*: constitutiva, apenas integrativa, nos casos de tutores legítimos ou testamentários; constitutiva, de conteúdo e de forma, nos casos de tutores dativos. Se alguma *questão* foi decidida, declarativamente, aí há força material de coisa julgada.

4) Remoção de tutor ou de curador – A remoção do tutor ou do curador é conteúdo de resolução judicial *constitutiva-negativa*, ainda se por incapacidade superveniente, caso em que a eficácia (força) da sentença, constitutiva-negativa é *ex tunc*. O elemento condenatório é menor ou maior, conforme se trata de remoção simples ou de destituição propriamente dita.

Art. 1.187. O tutor ou curador será intimado a prestar compromisso⁵)⁶)⁷) no prazo de cinco (5) dias contados³):
I – da nomeação²) feita na conformidade da lei civil¹);
II – da intimação do despacho que mandar cumprir o testamento ou o instrumento público que o houver instituído⁴).

1) Direito material – Sobre a nomeação dos tutores e curadores, assunto de direito material, Código Civil, artigos 407-417, 454, 460, 462, parágrafo único, e 463-468.⁵⁵⁸

2) Natureza e eficácia do ato judicial de nomeação – A nomeação dos tutores é ato judicial, a que estão sujeitos todos os tutores, como elemento integrativo da forma das nomeações pelo titular do pátrio poder, ou pelo avô paterno ou materno, de um e de outro sexo, em testamento, ou como aplicação de regra completa da lei, nos casos de tutela legítima

---

557 C. Civ. de 2002, arts. 1.637 e 1.638, respectivamente.
558 C. Civ. de 2002, arts. 1.729-1.739, 1.775, sem correspondência, art. 1.779, parágrafo único, e arts. 22-25.

(Código Civil, art. 409),[559] ou como aplicação de regra jurídica de arbítrio judicial, nos casos de tutela dativa (Código Civil, art. 410).[560] As diferenças concernem mais, portanto, ao direito material do que ao direito processual. A resolução judicial é de carga diferente de elemento declarativo (mais nas testamentárias e nas legítimas, muito menos nas dativas) e de elemento constitutivo (assaz forte, nas dativas). As mesmas observações cabem quanto às curatelas.

3) Quando tem de ser feita a nomeação – A nomeação judicial do tutor ou do curador testamentário, legítimo ou dativo, precisa ser feita logo que ocorra, a causa da tutela ou da curatela, para que não haja lapso de irrepresentação ou de defesa. Se inevitável, supre-se com a nomeação do *tutor interino* ou do *curador interino*.

4) Tutor ou curador testamentário – Todo tutor ou curador testamentário deriva de testamento; mas testamento é ato que exige, para a sua eficácia, a integração de forma (do cumpra-se), segundo foi dito à nota ao art. 1.126. Deve-se, pois, aguardar o cumpra-se, para que tenha eficácia a nomeação pelo testador. Nada obsta à nomeação da mesma pessoa, pelo juiz, como tutor ou curador dativo, até a investidura do tutor ou curador testamentário. O nomeado no testamento é legitimado ativo para a provocação do art. 1.129 (*verbo* "interessado"). ("Mandar" está, no art. 1.137, II, por "ter sido aposto o cumpra-se".)

5) Compromisso e intimação – O tutor ou curador é intimado a prestar o compromisso no prazo de cinco dias contado da nomeação, ou da intimação do despacho de cumpra-se, aposto no testamento. O prazo não é atingido pela superveniência das férias. O art. 179 não é invocável.

6) Nomeação e qualidade da nomeação – A decisão de nomeação de tutor e a de curador são *constitutivas*. Enquanto, a respeito da tutela e de certas curatelas, o elemento constitutivo é sozinho, sendo a questão de idade do menor mera prejudicial, observa-se, no tocante à curatela dos interditos, a sua secundariedade em relação ao elemento constitutivo da

---

559 C. Civ. de 2002, art. 1.731.
560 C. Civ. de 2002, art. 1.732.

interdição. Primeiro se há de decretar a interdição (sentença constitutiva); depois, nomeia-se o curador (sentença constitutiva intimamente ligada à decretação da interdição). A nomeação tanto é separável da interdição que, não se provendo no cargo o nomeado, se nomeia outra pessoa, e o mesmo ocorre se o nomeado exerce e morre, ou deixa, por alguma das causas previstas em lei, o cargo.

A qualidade da nomeação varia: ora, *a)* é nomeação de tutor ou curador legítimo, ora *b)* de tutor ou curador testamentário, ora *c)* de tutor ou curador dativo. Em *a)*, o elemento declarativo é tão forte que a nomeação é constitutiva-integrativa da indicação legal; em *b)*, constitutiva-integrativa da indicação negocial; em *c)* constitutiva pura, pois o elemento declarativo desaparece, pela aparição da vontade do juiz.

Qualquer ataque vitorioso à decisão, que constitui a interdição, ou ao elemento declarativo, a que acima se aludiu, da prejudicial das tutelas e de certas curatelas, atinge a nomeação, por onde se vê que a união de sentenças não basta para fazer uma delas dependente da outra, ou as fazer interdependentes, nem a separação ou a separabilidade basta para livrar uma delas de ser dependente, ou para as livrar de serem interdependentes.

7) Prestação de contas – O dever do tutor ou do curador é prestar contas por períodos; todavia, qualquer que seja a época em que as tenha prestado, tem de prestá-las até a data da remoção e entrega dos bens. A decisão que desconstitui a investidura no cargo não tem carga de mandamentalidade, que bastasse à saída de mandado sem qualquer provocação (a carga de mandamentalidade seria 4) ou após ela (a carga de mandamentalidade seria 3). Daí não ser preciso haver regra jurídica, que estabeleça dever ao juiz e ao escrivão. É o dever de suscitar a prestação de contas. Se o juiz e o escrivão não o cumprem, têm responsabilidade segundo os princípios de direito material.

As despesas do processo de prestação de contas de bens de incapaz, no caso de aprovação de contas, são levadas a débito do tutelado ou do curatelado. Ainda que a sentença não o explicite, têm de figurar no cálculo de ativo e passivo, que se levante depois, se antes o não foram (7ª Câmara Cível do Tribunal de Justiça do Distrito Federal, 23 de maio de 1947, *O. D.*, 51, 306).

Art. 1.188. Prestado o compromisso[1]) por termo em livro próprio rubricado pelo juiz, o tutor ou curador, antes de entrar em exercício, requererá, dentro em dez (10) dias, a especializa-

ção em hipoteca legal²) de imóveis necessários para acautelar os bens que serão confiados à sua administração.
Parágrafo único. Incumbe ao órgão do Ministério Público³) promover a especialização de hipoteca leal, se o tutor ou curador não a tiver requerido no prazo assinado neste artigo.
Art. 1.189. Enquanto não for julgada a especialização, incumbirá ao órgão do Ministério Público reger a pessoa do incapaz e administrar-lhe os bens⁴).

1) Compromisso do tutor ou do curador – O tutor ou o curador presta compromisso perante o juiz; porque se trata de cargo, múnus; e a nomeação judicial e o art. 1.193 são outros sinais de seu cargo. O direito material, a respeito da hipoteca legal, está no Código Civil, arts. 418, 419 e 453.[561] A suficiência da garantia e outras questões semelhantes, eventuais, não pertencem ao direito processual.

No Código Civil, o art. 827, IV,[562] ao falar-se da hipoteca legal, diz que se confere tal garantia em imóveis dos tutores e curadores. Aliás, quanto aos bens de menores, já cogitara o art. 418.[563] Há a possível dispensa a que se refere o Código de 1973, art. 1.190, novidade em relação ao direito anterior.

No Código Civil, art. 420,[564] há a seguinte regra jurídica: "O juiz responde subsidiariamente pelos prejuízos, que sofra o menor em razão da insolvência do tutor, de lhe não ter exigido a garantia legal, ou de o não haver removido, tanto que se torna suspeito". E o art. 421:[565] "A responsabilidade será pessoal e direta, quando o juiz não tiver nomeado tutor, ou quando a nomeação não houver sido oportuna". Não se diga que a omissão de tais regras jurídicas no Código de Processo Civil de 1973 tem como conseqüência a derrogação dos arts. 420 e 421 do Código Civil.[566] Trata-se de regras jurídicas de direito material, e o que mais importa, no tocante às tutorias, é o que se estabelece no Código Civil; ao direito processual civil incumbe regras jurídicas de direito processual. Se ele invade, às vezes, o campo do

---

561 Arts. 418 e 419 do C. Civ. de 1916 não encontram correspondência no C. Civ. de 2002; o art. 453 corresponde ao art. 1.774 desse novo Código.
562 Sem correspondência no C. Civ. de 2002.
563 Vd. a nota 563.
564 C. Civ. de 2002, art. 1.744, II.
565 C. Civ. de 2002, art. 1.744, I.
566 Vd. as notas 565 e 566, respectivamente.

direito material, tal invasão tem de resultar de regra jurídica expressa. Não se pode, por simples interpretação, acolher heterotipia. Aliás, sob o Código de 1973, no art. 1.190, deu amplo poder para a dispensa de garantia.

2) Pais nomeados curadores – Aos próprios pais, nomeados curadores, não se poderia dispensar a especialização de bens do incapaz e o termo de que fala o art. 1.188 (Código Civil, art. 423).[567]

3) Órgão do Ministério Público – Se o tutor ou curador não requereu no prazo de dez dias, de que fala o art. 1.188, a especialização de bens imóveis para a hipoteca legal, é dever do órgão do Ministério Público promovê-la. Se algum prejuízo advier pela falta, ou pelo retardamento, responsável é a entidade estatal, invocáveis os arts. 107 e 108 da Constituição de 1967, com a Emenda nº 1, com a ação regressiva do art. 107, parágrafo único.[568]

Sob o Código de 1939, já frisávamos ser dever do juiz, na falta de especialização de bens imóveis para a hipoteca legal, se não o haviam requerido. Hoje, atribui-se ao órgão do Ministério Público, se o tutor ou curador não o requereu no prazo de dez dias, promover a especialização de hipoteca legal. Isso não significa que, se a não promove o órgão do Ministério Público, não toque ao juiz o dever de exigi-la. Um dos argumentos a mais é o de que o Código de 1973, no art. 1.199, permite ao juiz que *a)* admita a entrada em exercício depois da garantia, ou *b)* até mesmo que a dispense. Se *a)*, é curial que marque prazo, mesmo ligado a circunstâncias, seria inadequado retirar-lhe o dever de exigir o cumprimento.

4) Lapso de tempo entre o compromisso e o julgamento da especialização – No intervalo entre o compromisso e o julgamento da especialização, é ao órgão do Ministério Público que incumbe representar ou assistir a pessoa e administrar-lhe os bens. A regra jurídica é nova e não pode o órgão do Ministério Público ficar desatento ao que se passa entre o compromisso prestado pelo tutor ou curador, principalmente no tocante à administração dos bens. Surge a questão de ser responsável o órgão do Ministério Público pelo que ocorre entre o ato da nomeação (art. 1.187, I)

---

567 C. Civ. de 2002, art. 1.745.
568 Const. 88, art. 37, § 6º.

ou da intimação do cumpra-se e os cinco dias para o compromisso. *A priori*, responsável é, porque a missão que lhe deu o artigo 1.189, excelente novidade do Código de 1973, é indiscutível, pois que se diz, claramente, que tal incumbência é "enquanto não for julgada a especialização".

Assim, se o juiz não dispensou o tutor ou curador da especialização dos seus bens para a garantia (hipoteca legal), o órgão do Ministério Público exerce a administração dos bens do tutelado ou interdito (art. 1.189), tendo de nomeado o tutor ou curador, promover a especialização dos bens (art. 1.188, parágrafo único) e, se não a advém, requerer a remoção (art. 1.194).

A sentença de interdição, que produz efeitos desde logo, embora sujeita à apelação, contém a nomeação do curador (art. 1.184), de modo que não se pode pensar, aí, em agravo de instrumento. De nomeação de tutor também não, porque a ação foi para a própria nomeação. A nomeação pode ter constado de testamento ou de qualquer outro documento autêntico (Código Civil, art. 407, parágrafo único).[569] Na falta, há a ordem estabelecida pelo art. 409, I-III:[570] o avô paterno, depois o avô materno, ou, na falta deles, a avó paterna, ou a avó materna; algum irmão, preferindo-se os bilaterais ao unilateral, o de sexo masculino ao de sexo feminino, o mais velho ao mais moço; o tio, sendo preferido o de sexo masculino ao de sexo feminino, o mais velho ao mais moço. Na falta de tutor testamentário ou legítimo, ou quando esses forem excluídos ou escusados da tutela, ou quando removido por não idôneo o tutor legítimo ou testamentário, cabe ao juiz nomear o tutor idôneo e residente no domicílio do menor (art. 409).[571] O art. 413[572] fala de quem não pode ser tutor e dos que têm de ser exonerados. Sobre os menores abandonados, ou retirados do pátrio poder, o Código Civil, art. 412,[573] e Código de Menor (Decreto nº 17.943 A, de 12 de outubro de 1927), arts. 43-54.

O recurso é o de apelação.

Art. 1.190. Se o tutor ou curador for de reconhecida idoneidade¹), poderá o juiz admitir que entre em exercício, prestando depois garantia, ou dispensando-a deste logo²).

---

569 C. Civ. de 2002, art. 1.729, parágrafo único.
570 C. Civ. de 2002, art. 1.731, I e II.
571 A referência correta é ao art. 410 do C. Civ. de 1916, que corresponde ao art. 1.732 do C. Civ. de 2002.
572 C. Civ. de 2002, art. 1.735.
573 C. Civ. de 2002, art. 1.734.

Art. 1.191. Ressalvado o disposto no artigo antecedente, a nomeação ficará sem efeito se o tutor ou curador não puder garantir a sua gestão³).

1) Tutor ou curador de reconhecida idoneidade – Trata-se de exceção, para cujo atendimento há de haver alegação e prova. Não basta a simples opinião do juiz, principalmente se, em vez de apenas admitir a entrada em exercício, prestando depois a garantia, a dispensa desde logo.

2) Tutor ou curador que não pode prestar a garantia – Em princípio, o tutor ou curador tem de requerer a especialização da hipoteca legal. Se o não faz, pois que houve o prazo legal para o requerimento, fase em que o órgão do Ministério Público assume a responsabilidade, a nomeação fica ineficaz, salvo se ocorre uma das duas espécies do artigo 1.190 (entrada em exercício antes da prestação da garantia, dispensa da garantia). O juiz, a propósito, assume dever de exame da situação e deve proferir despacho fundamentado. Não há arbítrio do juiz em apenas dizer que a pessoa nomeada tutor ou curador é pessoa de "reconhecida idoneidade". Pode mesmo ocorrer que algum interessado impugne a atitude do juiz, por ser sem fundamento o seu despacho de dispensa, ou mesmo de adiamento da prestação da garantia. "Idoneidade reconhecida" é a idoneidade que o público ou o meio social reconhece, e não a idoneidade que só o juiz reconhece.

3) Nomeação que fica sem efeito – Se o tutor ou curador é de reconhecida idoneidade, *pode* o juiz admitir que entre em exercício, tendo, depois, de prestar a garantia, ou dispensando-a desde logo. Se o juiz não admite uma das duas soluções, a nomeação passa a ser ineficaz. Se entrou em exercício, devendo prestar, depois a garantia e não a presta no prazo marcado, não se trata de nomeação que fica sem efeito, mas sim de remoção. É um dos casos em que incumbe ao órgão do Ministério Público ou a quem tenha interesse legítimo requerer a remoção do tutor ou do curador (art. 1.194).

Art. 1.192. O tutor ou curador poderá eximir-se do encargo¹), apresentando escusa² ao juiz no prazo de cinco (5) dias³). Contar-se-á o prazo:

I – antes de aceitar o encargo da intimação para prestar compromisso;

II – depois de entrar em exercício, do dia em que sobrevier o motivo da escusa⁴).

Parágrafo único. Não sendo requerida a escusa no prazo estabelecido neste artigo, reputar-se-á enunciado o direito de alegá-la⁵).

1) Recusa da tutela ou da curatela – A tutela e a curatela, sendo múnus, o tutor e o curador têm de servir enquanto dele não são *dispensados*, quer dizer – enquanto o juiz não admite a recusa ou demissão (*excusatio voluntaria*). Aliás, o art. 1.192, fixando o prazo de cinco dias,[574] derroga a regra jurídica dos dez dias, conforme estava no Código Civil, no Código de 1939, art. 603, e no direito anterior ao Código Civil, congloba a escusa antes do compromisso (artigo 1.192, I) e a escusa depois do compromisso (art. 1.192, II), que supõe superveniência do motivo escusatório. A preclusão é presunção *iuris et de iure* da renúncia à escusa (nosso *Direito de Família*, 1ª ed., 390; 3ª ed., III, 319 s.).

2) Direito material – Diz o Código Civil, art. 417:[575] "Se o juiz não admitir a escusa, exercerá o nomeado a tutela, enquanto o recurso interposto não tiver provimento, e responderá desde logo pelas perdas e danos, que o menor venha a sofrer." Só se pode entender, hoje, quanto à escusa posterior à investidura, porque, se ainda não foi assumido o cargo, o órgão do Ministério Público é que representa ou assiste a pessoa tutelada ou curatelada e lhe administra os bens (artigo 1.189).

3) Prazo de cinco dias –[576] O prazo é contado a partir da intimação para prestar compromisso, ou, se já houve a entrada em exercício, do dia em que acontece o motivo para a escusa.

4) Escusa e incapacidade – O art. 1.192 concerne à escusa, não à incapacidade para ser tutor ou curador (*excusatio necessaria*), que se aprecia por ocasião da nomeação, ou que sobrevém. Também não se alude no art. 1.193 (antes, no Código de 1939), art. 603, parágrafo único, à cessação da tutela, por ter expirado o prazo para o dever de servir (Código Civil, art. 444),[577] nem à remoção.

---

574 Vd. a norma do art. 1.738 do C. Civ. de 2002.
575 C. Civ. de 2002, art. 1.739.
576 Vd. a nota 575.
577 C. Civ. de 2002, art. 1.765.

5) Preclusão – O direito à escusa tem de ser exercido no prazo de cinco dias,[578] conforme o art. 1.192. Se não foi exercido, precluiu. O "reputar-se-á renunciado o direito de alegá-la" não é regra jurídica de presunção, mas sim de preclusão. Outro motivo pode sobrevir, mas, aí, nasce outro direito de alegação.

Art. 1.193. O juiz decidirá de plano o pedido de escusa¹)²). Se não a admitir, exercerá o nomeado a tutela ou curatela enquanto não for dispensada por sentença transitada em julgado.

1) Decisão sobre o pedido de escusa – O juiz decide de plano, isto é, prontamente, o pedido de escusa. Se não a admite, não tendo ainda assumido o cargo o nomeado, o órgão do Ministério Público é que exerce a tutela ou a curatela (art. 1.189). Se o nomeado já havia entrado em exercício, continuará na função até que transite em julgado sentença que o dispense. Supõe-se ter havido a apelação.

O Código Civil, art. 414,[579] diz que "podem escusar-se da tutela: I. As mulheres. II. Os maiores de sessenta anos. III. Os que tiverem em seu poder mais de cinco filhos. IV. Os impossibilitados por enfermidade. V. Os que habitarem longe do lugar, onde se haja de exercer a tutela. VI. Os que já exerceram tutela, ou curatela. VII. Os militares, em serviço".

O art. 1.193 refere-se a que o juiz "decidirá de plano o pedido de escusa", isto é, de imediato, prontamente, de modo que o art. 414 do Código Civil[580] não foi atingido e continua como direito imperativo. Nem o art. 1.109 permite que o juiz afaste o texto do direito material.

A escusa antes da aceitação do encargo (no prazo de cinco dias a contar da intimação)[581] tem de ser julgada e a decisão da nomeação do curador é elemento inserto na sentença de interdição, aí apelável com os dois efeitos, devolutivo e suspensivo, bem como a decisão na nomeação do tutor é sentença na ação de tutela, em que o conteúdo é só esse. Aí, portanto, o recurso é o de apelação. Diante do art. 1.193, que se choca com o art. 1.189, o que havemos de entender é que o art. 1.193 somente se refere

---

578 Vd. a nota 575.
579 C. Civ. de 2002, art. 1.736.
580 Vd. a nota 580.
581 Vd. a nota 575.

ao art. 1.192, II ("depois de entrar em exercício, do dia em que sobrevier o motivo da escusa"). Se já entrou em exercício o tutor ou curador, ao órgão do Ministério Público é que incumbe reger a pessoa do incapaz e administrar-lhe os bens.

2) Novo motivo – Enquanto pende o julgamento do recurso pode acontecer que outro motivo surja para a escusa. Há novo exame e nova decisão. Se transita em julgado o que favoravelmente se decidiu em recurso concernente ao primeiro motivo, *tollitur quaestio*: não há mais razão para o procedimento relativo ao novo motivo. Se foi desfavorável a decisão, aguarda-se o que se liga ao novo motivo.

Seção II

Da remoção e dispensa de tutor ou curador[1])[2])

1) Remoção – *Remover* é retirar da função, mover para fora. A função não cessou: continua, mas deixou de estar ligada a quem dela foi removido. O Código de 1973 supõe que em alguns casos se haja fixado prazo para a função, razão por que se inseriu no texto da Seção II o artigo 1.198, que não existia no direito anterior.

2) Suspensão – No art. 1.197 supõe-se extrema gravidade para que se suspenda das funções o tutor ou o curador, com nomeação de substituto interino.

>   *Art. 1.194. Incumbe ao órgão do Ministério Público, ou a quem tenha legítimo interesse[3]), requerer, nos casos previstos na lei civil[2]), a remoção do tutor ou curador[1]).*
>   *Art. 1.195. O tutor ou curador será citado para contestar a argüição no prazo de cinco (5) dias[4]).*
>   *Art. 1.196. Findo o prazo, observar-se-á o disposto no art. 803[5]).*
>   *Art. 1.197. Em caso de extrema gravidade[6]), poderá o juiz suspender do exercício de suas funções o tutor ou curador, nomeando-lhe interinamente substituto[7])[8]).*

1) Remoção e suspensão – Código Civil, art. 413.[582] A remoção não se refere a ter terminado a tutela ou a curatela em relação ao tutor ou ao

---

582 C. Civ. de 2002, art. 1.735.

curador e ao menor (capacidade superveniente do menor); cair o menor sob o pátrio poder nem à escusa, nem à expiração do termo em que era obrigado a servir. Diz respeito à incapacidade para ser tutor ou curador, sobrevinda, ou descoberta, e à prevaricação ou negligência (Código Civil, art. 413).[583] O processo a que se referem os arts. 1.194-1.197 é o processo da remoção de tutores ou curadores. O juiz pode *a)* fazer intimar o tutor ou o curador e não o suspender, desde logo, das funções concernentes aos bens, ou *b)* suspendê-lo desde logo, antes de qualquer intimação, ou *c)* fazer intimá-lo e suspendê-lo desde logo. Ocorrendo *a)*, pode dar-se que nunca seja decretada a suspensão. O procedimento de *suspensão* é de ofício, ou mediante provocação do órgão do Ministério Público, ou de quem tenha legítimo interesse. De qualquer pessoa, que represente ao juiz, deve ser aceita a representação como informação ao juiz e começo de prova testemunhal, ou arrolamento como testemunha. A atendibilidade depende do juiz, que aí dirige a prova e a pode provocar de modo inquisitivo (isto é, além dos poderes dos arts. 130 e 131). A remoção mesma também pode ser pedida pelos parentes ou por pessoa que tenha legítimo interesse.

2) Direito material – A remoção do tutor ou do curador tem de ser com fundamento na lei civil. O art. 1.194 remete, explicitamente, à lei civil, mas apenas em se tratando de remoção pedida pelo órgão do Ministério Público e por pessoa que tenha interesse legítimo (art. 1.194). Se é o juiz que decreta a remoção, o fundamento pode ser algum dos que constam da lei civil, ou como a solução que reputa mais conveniente e oportuna (art. 1.109).

O Código Civil, art. 445,[584] amplamente aponta as razões para a remoção: "Será destituído o tutor, quando negligente, prevaricador ou incurso em incapacidade."

Pode ter ocorrido ou sido descoberto alguma das causas para não se ser nomeado tutor ou curador (Código Civil, art. 413).[585]

Por vezes, diante de regra jurídica de direito material, pode o juiz atender ao que ocorreu e, em vez de remover o tutor ou curador, dar importância à sua atitude, no interesse do tutelado ou curatelado. Para pagar dívidas, por exemplo, precisa o tutor ou curador de autorização do juiz,

---

583 Vd. a nota 583.
584 C. Civ. de 2002, art. 1.766.
585 C. Civ. de 2002, art. 1.735.

mas aconteceu que a conta só chegou (*e. g.*, nota promissória incluída no passivo da herança em que foi herdeiro ou legatário o menor ou o interdito) no dia antecedente ou no dia do vencimento e não havia tempo para requerer a autorização judicial.

3) Legitimação ativa e remoção de tutor ou curador – São legitimados ao pedido de remoção dos tutores ou curadores o órgão do Ministério Público e quem quer que tenha interesse legítimo (art. 1.194). Por exemplo: o tutor ou curador está praticando atos que podem expor o patrimônio do tutelado ou do curatelado a prejuízos e tais prejuízos podem atingir credores ou prováveis sucessores do curatelado.

4) Contestação – O tutor, ou curador, tem de responder à argüição em cinco dias. Tal resposta é *contestação* (Câmaras Cíveis Reunidas do Tribunal de Justiça do Rio Grande do Sul, 10 de janeiro de 1947, *J.*, 29, 80). Tendo havido contestação, há de o juiz designar dia para a audiência, sem ser preciso qualquer ato dele para que os autos lhe subam. É dever do escrivão.

5) Se não houve contestação – O art. 1.196 diz que, findo o prazo, tem-se de observar o art. 803. Portanto, presume-se que o tutor ou curador considerou verdadeiros os fatos alegados pelo órgão do Ministério Público, ou quem tem interesse legítimo, e o juiz há de decidir dentro de cinco dias.

O art. 803, a que remete o art. 1.196, é relativo às medidas cautelares, razão por que teria sido mais acertada dizer, aqui, o que ali se disse. No Código de 1939, art. 605, estava explícito: "A sentença que remover o tutor, ou curador, nomeará outro". Devemos seguir o mesmo rumo. Mas pode ser que o juiz, com a urgência da remoção, ainda não tenha escolhido o substituto, espécie em que, "em caso de extrema gravidade", pode o juiz nomear tutor ou curador interino.

6) Extrema gravidade e suspensão – O que se supõe no art. 1.197 é que seria tardio o julgamento da medida de remoção, razão por que se permite que haja a suspensão. Outro pressuposto é a gravidade extrema do caso.

A gravidade extrema do caso pode consistir, por exemplo, em ter o juiz recebido informe de infração do tutor ou do curador e não haver tempo para a apuração da verdade e a remoção do tutor ou do curador. Nos casos do art. 1.197, o procedimento para a remoção é o dos arts. 1.194-1.196. O art. 1.197 apenas concerne ao exercício pelo tutor ou pelo curador, com a substituição interina. Adianta-se eficácia, posto que condicionalmente.

7) Eficácia da suspensão – A suspensão tem efeitos dependentes do alcance efetivo do despacho do juiz, no caso do art. 1.197. Normalmente, desde a intimação; às vezes, desde que tenha o juiz conseguido impedir o ato ou suprir a omissão do tutor ou curador suspenso, *e.g.*, telefonando ou telegrafando ao colégio ou asilo em que se acha o tutelado ou curatelado, ou a quem esteja em trato com o tutor ou com o curador. Em certos casos, é conveniente ordenar notificações ou intimações a terceiros, ainda que antes da intimação do tutor, ou curador. O ato judicial de suspensão é suscetível de apelação.

8) Continuidade da função – Removido o tutor ou curador, tem o órgão do Ministério Público de exercer a função que se lhe atribui no art. 1.189, até que, trânsita em julgado a decisão de remoção, seja nomeado o substituto, sem que se afaste – invocando-se analogia com o art. 1.197 – a nomeação de substituto interino. Não se estabeleceu no Código de 1973 a nomeação de outro tutor ou curador na mesma decisão que remove (antes, sim, com o art. 605 do Código de 1939 e alguns Códigos estaduais).

Art. 1.198. Cessando as funções do tutor eu curador pelo decurso do prazo[1]) em que era obrigado a servir, ser-lhe-á lícito requerer a exoneração do encargo; não o fazendo dentro dos dez (10) dias seguintes à expiração do termo, entender-se-á reconduzido[2]), salvo se o juiz o dispensar.

1) Prazo e falta de prazo – As funções de tutor ou de curador podem ser sujeitas a determinado término, ou não o serem. O art. 1.198 apenas se refere àqueles casos em que só há o dever durante algum tempo (*e.g.*, na ocasião da nomeação, o juiz admitiu que o exercício fosse apenas por dois anos, por ter o nomeado de ir após para o estrangeiro, ou para outro Estado-membro, ou Território, ou mesmo outro Município).

2) Termo e recondução – Se havia o prazo e expirou, mas o tutor ou o curador não requereu a exoneração, passados dez dias seguintes à expiração, tem-se como aceita a recondução, mas, ainda assim, pode o juiz, se entender que é acertado, dispensar o tutor ou curador que fora omisso. Mesmo se houve a recondução e o tutor ou curador não foi dispensado, nada obsta a que ocorra remoção, com ou sem a suspensão.

Capítulo X

DA ORGANIZAÇÃO E DA FISCALIZAÇÃO DAS FUNDAÇÕES[1)][2)][3)][4)]

1) Fundação – Na fundação há patrimônio atribuído a um fim, porém isso só por si não a explica. O bem de família é afeto a um fim; o bem de fideicomisso, ou o bem em fidúcia, também o é. Demais, o bem, aí, é meio, porque o fim de tal maneira importa que a personalidade é implícita no conceito. Tanto assim que L. Enneccerus (*Lehrbuch*, I, 1, 12ª-14ª ed., 284) e Andreas von Tuhr (*Der Allgemeine Teil*, I, 593) não reputavam essencial a existência do bem, do patrimônio. E, em parte, com razão. O elemento "vontade humana criadora" (dos instituidores) é o dado genético mais importante (F. H. Behrend, *Die Stiftungen*, 394), mas isso não esclarece a distinção entre as fundações autônomas, de que trata o Código Civil, arts. 24-30,[586] e as *fundações não-autônomas fiduciárias* (*e. g.*, o prêmio Pedro Lessa, da Academia Brasileira de Letras). A organização, o destinar, a direção afetiva da vontade é comum a muitos institutos, a despeito de diferença de dosagem. A personalidade dirigida a um fim só, ou só a alguns fins, que o instituidor escolher, específicos – tal o que distingue a fundação. Não se tire do art. 25 do Código Civil[587] argumento contra a secundariedade do patrimônio suficiente, porque o art. 25 *é dispositivo*. Nem o art. 30[588] exclui a fundação que continua sem outros bens da vida que a ação dos membros da sua administração. As fundações a que se referem os arts. 1.199-1.204 são as fundações autônomas, personificadas, ou em via disso; não as que consistem em bens atribuídos a fins, mas entregues a alguma pessoa física ou jurídica, ou administradas pela própria pessoa.

---

586 C. Civ. de 2002, arts. 62-69.
587 C. Civ. de 2002, art. 63.
588 C. Civ. de 2002, art. 69.

2) Estrutura jurídica da fundação – Na fundação, falta a pluralidade de pessoas, que está por baixo (sem ser causa) da personalidade jurídica, nas sociedades. As pessoas que aparecem são membros da administração, tal como ocorreria a qualquer administração de negócios *alheias*. A fundação tem a sua personalidade, distinta da personalidade dos seus administradores. A sociedade também a tem, distinta da personalidade dos seus sócios; porém, no caso da fundação, nem sequer se pode ter a ilusão de que a aliança de pessoas *encha*, na realidade, a personalidade jurídica. A organização, acima dos administradores, personifica-se. Daí a relevância do *processo organizatório das fundações*, que é "engendrante", em vez de ser "resultante", como nas sociedades. Um dos elementos mais ressaltantes, pela condição da economia individualística, é a vinculação do patrimônio ao fim; mas, ainda sob sistema econômico vigente, não é essencial. As teorias que falam de personificação de patrimônio, se não caíssem no terreno epistemológico e doutrinário, cairiam no terreno prático, diante da fundação que continua vivendo de dádivas ou de esmolas. O erro é tão grande quanto o de se personificar a vontade (sobrevivente) do fundador (Otto Von Gierke, *Deutsches Privatrecht*, I, 645), ou, o que passa de toda medida, revelando primitivismo psíquico, a vontade "sempre presente e imutável" do fundador (Carl Crome, *System*, 1, 234). Erro também é atribuir-se a personalidade aos destinatários (àqueles a quem o instituidor entendeu beneficiar), como queria, a todo pano, Christian Meurer (*Die juristischen Personen*, 43 s.), ou utilizar o Estado, como encarregado, para explicar a ficção da personalidade da fundação (Wilhelm Henle, *Lehrbuch*, I, 442, s.).

Distinguem-se nas fundações: *a)* o negócio jurídico fundamental; *b)* a personificação; *c)* o seu funcionamento. Porém atenda-se a que a declaração de vontade, nesse caso, perfaz, por si, o negócio jurídico.

A aquisição dos bens pela fundação *antes* de ser personificada é problema de técnica legislativa a que os sistemas jurídicos dão soluções diferentes: (*a*) somente regra jurídica especial, sobre a disposição testamentária ou doacional, pode servir a essa aquisição fora das normas de direito (*e. g.*, Código Civil alemão, § 84); (*b*) a regra jurídica sobre a instituição (*e. g.*, Código Civil de 1916, art. 24)[589] permite que se destinem bens à fundação ("dotação especial"), não aquisições de outrem; (*c*) a fundação, desde a instituição, ato de direito privado ou público, é como o *nascituro*.

---

589 C. Civ. de 2002, art. 62.

A solução do direito brasileiro é a solução (*b*). O registro é formalidade integrativa, para a eficácia *erga omnes* e para a *personificação*.

A aprovação dos estatutos pertence à fase negocial, e não à da personificação; é integrativa do negócio jurídico. A personificação é *posterius*.

3) Fiscalização das fundações – O papel do Estado, na fiscalização das fundações, não se confunde com o que ele tem nos arts. 1.200-1.204 (cf. Código Civil, art. 27).[590] Ali, é a função de quem auxilia o juiz a dar sentença justa; aqui, a de declarante (ato constitutivo integrativo, sucedâneo do ato constitutivo integrativo do Código Civil, art. 27).[591]

Há a legitimação ativa do órgão do Ministério Público, ainda quando se trate de nulidade relativa, casos em que é excepcional por princípio. Uma das conseqüências é a de não precisar alegar e provar "interesse público" para intentar ações de nulidade ou de anulação (2ª Câmara Civil do Tribunal de Apelação de São Paulo, 23 de novembro de 1943, *R. F.*, 98, 377).

4) Bens das fundações – Os bens não podem ser retirados. Fundação não doa; o órgão do Ministério Público é fiscal da destinação dos bens (2ª Câmara Civil do Tribunal de Apelação de São Paulo, 23 de novembro de 1943, *R. F.*, 98, 377). Fundação de caridade para fazer doações.

> Art. 1.199. *O instituidor, ao criar a fundação, elaborará o seu estatuto ou designará quem o faça¹).*
> Art. 1.200. *O interessado²) submeterá o estatuto ao órgão do Ministério Público, que verificará se foram observadas as bases da fundação e se os bens são suficientes ao fim a que ela se destina.*
> Art. 1.201. *Autuado o pedido⁴), o órgão do Ministério Público, no prazo de quinze 15) dias, aprovará o estatuto, indicará as modificações que entender necessárias ou lhe denegará a aprovação³)⁵).*
> *§ 1° Nos dois últimos casos, pode o interessado, em petição motivada, requerer ao juiz o suprimento da aprovação⁶).*

---

590 C. Civ. de 2002, art. 65.
591 Vd. a nota 591.

§ 2° O juiz, antes de suprir a aprovação, poderá mandar fazer no estatuto modificações a fim de adaptá-lo ao objetivo do instituidor⁷).

1) Estatuto da fundação – O *dever de formular o estatuto da fundação* cabe àquele, ou àqueles, a quem o fundador cometeu a função, se o estatuto não foi elaborado pelo próprio instituidor. Esse dever há de ser exercido dentro dos moldes que a escritura pública ou o testamento traçou, quer quanto à finalidade, quer quanto à organização, e *antes* de expirar o prazo que o instituidor marcou. Sob o Código de 1939, se não cogitou do prazo, ao órgão do Ministério Público tocava constituir em mora o incumbido, ou os incumbidos. Nem o Código Civil nem o Código de Processo Civil de 1939 possuíam regra jurídica dispositiva, quanto ao prazo, que pudesse incidir na falta de prazo fixado pelo instituidor.

À constituição da fundação exige-se a escritura pública, ou testamento (Código Civil, art. 24),[592] qualquer que ele seja. Todavia, como se prevê que o próprio instituidor faça o estatuto, ou designe quem o faça, está claro que não há necessidade de que o estatuto seja em escritura pública. No testamento, seria pressuposto absurdamente apontado. Quem o elabora, se o instituidor não se prestou a isso, é a pessoa indicada ou o órgão do Ministério Público.

No Código de 1973, o art. 1.202, II, prevê que haja o instituidor marcado o prazo para a pessoa encarregada cumprir o que se estabeleceu, ou que se não haja cogitado disso, caso em que se espera o cumprimento durante seis meses,[593] findos os quais é o órgão do Ministério Público que elabora o estatuto e o submete à aprovação pelo juiz. Duas funções diferentes: a do órgão do Ministério Público quando aprova ou desaprova o estatuto (art. 1.201) e a do órgão do Ministério Público quando os elabora e os submete à aprovação pelo juiz.

2) Legitimação ativa – A legitimação ativa para a ação dos arts. 1.199-1.201 é diferente da legitimação de direito material para elaborar o estatuto (Código Civil, art. 27,[594] *verbis* "aqueles a quem o instituidor co-

---

592 C. Civ. de 2002, art. 62.
593 Vd. o parágrafo único do art. 65 do C. Civ. de 2002.
594 C. Civ. de 2002, art. 65.

meter a aplicação do patrimônio"). O "interesse" opera como pressuposto objetivo-subjetivo, ainda que não se trate de incumbido de formular estatuto (Código Civil, art. 27),[595] ou de destinatários (beneficiados); *e.g.*, a Fazenda Pública, o incluído como administrador nos estatutos desaprovados.

A exigência da aprovação do estatuto das fundações pelo órgão do Ministério Público é acertada. Está em mira o interesse público, que passa à frente de qualquer interesse particular, mesmo do instituidor. Trata-se de tutela jurídica. Ou o juiz ou o órgão do Ministério Público tem de aprovar, ou não, o que se pôs no estatuto. A preferência pelo órgão do Ministério Público, com o possível suprimento pelo juiz, foi bem concebida. Quando se trata de modificação, há a força do juiz. O que mais importa para a aprovação é que se resguarde o interesse público, que nada haja de ilícito e os meios econômicos sejam suficientes.

3) Aprovação dos estatutos – A aprovação pelo órgão do Ministério Público é função constitutiva-integrativa, semelhante à de certos notários, sucedâneas ambas, historicamente, da função euremática dos *iudices chartuiarii*. No art. 1.201, o órgão do Ministério Público é "juiz" cartular, coopera na ultimação do negócio jurídico, e a sua resolução (aprovação ou desaprovação), que supõe cognição e julgamento, está sujeita à impugnativa e reexame pelo juiz. Sociologicamente, o ato integrativo volta à sua fonte – ao juiz. Vêem-se os dois momentos históricos, o de hoje (art. 1.201) e o de outrora (art. 1.202). É interessante observar-se que se concebeu o reexame como sendo *ação* em vez de *recurso*. Ação de suprimento, à semelhança do que se passa nas regras jurídicas sobre a outorga judicial de consentimento (suprimento). Quer dizer: não fez o "juiz" cartular.

4) Missão do órgão do Ministério Público – O interessado submete o estatuto ao órgão do Ministério Público, que, de início, tem de verificar se foram observadas as regras jurídicas a respeito das fundações ou da sua espécie, as bases da fundação e se os bens são suficientes para aquilo que com a fundação se colima.

5) Autuação do pedido – A data da autuação do pedido é de grande importância, porque daí começa o prazo para o ato do órgão do Ministério Pú-

---

595 C. Civ. de 2002, art. 65.

blico. Havemos de entender que as modificações têm de ser ordenadas dentro do prazo dos quinze dias. Todavia, se o interessado demora, cabe ao órgão do Ministério Público outro prazo, uma vez que o primeiro se extinguira.

No art. 166 diz-se que, ao receber a petição inicial de qualquer processo, o escrivão a autuará, mencionando o juízo, a natureza do feito, o número do seu registro, os nomes das partes e a data do início. Não se diga que é impróprio exigir-se a autuação. Não se falou, no art. 1.201, de entrega ao Ministério Público: falou-se de pedido (portanto, de petição) e de autuação. O pedido é apresentação ao escrivão, que o autua e, logo após, o remete ao órgão do Ministério Público. Advirta-se que junto ao pedido é que vai o estatuto. Dissemos "logo após", porque o fato de começar da data da autuação o prazo de quinze dias para o órgão do Ministério Público se manifestar: ou aprova, ou desaprova, ou indica as modificações que entender necessárias. Quando, diante da desaprovação, ou da modificação ou das modificações, o interessado requer ao juiz a aprovação, tal requerimento já é nos autos em que estão o pedido, o estatuto e a resolução do órgão do Ministério.

6) Suprimento judicial – Quer o órgão do Ministério Público haja negado aprovação ao estatuto, quer apenas tenha ordenado modificação ou modificações, pode o interessado requerer ao juiz o que aí se chama *suprimento da aprovação*. Se o juiz atende, supriu-se a falta de aprovação, ou de exigência de alteração: aprovado está o estatuto. Se o juiz desatende, negada está, definitivamente, a aprovação, ou exigida está a modificação, ou exigidas estão as modificações. A inobservância pelo interessado equivale a ter-se o estatuto como desaprovado.

¿Cabe recurso do ato do juiz quando negou o suprimento da aprovação? Sim; e o recurso é o de apelação.

Diante do art. 1.201 e §§ 1° e 2° em que não se fala de poder o juiz, de ofício, mandar fazer modificações no estatuto, a fim de adaptá-lo ao objetivo do instituidor, surge a pergunta: ¿é de aplicar-se o art. 1.107, que dá ao juiz o poder de investigar livremente os fatos e ordenar de ofício a realização de quaisquer provas? Se nenhum interessado, em petição motivada, dá ao juiz o ensejo de suprir a aprovação (art. 1.201, § 1°), nada tem com o assunto o juiz. *Aliter*, se o estatuto foi feito pelo órgão do Ministério Público, mas, aí, o juiz é necessariamente quem há de aprovar (artigo 1.202). O que pode ser invocado é o art. 1.109, sempre que o assunto for submetido ao juiz.

7) Modificação ou modificações ordenadas pelo juiz – Se o órgão do Ministério Público havia exigido modificação ou modificações e o juiz negou o suprimento da aprovação, o interessado tem de atender ao que se impusera ao órgão do Ministério Público. Pode dar-se, porém, que a modificação ou as modificações tenham sido ordenadas pelo juiz, em substituição ou em acréscimo ao que ordenara o órgão do Ministério Público; aí. o interessado cumpre o que o juiz ordena, para que seja aprovado o estatuto em suprimento de aprovação. De qualquer modo, a modificação ou as modificações têm de ser feitas para que as aprecie o juiz.

>   Art. 1.202. *Incumbirá ao órgão do Ministério Público[1]) elaborar o estatuto e submetê-lo à aprovação do juiz[2])[3]):*
>   *I – quando o instituidor não o fizer nem nomear quem o faça;*
>   *II – quando a pessoa encarregada não cumprir o encargo no prazo assinado pelo instituidor ou, não havendo prazo, dentro em seis (6) meses[4])[5]).*

1) Apresentação do estatuto pelo Ministério Público – Tendo expirado o prazo que o instituidor marcou, explícita ou implicitamente, ou tendo ocorrido o tempo de seis meses, o órgão do Ministério Público está apto, em virtude do artigo 1.202, II – *regra de direito material estranha ao Código Civil* (cf. art. 27)[596] –, a apresentar o estatuto que, sendo impugnado pelas pessoas a que se refere o art. 27 do Código Civil,[597] tem de ser examinado pelo juiz competente. A lei processual criou a pretensão do órgão do Ministério Público a formular estatuto, sem ter estabelecido a forma do processo.

Além desse caso, a própria pessoa encarregada pode *pedir* que, ouvido o Ministério Público, o juiz providencie para que se elabore o estatuto.

2) Procedimento para a função do órgão do Ministério Público – Se houve escritura pública ou testamento, sem que o instituidor haja elaborado o estatuto, nem designado quem o fizesse, ou a pessoa a quem cabia não atendeu ao encargo, o órgão do Ministério Público é quem faz o estatuto. Ou o próprio instituidor, ou o testamenteiro, ou outra pessoa interessada tem de entrar em juízo com o pedido, que há de ser autuado

---

596 C. Civ. de 2002, art. 65.
597 *Idem.*

pelo escrivão, que remete ao órgão do Ministério Público, ou ao juiz, que então despacha para que o escrivão faça a remessa.

3) Aprovação ou desaprovação pelo juiz – A decisão do juiz é constitutiva, positiva ou negativa. Dela cabe o recurso de apelação. Se alguma lei estabelece que o estatuto de determinada fundação, ou de alguma espécie de fundação, seja feito pelo órgão do Ministério Público, chama-se tal elaboração *judicial*. A elaboração de acordo com o art. 1.202, I e II, não é judicial: a submissão à aprovação pelo juiz é a mesma, seja elaborado o estatuto pelas pessoas indicadas pelo instituidor ou por ele mesmo.

Qualquer que tenha sido a forma do ato jurídico de que proveio a norma sobre a elaboração do estatuto (testamento, escritura pública), têm de haver exame e aprovação ou desaprovação pelo órgão do Ministério Público ou aprovação com modificações.

Pergunta-se: se o estatuto feito zelo instituidor não foi aprovado pelo órgão do Ministério Público, ¿quem há de fazê-lo? Posto que, no art. 1.202, só se haja cogitado de o instituidor não ter feito o estatuto e de não haver nomeado quem o fizesse, havemos de entender que o estatuto feito pelo instituidor e desaprovado, se não suscetível de modificações parciais, é estatuto inválido. Ao órgão do Ministério Público cabe elaborá-los.

4) Elaboração judicial ou extrajudicial do estatuto – Além dos casos de elaboração do estatuto por *via judicial*, quando o órgão do Ministério Público se substitui, por lei, à pessoa que seria incumbida, há a elaboração por via *extrajudicial*. Entendamos: após a expiração do prazo, de que fala o art. 1.202, II, o órgão do Ministério Público, *sic et simpliciter*, faz o estatuto, e leva-o à aprovação pelo juiz e a registro. Aos interessados, que lhe quiserem atacar o ato, se perderam na apelação, não lhes resta senão propor a ação rescisória da aprovação.

5) Apresentação – O art. 1.201 nada tem com a hipótese de serem feitos pelo órgão do Ministério Público o estatuto. Prevê-se ou *a)* apresentação espontânea pelo incumbido, ou pelos incumbidos, ou por um só deles, ou alguns deles, conforme a relação entre eles, tal como a concebeu o ato de instituição (Código Civil, art. 24);[598] ou *b)* a intimação ao incumbido, ou aos incumbidos, seguida de apresentação.

---

598 C. Civ. de 2002, art. 62.

Art. 1.203. A alteração do estatuto¹) ficará sujeita à aprovação do órgão do Ministério Público. Sendo-lhe denegada²), observar-se-á o disposto no art. 1.201, §§ 1º e 2º.

Parágrafo único. Quando a reforma não houver sido deliberada por votação unânime, os administradores, ao submeterem ao órgão do Ministério Público o estatuto, pedirão que se dê ciência à minoria vencida para impugná-la no prazo de dez (10) dias³).

1) Alteração do estatuto – Aprovado o estatuto, qualquer alteração posterior precisa de aprovação pelo órgão do Ministério Público. Se alguém propôs ação contra a fundação por ilegalidade ou infração do ato institutivo e transitou em julgado a sentença, não se precisa de ato do órgão do Ministério Público.

No direito material, encontram-se regras jurídicas sobre alteração dos estatutos. Convém citá-las (Código Civil, artigo 28):[599] "Para poderem alterar os estatutos da fundação é mister: I – que a reforma seja deliberada pela maioria absoluta dos competentes para gerir e representar a Fundação; II – que não contrarie o fim desta; III – que seja aprovada pela autoridade competente". Não se derrogou o que aí está. Quanto à competência para a aprovação, incumbe ao órgão do Ministério Público.

Se os fins da fundação são *a, b* e *c* e ocorre que algum deles foi considerado, por lei, ou por sentença com força de coisa julgada, ilícita, ou impossível a continuação (art. 1.204, I e II), a alteração do estatuto que elimine tal fim tem de ser precedida de julgamento judicial, porque, acima da aprovação do estatuto, que é função do órgão do Ministério Público, está a decisão que extinga, parcialmente, a finalidade da fundação. Qualquer interessado ou o Ministério Público pode promover a extinção apenas relativa a um fim (cf. artigo 1.204).

O Código de 1973, com pleno acerto, pôs em seu texto o art. 1.203, parágrafo único; e essa inovação aplaudível concebeu a submissão da reforma, se não houve deliberação por votação unânime, ao órgão do Ministério Público, podendo a minoria vencida impugná-la no prazo de dez dias. Há, antes da remessa ao órgão do Ministério Público, a autuação do pedido de aprovação, e é nos autos que se fazem as impugnações, no pra-

---

599 C. Civ. de 2002, art. 67.

zo de dez dias. Não se falou do prazo para o órgão do Ministério Público deliberar, mas, por analogia, havemos de entender que é o de quinze dias (artigo 1.201), mas contados da preclusão do prazo para as impugnações, e não da autuação do pedido de reforma. O que se requereu ao juiz é o suprimento da aprovação, se o órgão do Ministério Público não aprovou a reforma, mas havemos de assentar que também cabe ao juiz examinar e julgar, contra a aprovação pelo órgão do Ministério Público, o que os impugnantes alegaram, se o requereram ao juízo.

2) Suprimento da aprovação – Se foi feita alteração ao estatuto e o órgão do Ministério Público, ao ter de aprová-la, recusou aprovação, ou ordenou modificação ou modificações, pode o interessado pedir ao juiz suprimento. Tudo se passa como dissemos na nota 6) sob os arts. 1.199-1.201.

3) Deliberação da alteração – Se a alteração do estatuto não foi deliberada por votação unânime, os administradores, ao submeterem ao órgão do Ministério Público a reforma, têm de pedir que sejam citados ("que se dê ciência") os membros da minoria, que fora vencida, para impugná-la no prazo de dez dias. Havemos de entender que devam ser citados todos os membros da minoria, que estiverem presentes ou que não estiverem.

Art. 1.204. Qualquer interessado ou o órgão do Ministério Público promoverá⁴) a extinção da fundação ⁵) quando:
I – se tornar ilícito o seu objeto¹);
II – for impossível a sua manutenção²);
III – se vencer o prazo de sua existência³).

1) Ilicitude, impossibilidade da manutenção e expiração do prazo de existência – Cf. Código Civil, art. 30:[600] "Verificado ser nociva, ou impossível, a mantença de uma fundação, ou vencido o prazo de sua existência, o patrimônio, salvo disposição em contrário no ato constitutivo, ou nos estatutos, será incorporado em outras fundações, que se proponham a fins iguais ou semelhantes". Tal o direito material. No parágrafo único, o art. 30 do Código Civil[601] advertiu em que a verificação poderia ser promovida

---

600 C. Civ. de 2002, art. 69.
601 Sem correspondência no C. Civ. de 2002.

pela minoria vencida na modificação dos estatutos (Código Civil, art. 29)[502] ou pelo Ministério Público. Mas esse texto não deveria ser interpretado como restritivo da pretensão do art. 30 do Código Civil[603] a só esses dois casos, tanto mais quanto também se trata de nocividade e impossibilidade. Intervém a legitimação objetivo-subjetiva do interesse de terceiros.

O art. 1.204 do Código de 1973 é exceção ao art. 146, parágrafo único, 1ª parte, do Código Civil,[604] como o fora o próprio art. 30 desse Código.[605]

O art. 1.204 não se choca com o Código Civil, art. 30,[606] a despeito de diferente redação, e temos de reproduzi-lo aqui porque há algo mais que tem de ser respeitado no processo civil (art. 30:[607] "Verificado ser nociva ou impossível a mantença de uma fundação, ou vencido o prazo de sua existência, o patrimônio, salvo disposição em contrário no ato constitutivo, ou nos estatutos, será incorporado em outras fundações, que se proponham a fins iguais ou semelhantes"; parágrafo único: "Esta verificação poderá ser promovida judicialmente pela minoria de que trata o art. 29, ou pelo Ministério Público"). A minoria referida é a minoria vencida.

2) Impossibilidade da manutenção – Se, economicamente, faltam meios para que continue funcionando a fundação, tem-se aí elemento suficiente para que se lhe peça a extinção. Durante o processo da extinção pode ocorrer que alguma doação ou legado ou financiamento periódico permita que ela continue. Então, o juiz examina o caso e prossegue no procedimento extintivo, se a ocorrência não basta para a continuidade, ou, atendendo ao que sucedeu, julga improcedente a ação. Tal improcedência se justifica com a mudança na relação jurídica que se mostrava na petição inicial. O que importa é que a alegação e a prova sejam anteriores ao julgamento.

3) Prazo atingido – Uma vez que a fundação fora subordinada, em seu ato de instituição, a determinado prazo, qualquer que ele seja, inclusive ligado a possível fato previsto no estatuto, extinta está, e a sentença do

---

602 C. Civ. de 2002, art. 68.
603 C. Civ. de 2002, art. 69.
604 C. Civ. de 2002, art. 68, parágrafo único.
605 C. Civ. de 2002, art. 69.
606 *Idem.*
607 *Idem.*

juiz, diante das provas oferecidas, é *declarativa*. Pode, todavia, ocorrer que o instituidor haja previsto alguma ocorrência que prorrogaria o prazo.

4) Provocação – No direito processual miudeiam-se os casos: *a)* se proposta por algum interessado, segundo o artigo 1.204, o órgão do Ministério Público funciona para auxiliar o juiz a dar decisão justa; *b)* se proposta pelo órgão do Ministério Público, nomeia-se curador à lide para a fundação (cp. art. 9° e parágrafo único). Note-se a diferença entre a função do curador à lide, conforme a nota ao art. 9°, parágrafo único, e a do órgão do Ministério Público como auxiliar para a decisão justa que é a da letra *a)*, acima. Em técnica legislativa, o parágrafo único do art. 30 do Código Civil[608] era reprovável; de modo que há vantagem no art. 1.204 do Código de Processo Civil. Assim, o Código Civil suíço, art. 89, entendendo que são interessados, além dos administradores e destinatários, os credores da fundação e dos próprios destinatários (E. Hafter, no *Kommentar* de Max Gmür, 2ª ed., I, 320).

A provocação pode ser por algum ou alguns dos interessados ou pelo órgão do Ministério Público. Têm de ser citados todos os demais interessados, se um ou alguns deles é que pediram a declaração em mandamento, ou a decretação da extinção, ou o órgão do Ministério Público. Tais citações são também exigidas se foi o órgão do Ministério Público que promoveu a declaração em mandamento (art. 1.204, III), ou a decretação da extinção (art. 1.204, I e II). Não há pensar-se em afirmação discordante de que acima dissemos porque há a explicitude do art. 1.105, relativo a todas as ações de jurisdição voluntária: "Serão citados, sob pena de nulidade, todos os interessados, bem como o Ministério Público." Quanto aos interessados, não se pense que somente são os administradores. Quem quer que alegue e prove ter interesse em que se não extinga a fundação (arts. 3° e 4°). Pode ser apenas moral o interesse. É preciso que haja ciência desse interesse, para que sejam citados, necessariamente, os interessados. Se não o foram, pode dar-se o litisconsórcio ou a assistência.

Na sentença tem o juiz de determinar o destino dos bens da fundação, conforme o art. 30 do Código Civil.[609]

---

608 Sem correspondência no C. Civ. de 2002.
609 C. Civ. de 2002, art. 69.

Temos de mostrar os pesos eficaciais das sentenças concernentes à organização e à extinção das fundações.

EFICÁCIA DA AÇÃO DE EXTINÇÃO DA FUNDAÇÃO PARA EXPIRAÇÃO DO PRAZO

Declarativa	Constitutiva	Condenatória	Mandamental	Executiva
4	3	2	5	1

EFICÁCIA DA AÇÃO DE EXTINÇÃO DA FUNDAÇÃO POR ILICITUDE OU IMPOSSIBILIDADE DO FIM

Declarativa	Constitutiva	Condenatória	Mandamental	Executiva
3	5	2	4	1

Assim, no art. 1.204 há duas ações: uma *mandamental*, com eficácia imediata de *declaratividade* e mediata de constitutividade; outra, *constitutiva*, com eficácia imediata de mandamentalidade e mediata de declaratividade.

5) Juízo competente – Para qualquer ação da extinção da fundação o juízo competente é o do domicílio, da sede, mesmo se haja sucursais.

Capítulo XI

DA ESPECIALIZAÇÃO DA HIPOTECA LEGAL[1])[2])

1) Hipotecas legais e especialização – A especialização da hipoteca legal é conteúdo de ação constitutiva de eficácia contra terceiro, que o obrigado a ela pode exercer, nos termos dos arts. 1.205-1.210. Não se confunde com a ação do interessado na especialização da hipoteca legal (Código Civil de 1916, art. 838),[610] provavelmente usando a forma de preceito cominatório. A ação e a sentença de que aqui tratamos são constitutivas daquela eficácia. As hipotecas legais são as de que cogita o direito material (Código Civil, art. 827).[611] Também o art. 967 do Código Civil permite, em vez dos cinqüenta por cento, à vista, do licitante, nas arrematações, a segurança do pagamento mediante hipoteca sobre o imóvel – e esse seria um dos raríssimos casos de processo acessório de especialização, se precisasse de ser especializada tal hipoteca. Seria supérfluo, pois é o Estado que está a *dispor* do bem arrematado e a hipoteca apenas garante a arrematação. O art. 828 do Código Civil[612] não se aplica a essa hipoteca, erroneamente dita hipoteca legal.

Os arts. 1.205-1.210 somente dizem respeito à ação do obrigado a especializar. Tais artigos nada têm com a ação para obrigar, direta ou indiretamente, a especializar bens. Se os obrigados à hipoteca legal, ou os incumbidos de velar pelo cumprimento da lei a respeito, não se desempenham dos seus deveres, incorrem em sanções. Nada impede que se use do preceito cominatório, de modo que o obrigado tenha de pedir especialização dos bens, dentro do prazo, ou sofrer as sanções.

---

610 C. Civ. de 2002, art. 1.492, parágrafo único.
611 C. Civ. de 2002, art. 1.489.
612 C. Civ. de 2002, art. 1.497, *caput*.

2) Ações exercidas pelos titulares da pretensão – As ações para se obter a especialização, exercidas pelo não-obrigado, são também constitutivas, posto que os legisladores as pudessem ter concebido como ações mandamentais.

Se a ação de preceito cominatório for usada pelo que pode obrigar alguém à especialização, esse obrigado deve responder com o pedido do art. 1.205. Se não o faz, aplica-se-lhe a pena cominada. Quando se trata de pretensão do juiz ou do órgão do Ministério Público, correspondente ao seu dever de vigilância, basta o mandado judicial de plano, para que especialize.

A ação do art. 838 do Código Civil,[613] exercida pelo que não é obrigado à hipoteca, tem rito ordinário.

Art. 1.205. O pedido[1]) para especialização de hipoteca leal declarará a estimativa da responsabilidade e será instruído com a prova do domínio dos bens[2]), livres de ônus, dados em garantia[3]).

1) Legitimação processual ativa – Legitimado ativo é, aí, o que vai sofrer a hipoteca legal, tanto que lhe cabe indicar o imóvel sobre que se há de constituir a hipoteca. Portanto, o marido, a favor da mulher (Código Civil, artigos 827, I, 233, 297 e 339),[614] ou essa, a favor daquele, o ascendente, a favor do descendente, cujos bens administra (Código Civil, arts. 827, II, 385 e 840),[615] o pai, ou a mãe, que passa a segundas núpcias, antes de fazer inventário dos bens do casal anterior (Código Civil, arts. 827, III, e 183, XIII),[616] os tutores e curadores (Código Civil, arts. 827, IV, 418, e 840),[617] os tesoureiros, coletores, administradores, exatores, prepostos,

---

613 C. Civ. de 2002, art. 1.492, parágrafo único.
614 Com a igualdade de direitos entre homens e mulheres, prevista no inc. I do art. 5º e no § 5º do art. 226 da Const. 88, não mais subsiste no C. Civ. de 2002 o regime dotal, nem o dever de o marido administrar os bens de sua mulher; assim, a norma do art. 233 do C. Civ. de 1916 encontra-se revigorada no art. 1.567 do C. Civ. de 2002 e as demais não possuem correspondência.
615 Arts. 827, II, e 339, sem correspondência no C. Civ. de 2002; o art. 385 corresponde ao art. 1.689 do novo Código.
616 C. Civ. de 2002, arts. 1.489, II, e 1.523, I, respectivamente.
617 Não subsiste, no C. Civ. de 2002, a hipoteca legal sobre os bens dos tutores e curadores. Pode o magistrado, todavia, exigir "caução bastante" para o exercício da tutela e curatela. Vd. C. Civ. 2002, art. 1.745, parágrafo único.

rendeiros, contratadores de rendas e fiadores, a favor da Fazenda Pública (Código Civil, arts. 827, V, e 844),[618] o responsável pelo dano causado por delito (Código Civil, arts. 827, VI, e 842, I),[619] o delinquente, nos casos do art. 827, VII, do Código Civil,[620] o herdeiro reponente (Código Civil, art. 827, VIII).[621] O licitante pode ser responsável, no caso do art. 690 do Código de Processo Civil, mas, aí, não é de hipoteca legal, nem se exige o processo. O curador especial do art. 411, parágrafo único, do Código Civil,[622] é obrigado a especializar.

Quanto à legitimação ativa, convém frisar-se que se redigiram os arts. 1.205 ("a prova do domínio dos bens, livres de ônus, dados em garantia"), 1.208 ("sendo insuficientes os bens oferecidos para a hipoteca legal") e 1.209 ("a hipoteca legal dos bens oferecidos") como se a ação tivesse de ser proposta, sempre, pelo obrigado à garantia, e não pelo beneficiado por ela. Temos de entender que isso de modo nenhum afasta a legitimação ativa dos que são beneficiados pela hipoteca legal (*e. g.*, a mulher casada, os descendentes, os filhos, o inventário, os tutelados, os curatelados, a Fazenda Pública, o Ministério Público). Não há, diz-se, regra jurídica geral, de direito material, posto que se pode lembrar o Código Civil, art. 839, § 2° ("Consideram-se interessados em requerer a inscrição desta hipoteca, no caso de não o fazer o marido ou o pai, o dotador, a própria mulher e qualquer dos seus parentes sucessíveis").[623] O art. 839, § 2°, foi exemplificativo, e, no campo do direito processual, há o art. 1.104 do Código de 1973, que não constava do Código de 1939: "O procedimento terá início por provocação do interessado ou do Ministério Público, cabendo-lhes formular o pedido em requerimento dirigido ao juiz, devidamente instruído com os documentos necessários e com a indicação da providência judicial."

Quanto às citações – se foi o responsável que pediu a especialização da hipoteca legal, têm de ser citados o beneficiário ou beneficiários e o

---

618 O art. 827, V, do C. Civ. de 1916, corresponde ao art. 1.489 do C. Civ. de 2002; o art. 844 não encontra correspondência no novo Código, prevalecendo as normas gerais previstas no art. 1.497, §§ 1° e 2°, do C. Civ. de 2002.
619 O art. 827, VI, do C. Civ. de 1916, corresponde ao art. 1.489, III, do C. Civ. de 2002; o art. 842, I, não encontra correspondência no novo Código, prevalecendo as normas gerais previstas no art. 1.497, §§ 1° e 2°, do C. Civil de 2002.
620 Sem correspondência no C. Civ. de 2002.
621 C. Civ. de 2002, art. 1.489, IV.
622 Sem correspondência no C. Civ. de 2002.
623 Vd. a nota 623.

Ministério Público; se foi o beneficiário ou os beneficiários que a provocaram, têm de ser citados o responsável e o Ministério Público.

2) Documento em que se funda a especialização – O documento em que se funda a estimação da responsabilidade é, nos casos do Código Civil, art. 827,[624] em cada inciso, de que se falou acima, à nota 1): a escritura antenupcial, a de doação, ou da verba testamentária (I); a certidão do pagamento da legítima ou dos bens do descendente sob a administração do autor (II); a certidão dos bens que deveriam ter sido inventariados (III); a certidão da relação de bens do tutelado ou curatelado (IV); a sentença ou o alcance por outro meio verificado (V); a sentença de condenação do delinqüente (VI e VII); certidão da partilha onde se dá ao herdeiro a obrigação de repor (VIII). Também são esses títulos os de que se há de servir quem peça a execução da obrigação de especializar, pela ação inversa à dos arts. 1.205-1.210. A ação para que o oficial público cumpra o que se estatui no Código Civil, art. 839, § 1°,[625] é ação mandamental, e sem exigências outras que a de pedido e de cognição de ofício.

No art. 1.205 alude-se à declaração da estimativa da responsabilidade. Não se há de confundir com o valor da responsabilidade (aquilo pelo qual é responsável o obrigado à hipoteca legal) o valor dos bens do obrigado com que ele vai prestar a garantia. Pode ser que já se saiba em quanto é de estimar-se a responsabilidade. Se não se sabe, há duas operações: uma, para se conhecer em quanto se orça o valor da responsabilidade (arbitramento), e, outra, que é a avaliar-se o bem ou de se avaliarem os bens que são postos sob a hipoteca legal. O § 2° do art. 1.208 dispensa o arbitramento, não a avaliação dos bens para hipoteca legal. Na sentença tem o juiz de examinar o arbitramento e a avaliação, podendo corrigir aquele ou essa, ou ambos. A própria hipoteca legal pode ser de bens insuficientes para proteger o valor da responsabilidade, caso que é assunto do art. 1.209.

"Estimativa", que vem de *aestimatu* de senso largo, que vai até ao sentimento, posto que, na primeira fonte, se ligue a *aes, aeris*. Estima caracterizou a espécie, abstraindo da noção de moeda, e afastando-se do "calcografar", gravar em cobre. No Código de 1973, arts. 1.205 e 1.206, § 2 °, I, a estimativa e a estimação estão em sentido inconfundível com o de

---

624 C. Civ. de 2002, art. 1.489.
625 Sem correspondência no C. Civ. de 2002.

avaliação. No art. 1.206, § 2°, I, dispensa-se o "arbitramento do valor da responsabilidade nas hipotecas legais, em favor da mulher casada", "caso em que o valor será o da estimação, constante da escritura antenupcial". Há estimativa, suficiente, o que é elemento necessário do pedido (artigo 1.205), e não se precisa de "avaliação".

A documentação exigida apanha a ação de especialização da hipoteca legal, provocada pelo responsável, e a ação de especialização da hipoteca legal, que foi pedida pelo interessado ou pelo Ministério Público. São peças que bastam ou servem à futura avaliação, mas necessárias à prova da legitimação ativa e passiva.

3) Recurso – Se o juiz nega a autuação, o recurso é o de apelação. Hoje, só os despachos de mero expediente são irrecorríveis; se o caso não é o de despacho de mero expediente (art. 504),[626] nem o de sentença (arts. 267, 269 e 513), o recurso é o de agravo de instrumento. O assunto é dos comentários feitos àquelas regras jurídicas acima referidas.

> *Art. 1.206. O arbitramento¹) do valor da responsabilidade e a avaliação dos bens far-se-á por perito nomeado pelo juiz.*
>
> *§ 1° O valor da responsabilidade²) será calculado de acordo com a importância dos bens e dos saldos prováveis dos rendimentos que devem ficar em poder dos tutores e curadores durante a administração, não se computando, porém, o preço do imóvel³)⁴)⁵).*
>
> *§ 2° Será dispensado⁶) o arbitramento do valor da responsabilidade nas hipotecas legais em favor:*
>
> *I – da mulher casada, para garantia do dote, caso em que o valor será o da estimação, constante da escritura antenupcial;*
>
> *II – da Fazenda Pública, nas cauções prestadas pelos responsáveis, caso em que será o valor caucionado.*
>
> *§ 3° Dispensa-se a avaliação, quando estiverem mencionadas na escritura os bens do marido, que devam garantir o dote⁷).*

---

626 O art. 2° da Lei n° 11.276, de 07.02.06, derrogou a norma do art. 504 do CPC, tornando todos os despachos irrecorríveis, e não só os de mero expediente. Vejam-se os arts. 504 e 522 do CPC.

1) Arbitramento – Nesse processo, a primeira fase, que é a do arbitramento, corre *inaudita altera parte*; somente mais tarde (art. 1.207) se ouvem os interessados (relação jurídica processual em ângulo). Autuada a petição, procede-se às duas verificações: à do valor da responsabilidade e à do valor do imóvel a ser especializado e nele inscrita a hipoteca. O arbitramento obedece ao art. 421 e §§ 1° e 2° e as avaliações são feitas conforme os arts. 680-685. Não se aplica o art. 1.006, que tem outro intuito de política jurídica; posto que, nas hipotecas legais, possa haver interesse público.

2) Valor preestabelecido da responsabilidade – Casos há em que o valor da responsabilidade está preestabelecido, *e.g.*, no caso de hipoteca legal em garantia de dote (o valor é o da estimação constante da escritura antenupcial), ou se houve caução prestada pelo responsável perante a Fazenda Pública. A regra jurídica dos §§ 2° e 3° do art. 1.206 é concernente aos casos em que o juiz deve dispensar. Não abrange aqueles em que pode dispensar por existir prova do valor da responsabilidade. Nem, sequer, o art. 1.206, §§ 2° e 3°, é exaustivo. Se há prova com força probatória material, seria supérfluo exigir-se outra.

3) Atos de constrição judicial – Note-se que os atos do juiz – antes de ouvir a parte – não são *constritivos*; são atos sobre o bem que o interessado em especializar indicou. Se o processo não foi promovido pelo que devia dar bens à especialização de hipoteca legal, então a constrição começa com a avaliação (que de regra exige entrada no prédio) e a citação é indispensável, sem haver, nesse caso, a fase processual *inaudita altera parte*.

No valor da responsabilidade não se computam os bens imóveis do beneficiado (Tribunal de Justiça de São Paulo, 16 de dezembro de 1906, *G. J.*, 43, 172, e 3 de agosto de 1908, *S. P. J.*, 17, 474; Tribunal da Relação de Minas Gerais, 11 de dezembro de 1920, *R. F.*, 33, 439); porém inclui-se o valor da responsabilidade quanto à conservação e administração desses bens. Ainda que se trate de bens de incapazes (Tribunal de Apelação de Minas Gerais, 19 de junho de 1939, *R. F.*, 79, 477).

4) Regra jurídica de cômputo – O art. 1.206, § 1°, contém regra jurídica de cômputo. No caso de hipotecas legais dos incapazes, em que tanto importam as expressões "tutores e curadores", calcula-se o valor da responsabilidade levando-se em conta o valor dos bens e os saldos prováveis dos rendimentos. O valor dos imóveis não se computa, porque dificilmente pereceriam por ato do responsável e só se alienam com autorização judicial. Computa-se o valor dos bens móveis e atende-se ao valor dos bens imóveis, quanto, *e. g.*, à conservação, à deteriorabilidade, à desvalorizabilidade.

5) Falta de arbitramento e nulidade processual – O arbitramento do valor da responsabilidade é requisito essencial (Tribunal de Relação de Minas Gerais, 10 de julho de 1929, *R. F.*, 53, 290). A nulidade somente concernente ao ato é sanável, pois que se trata de nulidade não cominada.

6) Dispensa de arbitramento do valor – No art. 1.206, § 2º, dispensa-se o arbitramento do valor da responsabilidade nas hipotecas legais a favor da mulher casada, em se tratando de garantia do dote, porque, aí, o valor é aquele que foi estimado na escritura antenupcial. Também se dispensa se a favor da Fazenda Pública, porque então há as cauções pelos responsáveis.

7) Dispensa da avaliação – Uma vez que, na escritura de dote, os bens do marido, que o devam garantir, os valores estão mencionados, dispensa-se a avaliação.

Art. 1.207. Sobre o laudo manifestar-se-ão³) os interessados²) no prazo comum de cinco (5) dias¹)⁴). Em seguida, o juiz homologará ou corrigirá o arbitramento e a avaliação; e, achando livres e suficientes os bens designados⁷), julgará por sentença a especialização, mandando que se proceda à inscrição da hipoteca⁵)⁶).

Parágrafo único. Da sentença constarão expressamente o valor da hipoteca e os bens do responsável, com a especificação do nome, situação e característicos¹⁰)¹¹).

Art. 1.208. Sendo insuficientes os bens oferecidos para a hipoteca legal em favor do menor, de interdito ou de mulher casada e não havendo reforço mediante caução real ou fidejussória, ordenará o juiz a avaliação de outros bens; tendo-os, proceder-se-á como nos artigos antecedentes; não os tendo, será julgada improcedente a especialização⁸).

Art. 1.209. Nas demais casos de especialização, prevalece a hipoteca legal dos bens oferecidos, ainda que inferiores ao valor da responsabilidade, ficando salvo aos interessados completar a garantia pelos meios regulares⁹).

1) Citação da outra parte – Ultimada a primeira fase do processo, *inaudita altera parte*, o juiz deve mandar que se cite a outra parte e sejam ouvidos os demais interessados. A expressão "manifestar-se-ão" refere-se ao *quod plerumque fit* da existência de outro processo, de que esse seja acessório. Fora daí, a petição tem de ser conhecida da parte beneficiada e dos que são interessados, mediante citação.

2) Audiência dos interessados – Os interessados, inclusive o beneficiado, têm de falar sobre o valor da responsabilidade, o valor do imóvel e a qualidade desse, porque nem sempre o valor exprime o grau da segurança do valor material ou jurídico do objeto (*e.g.*, bem próximo a ser desapropriado, valor suscetível de repentina desvalorização por lei especial, ou por obras públicas).

3) Alegações do impugnante – Tem-se procurado ver nas referências feitas nos arts. 1.207-1.209 matéria exaustiva da impugnação. As alegações ter-se-iam de limitar a três casos: valor da responsabilidade, avaliação e qualidade do bem, uma vez que, na primeira fase, já o juiz verificou a procedência do pedido. Esse não é o estatuído pela lei. A admissão do processo, *inaudita altera parte*, apenas atende a que, tratando-se de pretensão a constituir, para cumprimento de dever jurídico, nenhum prejuízo poderia advir em se adiantar a instrução do processo, a fim de se simplificar o procedimento. Naturalmente, por ocasião da comunicação de conhecimento sobre os três pontos, podem os interessados argüir: a incompetência do juízo, a inutilidade da medida, porque as contas estão prestadas e removido o tutor ou o curador, não ser caso de especialização de hipoteca legal, estar o autor no caso do art. 129 etc. De regra, nesses processos em que há duas fases – uma *inaudita altera parte*, e a outra abre à cognição da parte ou das partes todo o feito, desde o início.

O arbitramento, que só se dispensa nas espécies do artigo 1.206, § 2°, supõe que no pedido esteja a estimativa da responsabilidade, mas não se tem isso como suficiente para se saber, com exatidão, o "valor da responsabilidade". Daí, fora do que se faz excepcional no art. 1.206, § 2°, ter-se-á de calcular o valor da responsabilidade. A responsabilidade é pelo que, durante a administração, fica em poder dos tutores e curadores. Não se computa o preço do imóvel, ou dos imóveis, mas sim o que concerne à administração dele, ou deles. Isto é, os "saldos prováveis dos rendimentos que devem ficar em poder dos tutores e curadores durante a administração", levando-se em consideração a "importância dos bens".

A avaliação do imóvel ou dos imóveis que vão ser hipotecados é para se saber se o quanto de garantia é suficiente.
Os arts. 421, § 1°, I e II, e 273 são invocáveis.
Se não há impugnação dos interessados e, uma vez que cabe ao juiz proceder de ofício (arts. 1.107 e 1.109), se não há razão para rejeição do laudo, há a homologação. Pode acontecer que o juiz, antes disso, faça as correções. A sentença sobre a especialização leva ao mandado de inscrição.
Embora o art. 1.207 fale da alternativa ("homologará ou corrigirá o arbitramento e a avaliação"), temos de atender a que não se afasta a incidência do art. 436, que faz não adstrito ao laudo pericial o juiz, "podendo formar a sua convicção com outros elementos ou fatos provados nos autos". Podem mesmo determinar nova perícia (arts. 437-439).

4) Individuação do imóvel – A indicação do lugar e das características do bem imóvel bastam à individuação desse (Corte de Apelação do Distrito Federal, 21 de janeiro de 1907, *R. de D.*, 6, 366). A individuação das partes divisas obedece à lei especial sobre apartamentos, ou, se a ela não está sujeito o bem imóvel, de acordo com os princípios de direito e técnicos, gerais, sobre a individuação de partes divisas.

5) Sentença – À vista das alegações dos interessados, o juiz ou deixa de homologar, ou homologa, ou corrige o laudo pericial e julga constituída a especialização. Qualquer das três decisões permite o recurso de apelação.

6) Natureza da ação e da sentença – A ação e a sentença são, evidentemente, *constitutivas*, mas o elemento mandamental aparece no art. 1.207 como complementar da especialização. Assim é que o juiz manda que se proceda à inscrição. Não é preciso que as partes requeiram e a responsabilidade do juiz pode resultar da sua omissão. Há dever do cartório em providenciar para a inscrição, pois o *mandado* é efeito da sentença constitutiva-mandamental. A provocação pela parte trata-se como reclamação ao juízo.

7) Margem ao procedimento inquisitivo – No correr do processo, tendo-se revelado o dever de especialização da hipoteca legal, ganha terreno o princípio inquisitivo. A própria audiência dos interessados é determinada pelo juiz, que, antes da autuação, pode ordenar diligências. Agora, no artigo 1.208, vem à tona a inquisitividade de que falamos: verificando que não é livre o imóvel, ou não é suficiente (inclusive por sua qualidade), o juiz "ordenará" a avaliação de outro que o obrigado tenha. Julgará, depois, a especialização e ordenará (mandamento) que se proceda à inscrição. Note-se que cresce, aí, a intervenção constitutiva do juiz, pois que examina o imóvel ou os imóveis.

8) Insuficiência dos bens para a hipoteca legal – Fala-se, no art. 1.208, de serem insuficientes os bens "oferecidos para a hipoteca legal", em favor do menor, do interdito ou da mulher casada, e de não haver "reforço mediante caução real ou fidejussória". Quem reforça faz *mais forte*. Se não há qualquer bem que sirva à hipoteca legal, não se há de receber a expressão da lei como limitativa. Se o responsável de nenhum bem hipotecável é dono e possuidor, nada pode reforçar; mas temos de admitir que ele possa, desde logo, no pedido ou na resposta à citação, oferecer caução real ou fidejussória suficiente.

O art. 1.208 alude a não ter outros bens o responsável, ou apenas não os haver oferecido. Se os tem, em vez de se aguardar o reforço, procede-se à avaliação, com a manifestação dos interessados, no prazo comum de cinco dias.

9) Hipoteca legal dos bens oferecidos insuficientes – Aqui, em vez de se ter o problema do reforço, tem-se o de só haver bens insuficientes, tendo sido oferecidos os que havia. O juiz tem os poderes para a apreciação das circunstâncias. O art. 1.209 supõe insuficiência e falta de reforço.

Pode ser que não haja qualquer elemento para a remoção do tutor ou do curador e ocorra que não tenha ele bens suficientes para a especialização da hipoteca legal. Então, permite-se a caução real ou fidejussória. Mas, se nada disso pode dar-se, prevalece a hipoteca legal dos bens oferecidos, ainda que inferiores ao valor da responsabilidade (art. 1.209).

Outras situações podem acontecer e não ser o caso de se afastar a administração dos bens do tutelado ou do curatelado.

O que importa, aí, é buscar o juiz "a solução que reputar mais conveniente e oportuna" (art. 1.109).

10) Instrumento da especialização – Julgada a especialização e passada em julgado, formalmente, a sentença, o interessado (beneficiado, ou outrem que tenha o dever de vigilância) tem direito ao *instrumento* (note-se a constitutividade), em que se há de conter a sentença. Se for interposto recurso, o instrumento somente se pode extrair quando for julgado, devendo conter a sentença e a decisão do recurso, ainda que de desistência (art. 501). Esse instrumento é título suficiente para legitimar o beneficiado como terceiro nas execuções contra o bem especializado. O Código de 1973 retirou o art. 702 do Código de 1939; mas a regra jurídica é implícita.

Isso também se aplica aos casos em que a ação não se rege pelos arts. 1.205-1.209, isto é, não for promovida pelo responsável, obrigado à especialização.

11) Recurso – Se, afinal, o juiz defere ou indefere o pedido de especialização, o recurso é o de apelação, com efeito devolutivo e suspensivo, porque é ação de especialização, não ação cautelar.

> *Art. 1.210. Não dependerá de intervenção judicial a especialização de hipoteca legal sempre que o interessado, capaz de contratar, a convencionar¹), por escritura pública, com o responsável²).*

1) Especialização negocial – A *constituição* da especialização pode ser convencional, se capaz o beneficiado, desde que o faça por escritura pública. Sendo capaz, tem o responsável a escolha entre propor ao beneficiado e interessados, indicando o bem, que se proceda no plano do direito material, e lançar mão da ação dos arts. 1.205-1.209.

2) Eficácia contra terceiros – Durante algum processo, ou, ainda, após o pedido de especialização pelo beneficiado capaz, ou pelo responsável, pode ser convencionada por meio de requerimento, tomando-se por termos nos autos e feita a homologação pelo juiz. A lei só se referiu à escritura pública, mas havemos de entender que é símile o negócio jurídico pôr termo nos autos.

As formalidades registrárias são indispensáveis para a eficácia quanto a terceiros. Entre as partes, a eficácia é desde a homologação ou a escritura pública (Tribunal da Relação do Rio de Janeiro, 5 de julho de 1907 e 16 de julho de 1909, *Rel.* de 1910, 81).

O oficial público que lavrar a escritura de que fala o art. 1.210 não tem, a respeito da inscrição, o dever dos artigos 839, § 1°, e 841 do Código Civil,[627] no que concerne à escritura pública de dote, ou termo de tutela ou curatela, *salvo se ele mesmo é o oficial do registro de imóveis em cujo cartório se deve proceder à inscrição*, pois aí o dever é o de inscrever.

---

627 Normas sem correspondência no C. Civ. de 2002.

SISTEMÁTICA DO LIVRO IV – TÍTULO II
(JURISDIÇÃO VOLUNTÁRIA)

I. Alienações judiciais

As alienações dos arts. 1.113-1.119 são conteúdo de ações constitutivas. A comparação com outras ações é instrutiva. A arrematação dos bens penhorados é ato de seqüência de atos executivos; portanto, ato executivo. Pergunta-se: ¿as alienações do art. 1.117 são atos executivos? A arrematação está ligada ao primeiro ato executivo e ao último, que é a execução forçada e para o qual se faz a conversão do bem. As alienações judiciais (arts. 1.113-1.119), ainda quando se trata de bens penhorados, não estão na seqüência dos de atos executivos: a causa de se converterem não está na necessidade de se segurar ou executar a prestação, fim dos processos cautelares e dos executivos, porém no fato objetivo de deterioração, avaria ou grandes despesas.

II. Desquite por mútuo consentimento[628]

A ação de desquite por mútuo consentimento (arts. 1.120-1.124) apenas homologa o negócio jurídico dos dois cônjuges, para que haja a separação de corpos e de bens. A lei permitiu que os cônjuges deixem a atos posteriores à homologação a partilha dos bens. Pode mesmo ocorrer que se tenha iniciado ação de desquite litigioso e haja a conversão em desquite amigável. O assunto foi tratado ao cogitarmos, em direito material, do desquite litigioso. A ele remetemos.

---

628 Vd. a nota 1.

III. Ações relativas a testamentos

Há as *ações integrativas dos testamentos*, que são *publicizadoras* dos testamentos não públicos (constitutivas-integrativas de forma), as de cumprimento de quaisquer testamentos, as declarativas de existência ou não-existência de relações oriundas de testamento e as constitutivas-negativas (ações de nulidade).

(*a*) A ação *publicizadora do testamento particular* tem por fim publicizar (evitemos a ambigüidade de "publicar", comunicar ao público e dar valor de forma pública ou estatal) o testamento hológrafo: o testamento oriundo do *Breviarium Alaricianum*, que o recebera da Novela de Valentiniano III, do ano 446, sofreu o influxo romanizante justinianeu, contrário à exigência das testemunhas, a assimilação ao testamento cerrado, bem como ao nuncupativo, que se "publicava" nas cúrias segundo o *Breviarium Alaricianum* e, segundo o Código Visigótico, perante o sacerdote, na presença das testemunhas. A confusão com o testamento nuncupativo foi perniciosa à evolução do instituto no direito luso-brasileiro. Houve atalho para a reinstrumentação, que não se achava à base histórica. Em vez de ser só publicação, introduziu-se o elemento de reinstrumentação, mais adequado às formas nuncupativas.

A ação é, ainda assim, integrativa de forma, posto que mais intensa – e mais profunda – do que na ação e na decisão do cumpra-se, que se cumulou com a ação de publicação do testamento particular. Não é de mais insistir-se em se profligar essa anomalia, histórica e dogmática, do testamento particular, disciplinado no Código Civil. Na ação de publicização são *citados* os interessados; não nas outras ações puras de cumpra-se.

O interessado levanta, desde logo, a questão da inaptidão do testamento a ser confirmado, fora dos casos de negabilidade do cumpra-se, comuns a todos os testamentos. Não é outra ação proposta, no mesmo processo, pelo interessado – é *questão prejudicial*, que ele postula. Matéria de defesa, que transforma em ordinário o rito, para que seja de cognição completa a decisão. O Código de 1973, art. 1.132, como o Código de 1939, art. 534, podendo tratar a demanda do réu como reconvenção (outra ação), tratou-a como defesa, a despeito de ser a sentença de cognição completa. É importantíssimo não confundir essa sentença, que, favorável ou não, é de cognição completa, com a sentença do cumpra-se nos outros processos para cumprimento (não: publicização *mais* cumprimento) dos outros testamentos ordinários. Essa pode ser de cognição superficial, se favorável, ou de cognição completa (constitutiva-negativa), se desfavorável.

(*b*) Existe *ação de apresentação do testamento*, porque há *dever* de apresentar o testamento e *pretensão à tutela jurídica*. A apresentação não é simples materialidade; o apresentante cria entre ele e o Estado relação jurídica processual, para o cumprimento de um dever: a sua prestação é essa; a do Estado, receber-lhe a prestação – em processo inquisitivo, que não estende esse dever até a invocação do processo para o cumpra-se. O legitimado para o pedido de cumpra-se pode não ser o legitimado para a apresentação, que é, tipicamente, pré-processo. Talvez o próprio órgão do Ministério Público, e não o apresentante, tenha de promover o processo de cumprimento. A regra é que seja promovedor o testamenteiro. Por isso mesmo, a sua presença insere-o automaticamente, a qualquer tempo, na relação jurídica processual.

A apresentação pode ser conseqüência de notificação cominatória, *provocatio ad agendum*. Pode apresentá-lo e desde logo não aceitar a testamentaria. Apresentar, obter cumpra-se e cumprir são três atos distintos. A cominação ao testamenteiro, para que inicie a execução testamentária, é possível.

(*c*) A *ação para cumprimento do testamento* é constitutiva-integrativa de forma; a sentença firma-se em ter havido cognição superficial pelo juiz (razão por que pode ser atingida pela sentença que acolheu o pedido na ação de nulidade do testamento). A decretabilidade das nulidades, que se pronunciam de ofício, bem mostra que se não responde à pergunta: ¿existem ou não relações jurídicas provenientes de testamento? (elipticamente: ¿existe ou não existe testamento?); e sim à outra pergunta: ¿vale, ou não, o testamento que me foi apresentado e examinei? Seja positiva, ou negativa a resposta, o juiz *constitui*, integrando a forma do negócio jurídico do testamento, ou *desconstitui*, de ofício.

A ação de cumpra-se ainda apresenta a particularidade de ser de cognição superficial, se favorável a sentença, mas de cognição completa, se desfavorável. Conclusão: se favorável, ainda podem vir os interessados com as ações de nulidade (constitutivas-negativas); se desfavorável, isto é, denegatória do cumpra-se, passando em julgado a sentença, a ação rescisória é o único remédio contra a eficácia da decisão.

A ação de deserdação não obsta ao cumprimento do testamento (5ª Câmara Cível do Tribunal de Apelação do Distrito Federal, 1° de dezembro de 1942, *D. da J.* de 8 de fevereiro de 1943); uma é constitutiva integrativa; a outra, constitutiva-negativa.

(*d*) O testamento militar do art. 1.660 do Código Civil[629] (Código de Processo Civil de 1973, art. 1.134, II) é, de certo modo, o testamento pú-

---

629 C. Civ. de 2002, art. 1.893.

blico em circunstâncias especiais; o testamento do art. 1.661[630] simplifica o testamento cerrado, ou o particular. No plano processual, tudo se passa *ad instar* daquelas formas. Sentenças constitutivas-integrativas.

(*e*) A "execução do testamento" contém série de atos que o testamenteiro tem de praticar desde que aceitou o cargo. Esses atos ele os pratica. por si só, ou com pedidos intercalados de meios e de formalidades, até que tenha de *prestar contas* desses atos e das omissões. Tem ele, a esse respeito, *pretensão e obrigação* de as prestar, tal como acontece a outras pessoas que exercem cargos de confiança.

Entre os seus atos estão o de propor ação declaratória da existência de relação jurídica, testamentária, se o juiz se recusou a considerar a apresentação como apresentação de testamento, o de defender o negócio jurídico do testamento, ou as disposições testamentárias, nas ações de nulidade, o de propor ação declaratória de alguma relação jurídica oriunda do testamento.

A cobrança da vintena é em ação de condenação, que pode ser incidente no processo, com arbitramento pelo juiz. Eventualmente, com acordo solutivo, homologado.

(*f*) A *remoção* do testamenteiro é pedida por *ação de remoção*, de sentença favorável constitutiva-negativa, com o efeito anexo de direito material, que é a perda do prêmio.

IV. Ações relativas à herança jacente

A) Ação de arrecadação da herança jacente

Em vez de duas fases, pode-se falar de duas ações, que é, em verdade, o que ocorre; e essas duas ações (em *cumulação objetiva sucessiva*) têm naturezas diferentes:

a) A *ação constitutiva da curadoria*, que é ação de constituição positiva, dotada de elemento mandamental, cautelar, e seguida de procedimento edital com *provocatio ad agendum* – ação que se extingue com a eficácia da sentença de outra ação, a de habilitação de herdeiros, ou com a absorção dos bens pelas dívidas, ou pelo concurso de credores. Em tal ação, há adiantamento de constituição (uma das espécies de adiantamento de cognição, como, nas ações executivas de títulos extrajudiciais, há adiantamento de condenação e de *execução*). O processo é inquisitivo.

---

630 C. Civ. de 2002, art. 1.894.

Ainda se há testamento, uma vez que não se conheçam os herdeiros, ou *não existam*, arrecadam-se os bens (sem razão, a 1ª Turma do Supremo Tribunal Federal, a 13 de maio de 1943, *D. da J.*, de 15 de janeiro de 1944). A validade, ou não, do casamento não pode ser apreciada em processo de inventário, ainda quando se trate de arrecadação – não, porém, porque seja questão de alta indagação, como pareceu à 3ª Câmara Cível do Tribunal de Apelação do Distrito Federal (15 de setembro de 1942, *D. da J.*, de 31 de dezembro), e sim por força do art. 222 do Código Civil.[631] Nulidade de casamento pode não ser, *in casu*, questão de alta indagação.

A publicação dos editais com a *provocatio ad agendum* é posterior à arrecadação e à entrega dos bens ao curador (art. 1.152); *a fortiori*, à nomeação e investidura desse; não é ato independente, mas um dos atos do processo das ações sucessivamente cumuladas. Não se chama à relação jurídica processual, dissemos, que se iniciou com o processo inquisitivo da arrecadação, e sim a propor a ação de habilitação. Essa *provocatio ad agendum* contém em si cominação implícita.

b) A *ação de devolução à Fazenda Pública*, de cognição incompleta. Se não houve habilitação de herdeiros, o juiz "julga vacantes" os bens da herança dita jacente, expressões detrituais que revelam permanências de conceitos já obsoletos e insuficiência intelectual para as sínteses. Quer dizer: o juiz lavra sentença mandamental em ação mandamental, com a advertência legal de que se devolve apenas *enquanto* não se produzir a coisa julgada material de sentença proferida em ação de petição de herança, que é ação declarativa, na espécie, sem cumulação com a de reivindicação, ou com a de partilha, o que lhe daria a força executiva dessa sentença.

A ação de devolução à Fazenda Pública, de cognição incompleta, é mandamental, sendo insuficiente para a caracterizar o elemento declarativo que pertence à questão da não-existência de herdeiros (relações jurídicas de direito das sucessões). Em verdade, o juiz apenas devolve os bens à Fazenda Pública, firmado em presunção que pode ser elidida pela coisa julgada material da ação de petição de herança, cumulada, ou não, com a de rescisão da sentença que negou cumpra-se a testamento.

B) Ações de habilitações de herdeiros nos casos de herança jacente

As *ações de habilitação de herdeiros* em arrecadação de bens de defuntos são *mandamentais-negativas*: têm por fim afastar o mandamento

---

631 Sem correspondência no C. Civ. de 2002.

da arrecadação. Não se confundem, pois, com as *ações de habilitações de herdeiros* quando não houver arrecadação. Essas são declarativas; o efeito em ato, que possa ter a sentença, é o de *praeceptum* ou o do pedido, novo ou cumulado, de entrega dos bens pelo inventariante. Não houve mandamento anterior do juiz; não se pede, portanto, mandamento contrário.

A *hereditatis petitio* é a reivindicação do herdeiro: nela há o elemento declarativo e o elemento executivo (donde ter havido mesmo a *hereditatis petitio possessoria*), podendo dar-se que o elemento condenatório cresça passando do quarto para o terceiro lugar (elemento acessório da *actio in rem*, L. 25, § 18, D., *de hereditatis petitione*, 5, 3). Ação executiva, declarativa-mandamental, ou declarativa-condenatória. Assim no direito brasileiro como em direito romano, porque a saisina (Código Civil, art. 1.572)[632] foi transformação apenas no plano do direito material.

C) Embargos de terceiro na ação de arrecadação

A ação de terceiro contra a arrecadação e a constituição da curadoria é *ação de embargos de terceiro*, não oposição de terceiro. Fala-se de serem processados em apartado os "incidentes" de "oposição de terceiros"; porém, em verdade, no direito brasileiro, principalmente no sistema do direito processual civil, a ação do terceiro é de embargos de terceiro, e não de oposição: não vai o terceiro com ação de cognição, e sim com a ação mandamental para destruir a força do mandado de arrecadação e a nomeação ou entrega dos bens ao nomeado curador. Contra o mandamento, depois de passar em julgado a sentença (devolvidos os bens à Fazenda Pública), não há mais embargos de terceiro. Quaisquer ações são contra a Fazenda Pública, e não mais em embargos.

V. Ações relativas à arrecadação de bens de ausentes

Três ações: uma, a *ação constitutiva da curadoria*, seguida de procedimento edital de citação do ausente e de *provocatio ad agendum* dos outros interessados; outra, a *ação de abertura da sucessão provisória*; finalmente, a *ação de sucessão definitiva*.

a) A *ação constitutiva de curadoria* é a mesma de que se falou a respeito da arrecadação de bens de defuntos. O procedimento edital é que contém, a mais, a *vocatio in ius*.

---

632 C. Civ. de 2002, art. 1.784.

b) A *ação de abertura da sucessão provisória* é ação *mandamental*, tal como a ação de devolução dos bens à Fazenda Pública. O mandamento é numa das duas direções que seriam possíveis: entrega aos herdeiros ou devolução à Fazenda Pública. Ação de cognição incompleta e sentença sem força de coisa julgada material, a despeito da sua forte carga de eficácia declarativa.

c) A *ação de abertura da sucessão definitiva* foi concebida como inserta ao próprio processo da sucessão provisória, pelo princípio de economia. Essa sucessão definitiva já é eficácia de sentença declarativa de hereditariedade, petição de herança em processo de acautelamento de bens de ausente. À aparição do descendente ou ascendente dele, ainda nos dez anos posteriores, os bens são-lhe entregues "como se acharem", ou por seu valor. Não há *reivindicatio*. A ação do ausente, que aparece, não é declarativa – é apenas mandamental-negativa. De certo modo, é como os embargos do terceiro, dono dos bens arrecadados.

A construção jurídica oferece, portanto, todo interesse prático e científico, não há ação do ausente, ou do interessado, mas defesa. *Vocatio in ius*, não *provocatio ad agendum*. Não se concebe o "pedido" do ausente ou de algum dos legitimados como ação mandamental contrária, e sim como defesa em ação mandamental: o juiz, que defere o seu requerimento, imite-o na posse dos bens, cassando o mandado de arrecadação. No caso de herança jacente, há ação mandamental contrária, se alguém acode à *provocatio ad agendum*. O que comparece tem mesmo de "agir" com outra citação pessoal dos herdeiros presentes, a do curador e, por editais, a do ausente (*vocatio in ius* ao processo da arrecadação) e de outros interessados para oferecerem os seus "artigos de habilitação". Cada habilitação é relação jurídica processual à parte. As ações de habilitação é que são, aí, ações mandamentais contrárias à arrecadação.

VI. Ação de arrecadação de bens vagos

Na *ação mandamental de arrecadação de bens vagos*, a sentença ou é declarativa do direito do dono ou possuidor do bem, ou do direito da Fazenda Pública. A aparente anomalia provém de se ter concebido como *defesa* o que deveria ser ação mandamental contrária do dono ou possuidor. A ação tem sentença *declarativa ou constitutiva*; a ação mandamental dá essa bifurcação alternativa sentencial. Outra ação se embute.

O direito do achador ao prêmio e às despesas tem ação à parte, salvo se, ao apresentar a coisa, o achador já o pediu, ou se o dono ou possuidor, aparecendo, suscitou desde logo a discussão. Será *parte* da sentença formal; em verdade, outra sentença, condenatória, metida na sentença declarativa.

A sentença que se profere devolvendo à Fazenda Pública o remanescente é *constitutiva*, e não *declarativa*. Parece-se com as sentenças de devolução dos bens à Fazenda Pública nos casos de herança arrecadada e de bens de ausentes, mandamental aquela, e essa, *ad instar* da sentença de sucessão definitiva conferida ao herdeiro, declarativa, com forte dose de mandamento negativo.

O conceito de *arrecadação* ficou assaz preciso no direita luso-brasileiro e no brasileiro. É ato mandamental, se parte do juiz; e é óbvio que dele parta, pela constrição que vai implícita em todo arrecadar. É anterior ao *inventário* e à *administração*, porque é constrição pura. O depositário guarda, sem ter arrecadado; o juiz arrecada (ou manda arrecadar), e não guarda. Quando alguém, que vai ser depositário, tem por missão prévia arrecadar então arrecada e guarda. Mas o inventariar é tão indispensável à prova da arrecadação, ou das suas extensões, que, ao se arrecadar, de regra se inventaria. É fazer um ato só arrecadar e inventariar, seguido da guarda ou depósito.

Nas ações arrecadativas, a arrecadação é o ato inicial, como a penhora o é de certas ações executivas. Porém esse ato não é só, nem fim em si; é ato de seqüência de atos que vão terminar pela entrega dos bens. Na ação de arrecadação de herança vacante, o ciclo é da constitutividade (curadoria) para a mandamentalidade (cheia, aliás, de declaratividade), quando se devolvem os bens. O elemento executivo não é suficiente para fazer executiva a ação, porque, embora o juiz seja órgão do Estado, ele não *transmite* domínio e posse à Fazenda Pública; declara que se transmitiram. Na ação de arrecadação de bens de ausentes, o ciclo é da declaratividade à constitutividade, o que assaz a distingue das ações arrecadativas de herança vacante e de bens de ausentes. Há declaração no devolver; porém, há mais constituição.

VII. Ações de interdição

Todas as *ações de interdição* são constitutivas. As *ações de levantamento da interdição*, constitutivas-negativas. Do elemento constitutivo distingue-se o que concerne à possível declaração.

(a) À primeira vista, pelo fato de ser *nulo* o ato do interditando, antes de passar em julgado a sentença de interdição e, até, antes de se haver promovido qualquer ação de interdição, pensou-se em considerar a sentença de interdição sentença declarativa. Mas ainda esse argumento, que seria o mais relevante, peca pela falta de observação dos fatos. Se o juiz interdita B, sem fixar o tempo em que começou a incapacidade, e outro juiz, que examina negócio jurídico em que, já incapaz (louco), o ora interditado figurou, e pronuncia a nulidade do negócio jurídico – não *declarou* a loucura (loucura não é relação jurídica, é fato da vida), e sim *desconstituiu* o negócio jurídico nulamente concluído (constituído com vulnerabilidade). Portanto, ainda nesse caso, a sentença não é declarativa. O mesmo raciocínio havemos de fazer quanto às exceções de nulidade.

As *ações de interdição* são, pois, ações constitutivas, variando apenas a extensão temporal da eficácia (*ex nunc, ex tunc*).

(b) As *ações de levantamento de interdição* são constitutivas-negativas e podem desconstituir no passado, salvo a irradiação do registro. *E. g.*, ação constitutiva (de nulidade) pode ir ao passado destruir a existência nula do negócio jurídico, se o que contratou com o insano estava de má-fé, invocando a extensão da eficácia do levantamento.

VIII. Ações para nomeação e remoção de tutores e de curadores

(a) As ações, pelas quais quem tem *pretensão constitutivas* à nomeação de tutor, ou curador para alguém, pede que se nomeie tutor, ou curador, de acordo com a lei, ou o testamento, são *ações constitutivas*, algumas *constitutivas-integrativas* (tutores ou curadores legítimos ou testamentários).

Tanto na arrecadação de bens de defuntos quanto na de bens de ausentes e na de bens vagos, há fase inicial em que ainda não se caracterizou a executividade, ao contrário do que se passa com as ações executivas de títulos extrajudiciais e com a execução de sentença, que se iniciam com a cominação de penhora, e as ações de inventário e partilha, que já se dirigem à execução. Essa fase, nas arrecadações, é mais cautelar do que executiva – portanto, mandamental. A *provocatio ad agendum* do art. 1.152 e as *vocationes in ius* dos arts. 1.161 e 1.171 é que dão início à ação executiva. A diferença, em relação aos mandados das ações executivas de títulos judiciais e de títulos extrajudiciais, mostra-nos muito da natureza dos respectivos processos.

(b) As ações pelas quais se pede a remoção dos tutores ou curadores são *constitutivas-negativas*, quer se trate de tutores ou curadores legítimos, testamentários ou dativos (a diferença foi exaurida ao se nomear; depois, todos os tutores e curadores são iguais e subordinados aos mesmos deveres e com os mesmos direitos). A remoção de causa acidental, como a moléstia grave, é de carga condenatória menor. As ações de suspensão ou de perda do pátrio poder (Código Civil, arts. 394 e 395;[633] Código Penal, art. 71) são constitutivas-negativas. As *incapacidades* do art. 69, II e XII, do Código Penal, são eficácia anexa da sentença criminal.

Alguns feitos se têm visto em que o pai (ou a mãe), titular do pátrio poder, é citado em ação de condenação ou cominatória a propósito de certos deveres. Não se pode, *a priori*, excluir uma ou outra ação, sendo ambas, aliás, condenatórias, uma sem e outra com adiantamento; mas é preciso muito cuidado da parte do juiz ao deferir a própria petição inicial, que pode ser inepta. Não há ação de condenação, ou de cominação, sem que a *res in iudicium deducta* seja, desde já, obrigação (em senso largo) do réu – é preciso que se deva prestação de fazer, ou de não fazer, ou outra prestação. Se o pai ou a mãe, titular do pátrio poder, não foi restringido em seus direitos ou deveres, por sentença passada em julgado, a ação de condenação, ou a de cominação, somente se pode conceber para aqueles casos em que nasce da lei a sua obrigação.

Assim, desavindos pai, ou mãe, e avô de menor – seja materno ou paterno, não importa –, o direito brasileiro ignora o "direito subjetivo" e a "pretensão" dos avós a terem alguns dias consigo os netos. Seria preciso que existissem o direito e a pretensão dos avós a essa permanência dos netos com eles, para que, alegando-os e, mais, o obstáculo criado pelo titular do pátrio poder (*Actio nata est!*) exercessem ação contra o pai, ou mãe, que infringir a lei, ferindo o direito e a pretensão dos avós.

A ação condenatória com a de cominação, satisfeitos os pressupostos especiais, e a de simples condenação seriam de usar-se. *Aliter*, se o direito não existe, nem a pretensão à condenação, ou à cominação. Esses avós, como os "parentes" em geral (Código Civil, art. 394),[634] teriam pretensão à constituição negativa (modificativa) do pátrio poder, que o art. 394[635] criou, de forte carga condenatória (não sempre, como se o pai não pode cuidar do filho, temporariamente, por ter sido vítima de acidente), porém, tipicamente, ação de constituição negativa. Depois de adotada, em sentença trânsita em julgado, a medida, de que se fala no Código Civil, art. 394,[636] então, sim: há, a respeito de quem foi incumbido, por exemplo, de

---

633 C. Civ. de 2002, arts. 1.637 e 1.638, respectivamente.
634 C. Civ. de 2002, art. 1.637.
635 Vd. a nota 635.
636 C. Civ. de 2002, art. 1.637.

guardar o menor, pretensão a ser-lhe restituído. A mãe, no caso do art. 329 do Código Civil,[637] não precisa de ação constitutiva, porque o seu direito e a sua pretensão estão na lei mesma.

(c) A petição de escusa ("recusa") é exercício de pretensão de direito material; e a ação, indiferentemente processada em apenso, ou não, tem natureza constitutiva-negativa.

IX. Ações de organização e fiscalização de fundação

(a) A primeira *ação de organização de fundação* é a exercida pela "pessoa" instituidora, ou pela incumbida da aplicação do patrimônio. No ato em que instituir a fundação, o instituidor elabora os estatutos; se não os elaborou, a *pessoa incumbida* o fará, sob pena de fazê-lo o órgão do Ministério Público.

Historicamente, o *iudex chartularius*, que seria o aprovador dos estatutos, deixou de ser o juiz, porém o seu ato ficou subordinado ao exame da Justiça, em vez de ao exame do superior hierárquico do órgão do Ministério Público. Isso teve de ser feito dentro do *princípio de separação de poderes públicos*, razão por que não se concebeu o exame como *recurso*, e sim como *ação*.

O *registro* é efeito mandamental da aprovação da sentença constitutiva. Não se pense em decisão mandamental, invocando-se o art. 1.201 (*verbis* "indicará as modificações que entender necessárias ou lhe denegará a aprovação", pois o "indicará" está aí por "fará"): é o órgão do Ministério Público que dita ou escreve as alterações e manda que se faça a inserção. Todo o seu ato sentencial é incluso, e não imediato. Diga-se o mesmo no tocante ao art. 1.201, § 2°.

(b) A segunda *ação de organização de fundação* (artigo 1.201, §§ 1° e 2°) nasce no momento em que o Ministério Público recusa, total ou parcialmente, a aprovação aos estatutos. Até aí, tudo se passara em plano que não é o do direito processual; é o plano do direito material privado e do direito público (funções do Ministério Público). A pretensão à organização sofreu ofensa, que suscita a *ação*.

O ato de aprovação pelo órgão do Ministério Público é integrativo da constituição, ou, segundo a lei, da organização da fundação. Uma vez

---

637 C. Civ. de 2002, art. 1.588.

que ele falta, tem de ser *suprido*. Esse suprimento é *sentença constitutiva-integrativa*, como a aprovação pelo órgão do Ministério Público teria sido ato administrativo-integrativo. O legislador do Código de 1973, como o de 1939, foi feliz na expressão "suprimento" ("pode o interessado, em petição motivada, requerer" (aliás pedir) "ao juiz o suprimento da aprovação"). É de suprimento, em verdade, que se trata.

(c) A terceira *ação de organização de fundação* é a que tem por fito a decretação da nulidade, total ou parcial, dos estatutos elaborados pelo órgão do Ministério Público, ação *constitutiva-negativa*.

(d) As *ações de fiscalização de fundação* não são específicas. São as ações que caibam na função fiscalizadora do órgão do Ministério Público. Uma delas é a de prestação de contas; outra, a condenatória-cominatória, quando satisfeitos os pressupostos. Outras, ainda, as ações de *nulidade absoluta* ou *relativa* dos atos praticados sem observância dos estatutos (ações constitutivas-negativas).

(e) A *ação de extinção de fundação*, por ilicitude, ou pela impossibilidade da sua manutenção (art. 1.204, I e II), que é *constitutiva-negativa*, e não declarativa, dirige-se à desconstituição da fundação, um de cujos efeitos é o mandamental do cancelamento do registro. Força constitutiva; efeito mandamental. Posto que, segundo o Código Civil, art. 145, II,[638] seja *nulo* o negócio jurídico se ilícito ou impossível o seu objeto e decretável de ofício a nulidade (art. 146, parágrafo único, 1ª parte),[639] o art. 30 e seu parágrafo único[640] excluíram a decretação de ofício, em se tratando de fundação, o que importa em exceção ao art. 146, parágrafo único, 1ª parte, do Código Civil,[641] *verbis* "devem ser pronunciadas pelo juiz, quando conhecer do ato ou dos seus efeitos e as encontrar provadas" (cf. Max Hürlimann, *Die Stiftungen*, 126). Mas a ação sobre existir, ou não, a fundação é declarativa.

Importa isso dizer-se que se concedeu às fundações quase o mesmo que se concedera ao casamento (aliás, também às sociedades por ações: a *forma* da ação de constituição negativa). É a *pretensão à ordinariedade do rito* (casamento, Código Civil, art. 222);[642] sociedades por ações, art. 674

---

638 C. Civ. de 2002, art. 166, II.
639 C. Civ. de 2002, art. 168, parágrafo único.
640 C. Civ. de 2002, art. 69.
641 C. Civ. de 2002, art. 168, parágrafo único.
642 Sem correspondência no C. Civ. de 2002.

do Código de Processo Civil de 1939 (Código de 1973, art. 1.218, VII), ou a *pretensão à exclusão da sentenciação sem forma processual e de ofício*, sentenciação que se permite, em geral, tratando-se de nulidade absoluta, e aí (Código de 1973, art. 1.204; art. 30 do Código Civil) se exclui.

(f) A *ação declaratória da extinção da fundação* é ação declarativa típica; não é ação peculiar às fundações. A pretensão, que está à base dela, é apenas a pretensão a que o juiz *declare* a existência (ou inexistência) de relação jurídica. Os pressupostos subjetivos e objetivos são os da ação declarativa típica. Porém, por ela não se pode *pedir* a extinção da fundação (Código Civil, art. 30):[643] supõe, se é negativa, que a fundação esteja extinta; se é positiva, que a fundação não esteja extinta. *E. g.*: o instituidor fê-la a termo ou sob condição resolutiva; lei de ordem pública, considerou-a extinta desde certo dia (*aliter*, se deixou à justiça a apreciação de cada caso). Tal ação declarativa não poderia ter, só por si, força mandamental; daí não se confundir com a ação do art. 1.204, III, *verbis* "se vencer o prazo de sua existência". Nem a lei lhe deu força mandamental, uma vez que só lhe conferiu o *praeceptum*.

(g) A *ação de extinção da fundação* por extinção do prazo, por ter acabado o seu tempo de vida, é ação mandamental. O elemento declarativo, que produziu, por seu isolamento, a *força declarativa* da sentença (f), em ação declaratória segundo o art. 4°, foi insuficiente para o cancelamento do registro. Passa, na ação mandamental do art. 1.204, III, a ser produtor de *efeito declarativo*, como simples *questão prejudicial*. Diferentes, mas merecedores de comparação, os casos versados nos arts. 598 e 599 do Código de 1939 (Código de 1973, art. 1.218, V).

(h) A *ação de reajustamento* ou de *modificação da organização* é ação constitutiva, que tem por fim obter do juiz a adaptação dos estatutos às novas circunstâncias, de modo que seja como se a ela houvesse procedido o próprio fundador. O órgão do Ministério Público não pode, só por si, alterar o estatuto, nem o poderia a pessoa de que fala o art. 1.199. Feito e registrado, esgotou-se a competência normativa daquela pessoa, ou do órgão do Ministério Público, ou do próprio juiz: a modificação tem de ser *promovida* pela pessoa ou pelas pessoas que estejam na direção, ou pelo órgão do Ministério Público, e o juiz decidirá, em *sentença constitutiva-modificativa*, de efeito mandamental. Tal é o nosso direito.

---

643 C. Civ. de 2002, art. 69.

Em todas as fundações, entende-se que o fundador quis a modificabilidade, se as circunstâncias o impõem, ou se o sugerem fortemente; porque a imodificabilidade seria contra as relações e as condições humanas ("em contradição com a natureza das relações humanas", disse Mas Hürlimann, *Die Stiftungen*, 116). Aqui, pode o jurista pensar em cláusula *rebus sic stantibus* tácita (*aliter*, art. 471).

(i) A *ação de modificação do fim* não existe como ação oriunda da lei em nosso direito. Existe no direito alemão (§ 87, alínea 3ª) e no direito suíço (art. 86, cf. E. Huber, *System und Geschichte*, I, 175 s.; cf. Max Hürlimann, *Die Stiftungen*, 115 s.).

Somente pode resultar do ato de instituição, como cláusula *rebus sic stantibus*, não tácita.

X. Especialização da hipoteca legal

A ação de especialização da hipoteca legal poderia ter sido concebida – pelo direito material, é claro – como ação mandamental, ou como ação constitutiva. No Código Civil e no Código de Processo Civil de 1973, arts. 1.205-1.210, como no de 1939, arts. 697-703, é constitutiva, com efeito mandamental imediato.

TABELA LII

	EFICÁCIA				
	Declarativa	*Constitutiva*	*Condenatória*	*Mandamental*	*Executiva*
Ação de homologação do penhor legal (art. 874)	4	5	2	3	1
Ação de especialização de hipoteca legal (art. 1.205)	3	5	1	4	2
Ação de alienação judicial (artigo 1.113) *necessitatis causa*	4	5	1	3	2
(Ação de venda da coisa comum)	4	5	1	2	3
(Ação de autorização de venda)	4	5	2	1	3
(Ação de arrematação)	1	5	2	3	4

I

ÍNDICE ALFABÉTICO DOS AUTORES

(*Os números referem-se às páginas.*)

ALCIATO, Andrea, 311
ALMEIDA, Estevão de, 303
ALMEIDA E SOUSA, Manuel de, 59, 129, 167, 320
ANDRADE, Odilon de, 115, 188, 273
AQUINO E CASTRO, 207
ARNDTS RITTER VON ARNESBERG, Ludwig, 229
AROUCA, Antônio Mendes, 173
BARBOSA, Agostinho, 211
BARBOSA MOREIRA, José Carlos, 5
BATISTA, Zótico, 273
BAUDRY-LACANTINERIE, G., 303
BEHREND, F. H., 343
BENTO PEREIRA, 287
BERNARDES, Alfredo, 116
BERNATZIK, E., 22
BESELER, Georg, 189, 191
BEVILÁQUA, Clóvis, 39, 115, 174, 212, 215
BEYER, R., 71, 84
BIERLING, E. R., 164
BINDER, Julius, 225, 227
BOEHMER, G. L., 149
BORGES CARNEIRO, Manuel, 278
BORNHAK, Conrad, 22
BOURJON, 161
BRETTNER, 146, 189
BRODMANN, E., 225
BRUGI, Biagio, 204
BRUNNEMANN, J., 149, 157
BUCHHOLTZ, A. A. Von, 227
CABEDO, Jorge de, 173, 258
CAILLEMER, R., 191
CÂMARA LEAL, Antônio Luís, 63

CARPENTER, L. F. S., 116
CARPZOV, B., 149
CARVALHO, Carlos de, 67
CARVALHO MOURÃO, 147
CARVALHO SANTOS, J. M. de, 188, 303, 325
CASTELLETT, Saverio, 300
CASTRO MENDES, João de, 20
CHORINSKY, C., 241
COELHO DA ROCHA, M. A., 174, 261
CORREIA TELES, José Homem, 174, 207, 258
COSACK, Konrad, 189
CROME, Carl, 225, 230, 344
CUNHA GONÇALVES, Luís da, 63
CURTI, E.-Forrer, 202
DERNBURG, Heinrich, 190, 229
DIAS FERREIRA, 66, 147, 206
ECCIUS, M. E., (Förster), 146
ECK, ERNST-R. Leonhard, 189
EGGER, August, 189
EHRLICH, Eugen, 56
EICHHOFF, Ernst, 26
ENDEMANN, Friedrich, 66, 142, 189
ENNECCERUS, L., 343
ESCHER, August, 189
FABER, A., 222
FAZZALARI, Elio, 7
FEBO, Melchior, 164
FERREIRA ALVES, J. A., 142, 148, 174, 189, 192
FERREIRA BORGES, 174
FERRI, Luigi, 231
FISCHER, Otto, 192
FRANCKE, Wilhelm, 229

FROMMHOLD, G., 192
FULGÊNCIO, Tito, 106, 116
FURGOLE, 162
GAIO, 167
GAMA BARROS, Henrique da, 129, 149
GAUPP, L.-Friedrich Stein, 29
GIERKE, Otto Von, 57, 344
GMÜR, Max, 189, 354
GOLDFELD, 190
GOLDSCHMIDT, James, 29, 304, 326
GOMES DE OLIVEIRA, 23
GOUVEIA PINTO, Antônio Joaquim de, 126, 170, 171, 174, 196
GREIFF, M., 225
GUERREIRO, Diogo (Guerreiro) Camacho de Aboim, 67, 148
GUIMARÃES, Mário, 312
HÄNEL, Albert, 6
HAFTER, E., 354
HARTMANN, Gustav, 191, 192
HELLWIG, Konrad, 24, 26, 66, 189, 190, 268, 304, 326
HENLE, Wilhelm, 344
HERZFELDER, F., 146, 201, 204
HOMMEL, B. J., 176
HUBER, E., 382
HUC, Théophile, 203
HÜRLIMANN, Max, 380, 382
ITABAIANA DE OLIVEIRA, 147
JAEGER, Ernst, 189, 192
JAEGER, Felix, 26, 29
JASÃO DE MAINO, 38
JHERING, Rudolf Von, 164
KISCH, Wilhelm, 26, 117
KLEINFELLER, Georg, 26
KLOPPEL, P., 26
KNIEP, Ferdinand, 229
KOEPPEN, A., 164
KOHLER, Josef, 24, 27, 31, 57, 192
KRESS, Hugo, 225
KUHLENBECK, Ludwig, 213
KUNTZE, J. E., 57
KUTTNER, Georg, 26
LACERDA DE ALMEIDA, Francisco de Paula, 59, 148, 189
LAFAIETE RODRIGUES PEREIRA, 59, 116

LANGHEINEKEN, Paul, 26, 229
LAUTERBACH, Wolfgang Albrecht, 149
LEGROS, C., 42
LEINWEBER, Arnold, 229
LEONHARD, Franz, 84, 146
LEONHARD, Rudolf, 227, 229
MAREZOLL, 166
MEISCHEIDER, Emil, 146, 189, 201
MELO FREIRE, Pascoal José de, 126, 129, 159, 164, 170, 171, 172, 173
MENDES PIMENTEL, Álvaro, 39
MESSINA, Giuseppe, 191
MEURER, Christian, 344
MOREL, René, 4
MÜLLER, Otto, 57
MÜLLER, P., 167
NAGELSCHMIDT, Walter, 230
NAVE, Alfred, 230
NEUKAMP, E., 26
NUSSBAUM, Arthur, 25
OERTMANN, Paul, 28
OLIVEIRA FILHO, Cândido de, 39
OPPERMANN, 26, 29
PAGENSTECHER, Max, 24
PASSAGERIUS, Rolandinus de, 191
PERDIGÃO MALHEIRO, Agostinho Marques, 215, 235, 251, 270
PETERSEN, J.-E. Anger, 191
PINHEIRO, Francisco, 143
PLANCK, G., 141, 188, 225
PLANIOL, Marcel, 183
PONTES DE MIRANDA, 28, 32, 37, 38, 44, 48, 51, 66, 83, 89, 101, 110, 113, 115, 118, 125, 129, 132, 134, 141, 145, 149, 151, 152, 156, 158, 163, 172, 174, 175, 183, 194, 197, 198, 203, 207, 209, 212, 213, 214, 215, 221, 255, 259, 261, 263, 278, 291, 298, 303, 312, 315, 319, 323, 329, 337
PORTUGAL, Domingos Antunes, 164
POTHIER, R., 161
RAMALHO, Joaquim Inácio, 66
REBOUÇAS, A. P., 139
REINOSO, Miguel de, 211
REIS, José Alberto dos, 20
RIBAS, Antônio Joaquim, 169, 259

RIBEIRO NETO, Manuel, 173
RITGEN, F., 141, 188
ROBERT, M., 191.
RODRIGUES CARNEIRO, João, 164
ROSENBERG, Leo, 131, 299
ROTERING, 225
RÜMELIN, Max, 42
SAVIGNY, F. C. Von, 224
SCHAEFER, Josef, 227, 230
SCHILTER, J., 157
SCHLEGELBERGER, Franz, 22
SCHMIDT, Richard, 26
SCHNEIDER, Konrad, 22
SCHOTT, Richard, 192
SCHULTZE, Alfred, 89, 190, 191, 192
SCHULTZENSTEIN, M., 22
SCHWARTZ, Johann Christoph, 26
SECKT, F., 189
SEIDLER, 23
SEUFFERT, Lothar, 29
SILVA LISBOA, 174
SIMÉON, P., 183
STEIN, Friedrich, 22, 24, 26
STROHAL, Emil, 142, 192, 229
STRUVE, G. A., 167
STRYKE, Samuel, 149, 157, 173
STURM, August, 189
TEIXEIRA DE FREITAS, 66, 139, 173, 174, 196, 197, 213, 259

TEVENAR, Joh. Wilh. Von, 311
THIELE, 38
THOMA, R., 5
THOMASIUS, C., 157
TORRES HOMEM, 291
TRIGO DE LOUREIRO, L., 119
TUHR, Andreas Von, 57, 325, 343
TUOR, Peter, 189
TURNAU, W.-K. Förster, 225
ULPIANO, 174, 228, 230
VALASCO, Álvaro, 48, 173
VANDERLEI, João Maurício, 270
VITERBO, Joaquim de Santa Rosa de, 287
VOET, Johann, 64
WÃCHTER, C. G. Von, 38
WALLER, A., 44.
WARNEYER, Otto, 201
WEISMANN, Jakob, 26, 261
WEISSLER, Adolf, 146, 189
WENDT, Otto, 230
WETZELL, G. W., 229
WILKZ, Richard, 146
WINDMÜLLER, E., 38
WLNDSCHEID, B., 28
WOLFF, Martin, 225
ZEILLER, Edler Riiter Frz. Aloys Von, 182

II
ÍNDICE CRONOLÓGICO DA LEGISLAÇÃO
(Os números referem-se às páginas.)

1. CONSTITUIÇÕES

Constituição de 1967, com a Emenda nº 1, art. 107: 334
– art. 107, parágrafo único: 242, 334
– art. 108: 334
– art. 153, § 1°: 101

2. DIREITO ROMANO

L. 13, § 12, D., *de hereditatis petitione*, 5, 3: 230
L. 18, § 2°, D., *de hereditatis petitione*, 5, 3: 228
L. 20, § 1°, D., *de hereditatis petitione*, 5, 3: 44
L. 25, § 18, D., *de hereditatis petitione*, 5, 3: 374
L. 33, § 1°, D., *de hereditatis petitione*, 5, 3: 44
L. 80, D., *de legatis et fideicommissis*, 31: 222
L. 1, § 9°, D., *de bonorum possessione secundum tabulas*, 37, 11: 166
L. 3, pr., D., *de adquirendo vel amittenda possessione*, 41, 2: 229
L. 13, § 10, D., *de adquirenda vel amittenda possessione*, 41, 2: 222
L. 31, § 5°, D., *de usurpationibus et usucapionibus*, 41, 3: 222
L. 40, D., *de usurpationibus et usucapionibus*, 41, 3: 222
L. 6, § 2°, D., *pro emptore*, 41, 4: 222
L. 1, § 1°, D., *quod legatorum*, 43, 3: 222
L. 183, D., *de diversis regulis iuris antiqui*, 50, 17: 174
L. 21, § 5°, C., *de testamentis*, 6, 23: 166
L. 2, C., *communia de legatis et fideicommissis et de in rem missione tollenda*, 6, 43: 222
Novela de Valentiniano III, do ano 446: 370

3. DIREITO GERMÂNICO

Sachsenspiegel, I, 33: 221
– III, 83, § 1°: 221

4. DIREITO MEDIEVAL

Codex Fabrianus, L. VII, 6, IV 222

5. ORDENAÇÕES REINÍCOLAS

Ordenações Afonsinas, Livro IV, Título 103, § 2°: 157, 158
Ordenações Manuelinas, Livro IV, Título 76, § 3°: 159
– Livro V, Título 41: 288
Ordenações Filipinas, Livro I, Título 62, § 2°: 197, 287
– Livro I, Título 62, § 4°: 198
– Livro I, Título 62, § 4°, pr.: 198
– Livro I, Título 62, § 8°: 139
– Livro I, Título 62, § 9°: 139
– Livro I, Título 62, § 12: 192, 210
– Livro I, Título 62, § 17: 197
– Livro I, Título 62, § 21: 207
– Livro I, Título 62, § 38: 264, 280
– Livro I, Título 90: 233
– Livro II, Título 26, § 17: 288
– Livro III, Título 94, § 3°: 291

– Livro IV, Título 11: 60
– Livro IV, Título 80, § 3º: 159, 162
– Livro IV, Título 83, § 9º: 173
– Livro IV, Título 86, § 1º: 185
– Livro IV, Título 86, § 2º: 185
– Livro IV, Título 103, § 6º: 319
– Livro V, Título 62, § 3º: 288

6. CÓDIGOS DE PROCESSO

Código de Processo Civil, art. 2º: 14
– art. 3º: 15, 354
– art. 4º: 27, 126, 128, 133, 354, 381
– art. 5º: 133
– arts. 7º-41: 13
– art. 8º: 37
– art. 9º: 37, 306, 354
– art. 9º, I: 306, 329
– art. 9º, II: 329
– art. 9º, parágrafo único: 261, 264, 266, 310, 354
– art. 12: 233
– art. 12, IV: 235, 236, 249, 262
– art. 12, V: 201
– art. 17, IV: 78
– art. 19: 206
– art. 24: 30
– art. 26: 112, 113
– art. 26, § 1º: 112
– art. 26, § 2º: 112
– art. 38: 93
– art. 47: 171
– art. 47, parágrafo único: 171
– art. 50: 73
– art. 54: 73, 236
– arts. 56-61: 259
– arts. 81-85: 13
– art. 82: 15
– art. 82, I: 15
– art. 82, II: 15
– art. 82, III: 15, 236
– art. 83, II: 15
– art. 84: 15, 236
– arts. 86-153: 13
– art. 94: 68, 302
– art. 94, § 1º: 235, 302

– art. 94, § § 1º-4º: 68
– art. 94, § 2º: 302 s.
– art. 94, § 3º: 303
– art. 95, 1ª parte: 68
– art. 96: 132, 170
– art. 96, parágrafo único: 151, 235
– art. 96, parágrafo único, I: 242, 263, 266
– art. 96, parágrafo único, II: 235, 242, 266
– art. 97: 263
– art. 100, I: 92
– art. 103: 266
– art. 105: 29
– art. 106: 266
– art. 107: 266
– art. 111: 171
– arts. 112-124: 242
– art. 113, § 2º: 133
– art. 114: 171
– art. 125, III: 78
– art. 126: 235
– art. 127: 20
– art. 129: 78, 364
– art. 130: 34, 322, 340
– art. 131: 34, 162, 169, 340
– art. 148: 238
– arts. 148-150: 235
– art. 149: 238
– art. 149, parágrafo único: 238
– art. 150: 238, 252
– arts. 154-257: 13
– art. 155, II: 94, 106
– art. 158, parágrafo único: 116
– art. 166: 348
– art. 178: 18
– art. 179: 331
– art. 180: 18
– art. 183: 113
– art. 183, § 1º: 113
– art. 183, § 2º: 113
– art. 184: 18
– arts. 202-212: 155
– art. 231: 246
– art. 232, III: 246
– art. 241, I: 18
– art. 241, III: 268
– art. 243: 113

- arts. 243-250: 238, 272
- art. 244: 111, 112
- arts. 244-249: 111
- art. 245: 111, 113, 170
- arts. 247-249: 88
- art. 248: 111, 113
- art. 250: 111, 300
- art. 264: 106, 110
- art. 267: 361
- art. 267, I: 308
- art. 267, VIII: 28
- art. 269: 361
- art. 273: 12
- art. 282: 12, 16, 41, 93
- arts. 282-296: 13
- art. 284: 16
- art. 284, parágrafo único: 16
- art. 289: 16
- art. 292: 170
- art. 292, § 1º: 16
- art. 295: 12, 41
- art. 295, I: 95
- art. 295, parágrafo único, I: 95
- art. 296: 12
- art. 297: 172
- arts. 297-314: 13
- art. 300, 1ª parte: 17
- art. 300, 2ª parte: 17
- art. 301, I-VIII: 18
- art. 301, IX: 18
- art. 301, X: 18
- art. 301, XI: 18
- art. 302: 16
- art. 302, I: 17
- art. 302, II: 17
- art. 302, III: 17
- art. 302, parágrafo único: 16
- arts. 304-314: 12
- art. 319: 17, 90
- arts. 319-322: 13
- art. 320: 17
- art. 320, I: 17
- art. 320, II: 17
- art. 320, III: 17
- art. 322, 2ª parte: 17
- arts. 329-331: 13

- art. 330: 13
- art. 332: 288
- arts. 332-427: 13
- art. 334: 18, 35
- art. 335: 18
- art. 336: 18
- art. 336, parágrafo único: 12
- arts. 342-347: 12
- art. 343, § 1º: 312
- art. 347, parágrafo único: 12
- art. 411, parágrafo único: 359
- arts. 420-439: 12
- art. 421: 362
- art. 421, § 1º: 362
- art. 421, § 1º, I: 310, 365
- art. 421, § 1º, II: 365
- art. 421, § 2º: 362
- art. 428: 313
- art. 435: 313
- art. 435, parágrafo único: 313
- art. 436: 365
- art. 437: 313
- arts. 437-439: 365
- art. 438: 313
- arts. 444-457: 13
- art. 453, I: 109
- art. 453, II: 109
- art. 453, § 1º: 109
- art. 456: 312
- arts. 458-466: 13
- arts. 463-465: 21
- art. 467: 11, 267
- art. 469: 115, 131
- art. 471: 21, 232, 382
- art. 471, I: 11, 57, 59, 100, 250, 258, 262, 298
- art. 471, II: 11, 21
- arts. 476-479: 13
- art. 485: 133
- art. 485, V: 20, 102
- art. 486: 102
- art. 499, § 2 º: 299
- art. 501: 366
- art. 504: 361
- art. 513: 361
- art. 520: 21, 313, 318

– art. 585: 137
– art. 586: 137
– art. 641: 27, 40, 117
– art. 666: 237
– art. 666, 1: 81
– art. 670: 80
– art. 680: 77
– art. 680, 2ª parte: 41
– arts. 680-683: 48
– arts. 680-684: 51
– arts. 680-685: 362
– arts. 681-685: 41
– art. 683: 77
– art. 686: 78
– art. 686, VI: 79
– arts. 686-707: 73
– art. 687: 78, 246
– art. 687, § 1°: 78
– art. 687, § 2°: 78, 86
– art. 690: 359
– art. 698: 64
– art. 701: 79
– art. 701, § 1°: 79
– art. 701, § 2°: 79
– art. 701, § 4°: 79
– art. 704: 48
– art. 740: 29
– art. 741: 25
– art. 741, I: 137
– art. 798: 73
– art. 803: 82, 88, 341
– art. 822: 73
– art. 826: 73, 280
– art. 827: 279, 280
– art. 839: 155
– arts. 839-843: 15, 150
– art. 843: 155
– art. 874: 473
– art. 917: 238
– art. 919: 238
– arts. 946-981: 69
– arts. 982 e seguintes: 104
– arts. 982-1.045: 8, 69, 272
– art. 983: 131, 276
– art. 983, parágrafo único: 276
– art. 988: 104, 272

– art. 988, I: 249
– art. 990: 142
– art. 990, I: 249
– art. 991, III: 244
– art. 993: 238
– art. 993, parágrafo único: 238
– art. 994: 238
– art. 995: 104
– art. 999: 19, 274
– art. 999, § 1°: 246
– art. 1.000: 148
– art. 1.006: 362
– art. 1.017: 82, 250
– art. 1.017, § 2°: 83
– art. 1.017, § 3°: 75, 83
– arts. 1.017-1.021: 249
– art. 1.018: 250
– art. 1.018, parágrafo único: 250
– arts. 1.022-1.030: 104
– art. 1.026: 19
– art. 1.031: 244
– arts. 1.031-1.045: 104
– art. 1.036: 244
– art. 1.041: 339
– art. 1.046: 7
– arts. 1.055-1.062: 248, 256
– art. 1.057: 269, 276
– art. 1.060, IV: 249
– art. 1.070, § 1°: 74, 75
– art. 1.070, § 2°: 74
– art. 1.075, IV: 20
– art. 1.103: 5, 10, 12, 13, 18
– arts. 1.103-1.112: 5
– arts. 1.103.1.210: 6
– art. 1.104: 11, 12, 13, 14, 15, 19, 41, 359
– art. 1.104, 1ª parte: 14
– arts. 1.104-1.110: 13
– arts. 1.104-1.111: 12, 14, 31
– arts. 1.104-1.112: 11
– art. 1.105: 9, 12, 13, 14, 16, 19, 37, 75, 88, 236, 354
– art. 1.106: 12, 17
– art. 1.107: 9, 12, 17, 18, 34, 42, 61, 348, 365
– art. 1.107, 2ª parte: 18, 37, 47
– art. 1.108: 12, 17, 18

- art. 1.109: 9, 12, 14, 17, 18, 19, 20, 34, 35, 45, 57, 58, 61, 77, 93, 144, 246, 252, 267, 274, 281, 302, 308, 311, 312, 313, 314, 322, 338, 340, 348, 365, 366
- art. 1.109, 2ª parte: 77, 88, 97, 161
- art. 1.110: 10, 12, 19, 34, 35, 37
- art. 1.111: 9, 12, 14, 19, 21, 22
- art. 1.112: 6, 10, 12, 13, 18, 31
- art. 1.112, I: 31
- art. 1.112, II: 31, 51
- art. 1.112, III: 31, 47, 75, 84
- art. 1.112, IV: 31, 69, 53, 71
- art. 1.112, V: 31, 60, 62, 64
- art. 1.112, VI: 31, 68, 69, 71
- art. 1.113: 8, 14, 73, 74, 75, 76, 77, 79, 79 s., 83, 382
- art. 1.113, pr.: 83
- art. 1.113, § 1°: 74, 76
- art. 1.113, § 2°: 10, 74, 76, 80
- art. 1.113, § 3°: 74, 77
- arts. 1.113-1.116: 82
- arts. 1.113-1.119: 10, 73, 79, 369
- arts. 1.113-1.210: 18
- art. 1.114: 74, 76, 77
- art. 1.114, I: 74, 77
- art. 1.114, II: 74, 77
- art. 1.115: 78
- art. 1.116: 80, 81, 253
- art. 1.116, parágrafo único: 80, 253
- art. 1.117: 74, 82, 369
- art. 1.117, I: 73, 82, 83
- art. 1.117, II: 73, 82, 83, 86
- art. 1.117, III: 73, 82, 84, 86
- art. 1.118: 59, 82, 85
- art. 1.118, I: 82, 86, 87
- art. 1.118, II: 82, 85, 86, 87
- art. 1.118, III: 82, 85, 86, 87
- art. 1.119: 82, 85, 86
- art. 1.119, parágrafo único: 82, 88
- art. 1.120: 8, 91, 93, 94
- art. 1.120, § 1°: 91, 93, 102
- art. 1.120, § 1°, 1ª parte: 92
- art. 1.120, § 2°: 91, 102
- art. 1.120-1.124: 10, 369
- art. 1.121: 13, 91, 92, 93, 94, 113, 120
- art. 1.121, I: 91, 95, 103

- art. 1.121, I, 2ª parte: 103
- art. 1.121, II: 91
- art. 1.121, III: 91
- art. 1.121, IV: 91, 97
- art. 1.122: 95, 105, 111, 112
- art. 1.122, § 1°: 105, 106, 108, 112, 112 s.
- art. 1.122, § 1°, 1ª parte: 13, 113, 114
- art. 1.122, § 1°, 2ª parte: 113
- art. 1.122, § 2°: 106, 109, 111, 113
- art. 1.122, § 2°, 2ª parte: 113
- art. 1.123: 8, 113
- art. 1.124: 114
- art. 1.125: 128, 129, 130, 149, 150, 151
- art. 1.125, parágrafo único: 126, 128
- art. 1.125, parágrafo único, I: 128
- art. 1.125, parágrafo único, II: 128
- art. 1.125, parágrafo único, III: 128
- art. 1.125, parágrafo único, IV: 128
- arts. 1.125-1.127: 128
- arts. 1.125-1.129: 186
- arts. 1.125-1.134: 8
- arts. 1.125-1.141: 10
- art. 1.126: 127, 133, 134, 135, 137, 140, 148, 149, 150, 172, 180, 331
- art. 1.126, *in fine*: 137
- art. 1.127: 140, 144, 153, 180
- art. 1.127, parágrafo único: 140, 196
- art. 1.128: 129, 149
- art. 1.129: 14, 69, 133, 150, 152, 154, 155, 331
- art. 1.129, parágrafo único: 15, 69, 150, 156
- art. 1.130: 128, 129, 156, 157, 169
- art. 1.130, parágrafo único: 156
- arts. 1.130-1.133: 158, 169, 177, 178, 180
- art. 1.131: 156, 157, 159, 169
- art. 1.131, I: 156
- art. 1.131, II: 156
- art. 1.131, III: 156
- art. 1.131, parágrafo único: 156
- art. 1.132: 160, 170, 171, 172, 370
- art. 1.133: 160, 169, 170, 180
- art. 1.134: 176, 188
- art. 1.134, I: 177
- art. 1.134, II: 177, 371

– art. 1.137, III: 177
– art. 1.134, IV: 177, 186
– art. 1.135: 140, 153, 193, 194, 196
– art. 1.135, parágrafo único: 193, 198
– art. 1.136: 199, 200
– art. 1.137: 196, 200
– art. 1.137, I: 200, 208
– art. 1.137, II: 200
– art. 1.137, III: 200, 208
– art. 1.137 IV: 200, 207
– art. 1.138: 208
– art: 1.138, § 1°: 208, 211, 214
– art. 1.138, § 2°: 208, 209, 213, 214
– art. 1.139: 75, 214, 215
– art. 1.140: 215, 217
– art. 1:140, I: 215
– art. 1.140, II: 215
– art. 1.141: 218
– art. 1.142: 15, 221, 232, 234, 243, 264
– arts. 1.142-1.150: 245
– arts. 1.142-1.157: 256
– arts. 1.142-1.158: 8, 10, 262, 264, 279, 288
– art. 1.143: 221, 232, 233, 234, 241
– arts. 1.143-1.158: 235
– art. 1.144: 235, 237
– art. 1.144, I: 235, 237
– art. 1.144, II: 235
– art. 1.144, III: 235
– art. 1.144, IV: 235
– art. 1.144, V: 235
– art. 1.144, parágrafo único: 235
– art. 1.145: 238
– art. 1.145, § 1°: 238
– art. 1.145, § 2°: 19, 234, 238
– art. 1.146: 238, 239
– art. 1.147: 238, 239, 241
– art. 1.147, *in fine*: 240
– art. 1.148: 241, 268
– art. 1.148, parágrafo único: 241
– art. 1.149: 242, 247
– art. 1.150: 232, 241, 242 s. 243
– art. 1.151: 8, 220, 243
– art. 1.152: 236, 245, 246, 254, 269, 373, 377
– art. 1.152, *in fine*: 246

– art. 1.152, § 1°: 245
– art. 1.152, § 2°: 245, 246, 247, 264, 266
– art. 1.153: 232, 246, 248, 249
– art. 1.154: 249
– art. 1.155: 75, 250 s., 252, 268
– art. 1.155, I: 250, 251
– art. 1.155, I-V: 252
– art. 1.155, II: 250, 251
– art. 1.155, III: 250
– art. 1.155, IV: 250
– art. 1.155, V: 250, 251
– art. 1.155, V, *a)*: 250 s., 251
– art. 1.155, V, *b)*: 250 s., 251
– art. 1.155, parágrafo único: 251
– art. 1.156: 253
– art. 1.157: 220, 232, 241, 246, 254, 256, 258, 273
– art. 1.157, parágrafo único: 241, 254
– art. 1.158: 232, 241, 253, 254, 258
– art. 1.158, 2ª parte: 258
– art. 1.159: 243, 262, 263, 264, 265, 266
– arts. 1.159-1.189: 8, 10, 261, 262, 264, 266
– art. 1.160: 15, 19, 243, 263, 264, 266, 268, 269, 272
– art. 1.161: 268, 377
– art. 1.161, 1ª parte: 269
– art. 1.161, 2ª parte: 268
– art. 1.162: 269, 270
– art. 1.162, I: 261, 269, 270
– art. 1.162, II: 261, 269
– art. 1.162, III: 269
– art. 1.163: 262, 266, 271, 273, 274, 278
– art. 1.163, § 1°: 271
– art. 1.163, § 1°, I: 273, 274
– art 1.163, § 1°, II: 272, 274
– art. 1.163, § 1°, III: 272, 274
– art. 1.163, § 1°, IV: 272, 274
– art. 1.163, § 2°: 272, 274
– art. 1.164: 269, 275, 278
– art. 1.164, parágrafo único: 269, 275
– art. 1.165: 244, 273, 275, 277, 278
– art. 1.165, 1ª parte: 278
– art. 1.165, *in fine*: 277
– art. 1.165, parágrafo único: 275, 277, 279
– art. 1.166: 279

– art. 1.167: 270, 281
– art. 1.167, I: 281, 283
– art. 1.167, I-III: 278
– art. 1.167, II: 244, 262, 281, 283
– art. 1.167, III: 244, 262, 281, 283
– art. 1.168: 244, 262, 283, 284, 285
– art. 1.169: 19, 283, 285
– art. 1.169, parágrafo único: 283
– art. 1.170: 8, 287 s.
– art. 1.170, parágrafo único: 288
– arts. 1.170-1.176: 8, 10, 287, 288
– art. 1.171: 15, 289, 290, 292, 377
– art. 1.171, § 1°: 290
– art. 1.171, § 2°: 290, 292
– art. 1.172: 19, 289, 290
– art. 1.173: 19, 75, 289, 290
– art. 1.174: 293
– art. 1.175: 293
– art. 1.176: 289, 294, 295
– art. 1.177: 299, 301, 307, 310, 320
– arts. 1.177-1.184: 320, 321, 324
– arts. 1.177-1.186: 8, 10, 324
– art. 1.178: 306
– art. 1.179: 306
– art. 1.180: 306, 307
– art. 1.181: 302, 307, 308, 310, 311, 320
– art. 1.182: 307, 308, 309
– art. 1.182, § 1°: 307, 310
– art. 1.182, § 1°, in fine: 310
– art. 1.182, § 2°: 299, 302, 304, 307
– art. 1.182, § 3°: 307
– art. 1.183: 310, 312
– art. 1.183, 2ª parte: 311
– art. 1.183, parágrafo único: 310
– art. 1.184: 299, 313, 315, 316, 321, 327, 335
– art. 1.185: 319, 320
– art. 1.186: 8, 325
– art. 1.186, § 1°: 299, 325
– art. 1.186, § 2°: 325
– art. 1.187: 330
– art. 1.187, I: 330, 334
– art. 1.187, II: 330, 331
– arts. 1.187-1.193: 9
– arts. 1.187-1.197: 10
– art. 1.188: 332, 334

– art. 1.188, parágrafo único: 333, 335
– art. 1.189: 333, 335, 337, 338, 342
– art. 1.190: 15, 333, 334, 335 s.
– art. 1.191: 336
– art. 1.192: 336, 337, 338
– art. 1.192, I: 336, 337
– art. 1.192, II: 336, 337, 338
– art. 1.192, parágrafo único: 337
– art. 1.193: 333, 337, 338
– art. 1.194: 335, 336, 339, 340
– arts. 1.194-1.196: 341
– arts. 1.194-1.197: 340
– art. 1.195: 9, 339
– art. 1.196: 339, 341
– art 1.197: 339, 341, 342
– art. 1.198: 342
– art. 1.199: 334, 345, 381
– arts. 1.199-1.201: 346, 352
– arts. 1.199-1.204: 10, 343
– art. 1.200: 345
– arts. 1.200-1.204: 345
– art. 1.201: 345 s., 346, 347, 348, 350, 379
– art. 1.201, § 1°: 9, 345, 348, 351, 379
– art. 1.201, § 2°: 346, 348, 351, 379
– art. 1.202: 9, 347, 348, 350
– art. 1.202, I: 349, 350
– art. 1.202, II: 346, 349, 350
– art. 1.203: 351
– art. 1.203, parágrafo único: 351
– art. 1.204: 9, 351, 352, 353, 354, 355, 380
– art. 1.204, I: 351, 352, 354, 380
– art. 1.204, II: 351, 352, 354, 380
– art. 1.204, III: 352, 354, 381
– art. 1.205: 358, 359, 360, 382
– arts. 1.205-1.209: 367
– arts. 1.205-1.210: 10, 357, 360, 382
– art. 1.206: 360
– art. 1.206, § 1°: 361, 362
– art. 1.206, § 2°: 360, 361, 362, 363
– art. 1.206; § 2°, I: 360, 361
– art. 1.206; § 2°, II: 361
– art. 1.206, § 3°: 361, 362
– art. 1.207: 9, 362, 363
– art. 1.207, parágrafo único, 363

– arts. 1.207-1.209: 364
– art. 1.208: 359, 363, 365, 366
– art. 1.209: 359, 363
– art. 1.210: 367
– art. 1.218: 13
– art. 1.218, V: 381
– art. 1.218, VII: 381
Código de Processo Civil de 1939, art. 38: 107
– art. 161: 158
– art. 167: 158
– art. 273: 112
– art. 288: 21, 115, 131
– arts. 405-409: 52
– arts. 457-464: 13
– art. 467: 131
– art. 524: 137
– art. 526: 135
– art. 530: 157
– art. 531: 158
– art. 532: 129, 161, 162
– art. 533: 164, 170
– art. 534: 171, 370
– art. 536: 177
– art. 537: 177
– art. 540: 152
– art. 541: 154
– art. 544: 152
– art. 544, § 2°: 194
– art. 545: 200
– art. 547: 206
– art. 547, § 1°: 206
– art. 547, § 2°: 206
– art. 555: 231, 234
– art. 561: 246
– art. 562: 257
– art. 563: 245
– art. 567: 252
– art. 567, § 1°: 251, 252
– art. 587; § 2°: 252
– art. 587, § 3°: 252
– art. 576: 257
– art. 577: 259
– art. 578, III: 247
– art. 578, parágrafo único: 247
– art. 583: 273

– art. 585: 280
– art. 587: 277
– art. 598: 381
– art. 599: 381
– art. 603: 337
– art. 603, parágrafo único: 337
– art. 605: 341, 342
– art. 607: 310
– art. 607, § 1°: 313
– art. 607, § 2°: 310
– art. 609: 315, 316, 327
– art. 611, § 3°: 327
– art. 618: 321
– arts. 625-628: 10
– art. 632: 43, 45
– art. 635: 45, 46
– art. 642: 93, 94
– art. 642, I: 95
– art. 642, II: 103
– art. 642, § 2°: 103
– art. 642, § 3°: 103
– art. 643: 107, 109
– art. 645: 116
– arts. 647-851: 13
– art. 674: 380
– arts. 697-703: 382
– art. 702: 367
– art. 706, I: 82
– art. 706, III: 84
– arts. 742-745: 13
– art. 754: 13
– art. 755: 13
– art. 756: 13
– arts. 757-761: 13
– arts. 762-764: 13
– arts. 765-768: 13
– arts. 769-771: 13 s.
– arts. 772-775: 14
– art. 945: 237
Códigos de Processo Civil Estaduais
Distrito Federal
Código de Processo Civil, art. 469: 272
– art. 813, § 1°: 207
– art. 813, § 2°: 207
– art. 814, § 2°: 213
– art. 819: 234

– art. 917: 47

Pernambuco

Código de Processo Civil, art. 172, inciso 4: 115

7. CÓDIGO DE DIREITO PRIVADO

– art. 5°, I: 142
– art. 5°, II: 143
– art. 5°, III: 143, 323
– art. 5°, IV: 143, 262, 264, 268, 270, 272
– art. 6°, I: 142
– art. 6°, II: 143
– art. 6°, III: 143
– art. 6°, parágrafo único: 144
– art. 9°, § 1°: 142
– art. 9°, § 1°, I: 35, 37
– art. 9°, § 1°, I-V: 37, 142
– art. 9°, § 1°, II-V: 34, 38
– art. 9°, § 2°: 38
– art. 10: 132
– art. 11: 167
– art. 12, I: 136
– art. 12, III: 136
– art. 12, IV: 272, 283
– art. 24: 344, 346, 350
– arts. 24-30: 343
– art. 25: 145, 343
– art. 27: 345, 346, 347, 349
– art. 28: 351
– art. 28, I: 351
– art. 28, II: 351
– art. 28, III: 351
– art. 29: 353
– art. 30: 343, 353, 354, 380
– art. 30, parágrafo único: 354, 380
– art. 42: 152
– art. 44, II: 50
– art. 56: 38
– art. 136: 168
– art. 141: 207
– art. 142, I-III: 176
– art. 145: 135
– art. 145, II: 380
– art. 146, parágrafo único: 135
– art. 146, parágrafo único, 1ª parte: 353, 380

– art. 169, I: 270
– art. 177: 226
– art. 178, § 5°, III, 2ª parte: 111
– art. 179: 226
– art. 183, IX: 323
– art. 183, XIII: 358
– art. 190: 111
– art. 200: 11
– art. 208, parágrafo único: 111
– arts. 213-216: 111
– art. 222: 330, 373, 380
– art. 233: 358
– art. 235: 81
– art. 237: 81
– art. 240: 94
– art. 242: 81, 263
– art. 244: 145
– art. 245: 81, 263
– art. 251, I: 263
– art. 251, parágrafo único: 46
– arts. 278-286: 49
– art. 290: 48
– art. 293: 49, 50, 51, 75
– art. 293, I: 49
– art. 293, II: 49
– art. 293, III: 49
– art. 293, IV: 49
– art. 293, V: 49
– art. 293, VI: 50
– art. 293, VII: 50
– art. 293, parágrafo único: 50, 51
– art. 294: 50
– art. 297: 358
– art. 318: 92, 94
– art. 320: 97, 100, 116
– art. 321: 116
– art. 323: 90, 115, 118, 119
– art. 327: 98, 99
– art. 329: 379
– art. 339: 358
– art. 840, II: 200
– art. 341: 92
– art. 385: 358
– art. 386: 45, 46
– art. 387: 330
– art. 394: 99, 330, 378

– art. 395: 99, 330, 378
– art. 396: 96
– art. 397: 96
– art. 401: 28
– art. 404: 101
– art. 407, parágrafo único: 335
– arts. 407-417: 330
– art. 409: 331, 335
– art. 409, I-III: 335
– art. 410: 331
– art. 412: 335
– art. 413: 335, 339, 340
– art. 413, III: 313
– art. 414: 338
– art. 414, I: 338
– art. 414, II: 338
– art. 414, III: 338
– art. 414, IV: 338
– art. 414, V: 338
– art. 414, VI: 338
– art. 414, VII: 338
– art. 418: 333, 358
– art. 419: 333
– art. 420: 49, 333
– art. 421: 333
– art. 423: 334
– art. 427, V: 46
– art. 429: 46, 78
– art. 444: 337
– art. 445: 340
– arts. 446-458: 297
– art. 449: 300 s.
– art. 449, 1ª parte: 301
– art. 449, 2ª parte: 300
– art. 450: 308, 314
– art. 451: 322
– art. 452: 46, 143, 316
– art. 453: 46, 313, 333
– art. 454: 314, 330
– art. 454, § 1°: 314
– art. 454, § 2°: 314
– art. 455, § 2°: 46
– art. 456: 322
– art. 459: 320
– arts. 459-461: 297, 321
– art. 460: 320, 321, 330

– art. 461: 320, 321
– art. 461, parágrafo único: 320
– art. 462: 11, 297
– art. 462, parágrafo único: 330
– art. 463: 144, 261, 263, 264, 272
– arts. 463-468: 330
– art. 466: 244, 267
– art. 467: 267
– art. 467, parágrafo único: 267
– art. 469: 270, 272, 273
– art. 470: 272, 273, 276
– art. 471: 132, 244, 273
– art. 473: 280
– art. 473, parágrafo único: 279, 280
– art. 476: 280
– art. 478: 279
– art. 481: 132, 244, 281
– art. 482: 132, 281
– art. 483: 281
– art. 485: 225, 226, 227, 228
– arts. 485-523: 224
– art. 486: 228
– art. 493, I: 228
– art. 493, II: 228
– art. 495: 226
– art. 496: 225
– art. 499: 226
– arts. 499-519: 228
– art. 501: 226
– art. 502: 226
– art. 504: 226
– art. 521: 291
– art. 524: 228
– art. 530, I: 64
– arts. 550-552: 228
– art. 551: 226
– art. 563: 243
– art. 592: 292
– art. 592, parágrafo único: 292
– art. 593: 292
– art. 603: 291
– art. 604: 289
– art. 605: 289
– art. 606: 75, 289, 290, 291, 292
– art. 618: 226, 228
– art. 619: 226, 228

– art. 623, I: 52
– art. 632: 52, 53, 54, 84
– art. 635: 52, 53, 84
– art. 635, § 1°: 55
– art. 636: 59
– art. 638: 58
– art. 639: 58, 60
– art. 674: 65
– art. 691: 167
– arts. 713-741: 65
– art. 738: 51
– art. 739, I-IV: 71
– art. 739, VII: 71
– art. 762, § 1°: 40
– art. 826, 2ª parte: 64
– art. 827: 357, 360
– art. 827, I: 358, 360
– art. 827, II: 358, 360
– art. 827, III: 358, 360
– art. 827, IV: 358, 360
– art. 827, V: 359, 360
– art. 827, VI: 359, 360
– art. 827, VII: 359, 360
– art. 827, VIII: 359, 360
– art. 828: 357
– art. 838: 357
– art. 839: 199
– art. 839, § 1°: 359, 367
– art. 839, § 2°: 359
– art. 840: 358
– art. 840, II: 200
– art. 841: 367
– art. 842, I: 359
– art. 844: 359
– art. 967: 357
– art. 985, III: 71
– art. 988: 71
– art. 1.098, parágrafo único: 239
– art. 1.133, I: 214
– art. 1.139: 54, 56, 59, 62, 85
– art. 1.139, 1ª parte: 62
– art. 1.139, 2ª parte: 62, 63, 64, 85, 87
– art. 1.139, parágrafo único: 59, 85
– art. 1.168, parágrafo único: 185
– art. 1.175: 97
– art. 1.176: 97

– art. 1.298: 142
– art. 1.325, I: 142
– art. 1.331: 236
– art. 1.336: 236
– art. 1.572: 132, 223, 224, 225, 226, 227, 228, 244, 255, 279
– art. 1.578: 132
– art. 1.579: 194, 226
– art. 1.579, § 3°: 212
– art. 1.580: 54, 226, 228
– art. 1.580, parágrafo único: 229
– art. 1.586: 67
– art. 1.591: 233
– art. 1.591, I: 223
– art. 1.591, II: 223
– art. 1.592: 233
– art. 1.592, I: 223
– art. 1.592, I-IV: 223
– art. 1.592, II: 223
– art. 1.592, III: 223
– art. 1.592, IV: 223
– art. 1.593: 232
– art. 1.594: 253, 257
– art. 1.594, parágrafo único: 253, 257
– art. 1.595, 1ª parte: 154
– art. 1.595, III: 154, 155
– art. 1.596: 154, 155
– art. 1.602: 65
– art. 1.603: 224
– arts. 1.603-1.619: 195
– art. 1.611: 119
– art. 1.619: 240
– art. 1.627: 125, 176, 320
– art. 1.628: 125, 176
– arts. 1.629-1.663: 125
– arts. 1.632-1.634: 139
– arts. 1.632-1.637: 127
– arts. 1.632-1.644: 125
– art. 1.637: 184
– art. 1.638, V: 160
– art. 1.638, VI: 160
– art. 1.638, VII: 160
– arts. 1.638-1.643: 139
– arts. 1.638-1.644: 146
– art. 1.644: 125, 129, 139, 186
– art. 1.645: 139, 166, 184

– art. 1.645, II: 160, 163, 183
– art. 1.645, III: 161
– arts. 1.645-1.649: 127, 160
– art. 1.646: 157, 158
– art. 1.647: 139, 159, 161, 163, 165, 170
– art. 1.648: 139, 161, 163, 164, 165, 167, 169, 170, 183
– art. 1.650: 127
– art. 1.650, I-III: 176
– art. 1.650, IV: 176
– art. 1.650, V: 176
– art. 1.651: 184, 185
– art. 1.653: 183, 185
– art. 1.654: 183
– art. 1.655: 125, 186
– art. 1.656: 174, 177
– art. 1.656, parágrafo único: 177
– arts. 1.656-1.659: 175, 177, 179
– art. 1.657: 175, 177
– art. 1.657, § 1°: 177
– art. 1.657, § 2°: 177
– art. 1.658: 187
– art. 1.660: 177, 178, 179, 180, 184, 187, 371
– art. 1.660, § 1°: 187
– art. 1.660, § 2°: 179, 187
– art. 1.660, § 3°: 180
– arts. 1.660-1.662: 178, 179
– arts. 1.660-1.663: 179
– art. 1.661: 177, 187, 372
– art. 1.661, parágrafo único: 187
– art. 1.662: 187
– art. 1.663: 180, 181, 185, 186, 187
– arts. 1.664-1.769: 176
– art. 1.665: 196
– art. 1.667: 176
– art. 1.676: 42, 43, 44
– art. 1.677: 42, 43
– art. 1.679: 202
– art. 1.688: 65
– art. 1.690: 196
– art. 1.693: 141
– art. 1.717: 138, 176
– art. 1.718: 176
– art. 1.719: 146, 176
– art. 1.719, I: 146

– art. 1.719, II: 147
– art. 1.719, III: 147
– art. 1.719, IV: 148
– art. 1.720: 147, 176
– art. 1.721: 195
– art. 1.723: 191, 195, 205
– art. 1.725: 195
– art. 1.726: 195, 199, 206
– arts. 1.726-1.728: 205
– art. 1.735: 67
– art. 1.738: 67
– art. 1.746: 203
– art. 1.747: 203
– art. 1.747, parágrafo único: 203
– art. 1.748: 168
– art. 1.749: 203
– art. 1.750: 203
– art. 1.751: 203
– art. 1.753: 141
– art. 1.754: 195, 226, 227, 228
– art. 1.754, parágrafo único: 195, 196
– art. 1.755: 226, 227, 228
– art. 1.757: 198
– art. 1.758: 206
– art. 1.759: 209
– art. 1.760: 203
– art. 1.761: 196
– art. 1.762: 194, 196, 216
– art. 1.763: 147, 154
– art. 1.764: 144, 145, 198
– art. 1.765: 140, 198
– art. 1.766: 147, 209, 211
– art. 1.766, parágrafo único: 212
– art. 1.767: 147, 210, 214
– art. 1.768: 154, 209, 216, 217
– art. 1.769: 203, 212, 227
– art. 1.770: 194
– art. 1.772, § 2°: 226
– art. 1.777: 82, 83
– art. 1.797: 184
Código Comercial, art. 309: 243
– art. 310: 243

8. CÓDIGO PENAL

Código Penal de 1940, art. 69, II: 378

– art. 69, III: 378
– art. 330: 156

9. LEIS EXTRAVAGANTES

Lei de 21 de maio de 1349: 129
Lei de 7 de janeiro de 1692: 139
Lei de 18 de agosto de 1769, § 9°: 174
Lei de 9 de setembro de 1769, § 21: 145
Alvará de 20 de maio de 1796: 145
Alvará de 23 de janeiro de 1798: 210
Alvará de 2 de outubro de 1811: 197
Lei nº 4.294, de 6 de julho de 1921: 323
Decreto-Lei nº 291, de 25 de novembro de 1938, art. 29: 323
– art. 30: 323
Decreto-Lei nº 1.907, de 28 de dezembro de 1939, art. 1°: 256 s., 271
– art. 2°: 271
– art. 2°, pr.: 257
– art. 2°, § 1°: 249, 257
– art. 2°, § 2 °: 249, 257
Decreto-Lei nº 3.200, de 19 de abril de 1941, arts. 1°-3°: 11
Decreto-Lei nº 6.777, de 8 de agosto de 1944: 42
– art. 1°: 41, 42
– art. 2°: 41
Decreto-Lei nº 8.207, de 22 de novembro de 1945: 253, 257
– art. 1°: 257
Lei nº 4.121, de 9 de agosto de 1962: 145
Lei nº 4.375, de 19 de agosto de 1964, art. 73: 36
Lei nº 4.595, de 31 de dezembro de 1964, art. 19: 237
– art. 19, II: 237
– art. 19, § 5°: 237
Lei nº 5.925, de 1º de outubro de 1973: 82, 156
Lei nº 6.015, de 31 de dezembro de 1973, art. 89: 33, 36
– arts. 90-94: 34
– art. 91: 36
– art. 91, parágrafo único: 36

10. DECRETOS E REGULAMENTOS

Decreto nº 160, de 9 de maio de 1842: 267
– art. 24, § 1°: 233
Decreto nº 510, de 13 de março de 1847: 251
Decreto nº 834, de 2 de outubro de 1851, art. 34, § 1°: 197
– art. 37: 210, 212
– art. 41: 133, 139
Decreto nº 855, de 8 de novembro de 1851, art. 2°: 247
– art. 11: 247
Decreto nº 1.405, de 3 de julho de 1854: 210, 212
Decreto nº 2.433, de 15 de junho de 1859: 257, 264, 287
– art. 1°, inciso 1°: 287
– art. 3°: 235
– art. 11: 287
– art. 11, inciso 2°: 287
– art. 12, alínea 1ª: 292
– art. 12, alínea 2ª: 292
– art. 23: 268
– art. 29: 234
– art. 47, alínea 2ª, inciso 1°: 265
– art. 58: 259
– art. 63: 251
– art. 90: 291
– art. 94: 291
– art. 95: 291
Decreto nº 4.355, de 17 de abril de 1869, art. 7°, § 6°: 64 s.
Decreto nº 5.881, de 28 de março de 1874, art. 25, § 1°: 65
– art. 31, parágrafo único: 65
Decreto nº 181, de 24 de janeiro de 1890, art. 86: 107
Decreto nº 370, de 2 de maio de 1890: 200
– art. 174: 199
– art. 187: 199
Decreto nº 11.969, de 3 de setembro de 1921: 323
Decreto nº 17.943 A, de 12 de outubro de 1927, arts. 43-54: 335
Decreto nº 20.930, de 11 de janeiro de 1932: 323

Decreto n° 891, de 25 de novembro de 1938, art. 30: 324
– art. 31: 324
Decreto n° 4.857, de 9 de novembro de 1939, art. 16, § 2°: 32, 33
Decreto n° 57.654, de 20 de Janeiro de 1966, art. 239: 36

11. AVISOS, ORDENS, OFÍCIOS

Aviso n° 112, de 11 de outubro de 1845: 235
Aviso n° 197, de 20 de julho de 1855: 288
Ordem n° 76, de 25 de fevereiro de 1857, do Presidente do Tribunal do Tesouro Nacional: 270
Ofício do Ministro da Fazenda, de 10 de março de 1858: 251

12. ATOS INTERESTATAIS

Convocação da Haia, de 17 de junho de 1905: 327

13. DIREITO ESTRANGEIRO

Alemanha:
Preussisches Allgemeines Landrecht, I, 6, § 119: 25 s.
– I, 9, § 67 s.: 221
– II, 7, tit. 17: 183
Sachsenspiegel, I, 33: 221
– III, 83, § 1°: 221

Código Civil, § 84: 344
– § 87, alínea 3ª: 382
– § 742: 58
– § 829: 26
– § 854: 225
– § 855: 230
– § 857: 225
– § 868: 230
– § 2.018: 227, 229
– § 2.018-2.031: 227
Projeto I, 4 1.903: 190
Áustria:
Código Civil, § 726: 182
– § 778: 182
Bolívia:
Código Civil, arts. 659-661: 182
Chile:
Código Civil, art. 1.023: 127
– art. 1.275: 142
França:
Código Civil, art. 209: 25
– art. 210: 25
– art. 724: 224
– art. 976: 127
Ordenança de 1735: 183
Holanda:
Código Civil, art. 987: 127
Itália:
Estatuto de Busseto, r. 54: 222
Código Civil de Sabóia, V, 1, § 20: 183
Suíça:
Código Civil, art. 86: 382
– art. 89: 354
– art. 646, alínea 2ª: 58
– art. 682: 59

III

ÍNDICE CRONOLÓGICO DA JURISPRUDÊNCIA
(*Os números referem-se às páginas.*)

Assento 1º, de 29 de março de 1770: 145
Assento 4º, de 5 de dezembro de 1770: 145
Assento 1º, de 20 de julho de 1780: 145
Assento 2º, de 21 de julho de 1797: 145
Tribunal de Justiça de São Paulo, 2 de maio de 1892: 202
– 3 de junho de 1899: 202
1ª Câmara Cível da Corte de Apelação do Distrito Federal, 9 de julho de 1906: 106, 111
Tribunal de Justiça de São Paulo, 4 de agosto de 1906: 90
– 16 de dezembro de 1906: 362
Corte de Apelação do Distrito Federal, 21 de janeiro de 1907: 365
Tribunal da Relação do Rio de Janeiro, 5 de julho de 1909: 367
– 16 de julho de 1909: 367
Tribunal de Justiça de São Paulo, 12 de fevereiro de 1913: 106
6ª Câmara Cível do Tribunal de Justiça do Distrito Federal, 17 de outubro de 1917: 198
Supremo Tribunal Federal, 14 de setembro de 1918: 204
Tribunal de Justiça de São Paulo, 29 de novembro de 1918: 138
– 25 de fevereiro de 1919: 90
– 28 de fevereiro de 1919: 106, 111
2ª Câmara Cível da Corte de Apelação do Distrito Federal, 22 de abril de 1919: 113
Tribunal de Relação do Rio de Janeiro, 28 de outubro de 1919: 110
Corte de Apelação do Distrito Federal, 30 de outubro de 1919: 198

Tribunal da Relação de Minas Gerais, 11 de dezembro de 1920: 362
1ª Câmara da Corte de Apelação do Distrito Federal, 26 de abril de 1923: 90
Tribunal da Relação do Rio de Janeiro, 20 de novembro de 1925: 90
– 12 de julho de 1927: 39
2ª Câmara da Corte de Apelação, 12 de julho de 1927: 145
Tribunal de Relação de Minas Gerais, 10 de outubro de 1928: 46
Supremo Tribunal Federal, 10 de abril de 1929: 75
Tribunal de Relação de Minas Gerais, 10 de julho de 1929: 363
Tribunal de São Paulo, 24 de setembro de 1929: 303
Corte de Apelação do Distrito Federal, 6 de outubro de 1929: 115
6ª Câmara Cível da Corte de Apelação do Distrito Federal, 29 de maio de 1931: 116
Tribunal de Justiça de São Paulo, 1º de setembro de 1931: 46
Corte de Apelação do Distrito Federal, 3 de novembro de 1931: 46
– 18 de maio de 1932: 46
Tribunal de Justiça de São Paulo, 18 de novembro de 1932: 46
Corte de Apelação do Distrito Federal, 20 de junho de 1933: 34
6ª Câmara Cível da Corte de Apelação do Distrito Federal, 3 de novembro de 1933: 39
Corte de Apelação de São Paulo, 25 de julho de 1934: 90

Corte de Apelação ao Distrito Federal, 25 de setembro de 1934: 115
Corte de Apelação de São Paulo, 21 de outubro de 1936: 46
Corte de Apelação do Distrito Federal, 11 de agosto de 1937: 212
Tribunal de Apelação de São Paulo, 2 de março de 1938: 212
Tribunal de Apelação de Minas Gerais, 19 de junho de 1939: 362
5ª Câmara Cível do Tribunal de Justiça do Distrito Federal, 30 de outubro de 1939: 83
Corte de Apelação do Distrito Federal, 12 de março de 1940: 115
2ª Câmara Civil do Tribunal de Apelação de São Paulo, 24 de setembro de 1940: 110
1ª Câmara Civil do Tribunal de Apelação de São Paulo, 7 de outubro de 1940: 96
4ª Câmara Cível do Tribunal de Apelação do Distrito Federal, 29 de outubro de 1940: 315
Câmaras Conjuntas do Tribunal de Apelação de São Paulo, 30 de janeiro de 1941: 23
1ª Câmara Civil do Tribunal de Apelação de São Paulo, 10 de março de 1941: 111
4ª Câmara Cível do Tribunal de Apelação do Distrito Federal, 18 de março de 1941: 92
1ª Câmara Civil do Tribunal de Apelação de São Paulo, 17 de novembro de 1941: 96
3ª Câmara Civil do Tribunal de Apelação do Rio de Janeiro, 29 de dezembro de 1941: 51
2ª Câmara Civil do Tribunal de Apelação de São Paulo, 24 de fevereiro de 1942: 43
– 26 de maio de 1942: 111
1ª Câmara Civil do Tribunal de Apelação de São Paulo, 8 de junho de 1942: 96
4ª Câmara Civil do Tribunal de Apelação de São Paulo, 23 de julho de 1942: 111
3ª Câmara Cível do Tribunal de Apelação do Distrito Federal, 15 de setembro de 1942: 373
2ª Câmara Civil do Tribunal de Apelação de São Paulo, 29 de setembro de 1942: 96
5ª Câmara Cível do Tribunal de Apelação do Distrito Federal, 1º de dezembro de 1942: 371
4ª Câmara Civil do Tribunal de Apelação de São Paulo, 6 de maio de 1943: 45
1ª Turma do Supremo Tribunal Federal, 13 de maio de 1943: 373
3ª Câmara Cível do Tribunal de Apelação do Rio Grande do Sul, 22 de julho de 1943: 113
1ª Turma do Supremo Tribunal Federal, 26 de julho de 1943: 270
3ª Câmara Civil do Tribunal de Apelação de São Paulo, 1º de setembro de 1943: 45
1ª Turma do Supremo Tribunal Federal, 11 de novembro de 1943: 68
2ª Câmara Civil do Tribunal de Apelação de São Paulo, 23 de novembro de 1943: 345
Tribunal de Apelação de Santa Catarina, 26 de novembro de 1943: 93
4ª Câmara Cível do Tribunal de Apelação do Distrito Federal, 14 de janeiro de 1944: 103
4ª Câmara Civil do Tribunal de Apelação de São Paulo, 3 de fevereiro de 1944: 299
3ª Câmara Civil do Tribunal de Apelação de São Paulo, 1º de março de 1944: 71
2ª Câmara Cível do Tribunal de Apelação do Paraná, 11 de abril de 1944: 312
Supremo Tribunal Federal, 16 de maio de 1944: 299
2ª Turma do Supremo Tribunal Federal, 23 de junho de 1944: 302
2ª Câmara Cível do Tribunal de Apelação do Rio de Janeiro, 14 de novembro de 1944: 39
Tribunal de Apelação do Rio Grande do Norte, 27 de novembro de 1944: 138
5ª Câmara Cível do Tribunal de Apelação do Distrito Federal, 12 de dezembro de 1944: 217
Supremo Tribunal Federal, 19 de janeiro de 1945: 115

4ª Câmara Cível do Tribunal de Apelação do Distrito Federal, 30 de janeiro de 1945: 37
Câmara Cível do Tribunal de Apelação de Santa Catarina, 19 de março de 1945: 94
4ª Câmara Civil do Tribunal de Apelação de São Paulo, 12 de abril de 1945: 112
Câmara Cível do Tribunal de Apelação de Santa Catarina, 14 de maio de 1945: 94 – 4 de junho de 1945: 94
1ª Câmara Cível do Tribunal de Apelação do Paraná, 20 de junho de 1945: 47
3ª Câmara Cível do Tribunal de Apelação do Distrito Federal, 27 de julho de 1945: 73
2ª Turma do Supremo Tribunal Federal, 6 de novembro de 1945: 312
6ª Câmara Civil do Tribunal de Justiça de São Paulo, 12 de dezembro de 1945: 101
Câmara Cível do Tribunal de Justiça de Santa Catarina, 21 de março de 1946: 96
1ª Câmara Civil do Tribunal de Apelação de São Paulo, 22 de abril de 1946: 185
8ª Câmara Cível do Tribunal de Justiça do Distrito Federal, 5 de julho de 1946: 114
Supremo Tribunal Federal, 26 de julho de 1946: 120
1ª Turma do Supremo Tribunal Federal, 14 de outubro de 1946: 258
8ª Câmara Cível do Tribunal de Justiça do Distrito Federal, 27 de novembro de 1946: 118
Câmaras Cíveis Reunidas do Tribunal de Justiça do Distrito Federal, 12 de dezembro de 1946: 209
Câmaras Cíveis Reunidas do Tribunal de Justiça do Rio Grande do Sul, 10 de janeiro de 1947: 341
8ª Câmara Cível do Tribunal de Justiça do Distrito Federal, 27 de janeiro de 1947: 115
2ª Câmara Cível do Tribunal de Justiça do Rio de Janeiro, 31 de janeiro de 1947: 198
2ª Câmara Cível do Tribunal de Justiça de Minas Gerais, 3 de fevereiro de 1947: 141

3ª Câmara Civil do Tribunal de Justiça de São Paulo, 5 de fevereiro de 1947: 109
Conselho de Justiça do Tribunal de Justiça do Distrito Federal, 13 de fevereiro de 1947: 45
4ª Câmara Civil do Tribunal de Justiça de São Paulo, 20 de fevereiro de 1947: 209
Turma Julgadora do Tribunal de Justiça do Rio Grande do Norte, 26 de março de 1947: 100
3ª Câmara Civil do Tribunal de Justiça de São Paulo, 24 de abril de 1947: 100
2ª Câmara Civil do Tribunal de Justiça de São Paulo, 29 de abril de 1947: 101
2ª Câmara Cível do Tribunal de Justiça do Rio de Janeiro, 2 de maio de 1947: 104
6ª Câmara Civil do Tribunal de Justiça de São Paulo, 2 de maio de 1947: 109
7ª Câmara Cível do Tribunal de Justiça do Distrito Federal, 23 de maio de 1947: 332
3ª Câmara Civil do Tribunal de Justiça de São Paulo, 5 de junho de 1947: 109
5ª Câmara Cível do Tribunal de Justiça do Distrito Federal, 2 de julho de 1947: 114
2ª Turma do Supremo Tribunal Federal, 22 de julho de 1947: 100
3ª Câmara Cível do Tribunal de Justiça do Rio de Janeiro, 28 de julho de 1947: 96
6ª Câmara Civil do Tribunal de Justiça de São Paulo, 8 de agosto de 1947: 104
3ª Câmara Civil do Tribunal de Justiça de São Paulo, 8 de setembro de 1947: 109
1ª Turma do Supremo Tribunal Federal 15 de setembro de 1947: 109, 114
3ª Câmara Civil do Tribunal de Justiça de São Paulo, 22 de setembro de 1947: 303
1ª Câmara Cível do Tribunal de Justiça do Rio de Janeiro, 13 de outubro, de 1947: 100
Supremo Tribunal Federal, 15 de outubro de 1947: 258
6ª Câmara Cível do Tribunal de Justiça do Distrito Federal, 17 de outubro de 1947: 198
Câmaras Cíveis Reunidas do Tribunal de Justiça do Distrito Federal, 30 de outubro de 1947: 109

6ª Câmara Civil do Tribunal de Justiça de São Paulo, 31 de outubro de 1947: 108

2ª Câmara Civil do Tribunal de Justiça de São Paulo, 4 de novembro de 1947: 114

3ª Câmara Civil do Tribunal de Justiça de São Paulo, 20 de novembro de 1947: 109

2ª Câmara Cível do Tribunal de Justiça de Minas Gerais, 24 de novembro de 1947: 271

3ª Câmara Civil do Tribunal de Justiça de São Paulo, 27 de novembro de 1947: 114

4ª Câmara Civil do Tribunal de Justiça de São Paulo, 4 de dezembro de 1947: 101

4ª Câmara Cível do Tribunal de Justiça do Distrito Federal, 30 de dezembro de 1947: 252

2ª Câmara Cível do Tribunal de Justiça do Paraná, 20 de janeiro de 1948: 109

Tribunal de Justiça de São Paulo, 3 de fevereiro de 1948: 263

4ª Câmara Civil do Tribunal de Justiça de São Paulo, 5 de fevereiro de 1948: 101

6ª Câmara Civil do Tribunal de Justiça de São Paulo, 27 de fevereiro de 1948: 109 – 2 de abril de 1948: 109

5ª Câmara Cível do Tribunal de Justiça do Distrito Federal, 9 de abril de 1948: 118

1ª Câmara Cível do Tribunal de Justiça do Rio de Janeiro, 12 de abril de 1948: 100

1ª Câmara Cível do Tribunal de Justiça de Minas Gerais, 15 de abril de 1948: 318

Turma Julgadora do Tribunal de Justiça de Alagoas, 23 de abril de 1948: 93

1ª Câmara Civil do Tribunal de Justiça de São Paulo, 4 de maio de 1948: 96

5ª Câmara Cível do Tribunal de Justiça do Distrito Federal, 21 de maio de 1948: 185

3ª Câmara Civil do Tribunal de Justiça de São Paulo, 10 de junho de 1948: 318

2ª Turma do Supremo Tribunal Federal, 11 de junho de 1948: 105

1ª Câmara Civil do Tribunal de Justiça de São Paulo, 22 de junho de 1948: 244

2ª Turma do Supremo Tribunal Federal, 27 de junho de 1948: 120

3ª Câmara Cível do Tribunal de Justiça do Rio de Janeiro, 29 de junho de 1948: 115

1ª Câmara Cível do Tribunal de Justiça do Rio de Janeiro, 19 de julho de 1948: 109

2ª Câmara Cível do Tribunal de Justiça do Rio de Janeiro, 3 de agosto de 1948: 93

5ª Câmara Civil do Tribunal de Justiça de São Paulo, 6 de agosto de 1948: 303

6ª Câmara Civil do Tribunal de Justiça de São Paulo, 13 de agosto de 1948: 110

4ª Câmara Civil do Tribunal de Justiça de São Paulo, 19 de agosto de 1948: 303

6ª Câmara Civil do Tribunal de Justiça de São Paulo, 27 de agosto de 1948: 140

1ª Câmara Cível do Tribunal de Justiça do Rio de Janeiro, 2 de setembro de 1948: 100

6ª Câmara Civil do Tribunal de Justiça de São Paulo, 3 de setembro de 1948: 108

1ª Câmara Cível do Tribunal de Justiça do Rio de Janeiro, 6 de setembro de 1948: 100

1ª Câmara Civil do Tribunal de Justiça de São Paulo, 14 de setembro de 1948: 110

4ª Câmara Civil do Tribunal de Justiça de São Paulo, 24 de setembro de 1948: 101

2ª Câmara Civil do Tribunal de Justiça de São Paulo, 28 de setembro de 1948: 110

1ª Turma do Supremo Tribunal Federal, 4 de outubro de 1948: 114

2ª Câmara Civil do Tribunal de Justiça de São Paulo, 12 de outubro de 1948: 93

1ª Câmara Civil do Tribunal de Justiça de São Paulo, 28 de outubro de 1948: 110

2ª Câmara Cível do Tribunal de Justiça do Rio de Janeiro, 5 de novembro de 1948: 114

1ª Câmara Civil do Tribunal de Justiça de São Paulo, 16 de novembro de 1948: 34

1ª Turma do Supremo Tribunal Federal, 11 de julho de 1949: 101

4ª Câmara Cível do Tribunal de Justiça do Distrito Federal, 3 de agosto de 1949: 101

2ª Turma do Supremo Tribunal Federal, 18 de novembro de 1949: 54

8ª Câmara Cível do Tribunal de Justiça do Distrito Federal, 13 de janeiro de 1950: 99

2ª Turma do Supremo Tribunal Federal, 17 de janeiro de 1950: 105

Câmara Cível do Tribunal de Justiça do Espírito Santo, sem data, 105

4ª Câmara Civil do Tribunal de Justiça de São Paulo, 9 de fevereiro de 1950: 72

Câmaras Civis Reunidas do Tribunal de Justiça de São Paulo, 6 de março de 1950: 107

1ª Câmara Civil do Tribunal de Justiça de São Paulo, 21 de março de 1950: 313

– 28 de março de 1950: 101

5ª Câmara Civil do Tribunal de Justiça de São Paulo, 2 de abril de 1950: 110

1ª Câmara Cível do Tribunal de Justiça de Minas Gerais, 22 de abril de 1950: 304

3ª Câmara Civil do Tribunal de Justiça de São Paulo, 24 de abril de 1950: 39

3ª Câmara Cível do Tribunal de Justiça do Rio Grande do Sul, 4 de maio de 1950: 69

5ª Câmara Civil do Tribunal de Justiça de São Paulo, 12 de maio de 1950: 87

2ª Câmara Civil do Tribunal de Justiça de São Paulo, 20 de junho de 1950: 99

8ª Câmara Cível do Tribunal de Justiça do Distrito Federal, 18 de julho de 1950: 101

6ª Câmara Cível do Tribunal de Justiça do Distrito Federal, 8 de agosto de 1950; 101

2ª Turma do Supremo Tribunal Federal, 11 de agosto de 1950: 54

Seção Civil do Tribunal de Justiça de São Paulo, 25 de setembro de 1950: 101

Turma Julgadora do Tribunal de Justiça de Alagoas, 13 de outubro de 1950: 312

Câmaras Civis Reunidas do Tribunal de Justiça de São Paulo, 30 de outubro de 1950: 71

1ª Turma do Supremo Tribunal Federal, 31 de outubro de 1950: 85

2ª Turma do Tribunal Federal de Recursos, 10 de novembro de 1950: 131

1ª Grupo de Câmaras Civis do Tribunal de Justiça de São Paulo, 14 de novembro de 1950: 99

4ª Câmara Civil do Tribunal de Justiça de São Paulo, 16 de novembro de 1950: 66, 83

3ª Câmara Civil do Tribunal de Justiça de São Paulo, 30 de novembro de 1950: 107

Supremo Tribunal Federal, 6 de dezembro de 1950: 101

2ª Turma do Supremo Tribunal Federal, 12 de janeiro de 1951: 54

2ª Turma do Supremo Tribunal Federal, 23 de janeiro de 1951: 185

– 26 de janeiro de 1951: 55, 108

6ª Câmara Civil do Tribunal de Justiça de São Paulo, 9 de fevereiro de 1951: 102

Tribunal de Justiça de Alagoas, 16 de fevereiro de 1951: 312

4ª Câmara Cível do Tribunal de Justiça do Distrito Federal, 23 de fevereiro de 1951: 39

1ª Câmara Cível do Tribunal de Justiça do Pará, 12 de março de 1951: 71

5ª Câmara Cível do Tribunal de Justiça do Distrito Federal, 13 de março de 1951: 101

8ª Câmara Cível do Tribunal de Justiça do Distrito Federal, 17 de março de 1951: 109

5ª Câmara Civil do Tribunal de Justiça de São Paulo, 30 de março de 1951: 93, 120

3ª Câmara Civil do Tribunal de Justiça de São Paulo, 5 de abril de 1951: 97

2ª Câmara Civil do Tribunal de Justiça de São Paulo, 24 de abril de 1951: 102

4ª Câmara Civil do Tribunal de Justiça de São Paulo, 26 de abril de 1951: 109

5ª Câmara Cível do Tribunal de Justiça do Distrito Federal, 11 de maio de 1951: 109

Câmara Cível do Tribunal de Justiça do Ceará, 21 de maio de 1951: 101

– 28 de maio de 1951: 101

2ª Câmara Cível do Tribunal de Justiça de Minas Gerais, 28 de maio de 1951: 103

8ª Câmara Cível do Tribunal de Justiça do Distrito Federal, 12 de junho de 1951: 102
1ª Câmara Cível do Tribunal de Justiça de Minas Gerais, 21 de junho de 1951: 207
3ª Câmara Civil do Tribunal de Justiça de São Paulo, 28 de junho de 1951: 172
7ª Câmara Cível do Tribunal de Justiça do Distrito Federal, 17 de julho de 1951: 99
5ª Câmara Cível do Tribunal de Justiça do Distrito Federal, 31 de julho de 1951: 108
2ª Câmara Cível do Tribunal de Justiça de Minas Gerais, 6 de agosto de 1951: 108
1ª Câmara Cível do Tribunal de Justiça do Paraná, 16 de maio de 1950: 108
2ª Turma do Tribunal de Justiça do Espírito Santo, 21 de agosto de 1951: 101
3ª Câmara Cível do Tribunal de Justiça do Rio de Janeiro, 23 de agosto de 1951: 103
8ª Câmara Cível do Tribunal de Justiça do Distrito Federal, 24 de agosto de 1951: 102
2ª Turma do Tribunal Federal de Recursos, 29 de agosto de 1951: 233
1ª Câmara Cível do Tribunal de Justiça do Rio de Janeiro, 13 de setembro de 1951: 102
3ª Câmara Civil do Tribunal de Justiça de São Paulo, 20 de setembro de 1951: 102
6ª Câmara Civil do Tribunal de Justiça de São Paulo, 21 de setembro de 1951: 72
1ª Turma de Câmaras Cíveis do Tribunal de Justiça do Distrito Federal, 24 de setembro de 1951: 97
Câmara Cível do Tribunal de Justiça do Ceará, 24 de setembro de 1951: 101
2ª Câmara Cível do Tribunal de Justiça da Bahia, 2 de outubro de 1951: 102
1ª Câmara Civil do Tribunal de Justiça de São Paulo, 9 de outubro de 1951: 313
8ª Câmara Cível do Tribunal de Justiça do Distrito Federal, 9 de outubro de 1951: 101
1ª Câmara Civil do Tribunal de Justiça de São Paulo, 23 de outubro de 1951: 107
3ª Câmara Civil do Tribunal de Justiça de São Paulo, 25 de outubro de 1951: 35
1ª Câmara do Tribunal de Alçada de São, Paulo, 14 de novembro de 1951: 72
8ª Câmara Cível do Tribunal de Justiça do Distrito Federal, 22 de novembro de 1951: 101
2ª Câmara Cível do Tribunal de Justiça do Rio de Janeiro, 7 de dezembro de 1951: 86
1ª Câmara Cível do Tribunal de Justiça do Rio de Janeiro, 13 de dezembro de 1951: 102
1ª Câmara Cível do Tribunal de Justiça da Bahia, 18 de dezembro de 1951: 102
3ª Câmara Civil do Tribunal de Justiça de São Paulo, 14 de fevereiro de 1952: 302, 304
Câmara Cível do Tribunal de Justiça do Ceará, 18 de fevereiro de 1952: 101
2ª Câmara Civil do Tribunal de Justiça de São Paulo, 25 de março de 1952: 72
Câmara Cível do Tribunal de Justiça do Ceará, 31 de março de 1952: 42
2ª Câmara Cível do Tribunal de Justiça do Rio de Janeiro, 15 de abril de 1952: 71
Turma Julgadora do Tribunal de Justiça de Alagoas, 28 de abril de 1952: 54
5ª Câmara Civil do Tribunal de Justiça de São Paulo, 2 de maio de 1952: 105
Câmara Cível do Tribunal de Justiça do Ceará, 8 de maio de 1952: 39
1ª Câmara Cível do Tribunal de Justiça de Minas Gerais, 15 de maio de 1952: 54
6ª Câmara Civil do Tribunal de Justiça de São Paulo, 16 de maio de 1952: 107
5ª Câmara Civil do Tribunal de Justiça de São Paulo, 30 de maio de 1952: 214
– 6 de junho de 1952: 39
3ª Câmara Civil do Tribunal de Justiça de São Paulo, 16 de junho de 1952: 102
5ª Câmara Civil do Tribunal de Justiça de São Paulo, 20 de junho de 1952: 58, 214
4ª Câmara Cível do Distrito Federal, 8 de julho de 1952: 40
2º Grupo de Câmaras Civis do Tribunal de Justiça de São Paulo, 2 de agosto de 1952: 302

1ª Câmara Civil do Tribunal de Justiça de São Paulo, 5 de agosto de 1952: 109
3ª Câmara Civil do Tribunal de Justiça de São Paulo, 14 de agosto de 1952: 102
2º Grupo de Câmaras Civis do Tribunal de Justiça de São Paulo, 21 de agosto de 1952: 304
1ª Câmara Cível do Tribunal de Justiça do Distrito Federal, 27 de agosto de 1952: 85
2ª Câmara Civil do Tribunal de Justiça de São Paulo, 9 de setembro de 1952: 102
– 18 de setembro de 1952: 54
3ª Câmara Civil do Tribunal de Justiça de São Paulo, 10 de outubro de 1952: 133
1ª Turma do Supremo Tribunal Federal, 23 de outubro de 1952: 83
1ª Câmara Cível do Rio de Janeiro, 1º de dezembro de 1952: 40
6ª Câmara Civil do Tribunal de Justiça de São Paulo, 5 de dezembro de 1952: 102
3ª Câmara Civil do Tribunal de Justiça de São Paulo, 18 de dezembro de 1952: 25
2ª Câmara Cível do Tribunal de Justiça do Rio de Janeiro, 26 dezembro de 1952: 110
Câmaras Cíveis Reunidas do Tribunal de Justiça do Rio de Janeiro, 27 de janeiro de 1953: 87
2ª Turma do Supremo Tribunal Federal, 12 de maio de 1953: 312
3ª Câmara Cível do Tribunal de Justiça de Minas Gerais, 8 de março de 1956: 118
1ª Turma do Supremo Tribunal Federal, 9 de outubro de 1958: 63, 64
Supremo Tribunal Federal, 14 de março de 1963: 259

JURISPRUDÊNCIA ESTRANGEIRA

Alemanha:
Reichsger, 26 de janeiro de 1894: 192

IV

ÍNDICE ALFABÉTICO DAS MATÉRIAS
(*Os números referem-se às páginas.*)

Abertura do testamento cerrado, 128
Ação cominatória: e apresentação de testamento, 155
Ação constitutiva da curadoria, 372
Ação de alienação judicial necessitatis causa (Tabela), 382
Ação de apresentação de testamento, 371
Ação de arrecadação: natureza, 257; Tabela, 382
Ação de arrecadação da herança e de julgamento da vacância, 259
Ação de arrecadação da herança jacente, 372
Ação de arrecadação de bens vagos, 375
Ação de autorização de venda (Tabela), 382
Ação declarativa: não é a de declaração de ausência, 261
Ação de desquite: ação de angularidade, 3
Ação de devolução à Fazenda Pública, 373
Ação de especialização da hipoteca legal (Tabela), 382
Ação de homologação do penhor legal (Tabela), 382
Ação de modificação: e modificação da sentença, 21; e prestações periódicas, 25; natureza, 25; e desquite, junto aos filhos, 98
Ação de modificação da cláusula de alimentos, 101
Ação de modificação da sentença: e guarda e educação dos filhos, 117
Ação de modificação do estatuto da fundação, 381

Ação de prestação de herança, 228; e ação dos credores, 256; e ação de decretação de vacância, 258
Ação de reivindicação: e ação de posse da herança, 229
Ação de reivindicação por terceiro: e ação de petição de herança, 259
Ação de remoção do testamenteiro, 372
Ação de reserva, 250
Ação de sonegados: em caso de desquite, 97
Ação de venda da coisa comum (Tabela), 382
Ação executiva lato sensu, 73
Ações declarativas incidentais, 250
Ações de habilitação de herdeiros em caso de herança jacente, 373
Ações de interdição, 376
Ações de invalidade de casamento: desquite, 106
Ações de levantamento da interdição, 376
Ações de nulidade de testamento: ou de cláusulas testamentárias, 125
Ações de organização e fiscalização de fundação, 379
Ações de separação, 250
Ações de sociedade: pressupostos para a venda, 252
Ações para nomeação e remoção de tutores e curadores, 377
Ações relativas à arrecadação de bens de ausente, 374
Ações relativas à herança jacente, 372
Actio communi dividundo, 69
Actio de in rem verso, 183

Actio duplex, 60
Actio nata est, 378
Adição de herança, 299
Alienação de bens pelo curador da herança jacente, 251
Alienações judiciais: relação jurídica processual, 3; por lei ou necessidade objetiva, 73; ação de nulidade ou anulação de testamento e alienação judicial, 73; art. 1.113 e §§ 1°, 2° e 3°, 74; art. 1.114, 74; constrição judicial para alienação, 74; alienação judicial, noutras espécies que as previstas, 75; alienação de semoventes e outros bens de guarda dispendiosa, 76; citação das partes, 76; decisão de ofício quanto à alienação judicial, 76; avaliação como pressuposto necessário, 77; acordo dos interessados para que não se proceda a leilão, 77; perito nomeado ou não pelo juiz, 77; art. 1.115, 78; lanço igual ou superior ao valor estimado, 78; interessados e alienação sem ser em hasta pública, 79; alvará, 80; art. 1.116 e parágrafo único, 80; sub-rogação real, 80; sentido de "ônus", 81; demora no levantamento do depósito, 81; arts. 1.117, 1.118, 1.119 e parágrafo único, 82; exemplificatividade, 82; comunhão hereditária. e alienação de imóvel, 82; alienação judicial da coisa comum, 84; bens pertencentes a incapazes, 84; condomínio e direito de preferência, 85; adjudicação antes da assinatura da carta, 85; citações, 88
Altere causae, 27
Angularidade da relação jurídica processual, 3
Animus domini, 229
Ausência: conceito, 261
Bens dos ausentes: conceito de ausência, 261; ações relativas à ausência, natureza, 261; arts. 1.159 e 1.160, 263; desaparecimento de alguém, 263; pressupostos da arrecadação, 264; procedimento arrecadativo, 265; procurador que não quer ou não pode exercer a procura, 265; provocação, 265; curador de ausente, 265; autoridades policiais e dever de comunicação ao juiz, 267; alienação de bens arrecadados, 268; art. 1.161, 268; procedimento, 268; citação, 269; art. 1.162, 269; cessação da curadoria, 269; comparência do ausente, 269; morte do ausente, 270; sucessão provisória, 270; recurso, 271; art. 1.163 e §§ 1° e 2°, 271 s.; sucessão provisória, 272; requerimento da sucessão provisória, 272; contagem do prazo, 272; citação edital, 273; procedimento edital, 274; deferimento e indeferimento de pedido, 274; interessados na abertura da sucessão provisória, 274; órgão do Ministério Público, 275; artigo 1.164 e parágrafo único, 275; requerimento da abertura da sucessão provisória, 275; habilitação dos herdeiros e demais sucessores, 276; habilitação de herdeiros, 276; legitimação processual e legitimação para suceder, 276; art. 1.165 e parágrafo único, 277; natureza da sentença que abre a sucessão provisória, 277; trânsito em julgado, formalmente, 278; herança que se fez jacente, 278; art. 1.166, 279; entrega dos bens sob caução, 279; caução, 280; art. 1.167, 281; conversão da sucessão provisória, 281; morte do ausente, 281; certeza da morte do ausente, 282; decêndio após a coisa julgada, 282; ausente com a idade de oitenta anos ou mais; 282; ação de petição de herança e ação do ausente que aparece, 282; arts. 1.168, 1.169 e parágrafo único, 283; diferença entre a cessação da sucessão provisória, com a aparição do ausente, e a aparição do ausente depois de se ter transformado em definitiva a sucessão, 283; ausente que aparece depois de julgado morto ou tido como morto, 283; pedido do ausente que tardiamente aparece, 284; pedido dos ascendentes ou descendentes, 284; citações e contestações, 284; rito processual, 285

Bens dotais: natureza e alienação, 48
Bens inalienáveis: sub-rogação, 40
Bens jacentes, 231
Bens móveis: da herança jacente, venda, 251
Bens vacantes, 220
Bens vagos, 220
Bona vacantia, 219
Busca e apreensão de testamento, 155
Cálculos de impostos: natureza, 23
Capacidade testamentária, 125
Cartas de consciência, 240
Cláusula codicilar, 182, 183
Clausula rebus sic stantibus, 203, 382; implícita, 27
Cláusulas de inalienabilidade, impenhorabilidade e incomunicabilidade, 42
Codicilo, 181
Coisa comum: alienação, locação e administração, 53
Coisas vagas: coisas ditas vagas, 287; art. 1.170 e parágrafo único, 288; bens arrecadáveis, 288; dever de entrega à autoridade judiciária ou policial, 288; decisões do achador, 288; pessoa a que pertencem as coisas, 288; autoridade judiciária competente, 290; arts. 1.171 e §§ 1° e 2°, 1.172 e 1.173, 290; lei processual e lei de direito material, 290; conteúdo dos editais, 291; coisa de pequeno valor, 292; comparência do dono ou possuidor, 292; não-comparência do dono ou possuidor, 292; comunicação de derrelicção, 292; art. 1.174, 293; dono que prefere abandonar a coisa, 293; seguro, 293; art. 1.175, 293; hotéis, oficinas e outros estabelecimentos, 293; reclamação dentro de um mês, 294; art. 1.176, 294; "fundada suspeita" e conversão do processo, 294; dúvida sobre a propriedade ou a posse, 295
Comunicação de conhecimento, 364
Comunicação de sentimento: que contém declaração de vontade, 119
Conceito de usufruto, 64
Condictio indebiti, 26
Condictio liberationis, 26

Condictio ob causam finitam, 26, 28
Condictio sine causa, 26
Conveniência: e necessidade de prova, 45
Conversão do desquite litigioso em desquite amigável, 113
Crimen expilatae hereditatis, 222
Cumpra-se de testamento: natureza, 135
Cumpra-se dos testamentos, 126
Cumulação objetiva-sucessiva, 220
Curador interino, 330
Curadoria de bens jacentes, 232
Cura rei: e "cura personae", 261
Curatela dos interditos: processo de interdição e sentença, 297; inquisitividade do processo, 298; contenciosidade e voluntariedade da jurisdição, 299; art. 1.177, 301; pedido de interdição e processo de interdição, 302; promoção da interdição, legitimação ativa, 303; procedimento para interdição, 304; interditando e curador à lide, 305; artigo 1.178, 305; promoção pelo órgão do Ministério Público, 306; ausência e falta de promoção, 306; art. 1.179, 306; nomeação de curador à lide, 306; curador à lide e função, 306; arts. 1.180, 1.181, 1.182 e §§ 1°, 2° e 3°, 306 s.; petição inicial, 306 s.; citação do interditando, 308; impugnação do pedido de interdição, 309; representação do interditando, 309; advogado do interditando, 309; parente e advogado, 310; art. 1.183 e parágrafo único, 310; perícia médico-legal, 310; morte do interditando, 311; juízo, instrução do processo e julgamento, 311; juiz e laudo, 312; decretação de interdição e nomeação do curador, 313; exame pessoal pelo juiz, 314; competência judicial, 314; art. 1.184, 315; correção à impropriedade de linguagem, 315; eficácia da sentença de interdição, 316; recurso que se interpõe da sentença de interdição, 318; Ministério Público e legitimação recursal, 318; registro e publicação da sentença, exigências contenutísticas, 319; art. 1.185, 319; interdição de pró-

digo, 319; pródigo, parte na ação, 320; regras jurídicas comuns sobre a interdição, 320; curatela, 321; levantamento da interdição do pródigo, 321; audiência do curador e do Ministério Público, 321; sentença de levantamento da interdição, 321; exame médico-legal do pródigo, 321; eficácia da sentença de levantamento da interdição, 322; surdos-mudos, interdição, 322; levantamento da interdição do surdo-mudo, 323; entorpecentes e viciados, 323; legitimação ativa para a interdição, 324; atenuação ao princípio inquisitivo, 324; interrogação e informações, 324; incapacidade dos viciados, 324; artigo 1.186 e §§ 1° e 2°, 325; levantamento da interdição, 325; legitimação ativa do interditando e do Ministério Público, 325; regra geral sobre legitimação ativa, 326; particularidade da ação de levantamento, 326; eficácia de coisa julgada formal, 326; regra jurídica de competência por conexão, 327; recaída após o levantamento da interdição, 327; coisa julgada formal e sentença de levantamento, 327

"*Declaramento*", 181

Defensor matrimonii, 319, 329

Der Todte erbt den Libendigen, 222

Desapropriação: e sub-rogação, 43

Desquite amigável: ação sem angularidade, 3, 6

Desquite litigoso: pedido após o pedido de desquite amigável, 120

Desquite por mútuo consentimento: desquite, conceito e pressuposto de existência do casamento, 89; ação e sentença de desquite e pedido de decretação de nulidade ou de anulação, 90; espécies de desquite, 90; art. 1.120 e §§ 1° e 2°, 91; art. 1.121 e parágrafo único, 91; pressupostos do desquite amigável, 92; petição de desquite amigável, 93; procuração, 94; certidão de casamento, ou prova que a valha, 94; contrato antenupcial, 95; descrição dos bens do casal e partilha, 95; acordo sobre a guarda dos filhos, 97; criação e educação dos filhos, 98; pensão, alimentícia do marido à mulher, 100; ação de modificação, 101; exigência do reconhecimento da firma, 102; acordo sobre a partilha dos bens, 103; partilha em execução da sentença de desquite, 104; partilha inclusa no acordo inicial, 105; artigo 1.122 e §§ 1° e 2°, 105 s.; audiência dos cônjuges, 106; convicção suficiente do juiz, 106; prazos e datas, 107; autuação e distribuição, 112; função do Ministério Público, 113; desistência, 113; art. 1.123, 113; desquite litigioso e conversão, 113; convicção do juiz, 114; artigo 1.124, 114; averbação após o julgamento, 114; cessação dos efeitos da sociedade conjugal, 114; retratação bilateral, 115; morte do cônjuge, 115; eficácia da sentença que homologa o desquite, 115; guarda dos filhos, criação e educação, 116; natureza da decisão, 116; reconciliação dos cônjuges, 118; processo e sentença, 120; morte, antes do trânsito em julgado da sentença, 120; desquite litigioso pedido após o pedido de desquite amigável, 120

Dever de apresentar testamento: e dever de promover o processo, 154.

Disposições comuns à tutela e à curatela: tutoria e espécies, 329, curadorias e espécies, 329; natureza da nomeação do tutor ou do curador, 330; remoção de tutor ou de curador, 330; art. 1.187, 330 s.; direito material, 330; natureza e eficácia do ato judicial de nomeação, 330; quando tem de ser feita a nomeação, 331; tutor ou curador testamentário, 331; compromisso e intimação, 331; nomeação e qualidade da nomeação, 331; prestação de contas, 332; art. 1.188 e parágrafo único, 332 s.; artigo 1.189, 333; compromisso do tutor ou do curador, 333; pais, nomeados curadores, 334; órgão do Ministério Público, 334;

lapso de tempo entre o compromisso e o julgamento da especialização, 334; arts. 1.190 e 1.191, 335 s.; tutor ou curador de reconhecida idoneidade, 336; tutor ou curador que não pode prestar a garantia, 336; nomeação que fica sem efeito, 336; art. 1.192 e parágrafo único, 336 s.; recusa da tutela ou curatela, 337; direito material, 337; prazo de cinco dias, 337; escusa e incapacidade, 337; preclusão, 338; art. 1.193, 338; decisão sobre o pedido de escusa, 338; novo motivo, 339; da remoção e dispensa de tutor ou curador, 339; remoção, 339; suspensão, 339; arts. 1.194, 1.195, 1.196 e 1.197, 339; remoção e suspensão, 339; direito material, 340; legitimação ativa e remoção de tutor ou curador, 341; contestação, 341; se não houve contestação, 341; extrema gravidade e suspensão, 341; eficácia da suspensão, 342; continuidade da função, 342; art. 1.198, 342; prazo e falta de prazo, 342; termo e recondução, 342

Divórcio: sentido romano e sentido canônico, 89

Eadem causa petendi, 92

Eficácia da sentença de suplemento de idade, 36

Emancupo, 32

"*Enadimento*", 181

Eorum quorum interest, 157

Escolha de administrador, 57

Excusatio necessaria, 337

Excusatio voluntaria, 337

Executores ultimarum voluntatum tutoribus aequiparantur, 191

Facultas restituendi, 230

Fazenda Pública: legitimação ativa na jurisdição voluntária, 18; e interesse nas ações de jurisdição voluntária, 18; habilitação na herança jacente, 252

Ficti possessores, 230

Fictio tantum operatur in caso ficto quantum veritas in caso vero, 132

Fideicomisso: e extinção, 67

Foedus matrimonii, 89

Forum hereditatis, 170

Fundações: organização e fiscalização, 343; fundação, 343; estrutura jurídica da fundação, 344; fiscalização das fundações, 345; bens das fundações, 345; arts. 1.199, 1.200, 1.201 e §§ 1º e 2º, 345; estatuto da fundação, 346; legitimação ativa, 346; aprovação dos estatutos, 347; missão do órgão do Ministério Público, 347; autuação do pedido, 347; suprimento judicial, 348; modificação ou modificações ordenadas pelo juiz, 348; artigo 1.202, 349; apresentação do estatuto pelo Ministério Público, 349; procedimento para a função do órgão do Ministério Público, 349; aprovação ou desaprovação pelo juiz, 350; elaboração judicial ou extrajudicial do estatuto, 350; apresentação, 350; art. 1.203 e parágrafo único, 351; alteração do estatuto, 351; suprimento da aprovação, 352; deliberação da alteração, 352; art. 1.204, 352; ilicitude, impossibilidade da manutenção e expiração do prazo de existência, 352; impossibilidade da manutenção, 353; prazo atingido, 353; provocação, 354; juízo competente, 355

Fundações autônomas: e não-autônomas, 343

Fundações não-autônomas fiduciárias, 343

Hasta pública: e data, 51

Herança jacente, 219; e jurisdição voluntária, 4; bens de ausentes, 220; bens vagos, 220; cumulação objetiva- sucessiva de ações, 220; artigo 1.142, 221; art. 1.143, 221; remissão à lei civil, 221; posse na regra jurídica sobre sucessão hereditária, 223; tentativas de explicações, 225; posse no sentido próprio e posse dos herdeiros, 225; objeto da posse, 228; transmissão da posse, 230; arrecadação e provocação da arrecadação, 231; curadoria de bens jacentes, 232; até quando vai a função cautelar, 233; recurso,

233; falta, pelo menos só aparente, de herdeiros, 233; *de cujus* que não deixou cônjuge nem herdeiro, 234; competência para a arrecadação e citações, 234; ausência e falta do testamenteiro, 235; dever de comunicação e oficial do registro civil, 235; art. 1.144 e parágrafo único, 235; função do curador, 235; representação da herança, 236; guarda, conservação dos bens arrecadados e promoção de novas arrecadações, 236; medidas conservatórias dos direitos da herança, 237; balancetes mensais, 237; prestação de contas, 238; bens arrecadados, 238; artigo 1.145 e §§ 1° e 2°, 238; presença do juiz e auto de arrecadação; 238; depositário, 239; Ministério Público e Fazenda Pública, 239; arts. 1.146 e 1.147, 239; tempo de arrecadação, 239; selos apostos pelo juiz, 239; violações e suspeitas de violação, 240; inquisitividade do processo, 240; exame pelo juiz, 240; bens declarados vacantes, 240; art. 1.148 e parágrafo único, 241; dispensa da presença do juiz, 241; testemunha e possível necessidade de aposição de selos, 241; multas, 242; art. 1.149, 242; bens noutra comarca, 242; carta precatória ou carta rogatória, 242; art. 1.150, 242; inquirição e busca de informes, 243; informações, 243; bens alhures, 243; *de cujus* comerciante, 243; art. 1.151, 243; causas de pré-exclusão ou suspensão da arrecadação, 244; existência de procurador, 245; art. 1.152 e §§ 1° e 2°, 245; procedimento, edital e habilitação de herdeiros, 245; existência de sucessor ou testamenteiro, 247; falecido estrangeiro, 247; art. 1.153, 248; fase posterior ao julgamento da habilitação de herdeiro, 248; testamenteiro que aparece, 248; cônjuge que se identifica, 248; artigo 1.154, 249; regra de competência para a habilitação dos credores, 249; habilitação e outras ações, 249; verificação de créditos, 249; embargos de terceiro, 250; art. 1.155 e parágrafo único, 250; alienação de bens da herança jacente, 251; pressupostos para a venda de bens móveis, 251; pressupostos para a venda de semoventes, 251; pressupostos para a venda de títulos de crédito e papéis de crédito, 252; pressupostos para a venda de ações de sociedade, 252; venda de bens imóveis, 252; Fazenda Pública e habilitando, 252; art. 1.156, 253; bens com valor de afeição, 253; vacância da herança, 253; art. 1.157 e parágrafo único, 254; art. 1.158, 254; prazo e falta de qualquer habilitação, 254; sentença que proclama a vacância dos bens, 254; processos incidentais e habilitação de herdeiros, 256; ação de petição de herança e ação dos credores, 256; natureza da ação de arrecadação, 256; ação de cognição incompleta e ação de petição de herança, 258; credores titulares de direitos reais, 258; vacância e herdeiros, 259; entrega de bens aos herdeiros habilitados, 259

Hereditas iugens, 219

Hereditas vacans, 219

Hereditatis petitio, 229, 374

Hereditatis possessio, 226, 228

Hipoteca legal: e jurisdição voluntária, 3; especialização, 357; ações exercidas pelos titulares da pretensão, 358; art. 1.205, 358; legitimação processual ativa, 358; documento em que se funda a especialização, 360; recurso, 361; art. 1.206 e §§ 1°, 2° e 3°, 361; arbitramento, 362; valor preestabelecido da responsabilidade, 362; atos de constrição judicial, 362; regra jurídica de cômputo, 362; falta de arbitramento e nulidade processual, 363; dispensa de arbitramento do valor, 363; dispensa da avaliação, 363; artigo 1.207 e parágrafo único, 363; art. 1.208, 363; artigo 1209, 363; citação da outra parte, 364; audiência dos interessados, 364; alegações do impugnante, 364; individuação do

imóvel, 365; sentença, 365; natureza da ação e da sentença, 365; margem ao procedimento inquisitivo, 365; insuficiência dos bens para a hipoteca legal, 366; hipoteca legal dos bens oferecidos insuficientes, 366; instrumento da especialização, 366; recurso, 367; art. 1.210, 367; especialização negocial, 367; eficácia contra terceiros, 367
Holografia: e testamento, 156
Imminens periculum, 173
Imposto: e extinção de usufruto ou de fideicomisso, 68
Imposto de transmissão: em caso de sub-rogação, 45
Inaudita altera parte, 24
Infantes, infantiae proximi, 33
Infantes pubertati proximi, 33
Interdictum quod legatorum, 222
Interdictum quorum bonorum, 222
Irretroeficácia da sentença na ação de modificação, 27
Iudex chartularius, 379
Iura singularia, 175
Iurisdictio, 11
Ius commune, 175
Ius utendi fruendi, 64
Jurisdição voluntária: disposições gerais, 3; conceito, 3; regras jurídicas gerais, 5; art. 1.103, 10; e ações que se submetem às regras jurídicas gerais, 10; simplificação geral do procedimento, 11; arts. 1.104 e 1.105, 14; legitimação ativa, 14; petição nas ações de jurisdição voluntária, 16; citações, 16; atendimento e inatendimento pelos citados, 16; arts. 1.106, 1.107 e 1.108, 17; resposta dos citados, 17; prazo para responder, 18; provas, 18; Fazenda Pública, 19; arts. 1.109, 1.110 e 1.111, 19; sentença e prazo, 19; referência à lei e à conveniência ou oportunidade, 20; recurso, 21; modificação da sentença, 21; custas e outras despesas, 21; art. 1.112, 31; ações a que se estende o procedimento, 31; suplemento de idade (*venia aetatis*), 31; menor e representação no processo de suplemento de idade, 34; fundamentos da suplementação de idade, 34; provas, 34; impugnação, 34; audiência do menor, 34; processo inquisitivo, 34; força eficacial e elemento mandamental da decisão, 36; recurso, 37; suplemento por lei e ação declaratória, 37; ação de sub-rogação, 37; competência judicial, 37; sub-rogação de bens inalienáveis, 40; bem sub-rogado e bem sub-rogante, 40; recurso, 41; petição, 41; sinistro e sub-rogação, 41; preço de indenização e sub-rogação, 41; cláusulas de restrição de poder, 42; desapropriação e sub-rogação, 43; sub-rogação sem ação, 43; sub-rogação e gravames, 43; juiz que desapropria ou indeniza e juiz que mandou gravar, 43; autorização para a venda, 44; recurso, 45; bens de incapazes, 45; falta de autorização judicial, 46; pressuposto da autorização judicial, 46; impropriedades de linguagem, 46; diferença de textos, 46; permuta de bens de incapazes, 46; ¿jurisdição voluntária ou jurisdição contenciosa?, 47; avaliação, 48; natureza da sentença, 48; bens dotais, 48; bens dotais, venda e oneração, 50; procedimento edital, 51; sub-rogação real, em quaisquer casos, 51; exigência geral da hasta pública, 51; coisa comum 51; ações quanto a ela, 51; natureza das ações, 52; alienação, locação e administração de coisa comum, 53; indivisibilidade e inadequabilidade ao destino, 54; maioria absoluta, valor dos quinhões, 55; silêncio do condômino, 56; sistemática do Livro IV, Título II (jurisdição voluntária), 369; alienações judiciais, 369; desquite por mútuo consentimento, 369; ações relativas a testamentos, 370; ações relativas à herança jacente, 372; ação de arrecadação da herança jacente, 372; ações de habilitações de herdeiros nos casos de herança jacente, 373; embargos de terceiro na

ação de arrecadação, 374; ações relativas à arrecadação de bens de ausentes, 374; ação de arrecadação de bens vagos, 375 ações de interdição, 376; ações para nomeação e remoção de tutores e de curadores, 377; ações de organização e fiscalização de fundação, 379; especialização da hipoteca legal, 382

Legitimação ativa na jurisdição voluntária, 14

Le mort saisit le vif, 222

Le roi est mort, vive le roi, 221

Liberdade do juiz: nas ações de jurisdição voluntária, 20

Mancipatio, 32

Medida cautelar: de bens jacentes, 233

Medidas cautelares: as ações de jurisdição voluntária não previnem lide, 11

Menor: representação no processo de suplemento de idade, 34

Minime sunt mutanda, quae interpretationem certam semper habuerunt, 173

Ministério Público: e pedido de arrecadação da herança, 232

Modificação da sentença: e ação de modificação, 21

Mortuus saisit vivum, 222

Negotia perfecta, 167

Ne iudex procedat ex officio, 302

Non audiatur altera pars, 127

Novae causae, 25

Omnimodo testatorum voluntatibus prospicientes, 168

Ônus: sentido, 81

Organização: e fiscalização das fundações, 343

Partilha de bens: em usufruto e fideicomisso, 69

Permuta dos bens de incapazes, 46

Possessio nec animo nec corpore, 223

Possessoria hereditatis petitio, 230

Praeoccupatio successionis, 273

Prazo para a sentença: nas ações de jurisdição voluntária, 20

Prazo para responder: em ação de jurisdição voluntária, 18

Preço de indenização: e sub-rogação, 41

Preferência: ferir primeiro, 4

Pretensão à tutela jurídica: jurisdição contenciosa, jurisdição voluntária e jurisdição administrativa, 5; e ação de apresentação do testamento, 371

Pretium in inalienalibus succedit in locum rei, 41

Pretium in locum rei, 81

Pretium, in universalibus, succedit in locum rei, et res in locum pretii, 39

Pretium succedit in loco rei, 83

Prevenção da lide: não há na jurisdição voluntária, 11

Princípio da igualdade de lanços, 86

Princípio da inviolabilidade das legítimas, 210

Princípio da parte vencida, 31

Princípio da separação dos poderes públicos, 379

Princípio da sub-rogação, 44

Princípio da sucumbência, 31

Princípio do interesse, 31

Processo inquisitivo: na ação de interdição, 299

Pródigo: interdição, 320

Propriis sensibus, visus et auditus, 149

Propter defectus voluntatis, 182

Provas: nas ações de jurisdição voluntária, 18

Provocatio ad agendum, 154, 155, 169, 220, 256, 268, 289, 371, 372, 377

Provocatio in ius, 268

Quasi substitutus, 182

Qui tacet consentire videtur, ubiloqui potuit ac debuit, 56

Ratificação: expressão empregada a respeito de desquite, 112

Ratio a parte obiecti, 39

Ratio a parte subiecti, 39

Recurso: em ação de jurisdição voluntária, 21; de decisão que decide sobre sub-rogação, 45; da decisão declara vacância, 233

Rei possessio, 226, 227

Remoção: e dispensa de tutor ou curador, 339

Res iudicata, 278, 279
Res iudicata ius facit inter partes, 22
Saisina defuncti descendit in vivum, 222
Saisina iuris, 222, 224
Semoventes: alienação, 76; venda na herança jacente, 251
Sentença com reserva, 250
Separação quoad foedus et vinculum, 118
Separação quoad thorum et habitationem, 118
Silêncio: e ação de alienação e locação de coisa comum, 58 s.
Simultaneus processus, 171
Sinistro: e sub-rogação, 41
Sistemática do Livro IV, Título II (veja jurisdição voluntária, *in fine*), 369
Sub-rogação: constituição e eficácia, 39; recurso, 41
Sub-rogação de pessoa, 38
Sub-rogação ipso iure, 40
Sub-rogação real, 80
Successio preamatura, 32, 271, 275
Sucessão provisória: e herança, 270
Suplemento de idade: precisão do conceito, 32; e representação do menor, 34
Suprimento da aprovação, 348
Terceiro: e parte, 7; embargos à arrecadação de bens da herança, 250
Testamenta in expeditione constitutis, 173
Testamentaria, 188
Testamenteiro, 140; função, 189
Testamenteiro oficial: e testamenteiro dativo, 142
Testamento cerrado: regras jurídicas a respeito, 128
Testamento em estado de necessidade, 174
Testamento em viagem de avião, 175
Testamento militar: marítimo, nuncupativo e do codicilo, 172; origens do testamento militar, 172; testamento marítimo, 173; quem pode testar por testamento marítimo, 174; testamento em viagem de avião, 175; testamentos especiais e solenidades internas, 175; artigo 1.134, 176; conteúdo das regras jurídicas, 177; testamento marítimo, 177; testamento militar, 178; testamento nuncupativo, 180; codicilo, 181; procedimento de direito material, 186; natureza da sentença, 187; impugnação, 188
Testamento nuncupativo, 180
Testamento particular: e testamento público, 127; confirmação, 156; holografia e testamento, 156; art. 1.130 e parágrafo único e art. 1.131 e parágrafo único, 156; apresentação do testamento particular, 156; redação infeliz, no direito anterior, 157; apresentação e intimações, 157; legitimados ao requerimento, 158; inquirição de testemunhas, 158; intimações, 158; teor das inquirições, 159; pessoas não encontradas, 160; artigos 1.132 e 1.133, 160; manifestação dos interessados após as formalidades, 150; impugnabilidade, 161; perfeito juízo, 162; testemunhas que faltam, 163; testemunha que não confirma; testador que ignorava a morte da testemunha, 167; *voluntas testatoris*, 168; confirmação imediata, 169; comunicação e *vocatio in ius*, 169; menos de três testemunhas, 169; manifestação e prazo, 170; intimação e prazo, 171; rito ordinário, se há impugnação, 171; sentença de confirmação, 172; registro, arquivamento e cumprimento, 172; recurso, 172
Testamentos: execução, 188; testamentaria, 192; tomada de contas, 192; prazo para cumprir o testamento e perda do prêmio, 193; artigo 1.135 e parágrafo único, 193; prazo legal para cumprir as disposições testamentárias, 193; contagem do prazo para se cumprir o testamento e se prestarem contas, 196; previsão de dois prazos, 197; prorrogação do prazo para cumprimento, 197; prazo marcado pelo testador, 197; interpretação de disposições testamentárias, 198; prestação de contas, *ius cogens*, 198; indelegabilidade da testamentaria, 199; sobras, 199; artigo 1.136, 199; inscrição de hipoteca legal, 199; tempo para a inscrição, 200;

art. 1.137, 200; função do testamenteiro e deveres, 201; ações sobre existência, validade ou eficácia de testamento; missão do testamento, 201; deveres do testamenteiro a respeito do testamento, 201; testamenteiro não representa herdeiros, 203; ações de invalidade do testamento, 204; insuficiência dos bens para cumprimento dos legados, 205; sucessão legítima e testamentária, 205; despesas no interesse do testamento, 206; despesas ínfimas, 207; honorários de advogado, 207; defesa dos bens da herança, 208; art. 1.138 e §§ 1° e 2°, 208; prêmio do testamenteiro, 208; pretensão à percentagem, 209; dados históricos sobre a vintena, 210; ¿máximo e mínimo?, 211; como se calcula a percentagem, 211; cônjuge do testador e prêmio, 213; preferência pelo prêmio, por parte do testamenteiro, herdeiro ou legatário, 214; herança líquida, 214; art. 1.139, 214; adjudicação de bens e prêmio do testamenteiro, 214; direito anterior e cônjuge meeiro, 215; herdeiro e adjudicação, 215; art. 1.140, 215; remoção do testamenteiro, 215; despesas, 216; descumprimento das disposições testamentárias, 217; reversão do prêmio à herança, 217; perda do direito ao prêmio, 217; conteúdo das regras jurídicas, 217; art. 1.141, 218; testamenteiro que quer demitir-se, 218; decisão do juiz, 218

Testamentos cerrados, 153 s.

Testamentos e codicilos: processualística dos testamentos, 125; integração de forma e execução dos testamentos, 126; arquivamento dos testamentos, 126; cumpra-se dos testamentos, 126; testamentos notariais, 127; testamento público e testamento particular, 127; testamento e processo após a morte do testador, 127; testamento cerrado, 128; eficácia do testamento, 128; abertura, registro e cumprimento do testamento, 128; artigo 1.125 e parágrafo único, 128; abertura do testamento cerrado, 129; presença do apresentante e do escrivão, 129; solenidade da abertura do testamento, 129; questões de forma, 130; verificação do extrínseco, 130; auto de abertura, 131; requisitos do auto de abertura, 131; integração de forma do negócio jurídico, 132; competência judicial, 132; recurso, 133; art. 1.126 e parágrafo único, 133; formalidades extrínsecas e vícios externos, 133; registro dos testamentos, 134; exame das providências, 134; cópia que se envia à repartição fiscal, 134; natureza do cumpra-se, 135; audiência do Ministério Público, 138; sentença favorável e sentença desfavorável, 138; emaçamento e guarda, 139; recurso, 140; art. 1.127 e parágrafo único, 140; testamenteiro, 140; testamenteiro nomeado em testamento e testamenteiro dativo, 140; testamenteiro oficial e testamenteiro dativo, 142; capacidade do testamenteiro, 142; não-impugnabilidade, 148; arquivamento, 148; cópia do testamento e outras providências, 148; artigo 1.128 e parágrafo único, 148; testamento público, apresentação, 149; natureza do testamento público, 149; procedimento, 150; as duas fases processuais dos testamentos, 150; art. 1.129 e parágrafo único, 150; dever de apresentar (testamento, 150; fontes do dever de apresentação, 153; competência em matéria de testamentos, 153; legitimação à apresentação, 153; cominações da lei e dever de apresentação, 154; detentor de testamento, 154; intimação judicial para apresentar o testamento, 154; natureza da intimação do detentor, 155; ordem de exibição e busca e apreensão, 155

Testamentos especiais, 175

Testamentos notariais, 127

Testamentos públicos, 127

Testamentum in temporem pestes, 178

Testamentum irritum, 166

Testamentum ruptum, 166

Testamentum tabellione scriptum, 149
Títulos de crédito: venda, na herança jacente, 252
Tutor interino, 331
Tutor ou curador: remoção, 339; suspensão, 339; remoção e suspensão, 339
Usufruto: conceito, 64; fontes, 66
Usufruto negocial, 66

Universalia, 38
Vacância da herança, 253
Venia aetatis, 31
Virtus probandi, 311
Vocatio in ius, 169, 220, 268, 302
Voluntaria iurisdictio, 47, 75
Voluntas testatoris, 168

V
TABELAS

Tabela L – Eficácia da sentença que defere o pedido de cumpra-se, 130
Tabela LI – Eficácia da sentença que não defere o pedido de cumpra-se, 130
Tabela LII – Eficácia das ações, 382

RIO DE JANEIRO: Av. Erasmo Braga, 299 – Centro – Rio de Janeiro – RJ – CEP 20020-000 –
Caixa Postal nº 269 – Tel.: (0XX21) 3380-6650 – Fax: (0XX21) 3380-6667–
e-mail: forense@forense.com.br
SÃO PAULO (Filial): Praça João Mendes, 42 – 12º andar – salas 121 e 122 – Centro – São Paulo – SP –
CEP 01501-907 – Tels.: (0XX11) 3105-0111 – 3105-0112 – 3104-6456 – 3104-7233 – 3104-8180 –
Fax: (0XX11) 3104-6485 – e-mail: forensesp@forense.com.br
São Paulo: Tels.: (0XX11) 8143-3470 – 8143-6075
e-mails: s.dias@grupogen.com.br – f.monteiro@grupogen.com.br (Representantes)
Bauru: Tels.: (0XX14) 3232-3364 – 9114-2782 (Representante)
RECIFE: Tels.: (0XX81) 3243-3213 – 8885-5521 – 8793-5290
e-mails: a.carvalho@grupogen.com.br – j.carvalho@grupogen.com.br (Representantes)
CURITIBA: Tels.: (00XX41) 3018-6928 – 8806-0132
e-mail: j.as@grupogen.com.br (Representante)
PORTO ALEGRE: Tels.: (0XX51) 3334-6947 – 9299-6875
e-mail: g.siqueira@grupogen.com.br (Representante)
BELO HORIZONTE (Filial): Av. Pasteur, 89 – lojas 11 a 14 – Bairro Santa Efigênia
Belo Horizonte – MG – CEP 30150-290 – Tel.: (0XX31) 3213-7474 – e-mail: filialmg@grupogen.com.br
Belo Horizonte: Tels.: (0XX31) 3213-4055 – 9141-9972 – e-mail: p.ornelas@grupogen.com.br
(Representante)

Endereço na Internet: http://www.forense.com.br

Impresso na Rotapress Gráfica e Editora LTDA
email: rotapressgrafica@veloxmail.com.br
Telefone: 2201-8898